EL PODER Y EL DELIRIO

ENRIQUE KRAUZE
EL PODER Y EL DELIRIO

TIEMPO
DE MEMORIA
TUSQUETS
EDITORES

1.ª edición: noviembre de 2008
2.ª edición: enero de 2009
3.ª edición: marzo de 2009

Diseño de la colección: Lluís Clotet y Ramón Úbeda
Reservados todos los derechos de esta edición para
©Tusquets Editores México, S.A. de C.V.
Campeche 280 Int. 301-302 – Hipódromo Condesa – 06100 México, D.F.
Tel. 5574-6379 Fax 5584-1335
www.tusquetseditores.com
ISBN: 978-607-421-051-4
Fotocomposición: Quinta del Agua Ediciones, S.A. de C.V.
Aniceto Ortega 822 – Del Valle – 03100 México, D.F.
Tel. 5575-5846 Fax. 5575-5171
Impresión: Litográfica Ingramex S.A. de C.V. – Centeno 162-1 – México, D.F.
Impreso en México/*Printed in Mexico*

Índice

A Alejandro Rossi

La continuación de la autoridad en un mismo individuo frecuentemente ha sido el término de los gobiernos democráticos [...]. Un justo celo es la garantía de la libertad republicana, y nuestros ciudadanos deben temer con sobrada justicia que el mismo magistrado, que los ha mandado mucho tiempo, los mande perpetuamente.

Simón Bolívar,
«Discurso de Angostura»

AGRADECIMIENTOS

Este libro contó con el apoyo y el consejo de varios amigos, casi todos venezolanos y mexicanos. Su colaboración intelectual representa una distinta hermandad bolivariana, basada en el saber, no en el poder.

Entre mis amigos venezolanos quiero agradecer a Diego Arria, Roberto Bottome, Mario Iván Carratú, Fernando Rodríguez, Gustavo Tarre Briceño, Gustavo Tovar, Rocío Guijarro, Roberto Giusti, Marcel Granier, Leopoldo López Mendoza y Miguel Henrique Otero, por nuestras fructíferas conversaciones. A Américo Martín, por sus cartas luminosas. A Alberto Barrera Tyszka y Cristina Marcano, por el libro que me sirvió de guía. A Antonio Sánchez García, por su apasionado involucramiento en mi trabajo. A Soledad Bravo, por una velada musical inolvidable. A Teodoro Petkoff, por ser mi mejor crítico y corregir muchos errores de hecho e interpretación. A Ibsen Martínez, por su paciente y útil lectura del original. A Moisés Naím, por su inspirador e inteligente apoyo, de principio a fin. A Carlos Raúl Hernández, por una carta reveladora. A Inés Quintero, por sus orientaciones históricas. A Andrés Izarra –a despecho de nuestros desencuentros–, por las imprescindibles entrevistas que sostuve con personajes importantes del chavismo.

Entre los mexicanos quiero destacar la labor de investigación del grupo reunido alrededor de Mauricio Rodas Espinel y apoyado por mi gran amigo Agustín Coppel: Rafael Díaz Wild, Guadalupe Correa Cabrera, Mariana Méndez Mora y

15

Rodrigo Alcázar Silva. Ellos contribuyeron sobre todo en los apartados económicos y sociales. Humberto Beck conversó conmigo sobre los temas filosóficos. Pedro Guzmán hizo aportes muy importantes en el tema de Carlyle. Adolfo Castañón me envió informes sobre cultura y literatura; Ricardo Cayuela Gally los procesó. Ramón Cota Meza me apoyó con una parte de la investigación sobre Betancourt. Con Mauricio Walerstein charlé sobre la vida política venezolana. Luis Fernando Lara y Julio Hubard aportaron reflexiones sobre el concepto lingüístico y teológico de «pueblo». Rafael Lemus hizo una paciente y puntual revisión del texto, en la que también intervinieron Cynthia Ramírez, Emmanuel Noyola y Juan Puig. Fernando García Ramírez fue, como siempre, mi gran editor.

Entre los mexicanos por adopción, Juan Carlos Marroquín me regaló sus recuerdos venezolanos; Marco Palacios y Antonio Navalón, sus atinadas interpretaciones.

La lista se completa con dos amigos estadounidenses: Jeffrey Davidow, que me proporcionó sus contactos venezolanos, y Leon Wieseltier, que desde Washington me alentó a convertir un ensayo embrionario en un libro.

La «Revolución bolivariana» es un poderoso proyecto que avanza en varios países de América Latina. El «socialismo del siglo XXI» representado por Hugo Chávez compite con el socialismo democrático de Chile o Brasil. Debido a Chávez, muchos jóvenes universitarios desde el Cono Sur hasta México han vuelto a creer fervorosamente en el gran mito histórico del siglo XX: la revolución. Pero a pesar de Chávez –que sólo la respeta formalmente y trabaja para desmembrarla– la democracia sin adjetivos sigue siendo la única legitimidad admisible en el continente.

El poder y el delirio es un libro escrito desde una posición democrática y liberal que no excluye sino que, por el contrario, alienta la posible convergencia con la tradición socialdemócrata de Occidente. Por eso mismo, esta obra no puede comulgar con ningún intento de desvirtuar o destruir el orden democrático en nombre de la revolución.

El libro nació en una visita a Caracas poco después del histórico domingo 2 de diciembre de 2007, día en que la mayoría de los votantes venezolanos respondió (con su abstención o su negativa) a la reforma de la Constitución propuesta por Chávez. Tras escuchar la versión de la oposición a través de diversos representantes (empresarios, analistas, académicos, ex funcionarios, profesores, clérigos, periodistas, humoristas, economistas, políticos, ex políticos, politólogos, estudiantes, escritores, ex militares, taxistas) regresé a México cargado de materiales de toda índole: biografías de Chávez, compendios de entrevistas, historias de Venezuela, colecciones biográficas diversas, revistas, ensayos políticos, recortes de periódicos, direcciones de Internet, discos compactos. Trabajé esos materiales durante varios meses y escribí los primeros capítulos. En julio de 2008 visité por segunda ocasión Caracas, esta vez para charlar con colegas historiadores, visitar sitios emblemáticos y, sobre todo, para recoger, con respeto y cuidado, testimonios de la «Revolución bolivariana»: la voz de sus políticos, ex políticos, candidatos, filósofos, representantes sociales y aun de quienes la critican por no ser suficientemente revolucionaria. En una palabra, quise conocer la «narrativa» chavista. De vuelta en México cerré el ciclo y concluí esta obra.

El resultado es un libro de un género que se ha denominado «historia del presente», en el que confluyen enfoques diversos: historia, reportaje, biografía, entrevista, coloquio, crónica, análisis ideológico, ensayo. Si bien he querido comprender antes que juzgar, tras recabar los elementos empíricos de cada caso no me he abstenido de ejercer la crítica.

Como biógrafo, he tomado absolutamente en serio a Chávez y he querido comprenderlo. Advertido por todo el mundo de que es un «encantador de serpientes», sin pertenecer a esa variedad ni temer el encandilamiento, intenté verlo. No tuve éxito, pero logré conversar con algunos de sus ministros y allegados. Todos fueron diligentes y amables. Por lo demás, estando en Caracas es imposible no ver a Chávez: lo vi declarar por televisión y gobernar por televisión; lo vi en Internet y leí escrupulosamente sus discursos. Al observarlo, recordé la descripción que me hizo mi amigo, el escritor Paul Berman, tras charlar con Chávez en 1999: «es radiactivo, tiene diez veces más energía que un humano normal. Lo mismo se decía de Mao. Estos hombres no se sienten humanos. Se sienten dioses». Esquivando la terminología psicoanalítica (un biógrafo no es un psiquiatra a distancia) arribé a algunas teorías sobre su personalidad.

Como historiador de las ideas y crítico de las ideologías totalitarias, procuré adentrarme gracias a la obra de mis admirados amigos Teodoro Petkoff y Américo Martín, en un aspecto central del drama venezolano: su compleja relación –plena de esperanzas y desilusiones– con la tradición socialista y en particular con la Revolución cubana. Estoy persuadido de que la izquierda democrática venezolana (representada por esos y otros legendarios ex guerrilleros que no han perdido la fe socialista pero que defienden con la misma convicción la democracia) tuvo el mérito mayor de haber sido precursora de la autocrítica socialista, que arribó tardíamente a Europa, a fines de los años setenta. Pero esa misma clarividencia vuelve más grave su posición actual: enfrenta a un régimen revolucionario (o la máscara de él) sin tolerancia a la crítica y sin capacidad autocrítica. Sin embargo, la crítica debe seguir, la crítica es imprescindible. En este libro, un crítico del poder del siglo XIX salió en mi auxilio: Karl Marx. Con ese bagaje, y a partir de la propia concepción supuestamente «plejanovista» de Hugo Chávez sobre el «papel del individuo en la historia», traté de insertarlo en la tradición ideológica y política que, a mi juicio, le corresponde: la del culto –más fascista que comunista– al héroe. Me temo que no es la que a él le habría gustado: sus remotos ancestros intelectuales no son los que él cree.

Como historiador, he querido asomarme al pasado de Venezuela, más torturado y violento, me parece, que el de muchos países de nuestra convulsa región. Con la ayuda (y a la escucha) de mis colegas (los historiadores Germán Carrera Damas y Elías Pino Iturrieta, y el polígrafo, editor y diplomático Simón Alberto Consalvi), recorrí la historia desde tiempos de Bolívar hasta el Pacto de Punto Fijo. Estoy convencido de que la Venezuela chavista ha desvirtuado, falsificado y utilizado la historia a extremos pocas veces vistos, aun para un observador que viene de México, país que, junto con Cuba, hasta ahora tenía el campeonato latinoamericano en distorsión histórica. Para demostrar la distorsión que Chávez ha hecho de Bolívar, me ha sido muy útil la obra de otro gran autor del siglo XIX: el propio Bolívar.

Como demócrata, decidí rendir un homenaje razonado a quien considero la figura democrática más importante del siglo XX en América Latina: Rómulo Betancourt. Dediqué un capítulo a recorrer su vida. Lo hice guiado por las ideas y recuerdos de su biógrafo, el combativo periodista y brillante historiador Manuel Caballero. Para completar el cuadro, recabé testimonios históricos inéditos u olvidados. Uno en especial me honra: la carta de doña Virginia Betancourt sobre el ocaso de su padre.

Como crítico del poder, intenté develar –invocando las ideas de Octavio Paz y las teorías de Richard M. Morse– la naturaleza histórica de la Revolución bolivariana, su vínculo con la tradición revolucionaria de Occidente (en particular con Cuba) y el designio que, en mi opinión, mueve a su líder. No es un designio que cabe desprender del ideario de Bolívar. Mi visión de éste como un republicano clásico no concuerda con la versión oficial de un Bolívar revolucionario y socialista, de un Bolívar «chavista». Mi versión no sólo contradice esas invenciones sino que procura demostrar que el régimen chavista es una restauración de la más antigua, corporativa y rígida tradición política ibérica: justamente aquella contra la que Bolívar luchó.

En varios apartados del texto declaro mi reconocimiento a la vocación social del régimen. No obstante, pongo en duda la eficacia de las medidas instrumentadas y doy razones para reprobar el abuso político de los programas sociales. Finalmente, sostengo que más allá de su alcance social y su retórica, el régimen de Chávez se centra en Chávez. Su hechizo popular es tan aterrador como su tendencia a ver el mundo como una prolongación, agradecida o perversa, de su propia persona. Es un venerador de héroes y un venerador de sí mismo.

* * *

¿Por qué escribe un mexicano sobre Venezuela? Para conocerla y para conocerse. Hugh Thomas me dijo una vez: «Quien sólo conoce España no conoce España». Algo similar ocurre con México: de tanto buscar en el alma nacional se pierde perspectiva y sentido de las proporciones. El autoconocimiento, sin referencias externas o comparativas, conduce al solipsismo. Es mejor buscar el adentro en el afuera, sobre todo en un afuera tan afín como Venezuela.

20

¿Por qué escribe este mexicano sobre Venezuela? Rastreando en mi propia historia intelectual encontré un inocente episodio venezolano. Hace casi cuarenta años, mientras preparaba su biografía, le pedí a mi maestro Daniel Cosío Villegas que me narrara su vida estudiantil. Recordó la celebración del Congreso Internacional de Estudiantes, del que fue presidente. En abril de 1921, el joven estudiante y poeta Carlos Pellicer (que en 1919, viviendo en Caracas, trató infructuosamente de organizar una federación estudiantil) había sido el primero en prender la alarma sobre el encarcelamiento de cerca de setenta estudiantes por parte de Juan Vicente Gómez, «el más vergonzoso de los tiranuelos». Para entonces, José Vasconcelos (rector de la Universidad) había hecho ya declaraciones tremendas contra el dictador. Los periódicos de México se sumaron a la campaña: llamaron «monstruo» a Gómez y publicaron cartas de jóvenes venezolanos deseosos de asilarse en la patria de «Benito Juárez y Amado Nervo». En su papel de presidente electo de los estudiantes, Cosío Villegas recorrió varias ciudades de México llamando a los estudiantes a defender a sus «hermanos venezolanos»: «En México, país de libertad, no podemos ver con calma un atentado como el que acaba de cometer el presidente Gómez […] las clases estudiantiles condenamos enérgicamente la villanía del déspota venezolano».

Tras tomar posesión de su presidencia estudiantil (en septiembre de ese año) su primera acción fue poner un telegrama al presidente Álvaro Obregón: «Rogámosle con todo encarecimiento acordar lo conducente para que nuestros hermanos, los estudiantes venezolanos, vengan a continuar sus estudios a las escuelas mexicanas».

La anécdota, claro, es intrascendente. Y pensada en términos marxistas, la «conciencia de clase» estudiantil es risible. Pero la solidaridad de esos estudiantes mexicanos con los venezolanos, su defensa de la libertad, su rechazo a la tiranía, no era una broma. Y en mi caso personal tocaba la cuerda más sensible: el recuerdo del movimiento estudiantil de 1968. Cuando a principios de diciembre de 2007 conversé en Caracas con los valerosos estudiantes que habían impulsado la partici-

21

pación democrática y el voto adverso a la propuesta de Chávez, cerré el círculo: recordé el grano libertario del pequeño movimiento de 1921, encabezado por mi maestro, y lo vinculé con el del 68, en el que participé. Fueron nuestras escuelas de libertad.

* * *

¿Por qué, como latinoamericano, escribo sobre Venezuela? Porque el ácido del autoritarismo ideológico avanza, a punta de petróleo, dólares y propaganda, sobre la tenue superficie democrática de nuestra región. Chávez se presenta a sí mismo como el heraldo del futuro, del «socialismo del siglo XXI», la nueva encarnación de la esperanza continental. Pero a partir de la experiencia totalitaria del siglo XX (reflejada ya, embrionariamente, en usos y costumbres del régimen venezolano) el futuro que anuncia no es sino una máscara del pasado, del pasado más oscuro y cerrado.

¿Qué explica la tenaz persistencia del mito revolucionario? La intolerancia a la crítica y la falta de autocrítica. Tras la liberación de Europa del Este, la desaparición de la Unión Soviética y el ascenso, no menos sorprendente, de la economía de mercado en China, la izquierda radical latinoamericana se ha rehusado a debatir la inmensa significación de esos hechos. Si estas tres mutaciones no modificaron sus ideas, es razonable pensar que nada las hará cambiar. Ningún dato contrario la perturba, porque para «probar» su credo recurre siempre al territorio irrefutable del futuro. Hoy ese credo –«coriáceo y resistente», lo calificó Octavio Paz– tiene un nueva deidad para quemarle incienso: el comandante Chávez.

Este libro sobre Venezuela es un alegato directo contra ese nuevo culto «bolivariano» y contra la mentira ideológica que lo sostiene. Es también una apuesta por la sensatez de la izquierda democrática en América Latina. Si la democracia venezolana contribuyó a su propio fin, la democracia latinoamericana (más expandida ahora que nunca en su historia) no puede cometer, no va a cometer, el mismo error. La salida está a la vista. Octavio Paz la delineó en 1989: «Debemos buscar la reconciliación de las dos grandes tradiciones políticas de la modernidad, el liberalismo y el socialismo. Es el tema de nuestro tiempo».

Conservo la esperanza de que, al leer este libro, el lector dotará de un nuevo sentido esas palabras, entenderá su bondad y sabiduría, y comprenderá que el actual régimen de Venezuela representa no la reconciliación sino el divorcio de esas dos grandes tradiciones.

Cuernavaca, 16 de septiembre de 2008

I

El libreto de los sesenta: revolución o democracia

El guerrillero desencantado

«Ganamos, hermano, este carajo no quería reconocerlo pero ganamos», exclamaba por teléfono desde Caracas mi amigo el ex guerrillero venezolano Américo Martín.

Era la noche del 2 de diciembre de 2007 y acababan de anunciarse los resultados oficiales de la votación convocada por el presidente Hugo Chávez para reformar 69 artículos de la Constitución vigente, la misma que el propio régimen había elaborado y aprobado en 1999. Votar por el *Sí* habría significado, entre otras muchas cosas, otorgar a Hugo Chávez la posibilidad de la reelección indefinida y con ello el poder absoluto y vitalicio, consolidar un ejército paralelo bajo su mando directo, acotar severamente la propiedad privada, modificar la «geometría política» del país creando nuevas «provincias, territorios y ciudades federales», establecer un «poder popular» integrado por «comunidades y comunas» cuya legitimidad «no nace del sufragio ni de elección alguna».

En suma, un *Sí* a la reforma significaba –en opinión de un amplio espectro de la opinión liberal, socialdemócrata e incluso de izquierda en Venezuela– encaminar al país hacia una configuración económica y política no muy distinta de la cubana, abriendo incluso –en uno de los artículos propuestos– la opción específica de una confederación formal con la isla, el nacimiento de Venecuba. Votar por el *No,* en cambio, representaba apenas un primer límite a esa pretensión. Finalmente, aunque parecía increíble, triunfó el *No.*

«Ganamos, hermano», me repetía Américo. Su euforia era comprensible. ¿Cuántos años, cuántas décadas había esperado una victoria semejante? Sólo la caída de Marcos Pérez Jiménez a principios de 1958 le había provocado, supongo, una exaltación similar, pero al poco tiempo Américo (entonces un fogoso líder estudiantil de 18 años, encarcelado y torturado por la dictadura) se impondría nuevas y sublimes metas: no bastaba derrocar al tirano ni restaurar la casi inédita democracia venezolana. Había que ir más allá, había que vivir una vida heroica, había que emular a Fidel Castro y retar a la primera potencia del mundo en nombre de millones de latinoamericanos agraviados.

Hacía medio siglo exacto de esos hechos. Aquel domingo, mientras intercambiábamos llamadas monitoreando el proceso del *Sí* o el *No*, recordé nuestras conversaciones personales y electrónicas y pensé que la vida de Américo era emblemática de la historia contemporánea de Venezuela, pero en un sentido inverso: mientras que él había pasado de la revolución a la democracia, su país había transitado de la democracia a la revolución. «¿Cuándo se disociaron en tu vida los dos conceptos?», le pregunté alguna vez, y el asunto desató sus recuerdos.

Durante los años cincuenta, las dos ideas (y los grupos juveniles que las representaban) habían caminado de la mano porque ambas se oponían a los gobiernos tiránicos de la región, apoyados invariablemente por Estados Unidos. «Tenía razón el presidente Rómulo Betancourt –decía Américo– cuando en esos años sostenía que, con su apoyo a las dictaduras, Washington favorecía el ascenso del comunismo». En el caso particular de Venezuela, ante la debilidad o proscripción de los partidos políticos (Acción Democrática o AD fundado por el propio Betancourt, Comité de Organización Política Electoral Independiente (COPEI) de Rafael Caldera, Unión Revolucionaria Democrática o URD de Jóvito Villalba y el Partido Comunista o PCV), los estudiantes habían sido el motor principal de la resistencia frente al dictador. Bajo el paraguas de un frente universitario, actuaban juntos los demócratas (como Américo mismo), los socialcristianos y los comunistas: «Se esperaba mucho de la juventud. Había en esto una reminiscencia muy latinoamericana que les otorgaba una misión salvacionista. Esa idea del papel misionero y dirigente de los estudiantes».

El «providencialismo estudiantil» había sido, en efecto, una constante en la historia latinoamericana. El peruano Víctor Raúl Haya de la Torre, los venezolanos Rómulo Betancourt y Jóvito Villalba, los cubanos Julio Antonio Mella, Raúl Roa, Carlos Prío, Eduardo Chibás, todos habían sido líderes estudiantiles. Hasta el propio Fidel Castro correspondía a esa pauta: «igual que nosotros, Fidel no fue originalmente un militante comunista sino un estudiante que cultivaba el nacionalismo y postulaba el regreso a la Constitución democrática de 1940, que fue el modelo en el que se inspiró la venezolana de 1947».

Tras la caída de Pérez Jiménez a principios de 1958, los estudiantes acompañaron por un tiempo el proceso de construcción democrática, instituyendo reformas universitarias como la ley de autonomía. Pero esos hechos, lo mismo que la impecable y copiosa elección presidencial de fines de 1958 y la toma de posesión de Rómulo Betancourt el 13 de febrero de 1959, palidecieron ante la extraordinaria novedad que ocurrió en esos mismos meses: el triunfo de la Revolución cubana. Ésta parecía la aurora de la historia, el evangelio del «salvacionismo» y el «providencialismo» estudiantil; y disoció muy pronto la democracia de la revolución y radicalizó la vida de muchos jóvenes, Américo entre ellos:

Fue el principio de una «americanización» del socialismo, hasta entonces europeo o asiático. Al ver hablar a Fidel desde el borde del cráter, muchos partidos socialdemócratas en América Latina se dividieron. El fidelismo se propagó como río de azogue. Así, cuando, en la Primera Declaración de La Habana de 1960 y sobre todo la Segunda de 1962, Fidel (ya marxista-leninista) proclamó la lucha guerrillera como la única vía que le quedaba a los socialistas del hemisferio; y cuando sostuvo que el camino electoral era una farsa y propuso que se organizaran guerrillas contra gobiernos democráticos, todos fuimos en cierto modo arrastrados por esa corriente indetenible.

En aquellos años la situación política interna en Venezuela era tremendamente volátil. En 1960 Betancourt libró de milagro (aunque con lesiones indelebles) un atentado brutal tramado por Rafael Leónidas Trujillo. Enfrentó un golpe de Estado de la derecha y dos sangrientos cuartelazos –Carúpano y Puerto Cabello– dirigidos por el Partido Comunista Venezolano, con importante participación de soldados y oficiales revolucionarios. Pero la insurrección nunca contó con respaldo popular. Éste fue el periodo de la incipiente democracia venezolana conocido como «el de las dos conspiraciones».

Este apoyo del venezolano común al gobierno democráticamente electo, lo mismo que las acciones de toda índole que éste llegaría a emprender a lo largo del quinquenio (reparto de tierras, programas de salud y educación, creación de la Corporación Venezolana de Petróleo, fundación de la Organización de Países Exportadores de Petróleo u OPEP), no convencían a los impacientes universitarios que tras haber sido expulsados de AD habían fundado el MIR, Movimiento de Izquierda Revolucionaria (9 de abril de 1960). Ellos eran marxistas-leninistas, no socialdemócratas: no estaban con Betancourt ni con la democracia, estaban con Castro y la revolución. «En Venezuela –escribía en ese tiempo el profesor Humberto Cuenca, compañero de Martín– la vanguardia revolucionaria se halla en manos de los estudiantes.»

En julio de 1960 Américo y sus compañeros (Héctor Pérez Marcano, Moisés Moleiro, Simón Sáez Mérida y otros estudiantes próceres de la lucha contra la dictadura) acudieron a La Habana y se deslumbraron con sus héroes, Castro y el Che. Mientras tanto Betancourt, el antihéroe democrático, los colocaba fuera de la ley. Con el desprendimiento de su «generación de recambio», AD lamentaba la pérdida de su «reserva espiritual», pero la ola de actos desatados por los jóvenes del MIR y sus compañeros del PC no era precisamente espiritual: desde el secuestro del famoso futbolista del Real Madrid Alfredo Di

Stefano hasta un asalto criminal a un tren que transportaba niños. En este atentado (29 de septiembre de 1963) murieron siete guardias. La población, sin miramientos, los repudió. En diciembre de 1963 se celebraron elecciones presidenciales. A pesar de que contendía en ellas el sólido candidato de izquierda Jóvito Villalba, tanto el Partido Comunista Venezolano o PCV como el MIR se negaron a apoyarlo, llamaron activamente a la abstención y buscaron imponerla por todos los medios, incluido el enfrentamiento armado.

Ahora muchos de esos antiguos guerrilleros –mayores de setenta años– recuerdan los hechos con remordimiento. Uno de ellos, Pompeyo Márquez, que durante la lucha contra Pérez Jiménez se había consagrado como un legendario organizador clandestino, ex miembro del PCV, confesaba en 2001: «Nuestro error fue haber creído en el fracaso de la democracia [...] y un error al cuadrado, tratar de trasplantar mecánicamente a Venezuela la Revolución cubana».

En 2007, en las memorias escritas en colaboración con el historiador Antonio Sánchez García, Héctor Pérez Marcano, otro joven exaltado de esos años, pero perteneciente al MIR, escribe:

> boicoteamos las elecciones [...] y a pesar de coincidir con el análisis de la situación política nacional de Jóvito Villalba, boicoteamos sus actos y manifestaciones [...]. Creíamos que de esa forma construíamos el futuro. Pero la historia real [...] lo quiso de otra forma. Peor aún: nosotros, los comunistas, los miristas y todos quienes participaron en los sucesos que estamos narrando, influenciados de manera perversa por las políticas imperiales de Fidel Castro, lo quisimos de otra forma. El precio lo estamos pagando ahorita, para nuestro infinito pesar. De esos polvos salieron estos lodos.

La participación electoral en el triunfo de Raúl Leoni (candidato de AD) llegó a 91%, pero los jóvenes del PCV y el MIR tampoco leyeron en ello una señal de moderación. Por el contrario: se impacientaron aún más y estallaron. Querían emular a Mao Tse Tung con su «guerra campesina larga y prolongada». Aunque algunos sugerían la vuelta a la política electoral, la mayoría se impuso y creó frentes insurreccionales en seis estados del país, integrados por el PCV, el MIR y una fracción de la Unión Republicana Democrática (URD). Conformaron el llamado FLPM (Frente de Liberación Político Militar). Entre los guerrilleros estaban Douglas Bravo, Luben y Teodoro Petkoff, Alí Rodríguez Araque, Moisés Moleiro y Américo Martín. En 1964 Américo operaba ya en El Bachiller, en el estado de Miranda, a sólo 150 kilómetros de Caracas:

> Podía decirse –me escribe con una mezcla de nostalgia heroica y dolor– que a muy temprana edad había aterrizado en el marxismo-leninismo y en la lucha armada, y asumido que la revolución se enfrentaba a la democracia, entonces llamada «formal» o «burguesa». ¡Han pasado más de cuarenta años y todavía el tema parece actual!

* * *

No sólo los estudiantes revolucionarios militan contra Betancourt. También Fidel Castro. El 24 de enero de 1959 viaja a Caracas (donde recibe una bienvenida apoteósica) y visita a Betancourt (entonces presidente electo) para pedirle petróleo. Betancourt le responde que el pueblo venezolano no regala el petróleo, lo vende, y que no hará una excepción en ese caso. El encuentro –según los pocos testigos– es breve y áspero. Betancourt lo cala y sabe que Castro será, a partir de entonces, su enemigo mortal. Las ejecuciones que se practican en la isla lo alejan más. En noviembre de 1961 Cuba y Venezuela rompen relaciones. Agraviado por su expulsión de la Organización de los Estados Americanos u OEA (aprobada a iniciativa de Betancourt en enero de 1962, en Punta del Este, Uruguay, con la solitaria oposición de México), Castro tiene sus ojos puestos en Venezuela y en su petróleo.

En 1965 convergen en La Habana los dos brazos de la guerrilla: el PCV y el MIR. Hasta allá viaja en septiembre de ese año el joven mirista Américo Martín. Conoce a Raúl Castro (reservado y hasta seco, aunque más bien tímido, viviendo modestamente con su compañera Vilma Espín) y se encuentra por fin con su héroe mayor, con Fidel, a quien pide apoyo para el MIR (que en términos de estructura, complejidad ideológica y recursos de toda índole estaba en desventaja frente al PCV, representado, entre otros, por Douglas Bravo y Luben Petkoff).

Según Pérez Marcano, presente desde 1964 en La Habana, Fidel queda verdaderamente cautivado, seducido, por la figura de Américo. Los jóvenes del MIR conviven tres días enteros con Fidel, tres días inolvidables en los que nadie habla sino el comandante: «¡Pero qué monólogo, caballero», recuerda Pérez Marcano. «Histrión hasta la fábula y fascinado por Américo», Fidel les narra su vida de héroe: la experiencia del «Bogotazo» en 1948, su travesía en el Granma y sus meses en Sierra Maestra hasta su entrada triunfal en La Habana; les muestra las maravillas de la Revolución cubana (las vacas más prodigiosas, el yogur más exquisito, los sembradíos más generosos, los mejores laboratorios, los más sofisticados centros asistenciales) y los conduce personalmente a un campo de tiro donde intenta presumir su habilidad como tirador. «A Fidel –señala Pérez Marcano– el blanco le fue siempre esquivo, mientras que Américo, que de la materia no entendía un rábano, no dejó de dar una sola vez en el blanco». Tras ganar la confianza plena del líder, Américo logra su apoyo económico para el MIR. Y operará en la montaña con equipos de radiocomunicación soviéticos directamente conectados con La Habana y aportados por Castro.

Américo vuelve al frente y practica en El Bachiller la teoría «foquista» de la revolución, basada en actos espectaculares que tienen más sentido de propaganda y acoso que de guerra. Por lo demás, la aplicación de la teoría «foquista» tenía efectos contraproducentes: «Se esperaba que las acciones ejemplarizantes despertaran a los pueblos. Era un disparate. Esas acciones, lejos de conectarnos con el pueblo y el país, nos aislaron todavía más». Para colmo, en la guerrilla se reproducía el típico caudillismo latinoamericano:

Los dirigentes se ponían personalmente a la cabeza. Fue también eso lo que condujo a exaltar las figuras individuales con sus barbas míticas. El predominio de lo individual condujo a los modelos personales bíblicos. En Vietnam se movían grandes masas armadas y poco se sabía de sus jefes. En varias partes de América fue lo contrario: se conocía a los jefes, con sus hazañas resaltadas, pero no se veían las masas armadas.

Todos querían ser héroes, no héroes anónimos sino héroes individuales.

Para repetir la operación de Sierra Maestra, Fidel Castro se involucra personalmente en la planeación de dos invasiones a Venezuela con tropas cubanas. Hace apostar un camión de telecomunicaciones junto al sitio de entrenamiento, para dirigir la operación directamente desde allí. El grupo está conformado por catorce oficiales y soldados, la elite guerrillera de la revolución (Raúl Menéndez Tomassevich, Ángel Frías, Arnaldo Ochoa Sánchez, Reyneiro Jiménez Laje, Walfrido Pérez, Orestes Guerra, Ermes Cordero, Ulises Rosales del Toro, Silvio García Planas, los hermanos Patricio y Antonio de la Guardia). «Venezuela era la joya de la corona»: conquistarla, controlar sus reservas y alcanzar el dominio de su posición geoestratégica era –dice Pérez Marcano– «asunto de vida o muerte para el proyecto de dominio continental que entonces tenía Fidel Castro». Según Sánchez García, Venezuela era para Castro lo que Alemania había sido para Lenin en los comienzos de la Revolución rusa: la «palanca de la revolución continental».

La primera invasión de Cuba a Venezuela ocurre en julio de 1966. Tiene lugar en las playas de Chichiriviche, en el estado Falcón. Es una misión cubanovenezolana que Fidel ha venido planeando desde enero de 1966. La encabezan Luben Petkoff y Arnaldo Ochoa Sánchez (el futuro héroe de África, ajusticiado por Fidel en julio de 1989), que se unen al frente comandado por Douglas Bravo. Diversos incidentes retardan la preparación de la segunda invasión, a cargo del MIR, que debía unirse a Américo. Finalmente se constituye un grupo de ocho guerrilleros: cuatro cubanos y cuatro venezolanos. La marcha hacia las montañas de El Bachiller, en el estado Miranda, comienza el 8 de mayo de 1967 y empieza en un lugar llamado El Cocal de los Muertos. Un grupo de desembarco naufraga frente a Machurucuto, algunos kilómetros al oeste de El Cocal.

La invasión revolucionaria a Venezuela planeada minuciosamente por Fidel Castro había fracasado por varios motivos: dificultades prácticas de toda índole (entre otras, las botas mal diseñadas... ¡por Fidel!), el entorno inhóspito («frente a las montañas de Venezuela –escribe Pérez Marcano– la Sierra Maestra es como el Central Park»; un territorio, además, poblado de venenosas serpientes), la eficacia de las Fuerzas Armadas Nacionales, las pugnas internas entre las diversas facciones de la guerrilla en los frentes, los errores tácticos y estratégicos cometidos por ellas y por las fuerzas expedicionarias cubanas y el repudio general de la población (incluso la campesina). Todos los cubanos debieron retirarse.

Meses antes, en abril de 1967, a punto de salir a Bolivia, el mismísimo Che había reconocido los esfuerzos de Américo Martín en su famoso discurso ante la Tricontinental, en el que emitió la consigna de crear en las calles y montañas de América Latina «uno, dos, tres, muchos Vietnam». Dijo el Che:

La movilización activa del pueblo crea sus propios dirigentes: César Montes y Yon Sosa levantan la bandera en Guatemala, Fabio Vázquez y Marulanda lo hacen en Colombia, Douglas Bravo en el occidente del país y Américo Martín en «El Bachiller» dirigen sus respectivos frentes en Venezuela.

Américo se enteró de la distinción, pero para entonces ya había comenzado a dudar de la vía armada. Para colmo, había contraído una grave enfermedad en la sierra *(leishmaniasis)*. Fue el principio del fin. Un operativo urbano lo llevó a un refugio clandestino en Caracas y luego a Colombia. Cuando viajaba de clandestino desde Cartagena a Francia en el barco español Zatrústegui, el gobierno plenamente informado ocupó el barco y lo tomó preso.

Tras casi diez años de intensa radicalización, a Américo aquel fin lo llevó a un nuevo principio. En la prisión-cuartel de San Carlos en Caracas coincidió con otros guerrilleros del PCV como Freddy Muñoz y Teodoro Petkoff (a quien Castro había criticado públicamente de «derrotista» en uno de sus maratónicos discursos el 13 de marzo de 1967). Miristas y comunistas dieron inicio a un doloroso proceso de autocrítica. Como tantos *poseídos* de la historia rusa y europea, comenzaban a descubrir el rostro oscuro de la Revolución soviética y sus avatares, y a valorar poco a poco las modestas virtudes de la democracia. Su parteaguas fue la invasión rusa a Praga en 1968. Petkoff publicó un importante libro contra ella *(Checoeslovaquia, el socialismo como problema)*, que el propio Betancourt consideraba de gran importancia en la historia de la izquierda latinoamericana. Por su parte, Américo comenzó a apartarse primero del socialismo revolucionario y del leninismo, tiempo después del marxismo.

En las postrimerías del gobierno de Leoni, por iniciativa del PCV, la guerrilla y el gobierno comenzaron a entablar cautelosas negociaciones de paz. Los debates internos en el PCV serían memorables por varios motivos: su intensidad polémica, su valentía autocrítica, su independencia ante Castro, la URSS y el poderoso *establishment* cultural de la época (ciegamente servil a Castro). Esos debates, conviene recordar, antecedieron al eurocomunismo europeo. La pacificación culminó finalmente en 1969, con el nuevo presidente Rafael Caldera, e incluyó a los guerrilleros del MIR, que en algún momento contaron con la mediación del periodista José Vicente Rangel. Hubo excepciones: Douglas Bravo nunca se avino a la amnistía; Luben Petkoff –que a juicio de los militares de la época era el más capaz de todos– se avino pero siguió vinculado de diversas formas a la isla; Alí Rodríguez Araque mantuvo siempre ligas estrechas con Fidel. Por su parte, Américo nunca miró hacia atrás o, mejor dicho, siempre miró hacia atrás, con remordimiento por los años empeñados y las vidas perdidas, pero sobre todo con deseos de entender y dar a entender por qué el sueño de la revolución engendra monstruos. Trabajó en la arena política, como diputado y candidato presidencial del MIR, en 1978. Después pasó a la arena intelectual, publicando artículos y libros. Con la caída del Muro de Berlín en 1989 creyó, prematuramente, que la historia le daba la razón.

«Ganamos, hermano, ganamos.» Mientras hablábamos, tres de los personajes mencionados por el Che seguían vivos. Douglas Bravo, el irreductible líder radical, tildaba de tibio al presidente Chávez. Marulanda, el guerrillero fósil, seguía aún activo en la selva colombiana, apoyado por Chávez. Y Américo, el guerrillero desencantado, llevaba cuatro décadas trabajando por la democracia y nueve años oponiéndose, resueltamente, a Hugo Chávez.

Tres lustros constructivos (1959-1974)

En sentido contrario al de Américo, a partir de 1959 Venezuela pasó lentamente de la democracia a la revolución. En un país con el trasfondo tiránico más profundo y prolongado de América Latina, la adopción de la democracia había requerido enorme esfuerzo, tenacidad e imaginación.

Puede decirse que en Venezuela el siglo XIX no comenzó en 1800 sino en 1830, con el nacimiento definitivo de la República de Venezuela, y no terminó en 1900 sino en 1935, cuando falleció de muerte natural el más férreo de sus dictadores, dueño y señor del país desde 1908, el general Juan Vicente Gómez. Antes de Gómez, Venezuela había oscilado entre dos polos extremos: la autocracia y la guerra civil. La autocracia podía ser liberal y cuidadosa de las formas republicanas (como la presidencia y la dilatada hegemonía del general José Antonio Páez, el gran «lancero», el caudillo llanero de la Independencia, compañero y más tarde adversario de Bolívar, fundador de la república) o podía ser progresista con ribetes imperiales (como la de Antonio Guzmán Blanco) o nacionalista y frívola como la de Cipriano Castro. Pero la pauta era siempre personalista. Y cuando se sucedían, las guerras civiles, en su ferocidad, eran réplicas (más pequeñas pero perfectas) de la guerra de Independencia, que en Venezuela fue con mucho la más larga y sangrienta del continente.

Construir una democracia a partir de esos cimientos telúricos parecía una labor de titanes pero, quizá como reacción al pasado autocrático, el país tuvo la fortuna de contar con la fuerza creativa de una generación estudiantil nacida entre 1905 y 1920, representada por jóvenes como Jóvito Villalba, Miguel Otero Silva y Rómulo Betancourt. También ellos se habían fascinado con la revolución, en su caso la Revolución rusa. Como muchos de sus coetáneos en América Latina, todos ellos soñaron con emular a Sashka Yegulev, el estudiante idealista de la novela homónima de Leonides Andreiev.

Presagio literario del Che Guevara, este personaje recorrió el mundo de habla hispana:

> En aquella época –escribe Octavio Paz– nos sedujo Sachka Yegulev, un estudiante que decide unirse a los campesinos y se convierte en guerrillero. Mi generación sintió muy profundamente el llamado de la violencia y muchos se reconocieron en el héroe de Andreiev. Nos parecía un precursor romántico de nuestros afanes revolucionarios.

En Chile, hacia 1923, Pablo Neruda firmaba con el seudónimo de Sashka sus primeros artículos en la revista *Claridad*. En el Perú, José Carlos Mariátegui declaró que Gorki y Andreiev eran sus autores favoritos. En España, Rafael Alberti recordaba haber «figurado entre esos jóvenes a quienes la juventud heroica y aventurera de Sashka quitó el sueño». Y en Argentina, Ernesto Sábato confesó que durante su adolescencia la figura de Sashka Yegulev lo había apasionado.

Pero llegado el momento de la acción política, Betancourt prefirió seguir otro modelo ruso, más realista: V.I. Lenin. No copió el modelo ni se plegó servilmente –como buena parte de la izquierda de entonces en América Latina– a los dictados de la URSS: lo reformuló imaginativamente mediante la creación de un partido no comunista sino socialdemócrata, un partido disciplinado, vertical, nacionalista, moderno, progresista, con clara vocación social. Lo terminaría por fundar en 1941 y se llamaría Acción Democrática.

Una vez en el poder, el partido debía atender las necesidades sociales (a la manera del PRM mexicano –el futuro PRI–, que en ese sentido admiraba) pero, a diferencia de aquel homólogo, AD debía propiciar una vida democrática auténtica: elecciones libres, sufragio universal, Estado de derecho, libertades cívicas plenas, división de poderes, competencia de partidos.

Tras la muerte de Gómez, entre 1935 y 1945 Venezuela tuvo dos gobiernos gomecistas sucesivos –Eleazar López Contreras e Isaías Medina Angarita– que mostraron vocación social y voluntad para abrir la vida política. Pero Betancourt no podía esperar indefinidamente, y en 1945 acordó una alianza *non sancta* (que sus críticos le reclamarán siempre) con los militares para dar un golpe de Estado, tras el cual ocupó la presidencia provisional. Los hechos dieron inicio al importante periodo conocido como el «Trienio», en el que Venezuela preparó su gran salto adelante hacia la democracia. En 1947, bajo la batuta programática de Betancourt, aprobada una nueva Constitución, Venezuela celebró las primeras elecciones con sufragio universal, incluyendo el femenino, de su historia.

El candidato triunfante fue el venezolano de mayor renombre internacional, maestro de Betancourt en su juventud, el gran escritor Rómulo Gallegos. Parecía el sueño cumplido, el triunfo de la civilización sobre la barbarie, la venganza de Marcos Vargas sobre la maldición de Canaima, la de Santos Luzardo sobre Doña Bárbara. Gallegos tomó posesión en febrero de 1948, pero en noviembre de ese mismo año un nuevo golpe militar lo derribó y abrió paso a la dictadura militar de Marcos Pérez Jiménez. Una década después, en 1957, los venezolanos buscaron con valor la restauración de la democracia. En 1958, tras una insurrección popular, una junta militar de actitud tolerante desplazó a Pérez Jiménez y ocupó el poder. La presidió un militar popular, Wolfgang Larrazábal, que contendió en las elecciones. El histórico Pacto de Punto Fijo, firmado en 1958 por el propio Betancourt, Rafael Caldera y Jóvito Villalba, aseguró el apoyo al candidato ganador y algo crucial: la formación de un gobierno de coalición. Triunfó Betancourt y en 1961 se promulgó una nueva Constitución, que perfeccionaba la de 1947.

* * *

Casi treinta años más tarde, la Universidad de Cambridge comenzó a publicar su magna historia de Latinoamérica en once volúmenes. El texto sobre «Venezuela a partir de 1930» de Judith Ewell abordaba la etapa 1959-1989 deteniéndose en los diversos y complejos aspectos de cada periodo presidencial. En el primer corte de 1973 (al cumplirse quince años del Pacto de Punto Fijo, luego de tres gobiernos sucesivos, dos de AD y uno de COPEI) Ewell hacía un balance marcadamente positivo:

> Para 1973, tras quince años de gobierno democrático, Venezuela alcanzó logros formidables en lo referente a la institucionalización política y al crecimiento económico. Entre 1958 y 1972, el Producto Interno Bruto más que duplicó sus cifras y el flujo de dólares era constante. En 1971 el PIB per cápita se elevó ocupando el segundo lugar, sólo detrás de Argentina y, en cuestión de pocos años, se convirtió en el más elevado de América Latina. Los venezolanos tenían mejor educación, estaban mejor alimentados, eran más saludables y vivían más años que en 1958. El número de aparatos de televisión se disparó de 250.000, en 1961, a 822.000, en 1970: un indicador de la creciente afluencia así como de la propagación de los medios masivos de comunicación.

Varias cosas llamaban la atención de aquellos primeros quince años. La democracia se asentaba con firmeza. No había un partido hegemónico sino varios (incluyendo uno perezjimenista y el comunista, que volvió a la vida civil en tiempos de Caldera) compitiendo de manera genuina. Para ahuyentar la sombra del caudillismo, tras entregar el poder en 1964 a su viejo compañero Raúl Leoni, Betancourt se exilió por diez años en Berna, Suiza, y (pudiendo hacerlo) nunca volvió a postularse como candidato. En 1969, con el triunfo de Rafael Caldera, la democracia pasó la siguiente prueba, la alternancia. Otros factores necesarios en una democracia genuina funcionaban también: la mayoría de los jueces eran designados por concurso y la judicatura, en general, mostraba independencia de los poderes fácticos; y había una libertad de expresión absoluta, libertad que molestaba a los gobernantes pero éstos no conspiraban desde el poder para acallarla. Dos logros tuvieron especial relevancia: el control civil de las Fuerzas Armadas (con atención sustantiva a su desarrollo profesional y su educación) y la puesta en cauce del movimiento insurreccional de izquierda al parlamento. En 1971, los disidentes del PCV, entre ellos Teodoro Petkoff y Pompeyo Márquez, formaron el MAS (Movimiento al Socialismo). En 1973, también el MIR de Américo Martín se incorporó a la vida partidaria. En las elecciones de 1973 una docena de ex guerrilleros amnistiados fueron electos senadores y diputados.

La democracia, cada vez más, pagaba dividendos y prestigio en el exterior. En 1967, un joven comunista mexicano, el antropólogo Roger Bartra, llegó a la Universidad de Los Andes para ocupar una cátedra sobre su especialidad, los problemas agrarios. Aquella experiencia fue su «Camino a Damasco»:

Se me cayeron los esquemas. En ese país supuestamente «dominado por el imperialismo» se practicaba una democracia vibrante que me entusiasmó. En la Universidad el debate era abierto y respetuoso entre posiciones de izquierda, de centro izquierda (AD) y de derecha (COPEI). Puertas adentro, la izquierda debatía con ardor. Yo me acerqué a las posiciones de Teodoro Petkoff y Pompeyo Márquez, magníficos líderes que se oponían a la opción guerrillera de otras facciones del PCV y del MIR. La «vilipendiada democracia», la democracia «formal o burguesa», fue realizada en Venezuela. Para mí fue una experiencia formidable. Me cambió la vida.

Otro aporte del periodo en su conjunto fue la creación de la Universidad Simón Bolívar, los programas de vivienda de bajo costo y el apoyo a las universidades. «Yo ganaba lo que un profesor en Estados Unidos», recuerda Bartra. En el frente externo, sorprendentemente, fue el COPEI el que restableció contactos con Cuba y con gobiernos de izquierda de la región (como el de Juan Velasco Alvarado en Perú) y marcó cierta distancia con respecto a Estados Unidos.

El desarrollo social y económico era claro: el crecimiento de 7% anual se había logrado sin huelgas ni paros. El petróleo seguía siendo el factor central de la economía venezolana, pero mucho se había «sembrado» en otros sectores como la industria, la banca y los servicios. Lo más notable de este despegue es que había ocurrido en un periodo en el que las reservas petroleras se habían reducido (según se estimó en 1973). Entre 1958 y 1973, la posición relativa de Venezuela como exportador de petróleo había decaído en comparación con los campos del Medio Oriente.

Tres lustros críticos (1974-1989)

El cuadro cambió cuando el petróleo cambió. El alza súbita de los precios tras la guerra del Sinaí (en 1970, el precio promedio del barril era de 2,01 dólares; en enero de 1974, de 14,36; en 1982, de 29,40) abrió paso a la era que algunos bautizaron como la «Venezuela Saudita». En 1974, el gobierno de Carlos Andrés Pérez dio inicio a un periodo desconcertante (de luces y sombras) muy parecido al que México (el otro país petrolero de la región) vivió en la llamada «docena trágica»: las administraciones populistas de Luis Echeverría y José López Portillo. Eufórico tras el hallazgo de nuevos depósitos en el Golfo de México, confiado en la persistencia de los altos precios, este último proclamó la «administración de la abundancia». «El niño Dios te escrituró un establo / y los veneros de petróleo el diablo», había escrito en 1921 el gran poeta mexicano Ramón López Velarde. Su profético poema sería aplicable a ambos países.

En el primer periodo de Carlos Andrés Pérez (1974-1979) Venezuela hizo lo que México en 1938: nacionalizó el petróleo y creó Petroven (la futura PDVSA); pero a diferencia de México (y con el apoyo de Betancourt, que estaba atento al proceso), el gobierno venezolano tuvo el buen sentido de no hacer de ella una empresa pública ineficaz y corrupta, respetando al magnífico cuadro gerencial y técnico formado por las compañías extranjeras. El arreglo, como era de esperarse, incrementó las reservas y la producción.

Por desgracia, en Venezuela igual que en México, el gobierno perdió el sentido de las proporciones: confundió el gasto con la inversión, incurrió en enormes inversiones improductivas, multiplicó su gasto corriente y el tamaño de la burocracia, contrajo una deuda inmensa, alentó la importación desbocada de bienes de consumo y provocó la fuga de capitales. Un error particularmente costoso (reproducido en México) fue la proliferación de empresas paraestatales públicas:

El problema surgía por la multiplicación de empresas del Estado. En 1980 el Estado venezolano se ufanaba de tener 91 entidades administrativas, 79 empresas propiedad del gobierno y 146 empresas mixtas. Entre 1960 y 1975 los gastos del gobierno central prácticamente se cuadruplicaron, pero pasaron de 54% a 21% del gasto público total. En contraste, en 1975 las compañías estatales gastaron casi 25 veces más que en 1960, y en 1975 sus gastos representaban 62% del gasto público, comparado con sólo 23% en 1960.

El petróleo era una bendición ambigua. Por un lado, se realizó una nacionalización del petróleo por consenso, sin confiscaciones ni aspavientos, cuyo diseño legal puso a salvo a la operadora estatal de las solicitaciones de dinero por parte del partido gobernante en turno. Esta compañía alcanzó con el tiempo niveles de excelencia que la colocaron entre las diez primeras del mundo. Otros aspectos positivos fueron la condonación de la deuda agrícola (que complementó la Reforma Agraria de 1969), el fomento a la construcción de vivienda popular y la emisión de leyes hipotecarias que permitieron a millones de venezolanos tener un techo propio.

La cultura floreció también bajo el régimen de Carlos Andrés Pérez. Honrando la mejor tradición de un Estado que apoya la cultura sin dictarle pautas, la cultura en Venezuela vivió un capítulo de florecimiento similar al de México en los remotos tiempos de José Vasconcelos: se consolidaron grandes teatros y centros de cultura como el «Teresa Carreño» de Caracas y el Centro de Bellas Artes de Maracaibo. Se crearon nuevas universidades; se establecieron programas de becas (como el Plan «Mariscal de Ayacucho») que beneficiaron a cerca de cuarenta mil jóvenes venezolanos, muchos de los cuales salieron al extranjero; se fundó un museo de arte moderno (admirado *urbi et orbi* y dirigido por Sofía Imber). Se creó la Biblioteca Ayacucho, cumpliendo el sueño de grandes escritores iberoamericanos como Pedro Henríquez Ureña. Se respetó, con la mayor exigencia e imparcialidad, el Premio Rómulo Gallegos. Se fortaleció la Editorial Monte Ávila, ejemplo de calidad literaria e intelectual. La música alcanzó calidad mundial: el Sistema Nacional de Orquestas Juveniles, nutrido por jóvenes sin recursos, llevaría a la creación de la gran Orquesta Juvenil Simón Bolívar, «orquesta modélica» según decía el maestro mexicano Carlos Chávez, de donde más tarde emergería Gustavo Dudamel, el joven y talentoso director. En el periodo de Carlos Andrés Pérez se creó también el Consejo Nacional de la Cultura, que jugó un papel importante. Eran logros tangibles, reconocidos dentro y fuera del país. Caracas fue en esos años –como São Paulo, Buenos Aires o México en varios momentos del siglo– una de las capitales culturales de América.

Pero, igual que en México, los ingresos petroleros alentaron la corrupción de los servidores públicos y los gastos suntuarios de la iniciativa privada. Aparecieron estilos de vida ostentosos y ofensivos, la compra de condominios en Miami, los aviones privados, etcétera. Para colmo, el gobierno mostró torpeza y crueldad en su trato con los grupos insurrectos que aparecieron en la escena. Particularmente atroz fue en 1976 la tortura y asesinato de Jorge Rodríguez, ex guerrillero del MIR, en los separos de la policía. Jorge era —en palabras de Pérez Marcano— «un hombre cabal, extraordinario y bueno». Pérez equilibraba su dureza frente a la izquierda radical interna con una postura populista y «tercermundista» en el exterior. Igual que Luis Echeverría, prestaba apoyo a las guerrillas sandinistas, hacía campaña por el retiro de las sanciones a Fidel Castro en la OEA y mostraba simpatías por las posiciones nacionalistas de Torrijos.

La primera fractura se presentó en el siguiente quinquenio (1979-1984), durante la presidencia copeyana de Luis Herrera Campins. Su gobierno tendría que pagar los costos de la fiesta: mientras los precios del petróleo comenzaban a nivelarse, crecía el peso de la deuda. En esa misma circunstancia, el primero de septiembre de 1982 México se declaró en quiebra. («Al reino de la ilusión llegaron malas noticias de la realidad», escribió en México Gabriel Zaid.)

Seis meses después, en Venezuela, Herrera Campins decidió tomar medidas impopulares, retirando o limitando los subsidios a varios productos. El 18 de febrero de 1983 fue un día que los venezolanos recordarán para siempre, el «Viernes Negro»: el bolívar perdió su histórica paridad de 4,30 con el dólar. Quienes tenían deudas en dólares requerían dos veces más bolívares para adquirirlos, el sector privado demandó dólares preferenciales, la deuda pública llegó a 20.000 millones y la privada a 14.000 millones.

Al concluir el periodo de Herrera Campins, Carlos Rangel —el agudo pensador liberal— publicó en la revista *Vuelta*, dirigida por Octavio Paz, su reprobación del régimen saliente:

Hubo desprecio hacia la opinión pública y en especial hacia los partidos (inclusive el COPEI) y los sindicatos, siembra deliberada de discordia nacional, intento de destruir a AD, hostilidad contra el sector privado [...] uso del Banco Central de Venezuela como instrumento político, desorden fiscal, politización de la industria petrolera nacionalizada, despilfarro, endeudamiento externo e interno desenfrenado, nepotismo, imprevisión, corrupción en mayor escala y más descarada que en ningún gobierno anterior.

Con el desempleo, la inflación, la caída de los niveles de vida y la contracción de la inversión y la demanda, las tensiones y la conciencia de clase (amortiguadas hasta entonces por las políticas populistas) comenzaron a aflorar con agudeza. Parecía la oportunidad de la izquierda, y lo fue por el sorprendente número de escaños que algunos partidos pequeños alcanzaron en el Congreso. Guerrilleros como Alí Rodríguez Araque pasaron de la noche a la mañana de la prisión al Congreso, al que se incorporó en 1983. Pero el Poder Ejecutivo siguió eludiéndolos. En lugar de unificarse, en 1988 los antiguos guerrilleros del MIR dividieron su postulación: el grupo de Américo Martín apoyó de nueva cuenta, como en 1983, la candidatura de Teodoro Petkoff; Moisés Moleiro postuló al respetado periodista y parlamentario que ya había sido por dos ocasiones (1973 y 1978) candidato del MAS a la presidencia: José Vicente Rangel. Para sorpresa de las dos vertientes de la izquierda, a pesar de la crisis la votación por los partidos históricos (AD y COPEI) fue de más de 90%: 56,8 para el adeco (como popularmente se conoce en Venezuela a los miembros de AD), Jaime Lusinchi, y 34% para el candidato copeyano, Rafael Caldera. Según Carlos Rangel, la derrota de la izquierda se debió al miedo de que el COPEI repitiera (el candidato era el ex presidente Caldera) y al hecho de que el ciudadano común no terminaba por persuadirse de la conversión democrática de los líderes del MAS.

* * *

Justamente en esos días (diciembre de 1983) la revista *Vuelta* publicaba una serie de ensayos sobre el estado de la democracia en América Latina. El texto dedicado a Venezuela se encomendó al filósofo Juan Nuño. Habían pasado las elecciones y Nuño se sorprendía de la afluencia de votantes. «El pueblo venezolano ha transferido su potencial religioso a la política del voto», escribía, admirado de que en un país como Venezuela la democracia electoral tuviera tanto arraigo popular.

Votar –decía Nuño– era un acto mágico, una fe ciega, y los candidatos adecos o copeyanos eran sucedáneos de «la virgen de Chiquinquirá o de María Lionza, deidad pagana de la fertilidad y la riqueza». Tal vez por efecto de la reciente crisis financiera, Nuño no parecía demasiado orgulloso de la democracia en su país y se preguntaba dónde estaba la opción de izquierda. A pesar de la crisis, no la veía por ningún lado, y lo lamentaba. El pueblo no votaba por ella, y ella se conformaba con «aumentar milimétricamente sus ridículos porcentajes para, en una lenta progresión, quizá poder llegar a finales del siglo XXI». En cuanto a la opción revolucionaria, la creía absolutamente superada:

> Si alguien piensa desde fuera que el juego electoral de la izquierda sólo es una pantalla porque, en el fondo, están preparando al fuego el hierro revolucionario, se equivoca de medio a medio.
>
> No hay más leña que la que arde y, hoy por hoy, ni hay proyecto alguno «revolucionario» ni, por la otra parte, ningún noble espíritu castrense acaricia la idea de sacar su glorioso sable para aprontarse al clásico sacrificio por la patria. Ni golpes de derecha ni insurrecciones izquierdistas. Sólo la inmensa calma chicha de la más monótona de las democracias bipartidistas.

El tiempo desmintió al filósofo. En los mismos meses en que Nuño escribía su escéptico texto había por lo menos un «noble espíritu castrense» que «acariciaba la idea de sacar su glorioso sable para aprontarse al clásico sacrificio de la patria». Era el capitán Hugo Chávez.

Entre 1981 y 1984 otro pensador, el joven economista venezolano Moisés Naím, leyó el cambio de los tiempos y se dio a la tarea de compilar y escribir un libro sobre la situación de su país. Lo llamó *El caso Venezuela: una ilusión de armonía*. La obra causó preocupación y revuelo: se trataba de un recorrido por diversos ámbitos de la vida pública y la economía venezolanas, elaborado cada uno por especialistas de renombre, con el objeto de arribar, de la manera más objetiva posible, a un diagnóstico sobre el estado de un país súbitamente empobrecido y enfermo, entre otras cosas, de dependencia petrolera, patronazgo estatal, empresariado concesionario, falta de liderazgo y corrupción. Desde la técnica, no la ideología, Naím se hizo una pregunta crucial: «¿Cómo nos unimos para avanzar?» Aunque el país parecía haber consolidado su democracia, la crisis había puesto en evidencia las limitaciones del contrato social. La primera «simplificación» consistía en seguir pensando que gracias al petróleo «hay pa' todo», «hay pa' todos», «todo es posible». El resultado era el voluntarismo, fantasioso e ineficaz: para cada necesidad, cada reclamo, cada voz y cada grupo, se creaba (con dinero público) un organismo cuya proliferación era incontrolada, caótica, ajena a toda idea de prioridad y, lo más importante, insostenible.

> ¿Qué ha de pasar ahora –preguntaba Naím– cuando ha cambiado drásticamente la situación de abundancia? ¿Qué pasará en esta época de vacas flacas y gordas aspiraciones? ¿Seguirá operando tan eficazmente la aversión al conflicto como mecanismo de integración [...]?

El camino sensato no estaba en los exhortos vacíos, ni en un «gran cambio» de modelo o en la espera del «hombre o el grupo salvador». Naím abogaba por algo que llamó la «carpintería»: orientarse de lo abstracto a lo concreto, proponer soluciones fragmentarias pero eficaces a los problemas prácticos, tener claras las prioridades y, sobre todo, abandonar *la ilusión del consenso*. Venezuela, en esencia, no podía descansar más en el petróleo como el lubricante que suavizaba y procesaba todos los conflictos. El país debía admitir que los conflictos no eran un accidente indeseable de su vida sino hechos consustanciales a ella, hechos que había que ventilar, abrir, debatir y solventar en el marco de instituciones y prácticas jurídicas modernas, al margen del habitual patronazgo basado en el petróleo. Muy pronto, la historia sometería la teoría de Naím a la primera prueba. El gobierno no la pasaría.

El capítulo dedicado a Venezuela en *The Cambridge History of Latin America* pasaba rápidamente por el periodo de Jaime

Lusinchi, cuya gestión (1984-1989) postergó los ajustes económicos imprescindibles, que quedaron a cargo de su sucesor, Carlos Andrés Pérez. En febrero de 1989 las medidas de austeridad ordenadas por Pérez provocaron precisamente el conflicto anunciado por Naím (que en ese momento, por cierto, era ministro de Fomento). Caracas fue el escenario de motines urbanos y saqueos que pasaron a la historia como el «Caracazo».

«Murieron cientos de personas y se destruyeron millones de dólares en propiedad», decía Judith Ewell, y agregaba tímidamente: «Los motines no tienen precedente en los tres decenios de vida democrática. Han mermado la confianza de los venezolanos en la posibilidad de enfrentar las crisis económicas sin desatar un levantamiento social». Ewell fue demasiado cautelosa: la represión del Caracazo no sólo había «mermado la confianza» de los venezolanos en su sistema político. En amplios sectores la había destruido.

Se acercaba la hora de la izquierda radical, la inesperada hora del desencuentro de Venezuela con la modernidad liberal. Para el mundo y aun para América Latina, 1989 fue el año que liquidó el socialismo real. Para Venezuela, 1989 fue el año en que el socialismo comenzó, seriamente, a despertar.

La excepcionalidad venezolana

El derrumbe paulatino de la democracia liberal a partir de ese momento eje de 1989 es uno de los grandes misterios de la Venezuela contemporánea. Un misterio y una tragedia. Y es que durante el periodo de 1959 a 1989 Venezuela tuvo el mérito mayor de ser, junto con Costa Rica y Colombia, el único país que mantuvo su régimen democrático. La transición venezolana se adelantó por casi veinte años a la portuguesa y la española. Ahora se dice fácil, pero el Pacto de Punto Fijo fue 17 años previo al de La Moncloa. En aquel entonces la mayoría de los países de la región padeció gobiernos antidemocráticos o francamente dictatoriales: Argentina, de 1963 a 1973, y luego los brutales regímenes de 1976 a 1983. Chile

–el civilizado y republicano Chile, el país con mayor tradición civilizada de la región– sufrió el golpe de Pinochet y su larga dictadura (1973-1989). El no menos civilizado Uruguay toleró la bota militar de 1973 a 1984. En Brasil los militares se quedaron dos décadas: de 1964 a 1984. En Perú, un poco menos: de 1968 a 1975 (militarismo de izquierda) y de 1975 a 1980 (militarismo de derecha). También Ecuador padeció gobiernos militares en los sesenta y setenta. Paraguay vivía la larguísima dictadura de Stroessner, y Cuba, la casi eterna de Fidel Castro. Dejando a un lado a los países caribeños, al resto de los centroamericanos (salvo la siempre ejemplar Costa Rica) y al peculiar régimen mexicano (monocracia absoluta y sexenal de partido hegemónico que Mario Vargas Llosa denominó «la dictadura perfecta»), en Sudamérica sólo Colombia (con su vieja y casi nunca interrumpida democracia) y Venezuela cruzaron meritoriamente las décadas de la segunda mitad del siglo XX siendo democracias.

En la misma colección, *The Cambridge History of Latin America* publicó «Democracy in Latin America since 1930», un estudio de otro género, escrito por los politólogos Jonathan Hartlyn y Arturo Valenzuela. Se trata de un análisis comparativo de la política latinoamericana basado en estadísticas y datos duros. Los autores discurrieron cuatro categorías de análisis: la vida constitucional, la vida partidista, la naturaleza de las elecciones y la experiencia democrática. En casi todas destacaba Venezuela.

Su vida constitucional parecía sólida, tras las seis sucesiones presidenciales pacíficas y legales llevadas a cabo bajo la Constitución de 1961. La vida de partidos era casi dual en los hechos, pero no había un bloqueo a los partidos minoritarios. El AD y el COPEI, por lo demás, representaban opciones reales: «Venezuela y Chile –decía el estudio– son los ejemplos más claros de países con partidos políticos fuertes». (Aunque Chile vivía los últimos años de la dictadura, los autores consideraban que la era de Pinochet representaba un lamentable paréntesis, y que ese país recuperaría su tradición democrática muy pronto.)

48

El análisis admitía que Venezuela había instaurado tarde (en 1946) la universalidad del sufragio (Colombia en el remotísimo 1853, Argentina en 1912, Uruguay en 1918, Chile en 1925, Costa Rica en 1925), pero, en cuanto a la prueba decisiva para medir una democracia (la capacidad de regular conflictos), los estudiosos puntuaban alto a Venezuela: había sufrido embates de izquierdas y derechas, intentos de golpe y guerrillas en toda forma, y los había sabido procesar. Comparada, en fin, con las siete naciones que les parecieron significativas (Chile, Argentina, Costa Rica, Perú, Brasil, Uruguay, Ecuador), los politólogos señalaban en la democracia venezolana un mérito particular: haberse inventado casi de la nada, porque «en Venezuela el gobierno de los caudillos era parte de una larga historia política que la convertía en la menos democrática de las ocho repúblicas».

* * *

Aquella democracia venezolana era excepcional también en otro sentido: parecía haber superado de manera definitiva la fiebre revolucionaria. Mientras en el resto de América Latina esa corriente se expandía como «río de azogue», en Venezuela –su primer escenario después de Cuba– la experiencia real, temprana y frustrada de la guerrilla parecía haber vacunado al país contra la opción radical. Aunque el sótano revolucionario permaneció siempre activo, desde fines de los años sesenta y principio de los setenta, los personajes más notorios de la guerrilla habían comenzado a practicar la autocrítica seria que Octavio Paz exigía desde las páginas de sus revistas *Plural* (1971-1976) y más tarde *Vuelta* (1976-1998). Con particular entusiasmo, Paz publicó a Teodoro Petkoff, que tuvo el mérito de proponer –antes que la *troika* Berlinguer, Carrillo y Marchais– el llamado comunismo con rostro humano. Años más tarde, cuando fundó el MAS junto con Pompeyo Márquez y Freddy Muñoz, las prácticas democráticas que asumieron y postularon lo fueron llevando a romper con el marxismo y con Fidel. En la propia revista *Vuelta,* Paz publicó también textos del pensador que por primera vez articuló una teoría crítica de la revolución latinoamericana, y que no por casualidad era venezolano: el ya citado Carlos Rangel, autor del libro *Del buen salvaje al buen revolucionario*. En 1984 Rangel consideraba que la democracia venezolana se había consolidado.

En los años setenta, mientras los jóvenes de Venezuela seguían ya en su mayoría la ruta de Betancourt, la juventud universitaria politizada de América Latina soñaba con la vía de Castro. Desde México hasta el Cono Sur, muchos «Américos» se impacientaron y tomaron las armas: profesores y estudiantes chilenos, argentinos, nicaragüenses, uruguayos, peruanos, salvadoreños, colombianos, guatemaltecos y mexicanos dejaron las aulas y se volvieron guerrilleros. No sólo los miembros estudiantiles y universitarios de la generación de Américo (la misma de Castro, nacida entre 1920 y 1935) quisieron seguir el ejemplo de Fidel. También la siguiente (nacida entre 1935 y 1950) sucumbió a su hechizo y al hechizo aún mayor del Che Guevara. Al conjuro de su nombre, su doctrina, su ejemplo y su mito, miles de jóvenes revolucionarios (universitarios radicalizados, como Américo y sus amigos, no campesinos ni obreros) se incorporaron a la guerrilla rural o urbana, o cuando menos predicaron en la prensa y las aulas las diversas doctrinas del marxismo.

El resultado fue trágico: se perdieron decenas de miles de vidas, empezando por las de ellos mismos, sacrificadas por brutales dictaduras militares renuentes a enfrentar el desafío juvenil con reformas políticas, no con actos genocidas dignos del nazismo. Esa reacción de los militares sudamericanos explica en parte por qué el socialismo real –del cual comenzaban a conocerse los horrores del Gulag y de la Revolución Cultural china– siguió conservando un halo de prestigio en América Latina. Otra parte fundamental de la explicación, por supuesto, era el odio histórico contra Estados Unidos, ganado a pulso por ellos mismos, desde fines del siglo XIX y refrendado en la intervención directa del gobierno de Nixon en el golpe que derrocó en 1973 a Salvador Allende.

México no fue la excepción en el sueño revolucionario y guerrillero que cubrió la región entre 1959 y 1989, mientras Venezuela construía su régimen democrático. Aunque protegido hasta cierto punto por un pacto de no agresión y cooperación con Fidel Castro (México fue el único país que siempre mantuvo relaciones diplomáticas con Cuba), a raíz de la matanza del 2 de octubre en Tlatelolco se desató por una década la llamada «guerra sucia», cuyos saldos son hasta la fecha una incógnita. No obstante, a principio de los ochenta un sector liberal de la generación que había participado en el movimiento estudiantil de 1968 comenzó a entender el valor de la democracia, la planteó como opción histórica y puso la simiente de la transición política mediante la incorporación plena de la izquierda a la vida parlamentaria.

En 1988 el candidato presidencial de la izquierda, Cuauhtémoc Cárdenas, fue con toda probabilidad despojado del triunfo, pero su reacción marcó un parteaguas en la tradición revolucionaria de la izquierda mexicana: en lugar de convocar a la rebelión fundó el Partido de la Revolución Democrática, el PRD, que en las décadas siguientes se convertiría en la segunda fuerza política del país.

A partir de 1989, tras la caída del Muro de Berlín, los vientos libertarios del Este y la desaparición de la Unión Soviética impulsaron a toda la región a emular lo que Venezuela había logrado desde 1959: un tránsito pacífico a la democracia. El dictador Augusto Pinochet fue arrojado del poder por la vía de los votos, no de las balas. Lo mismo ocurrió con el régimen sandinista (de corte autoritario) y con las sanguinarias y fanáticas guerrillas maoístas del Perú, encabezadas por el profesor Abimael Guzmán. También El Salvador dejó atrás su guerra atroz, con un saldo de 70.000 muertos. Sólo Marulanda y sus guerrilleros fósiles se mantenían activos en las selvas de Colombia, empalmando la droga de la cocaína con la droga de la ideología. En México, en tanto, el imperio del PRI se derrumbaba sin estruendo, con orden y concierto.

La conciencia democrática avanzó sustancialmente en América Latina, sobre todo en ámbitos de izquierda, que tras «tocar fondo» por la guerra, la guerrilla o la dictadura entendieron que sin libertades, instituciones y respeto a la ley la región se condenaría internamente y se aislaría de la tendencia global: democracia y crecimiento económico. Pasado un tiempo, varios países con gobiernos de izquierda moderada (Chile en particular) comenzaron a despuntar económicamente de un modo notable, demostrando que el camino abierto por la Venezuela de Betancourt era el adecuado.

Por un tiempo, el Lenin caribeño parecía quedarse solo, en su isla personal, donde nunca se han tolerado estudiantes revoltosos (ni obreros en huelga, ni opiniones disidentes), desprovisto del subsidio soviético, aislado por el absurdo embargo estadounidense, esperando que el azar llegara a auxiliarlo. Y el azar llegó. El 4 de febrero de 1992, a tres años del Caracazo, un desconocido comandante llamado Hugo Chávez intentó un golpe de Estado que fracasó. Fidel Castro apoyó a Pérez, pero no tardaría mucho en advertir que ese otro hombre encarnaba un providencial renacimiento de su proyecto en el país hacia donde por primera vez había enfilado sus baterías: Venezuela. Chávez saldría de la cárcel en 1994 y en cuatro años de fulgurante campaña llevaría al poder su Revolución bolivariana.

El suicidio de la democracia

La llegada al poder de Hugo Chávez no era inevitable. En su triunfo −además de su propio, indiscutible genio político− incidieron factores diversos y complejos que el pensamiento democrático liberal, socialdemócrata y la izquierda independiente del país no han terminado de dilucidar y digerir. Quizás alguna vez lo logren. El hecho es que Venezuela tiró el agua del gobierno de Pérez junto con el niño de la democracia.

Según Moisés Naím, en Venezuela se fue abriendo paso lentamente −a lo largo de los quince años que van del primero al segundo periodo de Carlos Andrés Pérez− un silogismo simple pero corrosivo que, por desgracia, tenía asideros firmes en la realidad: Venezuela es un país rico, yo soy pobre, luego alguien se está robando mi dinero. Y sí, alguien (muchos alguien) se estaba robando a manos llenas el dinero. La corrupción, el peculado, era una vieja lacra de la vida venezolana, ya presente en el siglo XIX, tan arraigada como la «mordida» mexicana. La vida pública reducida a la imagen de un gran pastel de bienes nacionales al que un grupo de políticos (y empresarios, líderes sindicales, mediáticos, militares) le echaba mano, con efectos terribles sobre el tejido social y la moral pública. Como escribió Gabriel Zaid sobre México: «La corrupción no era parte del sistema: era el sistema». Así ocurrió en Venezuela, sobre todo en el momento en que el barril pasó de 2 a 14 dólares.

Desde su primer gobierno, Betancourt había tomado medidas severísimas contra los saqueadores de tiempos de Gómez. En su segundo periodo declaró:

El nuevorriquismo derrochador desaparecerá de las costumbres oficiales. Lo ornamental y suntuario en las obras públicas será radicalmente eliminado y junto con ello, con mano firme, sin temblor en el pulso ni vacilación en la empresa moralizadora, se castigará sin contemplaciones los delitos de peculado, del tráfico de influencias, del porcentaje corruptor, del favoritismo rentable para quienes lo practican en las colocaciones de comprar para los organismos oficiales o el otorgamiento de contratos a empresas particulares.

En su propia gestión y en la de sus dos inmediatos sucesores (Leoni y Caldera) las palabras correspondieron a los hechos. Pero a partir del primer relevo generacional de su partido la corrupción se abrió paso hasta volverse incontenible, hasta inducir el silogismo fatal. Betancourt murió en 1981, a la edad de 73 años. No una muerte prematura pero sí relativamente temprana. Tal vez murió porque no quería ver las consecuencias del viejo mal que volvía a corroer la vida pública en Venezuela. Había luchado demasiado. Estaba cansado y decepcionado de sus sucesores.

El escritor Juan Liscano, poeta y ensayista, pintaba así, en 1990, su profunda desilusión con los tres lustros políticos que acababan de concluir:

Lo que principió siendo excepciones, brotes esporádicos de corrupción, ahogados en la euforia democrática inicial, se multiplicó cuando el primer gobierno de Pérez, se estableció con impunidad en el quinquenio de Herrera, se institucionalizó protegido por el recurso del derecho, con Jaime Lusinchi, el producto más característico de la estructura regida por el individualismo feroz del ascenso, la avidez de botín y la inteligencia de la complicidad general. El reverso de los propósitos de Betancourt, expuestos cuando la toma presidencial de 1959, es la gestión corrupta, picaresca, individualista pero hábil para crear complicidad general, amparada por el recurso del derecho, de Jaime Lusinchi.

Si el sentido original de los partidos históricos se estaba perdiendo y si todo el juego del venezolano (además del beisbol) era ver la mejor manera de insertarse en ellos para cortar una tajada del pastel (puestos, prebendas, dinero), es natural que ocurrieran dos cosas: que la noción misma de arbitraje limpio, legal, imparcial e institucional (esto es, sin tajada de por medio) desapareciera, y que el proyecto de país imaginado por los firmantes de Punto Fijo se desdibujara en un mar de ineficacia, irresponsabilidad y cinismo.

Las elites fueron responsables de ello, dice Moisés Naím. Para empezar, las políticas, pero luego las empresariales, las obreras, las mediáticas y las intelectuales. Las asociaciones civiles y profesionales sólo buscaban promover a sus miembros hasta la alta burocracia de los partidos. Los empresarios no seguían el paradigma de la competencia sino el de la monopolización. No se trataba de competir lealmente para ofrecer al público mejores productos, precios, calidades, sino de ver cómo controlar o ahorcar al competidor adquiriendo (a menudo por la fuerza, a través de *hostile takeovers*) a sus proveedores clave. Las elites sindicales reunidas en la Confederación de Trabajadores de Venezuela (CTV) también se servían con la cuchara grande: eran grandes máquinas de gestionar el derecho a la tajada, riquísimas corporaciones que no beneficiaban a la población sino a la pirámide de sus agremiados. No eran sindicatos sino corporaciones sindicales: con sus propias empresas del sector terciario.

Un caso particularmente difícil llegó a ser el de los medios masivos de comunicación. Dos grandes empresas (encabezadas por Marcel Granier y Gustavo Cisneros) eran predominantes. Ambas libraban una batalla, no sólo por la audiencia sino por el control de otros sectores empresariales. Pese a todo ello, a lo largo de esos años, más allá de la corrupción imperante, en esa fiesta del despilfarro y la irresponsabilidad que fue Venezuela, la democracia siguió funcionado, las elecciones eran limpias, la gente (conmovedoramente) acudía a votar y no se conocían de antemano los resultados de los comicios. Los gobiernos eran malos, muy malos, los políticos eran peores, las elites medraban, pero la democracia persistía, como había escrito Juan Nuño, como una fe inscrita en el alma de las mayorías venezolanas, en espera de una renovación desde dentro y de un nuevo liderazgo. Ese nuevo liderazgo y esa renovación llegaron finalmente, pero en la persona de un líder carismático de orientación socialista que ninguno de ellos, en teoría, habría deseado.

* * *

El 4 de febrero de 1989 tomó posesión por segunda vez Carlos Andrés Pérez. Ambos Pérez eran idénticos en su propensión al mando caudillista, pero diferían en su programa económico. El primero había sido populista (como Echeverría y López Portillo en México), el segundo era tecnocrático (como Salinas de Gortari en México). La ceremonia, según Teodoro Petkoff, fue «napoleónica». Acudieron casi todos los jefes de Estado del mundo, incluido, claro está, Fidel Castro. En su discurso, Pérez volvió a los tonos grandilocuentes del primero: se recuperaría la «gran Venezuela». Aunque tenía preparada una batería de reformas económicas que representaban un cambio «copernicano», no dio atisbos siquiera de que vendrían tiempos de sangre, sudor y lágrimas. Creyó que con la fuerza de su carisma podría imponer las reformas, y se equivocó.

¿Eran necesarias las reformas? Juan Liscano, que sería uno de los intelectuales más adversos al régimen de Pérez, no las consideraba criticables en sí. Pero el paquete ideado por los jóvenes economistas que rodeaban a Pérez (los llamados *IESA boys*) fue introducido como un auténtico *shock*. «No se explicó nada, fue como una intervención quirúrgica sin anestesia», dice Petkoff, que lo reprobó con dureza: «a los jóvenes que rodeaban a Pérez les faltaba burdel».

> Obraron de buena fe –escribe Liscano– pero con la insensibilidad social propia de los tecnócratas, sin conceder importancia al costo humano y sin medir si esas fórmulas podían aplicarse con éxito en un país subdesarrollado, carente de disciplina de trabajo y tradición productiva, con un empresariado dominado o dependiente del gobierno paternalista.

Dos semanas más tarde, en un día particularmente inadecuado (lunes 27 de febrero, fin de quincena) el gobierno decretó el alza de la gasolina, a la que siguió un incremento inmediato (y desproporcionado) de tarifas por parte de los transportistas. En varios puntos de Caracas se dieron enfrentamientos entre ellos y los usuarios. Muy pronto el conflicto subió de escala y por tres días y sus noches se suscitaron saqueos en tiendas de toda índole, desde pequeños expendios de comestibles hasta almacenes donde la gente sacaba electrodomésticos. El ejército (erigido para entonces en la autoridad última, debido a una huelga de la policía) intervino por órdenes del presidente. Sobrevino la hecatombe. ¿Cuántos murieron? Según Teodoro Petkoff, fueron 277 personas pero la versión chavista habla de miles. No todos cayeron producto de las balas (algunos murieron de las heridas provocadas por vidrios rotos en el momento del saqueo). Nunca ha habido un relato clarificador.

El escritor y dramaturgo Ibsen Martínez recuerda los hechos y reflexiona sobre sus equívocos y manipulaciones:

Creo que lo justo sería decir que el Caracazo fue ni más ni menos que una espontánea *jacquerie,* muy sangrienta en verdad, pero en modo alguno una insurrección popular contra el FMI, el Consenso de Washington y la globalización. Sin embargo, y aun sin líderes visibles ni consignas inflamantes, ni más propósito que desfogar un descontento colectivo larvado entre los más pobres durante dos décadas de frustración, el Caracazo fue mostrado por los medios y los «analistas» como la prueba reina del fracaso de *toda* la clase política y como un veredicto de culpabilidad de la democracia representativa venezolana. Poco faltó para que a los saqueadores de automercados, tiendas de electrodomésticos y licorerías se les asignara el rango de expertos en macroeconomía y derecho constitucional.

De cualquier forma, el Caracazo echó por la borda el quinquenio entero. Lo que sobrevino después fue una caída en tobogán.

* * *

«Ese día cayó Pérez y cayó la democracia», admite ahora Moisés Naím. A partir de ese momento todas las baterías se enfilaron a atacar no sólo al gobierno sino a los políticos, a «la política» e, imperceptiblemente también, a la propia democracia. Aunque las medidas económicas que tomó el régimen de Pérez (muchas de ellas a cargo del propio Naím) tuvieron un efecto positivo en los indicadores de empleo, inflación y crecimiento, el malestar había calado demasiado hondo.

¿Habría podido revertir Pérez la situación? Con la perspectiva de casi dos décadas, Naím reconoce la dificultad de vender un programa liberal. Pero siempre pensó que el presidente podía haber fraguado una vasta coalición política para sacar adelante las reformas: «Si hubiera actuado más como Chávez que como

Pérez, lo hubiera logrado, entre otras cosas poniendo en cintura a los medios». El país no debía seguir anclado en los viejos paradigmas del rentismo improductivo.

La idea de que el Estado subsidie plantas industriales que dan pérdidas y no disponga de dinero para medicinas –reflexiona Naím– no debió ser tan fácil de rechazar. Privatizar empresas ineficientes que procuran pocos empleos y ofrecen pésimos productos para dejar entrar al mercado mejores productos y que ello beneficie a muchos consumidores, en lugar de a dos o tres empleados y dos o tres accionistas de esa empresa, sigue siendo una idea en la que creo.

El consumidor venezolano merecía, en efecto, un país sin inflación, sin trabas burocráticas ni regulaciones opresivas. La gigantesca nómina estatal y los controles de precios (fuentes de corrupción natural, que tenían su propia policía) eran otras de las muchas taras que era necesario superar. La economía, en suma, debía pararse de una vez por todas sobre sus dos pies, sin la ayuda aleatoria y providencial del petróleo.

Todo ello era necesario y razonable, pero quienes supuestamente debían tener interés en promover la modernización de la economía venezolana –los empresarios– fueron miopes a sus propios intereses de largo plazo y se opusieron a las reformas abiertamente. Sin darse cuenta confirmaban el dicho de Lenin: «Los empresarios ven a tan corto plazo que harán el negocio de vendernos las sogas con las cuales los ahorcaremos». Ese repudio general que siguió al traumático Caracazo dejó al gobierno solo. A casi veinte años de distancia, Naím opina que el fracaso del gobierno fue también el fracaso de una generación y una sociedad.

Según Carlos Raúl Hernández (dirigente del MAS en los años setenta, senador entre 1989 y 1994 y autor de *La democracia traicionada*, relato puntual de estos hechos), el programa de ajustes macroeconómicos y de reformas políticas fue mal recibido, en efecto, por casi todo el mundo: «los partidos, los empresarios, los sindicalistas, los sectores militares y la Iglesia».

Pero coincide con Naím (y Petkoff) en el diagnóstico: en vez de dedicarse a crear consensos (un gobierno de coalición o unidad nacional, por ejemplo), Pérez se trabó en una absurda pelea por el liderazgo del partido con el ex presidente saliente, Jaime Lusinchi.

Incluso los otros dos ex presidentes, ambos socialcristianos, Rafael Caldera y Luis Herrera Campins, desataron también una ofensiva contra el «derechismo» y el «neoliberalismo inhumano de las reformas». Se fue creando así, en los grupos de poder, un ambiente hostil al cambio. La izquierda bombardeaba al gobierno y al sistema como un todo, con la prédica del «capitalismo salvaje». La derecha veía la posibilidad de gobernar «de manera directa» y trabajó en destruir los partidos y liquidar al presidente.

> La democracia y los partidos –apunta Hernández– quedaron atrapados en esa pinza, acusados de corruptos y mediocres [...]. Acomplejados por una ofensiva en la que participaba desde el máximo intelectual liberal, Arturo Uslar Pietri, hasta el de la izquierda, José Ignacio Cabrujas, los partidos quisieron salir en la foto del lado de «los buenos» y comenzaron a apoyar el proceso que quería destruirlos, encabezado por el fiscal Ramón Escovar Salom, el escritor Juan Liscano, el ex presidente Rafael Caldera, importantes medios de comunicación. Paradoja de paradojas: varios dirigentes de los partidos se convirtieron, ellos también, en antipartidistas.

En ese marco, el papel de varios periódicos y columnistas no dejó de ser equívoco en el mismo sentido: aunque ejercían su legítimo y necesario derecho a la crítica, la ferocidad de algunos conspicuos editorialistas (no del todo desinteresados) contribuyó a la quiebra final de la política. En suma, la política y los políticos se corroían desde adentro, inseguros de su identidad y su misión, y esa inseguridad se proyectaba al público.

* * *

En ese ambiente enrarecido, el 4 de febrero de 1992 sobrevino el frustrado golpe de Estado de Hugo Chávez. No sólo un amplio sector del pueblo lo vio con simpatía. También se hicieron públicas importantes «actitudes comprensivas», como la del ex presidente Rafael Caldera (declaró que «lo entendía [...] un pueblo hambriento no defiende la democracia») o la del respetado intelectual Arturo Uslar Pietri (que publicó el libelo *Estado y golpe*). Mientras tanto, la competencia entre las cadenas televisoras había subido de tono (disputaban la telefonía, que en licitación abierta pasó a manos de un tercero). Buena parte de los medios de comunicación, electrónicos e impresos, comenzaron a atizar el peligroso fuego de la «antipolítica». «Todos somos culpables», dice Ibsen Martínez –que escribió una telenovela para RCTV con el fin de satanizar la política (cuyo protagonista era un «vigilante», es decir, un «tipo que tomaba la justicia en sus propias manos, una prefiguración de Chávez»)– al ponderar con valentía su propia responsabilidad en esos hechos.

El 21 de mayo de 1992 Venezuela dio una vuelta más a la tuerca de la antipolítica: se abrió el expediente de un supuesto delito cometido por el presidente Pérez, quien había destinado 17 millones de dólares de la partida secreta del Ministerio de Relaciones Interiores para pagar la protección de la candidata presidencial nicaragüense Violeta Chamorro, ante reiteradas amenazas de muerte. «Las partidas secretas –explica Hernández– estaban destinadas exactamente para ese tipo de gastos de seguridad nacional, pago de espías, etcétera». Pero el juicio avanzó inexorablemente hasta la destitución de Pérez. Unos meses más tarde, el 27 de noviembre de 1992, se produjo otra asonada militar. A pesar de salir derrotada, contribuyó al clima de confrontación.

Divididos y aterrorizados por una emergencia que no sabían manejar, tras el laudo de la Corte Suprema y el Congreso los partidos entregaron la cabeza de Pérez. Pocos calibraron la gravedad de haber cortado una continuidad institucional de más de treinta años; menos aún advirtieron el efecto de los hechos en las calles: «¡Chávez tenía razón!», decía la gente. «Exactamente esa consigna –recuerda Hernández– le gritaban las barras ante el Capitolio a los orgullosos parlamentarios que apuraban el paso a la salida de la sesión del Congreso en la que se aprobó el enjuiciamiento del presidente. No había aplausos». El historiador Ramón J. Velásquez desempeñó una turbulenta presidencia provisional durante siete meses, poblada de rumores de golpe, pero gracias a su enorme prestigio personal triunfó en su objetivo: realizar las elecciones.

A la distancia no deja de ser paradójico que Pérez (más allá de sus errores) haya salido de la presidencia por una transferencia de 17 millones de dólares otorgada a una candidata presidencial de Nicaragua. ¿Cuántos centenares de millones de dólares en dinero o petróleo ha otorgado Chávez a gobiernos afines a él en el mundo?

* * *

Por esas mismas fechas (entre junio y octubre de 1993) tuvo lugar un debate en el seno del medio intelectual de Venezuela. Su arena principal –o al menos su primera arena– fue la revista mexicana *Vuelta*. Lo libraron dos de sus más distinguidos y asiduos autores, ambos miembros de su Consejo de Colaboración: Guillermo Sucre y Juan Liscano.

Liscano había sido miembro relevante del Frente Patriótico, grupo de notables que criticó acremente al gobierno de Pérez. A principio de 1993 había escrito en memoria de Rómulo Gallegos un texto cuyo título lo decía todo: «Dolor de Patria». Su ánimo era en verdad apocalíptico: «Venezuela cayó en una etapa de desintegración aguda». La historia venezolana, a la que Liscano acudía como clave del presente, tenía a sus ojos «el carácter de *fatum*, equivalente en cierto modo al destino en la tragedia griega». Sus perspectivas políticas para el «sistema imperante» –que definía ya como «democracia formalista»– eran nulas: «no es capaz de autorreformarse ni de corregir sus vicios». Para colmo, la gestión de Pérez le parecía aún más desastrosa que las anteriores: «Venezuela está gobernada por un alucinado de sí mismo».

Consciente de esas declaraciones, Guillermo Sucre abrió fuego. Después de negar que para todo efecto práctico existiera una *intelligentsia* venezolana (la que había le parecía concesionaria del Estado, cortesana, autocomplaciente, inflada, mediocre, «universalmente desconocida»), culpaba a los escritores de complicidad con los militares. Desde el golpe de Estado de febrero de 1992, «nuestros conspicuos intelectuales» se habían vuelto «comadronas de la conspiración militar». En alusión apenas velada a Liscano, Sucre se burlaba de los que se decían disidentes. ¿Disidentes? Conspiradores vergonzantes: «Habían renunciado a las ideas democráticas para sumarse a la conjura armada, y aun alentarla».

En su larga respuesta, Liscano (que, en efecto, había sido un gran disidente de los años sesenta, por su negativa rotunda a apoyar la alternativa guerrillera) vindicaba su papel en el movimiento que había llevado a la destitución de Carlos Andrés Pérez: «Significó no sólo un triunfo institucional sino el punto de partida de una posible rectificación estructural de la democracia, desvirtuada en Venezuela por la predominancia bipartidista». (Para Liscano, a esas alturas, bipartidismo y caudillismo eran idénticos.) Tampoco negaba de manera fehaciente su actitud de comprensión, al menos, con los recientes golpes de Estado. Para refutar, en su opinión, a Sucre, prefirió impartir una larga clase de historia venezolana y atribuir el origen de muchas cosas a la inaudita violencia de su guerra de Independencia y a las posteriores guerras. Un país que había sufrido 166 revueltas armadas en el siglo XIX, además de los golpes de Estado de 1945 y 1948, no podía escapar a su ineludible destino: la violencia era casi una segunda naturaleza del venezolano, su forma específica de expresar el descontento. («La lucha armada –había escrito en 1980– no es un fantasma. Es la forma de nuestra desgracia histórica».) Por lo demás, agregaba Liscano, los gobiernos militares habían dejado obra tangible, incluso el vilipendiado Gómez, que «había impuesto el Ejército Nacional y reafirmado la noción de Estado y Hacienda». Y por si faltara, estaba el caudillismo: tan antiguo como el «Taita Boves» (el jefe español enemigo de la Independencia, que ejercía sobre sus huestes llaneras «la fascinación de un Tamerlán») y tan presente como sus múltiples reencarnaciones posteriores.

Las posiciones de los dos grandes escritores estaban claras. Sucre apelaba a la razón democrática, Liscano a la razón histórica. Sucre señalaba las consecuencias que la complicidad intelectual con los militares podía acarrear al país: «la cadena de golpes, la violencia crónica, la devastadora agitación social». Liscano se manifestaba en contra de que los militares tomaran el poder: «se perdería la libertad de expresión formal, de la que medio se goza actualmente. Sería como desplazar al César con la guardia pretoriana». Pero en el mismo matiz escéptico de sus palabras («formal», «medio gozamos») parecía advertirse el extremo de su desesperanza. Tal vez por eso insistía en volver una y otra vez a la historia remota y reciente: la raíz de los golpes estaba en el trasfondo telúrico de Venezuela y en la «corruptela peculadora de AD». En ese sentido amplio, «aquellos polvos trajeron estos lodos».

* * *

Rafael Caldera ganó las elecciones de diciembre de 1993 por pocos votos y escaso margen. Su gobierno no tardó en «descarrilar» el programa económico de apertura y frenar la descentralización y las reformas políticas perecistas. Este abandono del programa de aperturas y privatizaciones, junto con la crisis financiera del Banco Latino (carrera costosísima que muchos atribuyen a una venganza política del propio Caldera), generaron una implosión económica realmente brutal, con sucesivas devaluaciones y empobrecimiento de las clases medias y las populares.

El prestigiado ex presidente desempeñó en esos años un papel político que sería objeto de polémica por muchos años: ¿defensor o sepulturero de la democracia? No sólo había atizado la leña contra los partidos («son agencias de negocios», dijo, y no le faltaba razón) sino que taponeó el ascenso de nuevos líderes en su propio partido, el COPEI. Finalmente, Caldera se volvió contra el COPEI y fundó un partido personal, «Convergencia Democrática», bajo cuyas siglas alcanzó el triunfo.

Uno de los primeros actos de Caldera como presidente fue amnistiar a Chávez. Era respuesta al clamor de la población, pero es difícil interpretarlo como un acto democrático, al menos en el sentido de defensa de la legalidad. Chávez, después de todo, se había levantado en armas y su intento no había sido una mera travesura. Lo que correspondía estrictamente era un juicio. Por eso, más que la liberación de Chávez, quizás el acto decisivo (y el más controversial) del mandato de Caldera fue el sobreseimiento de la causa por el golpe del 4 de febrero de 1992. Para Hernández, Caldera creó con esto las condiciones jurídicas necesarias para el ascenso de Chávez:

> Debe subrayarse que no se trató de un indulto posterior a sentencia firme, lo que lo hubiera dejado baldado para ser candidato presidencial. No, *sobreseimiento* significaba que no había cometido ningún delito. Pérez va preso por la «malversación» de 17 millones de dólares gastados en lo que la ley le establecía gastarlos, mientras que Chávez no cometió delito por un golpe de Estado en el que murieron cerca de trescientas personas y se destruyó patrimonio nacional.

Tal vez Caldera actuaba movido por la precaución (temía con razón un alzamiento popular). Pero los hechos vulneraban el Estado de derecho. Para algunos fue la bendición de la vía armada. Pero para Teodoro Petkoff fue lo contrario: así como Caldera había dado el sobreseimiento a los guerrilleros de los sesenta, el "anciano caballero" buscó encauzar por la vía pacífica el fermento revolucionario que hervía, sobre todo en el ejército. Lo logró, pero abrió la puerta a otro tipo de revolución.

* * *

Pero, claro, el principal factor que incidió para destruir el orden de Punto Fijo, más allá de su corrosión interna, fue azaroso, como tantos en la historia: el surgimiento del comandante Chávez, «político excepcional –reconoce Naím– no sólo en Venezuela y América Latina sino en el mundo». En el instante mismo en que salió de la cárcel, éste comenzó una carrera ascendente que aún no termina. «Ese día escuché por primera vez algo que escuchamos muchas veces en los viajes a través de Venezuela: "Chávez, tú eres Bolívar reencarnado"».

En 1994 Chávez llevó a cabo una marcha de 100 días visitando cada rincón de Venezuela. Era el «huracán bolivariano». El eslogan que utilizó fue «La esperanza está en las calles». Su objetivo era conocer de cerca a sus seguidores, construir apoyos para su movimiento y su propuesta de convocar una Asamblea Constituyente. Aunque los medios silenciaban su eficaz despliegue, Chávez no se detuvo: viajó por Sudamérica, se reunió con los guerrilleros del M-19, y en diciembre fue a Cuba, donde Fidel Castro lo recibió como jefe de Estado. Eran tiempos de búsqueda: no renuncia a la opción violenta pero tampoco adopta la vía democrática, que considera agotada y «maloliente».

A principios de 1996 Hugo Chávez llegó al extremo de exigirle a Caldera (a quien debía su libertad y su inmunidad) que abandonara inmediatamente la presidencia y abriera paso a un gobierno de transición, «antes de que esto explote». En abril de 1997 –casi tres años después de su salida de prisión– Chávez optó, con renuencia, por la vía electoral en lugar de la lucha armada. El hombre clave en ese proceso de convencimiento fue el viejo y experimentado político de izquierda Luis Miquilena. En julio de 1997 Chávez registró su nuevo partido político, Movimiento Quinta República, MVR. Al inicio de 1998, el Partido Patria para Todos apoyó a Chávez integrando con otros grupos una alianza electoral llamada "Polo Patriótico".

En junio de 1998, tras un debate intenso, el importante partido de izquierda MAS decidió apoyar a Chávez. Teodoro Petkoff criticó el populismo de Chávez y renunció. Al advertir que Irene Sáez, la bella alcaldesa de Chacao, ex Miss Universo, se desinflaba en las encuestas, la oposición armó tardía e inútilmente la candidatura de Henrique Salas Römer. El AD y el COPEI estaban liquidados. Venezuela se había quedado sin líderes civiles.

* * *

Una semana antes de las elecciones de 1998, Alejandro Rossi, uno de los más finos y reconocidos escritores de la lengua, escribió su apreciación de los hechos. Nacido en Florencia, Italia, y de madre venezonala, Rossi había salido de Buenos Aires a los 19 años, en 1951, para estudiar filosofía primero en México, más tarde en Alemania (fue discípulo de Heidegger) y finalmente en la gran escuela de filosofía analítica de Oxford. Radicado en México, donde fundó su familia, Rossi dio inicio a una notable trayectoria como profesor del Instituto de Investigaciones Filosóficas de la UNAM, filósofo profesional, creador y editor de la revista *Crítica*. La aparición de sus primeros textos literarios en la revista *Plural* deslumbró a los lectores. Su columna titulada «Manual del distraído», reunida luego en un volumen, se convirtió en una obra de culto. A partir de allí, el literato en Rossi desplazó al filósofo, o mejor dicho lo integró, en obras memorables de ensayo, de ficción y de un género inimitable: una literatura que filosofa. Pero en todos esos años Rossi llevó a Venezuela en las entrañas, y no podía ser de otra forma: es tataranieto del general José Antonio Páez.

El 29 de noviembre de 1998 Rossi publicó en *El Universal* de México un artículo profético titulado «Venezuela elige». En él hacía un recuento de la historia política de Venezuela, que a lo largo de su propia vida (nació en 1932) había pasado –con inmenso esfuerzo y mérito– de la autocracia a la democracia. Su breve narración de ese proceso era sobria y emocionante; su homenaje a Betancourt, inequívoco: «lo considero una hazaña y por eso pienso que –más allá de matices y de posibles críticas– Rómulo Betancourt es, entre todos, la personalidad política más destacada de la Venezuela moderna». El país se encontraba «en un momento de delicadísima definición política». La situación era «sumamente confusa y está cargada de presagios». El domingo 6 de diciembre habría elecciones y llegaría a su fin el gobierno de Rafael Caldera, «uno de los grandes protagonistas de la vida democrática venezolana», apuntaba Rossi, sugiriendo al mismo tiempo el posible final de otro ciclo: «No quiero decir que necesariamente terminará la democracia venezolana, aunque hay signos alarmantes de que tal vez pudiese ocurrir». Sobre el candidato Chávez escribió:

El comandante es, según opiniones especializadas, quien cuenta con mayores probabilidades. Se trata del militar que se levantó en armas en 1992 en contra del entonces gobierno presidido por Carlos Andrés Pérez, rebelión que dejó, por cierto, más de cuatrocientos muertos. Es increíble que la legalidad republicana haya permitido que se presentara como candidato. El teniente coronel favorece la boina roja –esos signos típicos de los grupos de choque–, gusta de las amenazas, nada veladas, a la estructura democrática de Venezuela, y balbucea un brumoso programa populista de justicia social.

Rossi admitía los errores de las últimas décadas. «Una democracia que en un principio era de una honradez impecable permitió con el paso de los años la corrupción. La inmensa riqueza petrolera y minera ciertamente transformó el país, aunque no eliminó la pobreza. Hay delincuencia creciente, hay crisis financiera, las clases medias han sido castigadas, se vive la dura prueba de mantener la democracia con políticas de austeridad económica, hay impaciencia y fatiga civil». Todo esto era verdad, pero al final advertía:

Nada justifica arriesgar la democracia, condición necesaria de cualquier solución. El comandante Chávez es el resultado –grotesco, desde luego– [...] de situaciones y tentaciones latentes en toda Hispanoamérica. Es, pues, una buena oportunidad para reflexionar y sacar conclusiones. Todos.

* * *

En diciembre de 1998 todos comenzaron, en efecto, a sacar sus conclusiones. Algo muy importante había cambiado no sólo en Venezuela sino también en América Latina, algo «cargado de presagios». Chávez ganó las elecciones con 56% de los votos. El 6 de diciembre de ese año recibió la banda presidencial y declaró: «Juro sobre esta moribunda Constitución que haré cumplir, impulsaré las transformaciones democráticas necesarias para que la República nueva tenga una Carta Magna adecuada a los nuevos tiempos».

Para los antiguos guerrilleros de los sesenta convertidos a la democracia, los «nuevos tiempos» eran los viejos tiempos. Al votar por Hugo Chávez, Venezuela volteaba la espalda a la herencia de Betancourt. La valerosa democracia que imperó entre 1959 y 1974, la democracia atenta a las necesidades sociales, la democracia cuyo líder más conspicuo nunca incurrió en corrupción, esa gran democracia venezolana se había perdido. Había sido obra de una gran generación. La que la siguió no estuvo, ni remotamente, a la altura. Caldera (miembro de aquella generación fundadora) debió pensar dos veces antes de admitir el sobreseimiento de la causa de Chávez. Frente a sus críticos, Caldera argumentaba que no había sido él quien le había dado el triunfo a Chávez: los venezolanos lo habían elegido.

Chávez había hablado incesantemente de «revolución». Él era ante todo un «revolucionario». Una incógnita inmensa se abría con su llegada: ¿qué quería decir Chávez con esa palabra sacramental? La incógnita se despejaría con los años. Como temían los ex guerrilleros, la revolución chavista, la Revolución bolivariana, era una versión (una versión posmoderna si se quiere) del libreto de los sesenta.

¿Con el Che o con Fidel?

En Venezuela los ríos de la revolución provenientes de los años sesenta no se habían secado. Al poco tiempo del golpe de Chávez se sabría que su frustrada rebelión estaba ligada a algunos de los viejos guerrilleros y que venía gestándose seriamente desde principios de los ochenta.

Dos años más tarde, en México (que supuestamente había librado también la era de las revoluciones) ocurrió una irrupción similar. La mañana del primero de enero de 1994 los mexicanos se despertaron con la increíble noticia de una rebelión indígena encabezada por un guerrillero encapuchado que se autonombraba «Subcomandante Marcos». Años después se sabría que era un profesor de diseño de la Universidad Autónoma Metropolitana nacido en 1957 que llevaba más de diez años gestando un levantamiento en la selva de Chiapas. Marcos capturó la atención de los medios en todo el mundo: fumaba pipa como el Che, escribía versos como el Che, hacía teorías como el Che, pero tenía su marca específica, la máscara, y encabezaba un levantamiento indígena genuino.

Marcos y Chávez eran carismáticos. Marcos y Chávez pertenecían a la misma generación. Marcos y Chávez habían tramado su revolución desde los años ochenta. Marcos y Chávez tenían contactos con el subsuelo revolucionario de sus países y con la tradición guerrillera de los años sesenta. Marcos y Chávez apelaron a fuertes mitos históricos: la profunda raíz indígena mexicana en el primer caso, Simón Bolívar en el segundo. Pero mientras que Marcos admiraba al Che, Chávez admiraba a Fidel. Un plebiscito en el que participaron más de un millón de personas pidió al guevarista Marcos que se incorporara a la vida civil, como líder de la izquierda. Prefirió quedarse en la montaña, prisionero de su mito, y fue perdiendo peso en la política mexicana hasta convertirse en una figura casi marginal. En cambio, el fidelista Chávez entendió (o se le hizo entender) algo verdaderamente novedoso: podía llegar al poder a través del orden democrático en el que no creía, para luego –con sus propias reglas, plebiscitariamente– desvirtuarlo, dominarlo y construir –una vez más, esta vez la definitiva– un orden revolucionario. En 1999 Chávez haría precisamente eso: triunfaría en las elecciones y paulatinamente comenzaría a reivindicar para su régimen el linaje revolucionario de Fidel Castro.

Venezuela había vuelto al punto de partida. Había pasado de la democracia a la revolución. A los 60 años de edad, creyendo que lo habían visto todo, Américo Martín y sus amigos (ex combatientes o ex comunistas democráticos de su generación como Teodoro Petkoff, Pompeyo Márquez, Héctor Pérez Marcano y otros) tenían frente a sí un inesperado frente de lucha: el frente de la democracia. El arribo de Chávez significó para todos ellos un terremoto: Petkoff dejó el MAS (aliado con Chávez) y fundó, en abril de 2000, el periódico *Tal Cual*. Américo escribió un libro que fue una catarsis, una fisiología del fenómeno fidelista, un ajuste de cuentas con Castro y con su propio pasado: *Fidel Castro y América* (2001).

El juego de Castro y Chávez

Los sobrevivientes de la guerrilla de los sesenta que tienen ahora 75 años de edad en promedio y ocupan las posiciones más diversas: son funcionarios clave del régimen –como Alí Rodríguez Araque, actualmente ministro de Finanzas–, críticos desde la izquierda más radical –Douglas Bravo– o críticos desde la democracia, como Teodoro Petkoff, Américo Martín, Pompeyo Márquez, Freddy Muñoz, Héctor Pérez Marcano. Pero todos sin excepción coinciden en algo: éstos son polvos de aquellos lodos: «El sueño imposible de los sesenta –comenta Pérez Marcano– hecho realidad en los comienzos del siglo». El régimen de Chávez es tal vez un nuevo libreto, pero no se entiende sin el viejo libreto del que fueron protagonistas. Es el tenaz libreto de la Revolución cubana, con un nuevo protagonista en el escenario. Hugo Chávez no es un «bufón» como aseguran sus críticos superficiales. Es el continuador del proyecto de Fidel Castro para Venezuela y América Latina. Nada menos. Los chavistas lo consideran vigente; los críticos, absurdo, anacrónico. En la conclusión de sus memorias, Héctor Pérez Marcano explica en qué sentido concreto los hechos de hoy corresponden y se engarzan –a su juicio– con los de ayer:

Poner pie en Venezuela y apoderarse de sus reservas energéticas podría ser el primer paso para, unido a las guerrillas colombianas, extender la revolución castrista como una mancha de petróleo por el resto del continente, su auténtica aspiración. Ese proyecto constituyó desde el triunfo mismo de la Revolución cubana, y posiblemente desde los lejanos inicios de sus napoleónicos sueños de gloria, un objetivo estratégico en el tablero internacional de Fidel Castro.

Lo cierto es que el acercamiento de Fidel Castro con Chávez fue paulatino. Fidel condenó el golpe de Chávez, pero en prisión Chávez soñaba con su héroe de juventud, con su héroe de siempre, quería explicarle las razones idealistas, elevadas y revolucionarias de su fallida insurrección. Su sueño se hizo realidad en diciembre de 1994 y rebasó todas sus expectativas. Según Pérez Marcano, Fidel lo esperó «en gloria y majestad, personalmente, al pie del avión», dándole tratamiento de jefe de Estado. Chávez tenía entonces apenas 2% de aprobación en las encuestas y pregonaba la abstención electoral. Al recibir a Chávez de esa manera, Castro hacía patente su enojo con el presidente Caldera (que acababa de entrevistarse con su violento opositor de Miami Jorge Mas Canosa). «Entonces –escribe Pérez Marcano, que con seguridad recordaba su propio arrobamiento de los sesenta– comenzó el deslumbramiento, la seducción; a Fidel, viejo zorro de la política, no se le puede haber escapado el efecto que causó en Chávez».

En febrero de 1999 Castro acudió a la toma de posesión de Chávez. En noviembre de 1999 hubo un nuevo acercamiento en La Habana. Para entonces, Chávez había acumulado una serie impresionante de victorias: 92% de los electores había aprobado en febrero de 1999 la convocatoria a una Asamblea Nacional Constituyente. Tras los comicios de julio, la Asamblea se integró con 95% de escaños oficialistas, triunfo que Chávez calificó como «un jonrón con las bases llenas». (Un mes después, en diciembre, 70% de los votantes aprobó la Constitución Bolivariana.) Con ese ánimo festivo, ambos líderes organizaron un juego de beisbol entre los equipos representativos de los dos países.

Curiosa forma de subrayar la convergencia paulatina de dos regímenes antiyanquis con un juego típicamente yanqui. Pero no hay misterio: si hay dos actitudes que se empalman en Centroamérica y el Caribe son el amor al beisbol y el odio a los yanquis (salvo a los de Nueva York). Y como todo venezolano sabe, antes de volverse un héroe del antiyanquismo Hugo Chávez quiso brillar como beisbolista. «Venezuela perdió un gran pitcher y ganó un mal presidente», me diría Carlos Raúl Hernández, compañero suyo de adolescencia. Chávez ve las cosas de otra manera: ahora que es una estrella en las grandes ligas de la política internacional, no ha perdido su afición al deporte y con frecuencia habla de la política con un lenguaje beisbolero, en el que siempre gana: «Éste no es cualquier bate. Con éste les voy a conectar un jonrón a los gringos el día del referéndum», decía en los primeros días de su gestión, exhibiendo el bate que le había regalado el jonronero dominicano Sammy Sosa.

El partido tuvo lugar ante unas 50.000 personas en el Estadio Latinoamericano de La Habana. Chávez jugó como pitcher y primera base y la cosa iba bien hasta la sexta entrada, cuando Castro le jugó la broma de sacar un grupo de «suplentes» gordos y canosos que de pronto se quitaron las pelucas y las almohadas y comenzaron a vapulear al *team* venezolano. ¿Broma o mensaje? Ganó Castro, perdió Chávez, todos contentos. Más tarde, en una conferencia en la Universidad de La Habana, Chávez fustigó a quienes «vienen a pedirle a Cuba el camino de la democracia, falsa democracia» e informó que su proyecto en Venezuela «va hacia la misma dirección, hacia el mismo mar hacia donde va el pueblo cubano, mar de felicidad, de verdadera justicia social, de paz».

En las llamadas «megaelecciones» de mediados de 2000 convocadas para «relegitimar todos los poderes», Hugo Chávez y su régimen siguieron «conectando jonrones»: fue elegido nuevamente con 59,7% de los votos, los candidatos chavistas obtuvieron una amplia victoria en las «gobernaciones» y alcaldías (sólo 7 de las 23 gubernaturas quedaron en manos de la oposición), conquistaron dos terceras partes de la Asamblea y con ello lograron nada menos que el control de los árbitros, los *umpires:* los poderes Judicial, Fiscal y Electoral.

En octubre de 2000 Fidel visitó Venezuela. Permaneció ahí cinco días. Chávez puso en sus manos la espada de Bolívar y le rindió homenaje en la Asamblea Nacional. Castro voló a Sabaneta, el pueblo natal de Chávez, y en vaga alusión a la famosa frase del Che declaró: «A Chávez hay que multiplicarlo por mil, por 5.000, por 10.000, por 20.000». Chávez y Castro cantaron a dúo en el programa dominical *Aló, Presidente.* Y en una escena simétrica a la del día en que se conocieron en La Habana, Chávez lo despidió «lanzando besos con la mano en el aire». Pero Castro, al margen de la efusividad, siguió viendo el proceso con escéptica cautela: en la Universidad Central de Venezuela declaró que no era repetible una revolución como la cubana.

En 2001 Chávez logró la aprobación de una Ley Habilitante que le permitió dictar 49 "decretos con fuerza de ley" en varios rubros (tierras, hidrocarburos, pesca y educación, entre otros) y topó con la crítica activa de un sector minoritario pero no desdeñable de la población: empresarios, sindicatos, la Conferencia Episcopal, medios privados de comunicación. Castro cumplió 75 años y decidió celebrarlos en Venezuela. Según versiones, Castro aconsejó siempre a Chávez serenidad y mesura: no enemistarse con la Iglesia, no acelerar las reformas, no jugar a la «ruleta rusa». Pero el hijo simbólico lo desobedeció. Quiso impresionarlo, quiso mostrarle que era arrojado y revolucionario.

En 2002 el descontento subió de intensidad. En un principio se canalizó por vías pacíficas y democráticas: cartas abiertas, volantes, grafiti, asambleas, debates, manifestaciones multitudinarias. Pero entre el 11 y el 14 abril de 2002, después de que el gobierno chavista respondiera a este descontento con una violencia injustificable, Venezuela vivió la enésima reedición del acto más visto en su azarosa historia: el golpe de Estado. Los grupos civiles y militares que lo orquestaron no sólo cometieron un error táctico sino un error histórico, contradictorio con el espíritu de la democracia que, supuestamente, querían defender. Castro estaba dispuesto a asilar a Chávez para luego enviarlo a España. Pero Chávez, para su sorpresa, superó el brete y se fortaleció.

En 2003 sobrevino el despido de cerca de 20.000 empleados de PDVSA (la compañía estatal de petróleo) y un costosísimo paro laboral de 63 días que dejó exangüe, con una caída superior a 12%, a la economía venezolana. Con la intervención de comisionados del extranjero (la OEA, el Centro Carter), gobierno y oposición pactaron la realización del referéndum revocatorio previsto en la Constitución. En esa circunstancia precisa, la relación entre Chávez y Castro dio un salto cualitativo. Chávez postergó lo más posible la celebración del referéndum, al tiempo que pidió consejo al más colmilludo de los *managers* en las grandes ligas de la política internacional. Fidel, «viejo zorro de la política», no sólo le sugirió un cambio de estrategia (la introducción de las famosas «Misiones» de atención médica y educativa, alimentación, producción y vivienda, etcétera) sino que le envió refuerzos masivos a cambio de generosísimas provisiones de petróleo: miles de cubanos, algunos dedicados a la medicina y la educación, y otros a labores menos nobles, secretas.

En la visión de Pérez Marcano, al control inicial de Chávez sobre la Asamblea, el Tribunal, el Poder Electoral y la Fiscalía se aunaba ahora un aparato paralelo de espionaje, seguridad, inteligencia y contrainteligencia, asesoría militar y presencia paramilitar en manos cubanas. «De aquí en adelante será imposible ganarle unas elecciones a Chávez, siempre tendrá visos de legitimidad». El cerco típico del "régimen totalitario" comenzaba a completarse, pero de modo casi silencioso, como una lenta asfixia del Estado a la sociedad y la economía: primero industrias y bancos, y en el futuro –escribe Pérez Marcano– universidades, clínicas privadas, etcétera. En la visión del ex guerrillero, el poder de Castro iba imponiéndose en la región a través de Chávez, no con machetes sino con barriles petroleros:

74

De pronto podía volver a intentar la estrategia continental derrotada en la década de los sesenta. Ahora en vez de fusiles AK-47, dólares, dinero y guerras subversivas pasaba a tener en sus manos, vía el seducido Chávez, el poder petrolero venezolano. Chávez es arcilla en sus manos. Pero se presenta a Chávez como un hombre que ya no busca glorias, ya tiene su lugar en la historia. Incita a Chávez a buscar el suyo. Lo incita a convertirse en un líder que rebase las fronteras venezolanas, le viene de perillas la megalomanía que observa en Chávez.

Había dado comienzo la «segunda invasión» de Fidel a Venezuela, pero esta vez sería una invasión consentida y concertada entre Chávez y Fidel.

En agosto de 2004 se celebró finalmente el referéndum revocatorio. La receta de Fidel surtió su efecto: 59,06% de los venezolanos ratificó a Chávez en el poder. En un discurso en Fuerte Tiuna, Chávez reconoció que de no haber sido por las misiones sugeridas por Fidel, no habría triunfado. Su ascenso se volvió incontenible: en las elecciones regionales de 2004 Chávez ganó 22 de 24 gubernaturas y 90% de las alcaldías. En diciembre de ese año, la oposición venezolana tomó la decisión suicida de retirarse de las elecciones, dejando a los chavistas el parlamento entero. Para entonces, Chávez y Castro se habían reunido no menos de quince ocasiones. Según revelaciones de un ex piloto presidencial, Chávez visitaba a Castro secretamente y con gran frecuencia, para pedir su consejo. En enero de 2005, décimo aniversario de su filial relación, Chávez hizo a Rosa Miriam Elizalde y Luis Báez, periodistas de *Granma,* una confesión sentimental:

Fidel es para mí un padre, un compañero, un maestro de la estrategia perfecta. Algún día habrá que escribir tantas cosas de todo esto que estamos viviendo y de los encuentros que he tenido con él [...]. Se ha venido fraguando una relación tan profunda y espiritual que estoy convencido de que él siente lo mismo que yo: ambos tendremos que agradecerle a la vida el habernos conocido.

En 2005 el ministro cubano Carlos Lage llegó al extremo de decir: «Tenemos un solo país con dos presidentes». El objetivo de Castro parecía cumplido. Su odio irreductible a Estados Unidos lo sobrevivirá, su experimento histórico (medio siglo de Cuba socialista) sobrevivirá también gracias a la munificente ayuda petrolera de su aliado.

¿Quién seduce a quién?

Pero ¿cuál es el objetivo de Chávez? ¿Emular a su padre Fidel, tomar la estafeta de su padre Fidel, ser como «un segundo Fidel»? Chávez ha propuesto enfilar a Venezuela hacia su proyecto personal, el nebuloso «socialismo del siglo XXI». Una estrella sube, la otra desciende. En agosto de 2006 Castro enfermó. En septiembre Chávez lo visitó y declaró: «Fidel está listo para jugar beisbol». Pero no estaba listo, no volvería a estar listo. Poco a poco se retiró de la escena. Chávez le trajo buenas noticias: en los comicios presidenciales de diciembre de 2006 había sido reelecto para los siguientes siete años con una votación impresionante, mayor que la que había cosechado en 1998: 63%.

¿Quién ha seducido a quién? Tal vez Héctor Pérez Marcano, por razones generacionales, ha menospreciado a Chávez –el «esmirriado teniente»– en su análisis. Tal vez Chávez ha usado a Fidel tanto o más que Fidel a Chávez. «Ambos tendremos que agradecerle a la vida el habernos conocido». Chávez no dijo «yo», dijo «ambos». Tal vez Chávez siente que puede volar solo, y abriga secretamente la ambición de ser Fidel, ser más que Fidel, convertir a Fidel en un ancestro de Chávez. Volver a Chávez la culminación de Fidel. Ser el héroe revolucionario del siglo XXI.

Respaldado por la fuerza de esos 7.300.000 «votos bolivarianos», en su discurso inaugural Chávez dio un nuevo salto cualitativo en su simbiosis fidelista y buscó superarla. El 12 de enero de 2007 Chávez tomó posesión de su segundo periodo. Y dejó entrever «las sorpresitas que les tengo preparadas a mis muy queridos», un conjunto de leyes revolucionarias que implican «una reforma profunda de [...] nuestra Constitución Bolivariana» para lograr el establecimiento definitivo de la «República Socialista de Venezuela». Ante el entusiasmo del graderío que lo interrumpía continuamente con ovaciones y vítores, recurrió a sus queridos términos beisbolísticos y, recordando al pitcher zurdo que alguna vez fue, lanzó «una curvita a la esquina de afuera»: «todo aquello que fue privatizado, nacionalícese». Luego de ese lanzamiento «bajito, a la rodilla», siguieron otros: «Moral y Luces» en la educación popular, una «nueva geometría del poder sobre el mapa nacional», los «Consejos comunales», la conformación del «Estado comunal», del «Estado socialista», del «Estado Bolivariano». En una palabra, se acababa el juego de la democracia liberal y la sociedad abierta. Y acaso también se acababa el juego del beisbol profesional, criticado en varios blogs oficiales como contrario a los ideales desinteresados del proceso revolucionario. Una persona muy allegada a Chávez, el viejo militar revolucionario William Izarra, declaró: «El beisbol profesional es alienación».

Pero el azar no es chavista ni fidelista: el azar es caprichoso. Y entonces, como pasa a veces en el beisbol y en la política, contra todo pronóstico, sobrevino la gran sorpresa: en la entrada final del 2 de diciembre, mientras el equipo chavista preparaba el gran festejo, estando el último bateador –como se dice en el argot beisbolero– «en cuenta máxima», «en tres y dos», el equipo de la oposición, encabezado por jóvenes novatos, dio tremendo jonrón con las bases llenas, al que siguió otro, y otro más, hasta que empató el juego. La democracia venezolana, increíblemente, se fue a *extra innings*.

* * *

«Ganamos, hermano», decía Américo. Tenía razón y no la tenía. Ese domingo 2 de diciembre de 2007 Venezuela se había jugado su vida democrática, pero la oposición y la disidencia no habían ganado el juego: precaria, milagrosamente, lo habían empatado. Era hora de entender –de tratar de entender– la tensión actual entre democracia y revolución en ese país. Era hora de ver a Américo, a otros amigos venezolanos y a los protagonistas del 2 de diciembre. Era hora de viajar a Venezuela.

II

Aún no amanece: voces de oposición

Colas en Caracas

Llego a Caracas la mañana del 4 de diciembre. La chica de la aduana revisa mi pasaporte. A mi pregunta explícita responde sonriente, con el índice en los labios: «Shhh, estoy feliz». Me ofrece bolívares a una tasa que mejora en dos tantos la oficial. «Quiero irme de viaje, usted comprende.» Comprendo y me dejo engañar, aunque no al grado en que me imaginaba: el cambio, según me descubre el taxista, está al triple. La travesía hasta el hotel es lentísima debido al tráfico. Los caraqueños parecen haberse acostumbrado a «las colas». Debido, entre otros factores, al subsidio de la gasolina (en Venezuela un galón de gasolina cuesta 7 centavos de dólar; una botella de Coca Cola cuesta lo mismo que llenar un tanque), la importación de autos ha crecido de modo casi exponencial: en 2007, los venezolanos compraron cerca de 500.000 autos, en comparación con los 98.000 de 2002. El desfile de Hummers y otras SUV's parece excesivo hasta para alguien proveniente de la infernal ciudad de México, pero entre ambas capitales (similares también por sus índices de delincuencia y su crispación política) hay al menos una diferencia. A pesar de sus casitas encaramadas precariamente en los cerros, del asfalto de túneles y carreteras, de sus anuncios comerciales y su propaganda política, en Caracas la naturaleza sigue viva. Como su emblema, el Cerro del Ávila, es una ciudad milagrosamente verde.

Yo esperaba ver la guerra de grafiti en los muros de Caracas. Semanas antes había consultado un análisis de la Universidad Central de Venezuela realizado entre 2001 y 2002 sobre 740 grafitis (ideológicos, propagandísticos, encomiosos, insultantes, tipográficos, iconográficos, anónimos, identificados). El tema dominante había sido la política (79,7%), y el personaje central, Hugo Chávez, quien en ese periodo particularmente tenso había merecido más de cien calificativos: loco, fastidioso, hablador, terrorista, revolucionario, amigo, gallina, etcétera. En esa etapa, los grafitis habían sido el cardiograma de la política venezolana, pero ya no lo son. Lo que abunda en cambio es el muralismo bolivariano: metros y metros de muros tapizados con las efigies y los lemas de la historia oficial: «Rumbo al socialismo bolivariano», reza uno, con las imágenes hermanadas de Chávez y Bolívar.

«La gente se hartó desde el cierre de RCTV», me dice el taxista, refiriéndose a la estación de televisión más antigua de Venezuela, expropiada por Chávez en mayo de 2007, y agrega un rosario de hartazgos: las «cadenas» en las que habla Chávez, interrumpiendo los juegos de beisbol o las telenovelas; la escasez de leche, agujas, gasas; la inseguridad en las calles; los insultos contra los opositores (a quienes llaman «pitiyanquis» y «escuálidos»), la agresividad de las turbas chavistas con sus banderas y motocicletas, los pleitos con Colombia, la discriminación contra los médicos venezolanos en favor de los cubanos porque «para Chávez Fidel es Dios». El altercado verbal con el rey de España –me dice– lo puso en evidencia: «¿Por qué no te callas?, le dijo Juan Carlos, pero Chávez no se calla. ¿Sabe lo peor? Lo peor es la división y el odio, hasta en las familias. Y es que los partidarios de Chávez lo idolatran, dan la vida por él».

Tras registrarme en el hotel Caracas Palace (un inmenso elefante blanco que alguna vez fue el Four Seasons) hojeo la prensa. «El soberano habló», cabeceaba *El Universal* del día anterior, y las cifras no dejaban lugar a duda: el *No* había vencido al *Sí* por un margen aproximado de 2%. Pero la mayor sorpresa no estaba en el voto duro de la oposición sino en la pasmosa abstención de más de tres millones de votantes oficialistas admitida por el propio Chávez (sudoroso, reconcentrado, secretamente enfurecido) en su primera aparición pú-

80

blica, el día 3. Según la versión oficial, por Chávez había votado 49% de los sufragantes, pero tomando en cuenta la abstención de 44%, su aprobación en el padrón total se reducía a un poco más de 27%: muy por debajo de la aplastante aprobación que había llegado a tener en su momento cumbre.

Lo que verdaderamente ocurrió en el seno del gabinete y en el Consejo Nacional Electoral durante las siete horas de espera que transcurrieron entre el cierre de la votación y la emisión de resultados es sólo motivo de especulación. *El Nacional* del día 4 revela una versión firmada por el reportero Hernán Lugo-Galicia según la cual miembros del Alto Mando Militar habrían persuadido a un Chávez incrédulo e iracundo de que la dilación ordenada por él (en espera de una imposible reversión de las cifras) era insostenible: implicaba riesgos de zozobra y agitación frente a los cuales el Ejército no estaba dispuesto a intervenir. Esa actitud de su círculo íntimo, aunada a los mensajes que le habrían hecho llegar oficiales adictos al disidente militar más notorio, el general Raúl Isaías Baduel –decía la nota–, «fueron los que le hicieron entender al presidente que era inconveniente postergar la agonía».

En una esquina del hotel, un voceador agita el tabloide *Tal Cual,* editado por Teodoro Petkoff, quien ha bautizado a Chávez como «Ego Chávez». La portada, en rojo, es perfecta: «GA *NO*».

«La tormenta perfecta»

Rocío Guijarro –gerente general del Centro de Divulgación del Conocimiento Económico para la Libertad o Cedice, un centro de investigación independiente de filiación liberal dedicado al estudio e investigación de temas económicos y sociales– ha convocado a un grupo de académicos, analistas y empresarios para evaluar la situación política a dos días del referéndum. Mientras se reúnen, reviso en su oficina las historietas publicadas por Cedice *(¡¡¿Pa' dónde vas Venezuela?!!* se titula una, que imagina una animada discusión en un barrio sobre los puntos riesgosos de la Reforma) y descubro en un sitio de Internet la foto del gran muñeco inflable vestido de rojo que representaba a Chávez, caído de bruces sobre la tarima y abandonado tras conocerse los resultados.

«Intentó un autogolpe de Estado», sugiere alguien en la larga mesa de discusión, presidida por los retratos de los antiguos directivos y la imprescindible efigie de Simón Bolívar. Otro cree que la diferencia de votos debió ser considerablemente mayor, quizá de 56% a 44%. Nadie lo sabe a ciencia cierta, nadie cree que alguna vez se sabrá. La oposición –había declarado Chávez en esa comparecencia– debía aprender que «éste es el camino», no el de la resistencia civil, la desestabilización o el desconocimiento de las instituciones. Esta admisión de su derrota le había valido el unánime aplauso internacional, pero en Cedice no se le toma en serio. Por eso no hay euforia en el ambiente sino asombro e incredulidad, y la conciencia de que se trató de una victoria, importante pero solitaria, en una guerra política que llevará años y que deberá ganarse –si alguna vez se gana– en apego estricto a las reglas de la democracia.

Sin embargo, como para convencerse a sí mismos, los analistas ensayan interpretaciones entusiastas sobre el sentido de los hechos: «Se destruyó el mito de que Chávez es invencible», «Nació la oposición chavista», «Chávez quería acabar con el talante democrático del pueblo, no pudo, desconoció cómo es el venezolano», «Acumularon artículos, échale uno más, y otro, y a la gente no le gustó, le olió mal». Les pregunto a quién o a quiénes atribuir el éxito de la jornada.

Fue una tormenta perfecta –explica alguien– la conjunción opositora de grupos y personas que alguna vez formaron parte del círculo más cercano de Chávez: el general Baduel, en efecto, pero también su ex esposa Marisabel Rodríguez y Podemos, el partido que se separó de él recientemente. Todos tienen gran peso simbólico y todos llamaron a votar por el *No*.

El papel de la Iglesia, agraviada desde hacía tiempo por los continuos insultos y burlas del presidente, fue importante, lo mismo que el de los demás partidos de oposición reunidos en el llamado «Bloque del *No*», pero hay un consenso sobre el protagonista colectivo de mayor mérito: los estudiantes. «Chávez los llamó "hijos de papi" y les exigió que "volvieran a clases", pero ellos con su valentía dieron la sorpresa; desde el cierre de Radio Caracas Televisión (RCTV) inventaron técnicas de resistencia civil y cautivaron a la gente».

Mi amigo Américo (alto, con el pelo ralo entrecano y actitud de *elder statesman*) dice que el milagro se debió sobre todo al liderazgo de Baduel: «No olvidemos que fue él quien salvó a Chávez en el golpe de abril de 2002, no olvidemos tampoco que fue uno de los juramentados en el "Samán de Güere"». Mientras pido a mi compañero de al lado que me deletree cada palabra (ese árbol, como luego aprenderé, ha estado ligado a la historia venezolana), Américo sostiene que Baduel representa una fuerza institucional dentro del Ejército opuesta a la formación de un Estado Mayor paralelo por parte de Chávez: «Fue definitivo su llamado a votar por el *No*». Todos coinciden. Tras conocer los resultados, Baduel, hombre de pocas palabras, invitó a «superar esta fase y remontarla mediante una nueva Asamblea Constituyente que alejara definitivamente el fantasma de las "dos Venezuelas"».

Otras voces en la mesa aportan explicaciones, algunas económicas (el desabasto de productos de primera necesidad como papel higiénico, carne, aceite vegetal, pollo, más escandaloso en la medida en que sobran artículos de lujo, como el whisky Etiqueta Azul o el yogur italiano); otras sociales (la alarmante criminalidad y la rampante corrupción, cuya erradicación fue una de las banderas principales de Chávez); otras políticas, entre las que resalta la «Lista Tascón». Esta «Lista» (llamada así por el apellido del diputado que la introdujo, ahora opositor a Chávez) es una herida que no cierra. Se trata de la nómina de 2.340.000 personas que habiendo pedido, en voto legal y secreto, la celebración del referéndum revocatorio de 2004, son probadamente objeto de discriminación laboral y otros acosos por parte del régimen. A esta medida infamante, Teodoro Petkoff la ha llamado «*apartheid* político».

Quedan en el aire interrogantes y conjeturas sobre el futuro inmediato: ¿intentará Chávez imponer varios de los 69 artículos que contenía la Reforma por la vía de los hechos o de una ley habilitante? Bien puede ser. ¿Presentará de nuevo su Reforma, aunque la Constitución vigente se lo impida? Menos probable. ¿Reconquistará a los más de tres millones de partidarios que manifiestamente se rehusaron a apoyarlo? Difícil saberlo. ¿Abandonará su sueño, largamente acariciado, de quedarse en el poder hasta 2021, aniversario de la batalla de Carabobo, que culminó la Independencia de la Gran Colombia? Muy improbable. ¿Cómo se configurará el grupo oficial y el opositor para las cruciales elecciones de gobernadores y alcaldes del 23 de noviembre de 2008? Con nuevos ánimos y peligrosas animosidades.

Yo me quedo con una pregunta más inmediata: ¿qué representa el «Samán de Güere»?

Diagnóstico de las misiones

Tras la reunión, en un cubículo lleno de libros, revistas y carteles, hablo con Isabel Pereyra, directora de la Unidad de Análisis y Políticas Públicas de Cedice. Isabel, investigadora social experta en temas de pobreza, trabaja a ras de suelo: conoce de primera mano la vida en los barrios y ha organizado «grupos focales» para conocer las opiniones y actitudes de los venezolanos pobres en torno a la red de misiones que desde abril de 2003 ha constituido la iniciativa social más importante del régimen chavista.

En teoría, Isabel no objeta el sentido social de ese proyecto:

El propósito general de todas las misiones estaba justificado. Pudieron constituir oportunidades para los sectores populares y de allí su gran impacto político. Sin embargo, según estudios independientes, la población resiente las deficiencias del experimento.

84

Y para Isabel, el gran problema es otro: «Fueron concebidas como acciones clientelares, populistas, misiones compravotos, apoyadas en una excelente estrategia publicitaria».

Le pido que me ilustre sobre el estado actual de las principales misiones. La misión Barrio Adentro –explica– consistía en la construcción de pequeños módulos de servicios sanitarios en el interior de las barriadas populares, atendidos por personal cubano. Se construyeron alrededor de mil quinientos módulos y llegaron cerca de once mil personas entre médicos y enfermeras cubanas.

Todo ha sido un fracaso. El personal venido de Cuba en su gran mayoría carecía de preparación, desconocían la farmacopea de uso corriente en nuestro país y fueron abandonados en medio de barrios pobres. La gente comenzó a apodar a este personal cubano como los *doctores pastillita*, alegaban que siempre recetaban lo mismo para cualquier tipo de dolencia. En vez de rescatar la costosa red ambulatoria y hospitalaria que ya operaba con mucha mayor capacidad de atención y calidad de servicios (583 hospitales generales en 23 entidades federales, y una red de 4.000 puestos ambulatorios de salud), el gobierno orientó sus recursos a la expansión de estos publicitados módulos de servicios. El resultado es que hoy cerca del 50% de estas instalaciones está abandonado, los cubanos han desertado o regresado; y, lo peor, nuestra red ambulatoria y hospitalaria heredada del periodo 1958-1998 está en franco abandono.

La historia, me dice, se repite en el caso de la misión Robinson –que tomó el nombre del seudónimo adoptado por Simón Rodríguez, maestro y mentor del Bolívar juvenil–, creadas para incorporar a la gente a un sistema educativo paralelo, de espaldas a la educación de calidad, repartiendo títulos sin ningún respaldo académico. Como resultado, se restaron apoyos al sistema educativo formal, que se empobreció aún más.

La misión más expandida en el país ha sido Mercal. Se trata de una red de tiendas para el abastecimiento de alimentos ubicada en los sectores populares. «Esta red –recuerda Isabel– se desarrolló en medio de un ataque brutal contra los productores, la imposición de controles de precios y amenazas de expropiación que impedían el desarrollo de la producción interna de alimentos». Mercal se adelantó con importaciones masivas de alimentos a un costo superior a la producción nacional. El operativo, «manejado por militares totalmente desconocedores de la materia económica y social», consistía en abrir pequeños expendios de alimentos subsidiados y realizar ventas masivas a precios por debajo de los costos.

Esta misión tuvo sus minutos de gloria, especialmente en los periodos preelectorales. Sin embargo, la otra cara de Mercal fue la depresión de la producción nacional debida a la política de controles y a un desaforado proceso de corrupción de los que ahora llaman «boliburgueses» (como se denominaba inicialmente a los intermediarios de importación y a los militares encargados por Chávez de conducir la misión).

Al paso de los días (en la medida en que se dificultaban las importaciones masivas por problemas del mercado externo y por deficiencias administrativas) sobrevino indefectiblemente el desabastecimiento y la escasez. «Hoy en nuestros mercados falta leche, azúcar, carne, pastas, café y otros, y la inflación en alimentos llega casi a 30%».

* * *

Jugando al abogado del diablo, argumento a Isabel que la percepción de inoperancia detectada por ella, y confirmada en varios otros estudios, no parece explicar la derrota de Chávez. Como quiera que sea –para poner sólo un par de ejemplos– muchos ancianos se han beneficiado de las comidas gratis y se han realizado infinidad de operaciones oculares, también gratuitas, a más de 600.000 personas, entre venezolanos y extranjeros. Quizás el dato más relevante en el ámbito social es que, según la Comisión Económica para América Latina

(CEPAL), en el periodo 1999-2006 el porcentaje de población viviendo en condiciones de pobreza se redujo de casi 50% a 30%. Y según el mismo organismo, Venezuela es uno de los países de la región que ha registrado mayor incremento en el gasto social como porcentaje del PIB. La gente, además, no pone en duda la prodigalidad del gobernante y mucho menos su buena fe. Isabel Pereyra considera que el secreto de su popularidad consiste menos en sus logros tangibles (mermados severamente por la inflación y la escasez) que en el otorgamiento de «derechos simbólicos» a los más pobres. «Ese fue –señala– el fracaso de la IV República. El pueblo, que se estrellaba contra la sordera de los partidos tradicionales, se sintió finalmente aludido, reconocido y, aún más, ubicado como actor principal del discurso chavista».

¿Cómo explicar en definitiva la abstención de más de tres millones de chavistas? «Se veía venir», apunta Isabel. Según sus investigaciones en *focus groups,* los sectores populares rechazaron al menos seis aspectos de la Reforma: la facultad del presidente de elegir alcaldes y gobernadores, la supeditación de la vida pública a un solo hombre, la politización de las Fuerzas Armadas, la discrecionalidad en el uso del dinero público (y la propensión a regalarlo), la creación de estados y municipios distintos a los que han nacido de la historia venezolana y la amenaza contra la propiedad privada. «La gente tiene respeto por la propiedad privada y la sintió en riesgo. Pensaban que les podía afectar su casita, su lugar. Sintieron amenazada la familia, la herencia y hasta la potestad sobre los hijos. La gente entendió lo que estaba en juego». Y añade: «Lo curioso es que existió mucha similitud en las opiniones sobre este tema entre las personas declaradas partidarias del chavismo y las opositoras».

Le señalo la obvia contradicción entre el carácter clientelar, tutelar y asistencial de las misiones y la defensa de la libertad que ella percibe. Isabel no niega esa contradicción, la explica: «El amargo fondo de la cuestión es que en Venezuela *lo económico no existe*. El Estado confisca la iniciativa a los ciudadanos. La noción de mercado no ha podido penetrar en las

87

mentes y los corazones de un pueblo cultivado por el rentismo como modo de ser». No de ahora sino de muy atrás, el Estado patrimonialista venezolano ejerce de manera discrecional un poder casi infinito como redistribuidor de la renta petrolera. La gran mayoría piensa que el mejor gobierno es el que redistribuya mejor y más justamente. Por eso su proyecto es ver cómo participan en el reparto, cómo se organizan, con cuánta fuerza reclaman. Sin embargo, en medio de ese desolador paisaje, un minúsculo pero profundo oasis apareció entre los sectores populares, un arraigo existencial de la noción de libertad, producto quizá de la pervivencia de ciertas libertades políticas, provenientes del periodo 1958-1998. Venezuela –concluye– ha sido algo así como China al revés.

Su interpretación del 2 de diciembre implica un triunfo al menos parcial de la libertad sobre la seguridad, un triunfo que no la sorprende del todo: años antes, en repetidas ocasiones, Chávez había incitado a la toma violenta de predios «pero las únicas invasiones fueron dirigidas, canalizadas y organizadas logísticamente por el gobierno». A sabiendas de que no sería reprimido si ocupaba fábricas, tierras o viviendas, el pueblo no se movió.

Chávez perdió el referéndum de diciembre porque intentó vulnerar la propiedad privada y por lo tanto afectar un valor muy arraigado en la población. Su gran fracaso radica en no haber logrado cambiar los valores de los venezolanos. A pesar de la relación afectiva que tienen o han tenido con Chávez y de los efectos de estas misiones populistas, los venezolanos pobres han demostrado que no entregan su libertad por un plato de lentejas.

La conclusión es bíblica y el tema también.

La guerra de los medios

Globovisión es, para todo efecto político, el único canal de televisión plenamente independiente que queda en Venezuela.

Cuando Chávez asumió el poder, existían once canales nacionales, de los cuales ocho emitían su señal de forma abierta. En 2006, los canales de mayor audiencia eran, en primer lugar, RCTV (28,1 de la audiencia); tras de ella, Venevisión (27,2), Televen (11,7) y otros canales de paga (9,0). VTV, Venezolana de Televisión, de propiedad estatal, alcanzaba niveles muy bajos (5,3). Después del anuncio de expropiación de RCTV (la estación más antigua en Venezuela) su señal llega sólo a quienes cuentan con televisión de paga. La televisión oficial u oficiosa domina el espectro. En esta circunstancia, Globovisión ha adquirido un público amplio.

Aunque en un principio varios grupos mediáticos vieron a Chávez con simpatía y de hecho lo apoyaron financieramente, la relación comenzó a tensarse en el periodo de las Leyes Habilitantes y desembocó en una abierta crisis a raíz del golpe de abril de 2002 y de los paros laborales que lo siguieron.

Resintiendo la cobertura que consideró parcial de ambos hechos y el respaldo de las televisoras privadas al llamado «paro petrolero» de 63 días que dio comienzo a fines de 2002, el gobierno comenzó a buscar el control de los medios masivos mediante un abanico de medidas legales y coercitivas (la Ley de Responsabilidad Social en Radio y TV, reformas al código penal, impuestos, multas y medidas indirectas para castigar la opinión disidente), que han ido logrando su objetivo. En mayo de 2007 sobrevino la negativa terminante a renovar la concesión de RCTV.

La otra cara de este cerco paulatino a la libertad de expresión en los medios masivos de comunicación es, por supuesto, la omnipresencia de Chávez en el espectro mediático, ya sea en las «cadenas» nacionales en radio y televisión o en su muy visto y maratónico programa *Aló, Presidente*. En los últimos ocho años (hasta septiembre de 2007) se registraron 1.596 «cadenas» equivalentes a 977 horas de televisión. Entre 2000 y 2007, el programa dominical de Chávez duró un promedio de casi cinco horas. Entre julio y septiembre de 2007 –meses decisivos para la votación del 2 de diciembre–

la duración promedio fue de siete horas, con un récord de ocho horas ocho minutos cinco segundos el domingo 23 de septiembre.

Entre 2004 y 2007 el porcentaje relativo de los mensajes del presidente en relación con los mensajes oficiales pasó de 57% a 88%. Durante sus ocho primeros años de gobierno, Chávez ha hablado en cadena nacional de radio y televisión, sin posibilidad de que se vea otro mensaje en el espectro radioeléctrico venezolano, por el equivalente a 31 días, dos horas, 29 minutos y 44 segundos seguidos.

En *Aló, Presidente,* Chávez ha inaugurado un estilo inédito en los anales políticos: gobierna «en vivo», frente a las cámaras. No sólo gobierna sino actúa su gobierno, su mando: se regodea en su voz, la engola, la modula, entrecierra los ojos, abre los brazos en cruz, se santigua, mira al cielo, manotea, improvisa, reflexiona en voz alta, emite órdenes y contraórdenes, anuncia decisiones imprevistas, gesticula, regaña, encomia, narra anécdotas de su vida, habla de beisbol, hace gracejadas, toma llamadas preestablecidas, monologa con sus invitados, canta, recita, reza, llora, ríe, desvaría. En el país de las telenovelas, Chávez ha inventado un género alucinante, un género que no imaginaron los grandes actores en el poder como Ronald Reagan.

Globovisión transmite diariamente un popular programa vespertino de nombre inverso: *Aló, Ciudadano.* Lo conduce, con estoica ironía, el periodista Leopoldo Castillo. Sus asistentes me han llamado para una entrevista «en vivo». Poco antes de entrar al aire, presencio mi primer episodio en la feroz guerra mediática de Venezuela. *Aló, Ciudadano* retransmite imágenes del programa *La Hojilla.* La secuencia presenta al presidente de Globovisión con la cara de Hitler. En sus brazos retoza un inquieto y servil perro chihuahueño con la cara del propio Leopoldo Castillo. Al exhibir la manipulación de *La Hojilla* y su propensión a llamar «fascistas» a todos los opositores a Chávez, *Aló, Ciudadano* busca mostrar los métodos fascistoides del régimen.

Tras aquellas imágenes, mis breves comentarios en el programa debieron parecer inocuos. Flanqueado por dos guapas conductoras que no quitaban los ojos de sus ordenadores, Castillo me preguntó cómo veía el proceso venezolano desde la perspectiva mexicana. Sostuve, simplemente, que Lázaro Cárdenas, el presidente más progresista de la historia de México, el hombre que repartió 17 millones de hectáreas, el que expropió a las compañías petroleras en 1938, el protector de Fidel Castro en 1956, gobernó al país durante los seis años que dictaba la Constitución…. y ni un minuto más. Popular según unos, populista según otros, Cárdenas respetó la regla de oro del sistema político mexicano, un precepto que los venezolanos, al parecer, estaban apenas descubriendo: no entregar el poder absoluto y vitalicio a un caudillo, a una persona, bajo ninguna circunstancia. Me faltó agregar que ni Cárdenas ni ningún otro presidente surgido del PRI tuvieron jamás la tentación totalitaria de monopolizar los medios de comunicación.

* * *

A la salida, en el monitor de la cabina aparecen escenas de exaltación en la Asamblea Nacional. Un mes antes, la Asamblea (compuesta por 167 diputados, todos oficialistas) no sólo había aprobado el proyecto de reforma de 33 artículos enviado en agosto por el Ejecutivo, sino que lo había ampliado a 69 artículos. Ahora la representante Desirée Santos Amaral, siguiendo la pauta del presidente, parece buscar convertir la derrota en una victoria de la democracia: «El pueblo habló y la voz del pueblo es la voz de Dios».

La jornada, afirma, «le da un rotundo mentís a quienes pretenden desconocer el carácter absolutamente democrático de nuestro proceso democrático [sic]». Sus consideraciones son similares al mensaje presidencial del día anterior, en el que Chávez había reconocido «ante el país y el mundo» su derrota: «Yo líder, yo presidente de la nación, he oído la voz del pueblo y siempre la voy a estar oyendo». Lo que no reportó la prensa internacional fue el regaño de Chávez a los abstencionistas que, sin oponerse a su régimen, abrigaron dudas y temores, y su advertencia: «Ni una sola coma de esta propuesta yo retiro. Esta propuesta está viva. No muerta [...]. No se pudo por ahora, pero la mantengo». Si había aceptado los resultados –afirmó– era porque quería ahorrar al país una tensión peligrosa y porque una «victoria pírrica, no la hubiera querido».

Al día siguiente veo el sitio de *Noticias 24* que recoge 300 comentarios sobre la diputada Amaral, casi todos en extremo insultantes: «arrastrada, plasta de **mierda**, **vieja** bruta, resentida, jodida mentirosa...». Un pulso exacto del clima de descalificación y odio que vive Venezuela, porque los blogs chavistas (como www.aporrea.org o www.antiescualidos.com) no son menos brutales. Entre aquel mar de ofensas, un comentarista respetuoso apunta: «el pueblo supo leer entre líneas y ver que en DEMOCRACIA no se pueden extender cheques en blanco, y ésa era la propuesta a la que la mayoría le dijo NO».

Estas voces disidentes han provocado honda preocupación en un anónimo autor que escribe en el blog «Aporrea»:

¿Cómo es posible que aún después de siete años de revolución y de consecutiva y perenne campaña de concientización ideológica de parte del líder indiscutible de la Revolución bolivariana, el presidente Chávez, todavía haya 37% de compatriotas enajenados por «el sueño americano» [...] de FASCISTAS [enfrentados] al Proceso Revolucionario, de pitiyanquis [...]?

«La voz del pueblo» no podía entender cómo 37% de los ciudadanos era refractario a la verdad única. A juzgar por los resultados del 2 de diciembre, el porcentaje de enajenados, fascistas y «pitiyanquis» creció.

* * *

Esa misma noche, al encender el televisor de mi habitación, veo aparecer nada menos que *La Hojilla*. La propaganda no descansa, nunca descansa. Su conductor, Mario Silva, viste con una chaqueta de cuero negra, camisa amarilla abierta y una gorra roja. Al fondo, efigies de Lenin, Castro, Bolívar y Hugo Chávez. En la mesa hay unas figuritas similares.

Con invariable sonrisa sardónica, Mario descalifica a Hernán Lugo-Galicia (el joven periodista de *El Nacional* que escribió el reportaje sobre la reunión del Alto Mando con Chávez), asegura que «la reforma sigue», zahiere una vez más a Leopoldo Castillo. A cada ocurrencia del locutor, responde una risa en *off,* estentórea y forzada. De pronto, Silva adelanta que alguien importante llamará en unos minutos. ¿Quién será? Un estudiante lo acompaña a su izquierda.

Suena el teléfono, y la sonora voz que todos los venezolanos reconocen impregna el estudio: ¡es el presidente Chávez! (Su «voz» había visitado el programa tres veces en las últimas dos semanas.) Silva se admira de que esté trabajando a esas altas horas; el presidente lo saluda con un «abrazo revolucionario», lee algunas cartas solidarias y empieza un monólogo «muy breve», de poco más de media hora, que arranca con la inminente visita del presidente de Bielorrusia y el admirable desarrollo que había alcanzado la URSS antes de su lamentable desaparición.

Tras aceptar que la Reforma «se complejizó», tranquiliza a sus seguidores advirtiendo que hay muchas formas y mucho tiempo para presentarla de nueva cuenta, simplificada, depurada. Pero sobre todo les transmite que el presidente está entero:

Aquí sigue Chávez en Miraflores, firmando cuentas, preparando planes, bueno, preparando el viaje para la toma de posesión de Cristina, recibiendo presidentes, creando empresas socialistas como ésta que vamos a crear, etcétera, chequeando el tema de las reservas internacionales, chequeando el petróleo, en fin, preparando para cerrar el año de la mejor manera este diciembre y entrarle duro al año 2008. [Silva asiente varias veces por minuto.]

Me llama la atención la insistencia de Chávez en el uso de términos guerreros: *adversarios, enemigos, armas, tiros*. Quienes votaron por el No son «lacayos», «pitiyanquis», «brazos del imperio», «conspiradores». «Que celebren su cuarto de hora». «Nosotros seguiremos, Mario [...] "Patria, socialismo o muerte"». El locutor, con la misma sonrisa pegada a la cara, asiente otra vez complacido y triunfante, el estudiante interrumpe tímidamente para avalar lo dicho por Chávez, y Chávez lo felicita por su evidente lucidez. Pero el presidente no se despide. El presidente sube el tono, ahora contra los abstencionistas, a quienes tilda de «individualistas»: «Si no fueron a votar, que no protesten». Y como en una carrera contra sí mismo, sube el tono aún más: «ésta es una batalla mundial [...] hablo al mundo, nosotros nos estamos enfrentando con el imperio [...] levantemos la moral revolucionaria, no hemos parado nada, ya vendrá la nueva ofensiva, hay revolución para rato, ¡no me voy hasta que Dios quiera!».

Esa apelación al derecho divino le habría podido ganar las ocho columnas del día siguiente, pero durante ese día 4 Chávez había pronunciado una frase aún más llamativa: «Sepan administrar su victoria, pero ya la están llenando de mierda, es una victoria de mierda, de mierda». ¿Cuántas veces dijo, solazándose en ella, la palabra *mierda*? Aunque la ley venezolana no prohíbe expresamente la coprolalia, al parecer sí limita el uso público de palabras ofensivas. Sin embargo, el ministro de Información se apresuró a validar el término. Basado en esa interpretación, el día 7, *Tal Cual*, siempre epigramático, cabeceó: «Éste es un gobierno de mierda».

«Ni sanguinario ni cruel».

Aquella primera noche en Caracas acudí a una cena en un restaurante «gourmet» (que abundan en Caracas) convocada por Julio Borges (dirigente de Primero Justicia o PJ, partido fundado en 2000). Asisten miembros de su propio partido, periodistas, analistas y algún estudiante.

94

La palabra «partido» es casi un tabú en Venezuela. No suena bien ni siquiera en el campo chavista, donde el presidente no ha podido (o querido) consolidar el Partido Socialista Unido de Venezuela (PSUV), que lo aproximaría al modelo cubano.

En el campo de la oposición, por su parte, el sistema de partidos es una zona de desastre en lenta reconstrucción. Los partidos históricos, el Comité de Organización Político Electoral Independiente o COPEI, fundado por Caldera, y Acción Democrática o AD, fundado por Rómulo Betancourt, están debilitados y quizá liquidados. Su tenue esperanza, al parecer, está en la alianza que han ido tejiendo con los partidos nuevos, como el de Borges (que sólo obtuvo 11% de los votos en la elección presidencial de diciembre de 2006) o Un Nuevo Tiempo o UNT, fundado apenas en 2006 y encabezado por Manuel Rosales (que alcanzó también un magro 13% en los mismos comicios).

Además de éstos, hay en Venezuela una constelación de pequeños partidos, entre los que destaca Por la Democracia Social, Podemos, fundado en 2003. Su dirigente principal, Ismael García, había acompañado a Chávez todo el trayecto, pero optó por inscribirse en el llamado «Bloque del *No*» ante el Consejo Nacional Electoral. El 3 de diciembre García festejó en la prensa «el tsunami de votos en contra de la Reforma constitucional».

Tal vez porque los comensales partidistas saben que el triunfo del *No* se debió a la abstención de los chavistas y no al avance del voto opositor, la cena es discreta, sin grandes expectativas. La charla resulta aleccionadora por los matices que aporta sobre la compleja situación. Se alude a la peligrosa «zona de hipertensión emocional por la que atraviesa Chávez». Se hace referencia a los nudillos visiblemente hinchados y ensangrentados del presidente ante las cámaras de televisión. Se habla del estado febril que lo puede llevar a una guerra con Colombia, del posible «Efecto Galtieri», aquel general argentino que desató la insensata guerra de las Malvinas para distraer a la opinión pública sobre la verdad de la política interior.

Sergio Dahbar –amigo columnista de *El Nacional*– vuelve a tocar el corazón del drama venezolano, el tema social. Serio y sensato, recuerda la persistencia de la pobreza y la desigualdad y la fuerza que el líder desprende de hablarle a las mayorías que las padecen: «Chávez le habla a un país al que nadie le había hablado».

Otro agudo periodista, Luis García, me aconseja introducir perspectiva histórica en cualquier análisis sobre «este laboratorio político». Me hace ver que en 1997, a un año del triunfo de aquel «rupestre teniente coronel de medio pelo que era Chávez», las encuestas favorecían ampliamente a una Miss Universo, Irene Sáez. ¡A ese extremo había llegado la inanidad política del país!

Presente en la reunión, Carlos Raúl Hernández me deslizaría después un apunte psicológico en torno a Chávez sumamente valioso: «Lo conozco bien, fuimos al Liceo O'Leary juntos. Chávez es narcisista, pero también agudo y genuinamente cordial. Es un encantador de serpientes. Es todo eso y más, pero fíjate: no es sanguinario ni cruel».

El candor del padre Ugalde

Aunque dedicaría la jornada a averiguar las difíciles relaciones entre lo humano y lo divino en Venezuela, descifrarlas me tomaría meses. Mi contacto es el respetado padre jesuita Luis Ugalde, rector de la Universidad Católica Andrés Bello. De origen vasco, nacido en 1939, Ugalde llegó a Venezuela hace cincuenta años, como parte de la gran ola migratoria proveniente de España, Italia y Portugal. Graduado en Filosofía y Letras en la Universidad Javierana de Bogotá, entre 1966 y 1970 hizo estudios de Teología en la Theologische Hochschule Sankt Georgen de Frankfurt y en 1973 obtuvo la licenciatura en Sociología en la Universidad Católica Andrés Bello.

Me recibe en el recinto de la Universidad. Mientras paseamos por su hermoso jardín, entre pilones y caobos, me comenta que también es jardinero. Detrás de sus anteojos entreveo la mirada noble y paciente de un hombre acostumbrado a registrar el minucioso paso del tiempo entre árboles añejos y plantas de sombra grata. Su acento vasco va puntuando nuestra conversación de esa mañana. Me comenta cómo la gran corriente política de los sesenta tocó su vida, al menos por tres vertientes: el corrimiento de la Compañía de Jesús hacia la «opción preferencial por los pobres»; los cambios que en ese mismo sentido significó el Concilio Vaticano II; y la ola revolucionaria de la generación de los sesenta. Pero el autor que más influyó en él –según me explica– fue el gran teólogo protestante Paul Tillich, que en la época nazi hubo de abandonar Alemania para refugiarse en Estados Unidos. Me explica Ugalde que Tillich defendía «la sustancia católica y el espíritu protestante», síntesis que le parece muy afortunada.

En su primer periodo presidencial (1969-1974), Rafael Caldera consideró a Ugalde «comunista». Ugalde trabajaba entonces en el Centro de Investigación y Acción Social de los jesuitas buscando comprender por qué un país petrolero producía un Estado rico y gente pobre. A la distancia, sin embargo, admite que la democracia dio «pasos muy positivos» de 1958 a 1978. Los problemas comenzaron poco después, con el distanciamiento paulatino entre el pueblo y el «partido del pueblo» (AD). «La ineficacia y la corrupción minaban la calidad de lo público». En el infausto Caracazo de 1989, Carlos Andrés Pérez encarceló a Ugalde por considerarlo «instigador» de los saqueos.

Ugalde no apoyó el golpe militar de Chávez. En el barrio pobre donde vivía, la gente simpatizaba con el militar «vengador» pero quería mantener la democracia. Tres meses antes del triunfo electoral que lo llevó a la presidencia, el padre publicó un artículo donde manifestaba su escepticismo: «Según las encuestas y análisis sencillos, hay alta probabilidad de que Chávez gane las elecciones y poca de que pueda hacer un buen gobierno, lo que significa una especie de suicidio colectivo». El agravio de la pobreza señalado por el nuevo régimen era real y sentido, pero los métodos que se vislumbraban para atacarlo le parecían equivocados. El tema de la pobreza era entonces, como ahora, su preocupación cotidiana: como presidente de la Asociación de Universidades confiadas a la Compañía de Jesús en América Latina, coordina un estudio sobre «causas y superación de la pobreza».

Pero Ugalde no veía estos temas sólo desde la teoría. No es casual que la presencia de mayor envergadura de la Iglesia católica en el universo de los marginados sea precisamente «Fe y alegría», la exitosa red de educación elemental que dirigen los jesuitas en todo el continente y que, en Venezuela, fue por mucho tiempo encabezada por Ugalde.

Las soluciones que ha discurrido tienen como artículo de fe el respeto a la libertad. Por contraste, la política social de Chávez ha confirmado sus temores. Ignorando «como si nada hubiera pasado el terremoto que derrumbó el muro de Berlín y todo el montaje soviético en decenas de países» y la experiencia real del régimen cubano, «que en cuarenta años en el poder no ha producido ninguna liberación», Chávez «implantó tardíamente un régimen de intenciones, promesas y esperanzas, mirando hacia esos modelos ya fracasados».

Según Ugalde, uno de los problemas que América Latina no ha superado es el de la demonización del empresario, la idea de que

la esencia de éste reside en explotar y chupar la sangre del pobre. Los países exitosos, por el contrario, van aprendiendo a jugar juntos, están convencidos de que en los mundiales no puede ganar un equipo donde seis jugadores están contra los otros cinco. Todavía el mito marxista de hacer economía exitosa sin productividad y éxito empresarial persiste, como también el considerar a las grandes mayorías como de segunda categoría.

Pero en estos meses Ugalde ha tenido que actuar en una trinchera más apremiante. Por correo electrónico, me había puesto al tanto de los acontecimientos recientes. Chávez había exigido a los miembros del Episcopado «no meterse en política». En respuesta, el padre publicó un artículo profusamente distribuido en el que evocó el martirio del «santo monseñor Arnulfo Romero, que denunciaba en El Salvador los crímenes de los militares» y recordó cómo «el coraje y el liderazgo cristiano» del cardenal Silva Henríquez había contribuido a la sobrevivencia de la libertad y la dignidad en el Chile de Pinochet. Una Iglesia responsable de la defensa de los derechos humanos no podía no protestar contra la «nueva Constitución que consagra el autoritarismo, la concentración del poder presidencial y elimina el pluralismo democrático», no podía no «meterse en política». A una semana de la votación del 2 de diciembre, escribió «El día después», donde sostuvo el carácter «ilegítimo e ilegal» de la Reforma propuesta (en esencia: sus cambios radicales sólo podían emanar de una Asamblea Constituyente) pero basado en encuestas confiables anticipó la posibilidad del triunfo: «Hay que prepararse desde ahora para convertir ese rechazo mayoritario en actividad política y evitar que se aplique un régimen totalitario con reducción de derechos humanos y la eliminación de la democracia pluralista». Su mensaje caló, sobre todo, entre los estudiantes.

En aporrea.org los chavistas lo han rebatido profusamente de esta manera: «fraile», «ensotanado», «burgués», «fascista», etcétera. Al candoroso padre Ugalde esto lo tiene sin cuidado. El enfrentamiento crítico con el gobierno no lo sorprende ni desanima; por el contrario: «La historia demuestra que con frecuencia la fe cristiana y la Iglesia católica actúan mejor en momentos de crisis que cuando son bien tratados por el poder».

«Recen por mí»

Para el Episcopado, sospecho, el problema entre la Iglesia y el Estado tiene más fondo. Gracias, precisamente, al padre Ugalde, entablaría contacto con el padre Baltasar Porras, arzobispo de Mérida, que habiendo sido presidente de la Conferencia Episcopal Venezolana, ha estado en el ojo del huracán todos estos años.

La Conferencia se enfrentó a Chávez desde los primeros años de su mandato, no sólo por sus iniciativas en materia educativa (por ejemplo, la creación de la figura de supervisores itinerantes nombrados por el ministro, con amplias facultades para intervenir en la organización de planteles privados y públicos) sino, sobre todo, por sus frecuentes juicios, «los más negativos emitidos por un jefe de Estado en toda la historia venezolana».

A principios de 2002, la cúpula de la Conferencia Episcopal había firmado un acuerdo con empresarios y sindicatos para oponerse a Chávez. Se denominó Pacto Democrático de Emergencia y constaba de diez puntos, entre los que destacaban la convocatoria a la unidad de todos los sectores para rescatar el diálogo social, la adopción de medidas para progresar en un marco de paz y democracia, la subordinación de los militares al poder civil y la búsqueda de eficacia en las políticas públicas para superar la pobreza. Más tarde, en el referéndum de agosto de 2004, los prelados sugirieron el voto contra la permanencia de Chávez en el poder.

Porras me enviaría un fragmento de sus memorias que me permitiría seguir penetrando en el conflicto. El documento estaba relacionado con su papel en los días de abril de 2002, cuando fungía como presidente de la Conferencia Episcopal Venezolana.

Como millones de venezolanos, había presenciado la concentración del día 11 que había reunido a más de 500.000 personas y que había tenido un saldo trágico de 19 muertos y 100 heridos. Pero los hechos que lo involucraron corresponden a la madrugada del 12, cuando intempestivamente el presidente Chávez lo llama por teléfono. Tras informarle que ha decidido dejar el poder («Unos están de acuerdo, otros no. Pero es mi decisión»), le pide ir al Palacio de Miraflores. Aunque Porras está dispuesto, los militares se lo impiden.

Su primera estación es Televen (donde escucha las justificaciones de los altos mandos en torno al golpe: la corrupción del régimen, los 35.000 millones en compra de armamento no militar, pero sobre todo la activación del Plan Ávila, que suponía la posibilidad de que el Ejército disparara contra la población).

La situación es confusa: el Alto Mando Militar anuncia en los medios que ha pedido la dimisión al presidente y éste ha accedido, pero el punto crucial es que la renuncia nunca se materializa. Por eso, aunque algunos aducen un «vacío de poder», los hechos configuran un injustificable golpe de Estado. Inexplicablemente confiados, los militares antichavistas se debaten en un dilema: retener al presidente en «custodia» o extraditarlo. Se deciden por lo primero.

Porras es trasladado a Fuerte Tiuna (gigantesco complejo militar, al sureste de Caracas) donde, hacia las cuatro de la madrugada, se reúne con el hombre que ha pedido verlo, el mismo que con frecuencia lo ha insultado, que lo ha llamado «patético» e «ignorante», el presidente Chávez.

De aquel intercambio quedó un breve pero valioso testimonio sobre la mercurial psicología del presidente, persona humilde y soberbia, cálida y desdeñosa, sentimental y cerebral, proclive a las cimas y las simas: «Me saludó, pidió la bendición y pidió perdón por el trato que había proferido hacia mi persona. Le di un abrazo y lo bendije». Ante los generales de División y Brigada que lo rodeaban, el presidente se habría quejado de un «cambio en las reglas del juego»: sólo firmaría su renuncia si lo mandaban fuera del país, no si lo mantenían «en custodia». «Tendrán preso a un presidente electo popularmente.» Y sin embargo, según el testimonio de Porras, estaba rendido: «Estoy en manos de ustedes para que hagan de mí lo que quieran [...] pienso que soy menos problema para ustedes si me dejan salir que si permanezco en el país». Luego el obispo y el presidente hablaron un largo rato: Chávez evocaba recuerdos de juventud e imágenes de su esposa Marisabel, encargaba cuidar a su pequeña hija, negaba toda responsabilidad en las muertes del día anterior. Frente a la autoridad espiritual, se desahogaba. Hacia las 6:30 de la mañana, en ropa de civil, «más quebrado el ánimo», se despidió del sacerdote. «Le brotó una lágrima y nos dijo: "Transmitan a todos

101

los obispos que recen por mí y les pido perdón por no haber encontrado mejor camino para un buen relacionamiento [sic] con la Iglesia. Denme su bendición".»

Al día siguiente, gracias en buena medida a la fidelidad de su compadre el general Baduel, que resistió en la base militar de Maracay, el presidente Hugo Chávez salvó el escollo del golpe que Petkoff llamó «Pinochetazo *light*». Semanas después arreciaron los ataques oficiales contra la Iglesia.

El presidente se reunió con los obispos. Porras había publicado en la prensa una crónica de los hechos. «Sí, está bien», le comentó Chávez. Ante la pregunta «¿proyecto compartido o revolución?», su respuesta impresionó a los escuchas: «Yo sé que a ustedes no les gusta la palabra *revolución*, pongan la que quieran, pero esto no lo para nadie. Y pídanle a Dios que sea pacífico. Pero esto no depende de mí. Si no me dejan, esto va de todas maneras».

Tras aquel traumático episodio, las relaciones con la Iglesia se suavizaron un poco, pero (como tantas cosas en el país) el triunfo de Chávez en diciembre de 2006 reencendió la hoguera. Se había esfumado la humildad, las bendiciones, el perdón, la voluntad de alcanzar un buen «relacionamiento». Quedaba –en palabras de Trotsky, que Chávez haría suyas– el «látigo» de la venganza revolucionaria. Quizá se odió a sí mismo por haber exhibido su humana debilidad ante los religiosos, y los odió por eso. «La intransigencia y la aplanadora del gobierno se está haciendo sentir –señaló Porras en 2007–; hay un secuestro de todos los poderes públicos por parte del Ejecutivo. No existe sino un único poder.» Y agregó: «Chávez es una especie de ayatola de lo divino y de lo humano». Por su parte, Chávez no fue más amable: «Porras lleva el diablo bajo la sotana».

«Cristo era comunista»

En la América Hispana, el conflicto entre la Iglesia y el Estado precedió a las independencias y las sobrevivió, en muchos casos, hasta bien entrado el siglo xx. Si bien Venezuela no fue la excepción, la relativa debilidad social de la Iglesia católica en ese país le ahorró los desgarramientos que ocurrieron en México en el siglo XIX (la guerra de Reforma) y el XX (la guerra de los Cristeros). El problema en México era entre conservadores católicos y liberales jacobinos. Los primeros buscaban afirmar las instituciones y la influencia de su fe; los segundos buscaban acotar esa presencia. Las diferencias entre ambos grupos no eran sólo ideológicas: por ellas murieron decenas de miles.

En la Venezuela chavista, afortunadamente, nadie se ha matado por las ideas ni las creencias. A despecho de las alarmas ultramontanas, la libertad religiosa continúa, la educación católica funciona y ningún bien de la Iglesia ha sido expropiado. Pero Chávez ha introducido un elemento perturbador en el *modus vivendi* con la inédita animosidad y acritud de su «discurso».

Salvo excepciones fugaces, los gobernantes liberales de México no se erigieron a sí mismos en intérpretes de la palabra, las enseñanzas, el mensaje de Cristo. Pero esto es justamente lo que ha hecho en Venezuela Hugo Chávez.

Aunque Chávez había recurrido electoralmente a la figura de Cristo desde fines de 1999, según Maye Primera Garcés, jefa de redacción de *Tal Cual*, la utilización sistemática comenzó el 27 de febrero de 2005, en una de las maratónicas homilías dominicales de *Aló, Presidente*, cuando a Chávez le sobrevino, como un rayo, una visión: «Hay que inventar un nuevo socialismo». A partir de allí, Primera Garcés recoge las sucesivas «reflexiones en voz alta» del presidente: «Si Cristo viviera aquí y estuviera aquí, fuera *[sic]* socialista»; «El odio es propio del capitalismo; el amor es propio del socialismo: "Amaos los unos a los otros": Cristo era socialista, estoy absolutamente seguro»; «Nosotros no queremos ser ricos, acuérdense de Cristo». Sobre esta afirmación –paradójica, por decir lo menos, en un país con la riqueza natural de Venezuela– al poco tiempo circularía profusamente un correo electrónico.

Carlos Berrizbeitia, dirigente del Proyecto Venezuela y ex diputado en la Asamblea Nacional, se había tomado el trabajo de desmenuzar, basado en datos oficiales, los gastos del presidente no sólo en el entorno de la casa presidencial, «La Casona», sino en los 402 días de viajes durante las 176 visitas internacionales realizadas en su gobierno: hoteles, viáticos, pasajes, alimentos y bebidas, prendas de vestir, lavandería y tintorería, libros, periódicos y revistas. La cifra alcanzaba los 218 millones de bolívares fuertes al día, equivalentes a cuatro sueldos mínimos por segundo. ¿Entraría Chávez al reino de los cielos o le tomaría más trabajo que a un camello por el ojo de una aguja?

Las palabras «Cristo y Hugo Chávez» llevan a una navegación alucinante en Internet. Miles y miles de entradas. Recorriendo algunas de ellas, conjeturo que tal vez el intento definitivo de suplantación ocurrió también tras el triunfo de diciembre de 2006, específicamente en el discurso de toma de posesión el 12 de enero de 2007. Después de atacar al cardenal Jorge Urosa por haber criticado su decisión «irrevocable» de clausurar RCTV, alentado por las voces de «¡Así, así, así es que se gobierna!», Chávez declaró:

> ¡Cristo es uno de los más grandes revolucionarios que hayan nacido en esta tierra! [...] Cristo es verdadero Cristo; no el que algunos sectores de la Iglesia católica manipulan. Cristo era un verdadero revolucionario socialista. Igualdad, igualdad: «Bienaventurados los pobres porque de ellos será el reino de los cielos». «Más fácil será que un camello entre por el ojo de una aguja a que un rico entre al reino de los cielos». Ése es Cristo, el verdadero; ése es Cristo, el verdadero, el de la propiedad común. Cristo era comunista; incluso más que socialista era un comunista auténtico, antiimperialista, enemigo de la oligarquía, enemigo de las elites del poder.

El 11 de abril de 2007, en el quinto aniversario del golpe de Estado, ante una verdadera marea roja concentrada, como siempre, en Puente Llaguno, sitio en donde sucedieron las muertes del golpe, el presidente reiteró su eslogan: «Cristo era comunista» y arremetió de nueva cuenta contra los obispos y cardenales de la Conferencia Episcopal Venezolana, erigiéndose esta vez en médium y juez: «Si Cristo estuviera vivo aquí, presente físicamente, los sacaría a latigazos».

Todo esto resultó demasiado para el padre Ugalde. El tema lo tocaba de cerca; es, en cierta forma, el tema de su vida. Hablar de un «Cristo socialista» le parecía un «disparate». En una entrevista con el prestigiado periodista de *El Universal* Roberto Giusti, Ugalde declaró que todo era una ingeniosa estrategia de Chávez, que en «comunicación nos da cien vueltas a todos»: «asocia la palabra *socialismo* con amor, solidaridad, generosidad, Bolívar y Cristo. Quien se oponga a eso es un malvado». Pero la crítica iba más allá.

El primer deslinde era sencillo: para desmontar la posible ecuación entre cristianismo y socialismo real le bastaba recordar la postura de Marx, Lenin y del propio Castro frente a la religión, ese «opio del pueblo». Pero el distingo fundamental era más interesante, y atañe a los medios y los fines. En cuestión de fines (justicia, libertad, igualdad) el cristianismo se adelantó ciertamente al socialismo, pero lo que importa –explicaba Ugalde– no es discutir esos fines (que son, en esencia, principios universales abstractos) sino los medios concretos, prácticos, para alcanzarlos. Uno no discute la necesidad de curar a un niño: uno ensaya medios para curarlo. Y en cuestión de medios para alcanzar igualdad, calidad de vida, educación, salud, «el debate debe centrarse en realidades: cómo operó en la URSS, China, Cuba [...] analizar [...] qué pasó en Alemania, Suecia, Noruega. Hay que evaluar, guiarse por los hechos». Le parecía claro que en «la etapa de la liberación» debe haber seguridad, empleo y bienestar, «pero si me mete en la ratonera cubana y me dice que no puedo leer una carta de mi mamá sin revisión previa del régimen; que no puedo ver sino la televisión que me imponen y no pensar sino lo que ellos piensan, eso es una cárcel, no una etapa superior de la humanidad».

El problema, naturalmente, tanto en la Cuba castrista como en la Venezuela chavista, es que para el *creyente* los hechos tangibles e incómodos del «socialismo real» a que Ugalde se refiere no tienen ninguna importancia.

Los acontecimientos pueden contradecir la ideología o la propaganda del líder –escribe Leszek Kolakowski, el célebre autor de la clásica *Historia del marxismo*–, pero para los fieles eso no tiene importancia, dado que los hechos no existen como una fuente del saber: tienen que ser interpretados «correctamente». Y con una buena interpretación, irán a apoyar invariablemente «lo que importa».

Al criticar la sacralización del poder en Chávez, al criticar el uso que hace Chávez de los símbolos sagrados, Ugalde critica la propia historia de la Iglesia. Ahí radica, creo yo, su fuerza:

El cristianismo no debe sacralizar el mundo, ni consagrar como intocable determinado orden político, o un modelo económico, sino desacralizarlos y dejarlos abiertos a la libre y abierta discusión y búsqueda humanas, aportando permanentemente el Espíritu, cuya expresión de plenitud la encontramos en Jesús. En contra de lo que ha sido con frecuencia, el cristianismo no está para sacralizar monarquías, ni consagrar sociedades estamentarias, como si hubieran salido así de las manos de Dios.

Ugalde ha inculcado esa convicción a sus alumnos. Magisterios como el suyo –liberales y solidarios– explican, en gran medida, me parece, el espíritu del movimiento estudiantil.

La estrella titilaba

No sólo la Iglesia católica ha sido objeto de las invectivas presidenciales. Días antes de la votación del 2 de diciembre, los evangélicos (que en Venezuela tienen una presencia muy considerable, quizá cercana a 45%, entre los pobres) habían argumentado que la reforma representaba una «herejía», por atentar contra la propiedad privada que consideran de origen divino. La declaración enfureció a Chávez, que tronó de inmediato: «Yo te condeno a los infiernos, líder farsante –exclamaba, en respuesta al representante del Foro Evangélico de Venezuela–, vete con Satanás porque aquí está la propuesta divina, de Cristo, el redentor de los pobres; viva Cristo, padre, líder, revolucionario». ¿Por qué la vehemencia? Tal vez porque la crítica evangelista le tocaba un poco más cerca.

Si bien Chávez se declara católico, en su estilo de comunicación, sus imágenes y alegorías, en su actitud religiosa y quizás hasta en su propia biografía hay rasgos que corresponden más a una formación evangelista que al catolicismo. La conjetura no es imaginaria.

Como otros estados pobres de la región llanera y a diferencia de los estados andinos, bastiones del catolicismo –me explica Ibsen Martínez–, en Barinas florecieron diversas denominaciones pentecostales.

Hay muchos testimonios de que la abuela Rosa Inés, con quien Chávez creció, aunque nacida en la fe católica, frecuentaba y era frecuentada por evangélicos. De ser cierto, Chávez habría sido, en su niñez, fruto de una «polinización» entre el catolicismo y el evangelismo. Ibsen agrega que Chávez siempre ha negado su evangelismo, pero es significativo que las organizaciones evangélicas, en un principio, hayan mostrado gran entusiasmo por su campaña al grado de enviar delegados a la constituyente de 1999: «Después se desandaron, pero aquel fenómeno es asimilable al de Fujimori en Perú. Y como allá, la jerarquía católica estaba realmente preocupada».

Con esos antecedentes, nadie se sorprendería al ver que, en vísperas del tiempo electoral, a mediados de 2008, Chávez quisiera plantar su propio árbol religioso alentando la creación formal de la Iglesia Reformada de Venezuela. «Estamos aprendiendo a mirar a las clases bajas como lo hace el presidente Hugo Chávez, a luchar contra el imperio estadounidense, a liberar a la gente de los valores capitalistas», declararía Jon Jen Siu García, obispo electo coadjutor y antiguo párroco de la Iglesia Santa Lucía en Ciudad Ojeda, en el estado occidental de Zulia.

Este intento de cisma encontraría al mejor crítico en el padre José Palmar, otro religioso zuliano. Durante mi estancia pude ver en Globovisión un reportaje sobre él. Según me informé, era un religioso que en breve tiempo había perdido dos cosas: 160 kilos y la fe en Hugo Chávez. Al parecer, su postura de izquierda no había sido del todo cómoda para el Episcopado. Palmar siempre se ha declarado revolucionario. Frente a las cámaras felicitaba a los estudiantes, hacía votos porque el resultado devolviera la paz a Venezuela y proponía al presidente un «Decálogo del pueblo», que, en esencia, era un llamado a propiciar el pluralismo, desmontar el partido único, respetar a la Iglesia, enmendar medidas controvertidas (el cierre de RCTV, los despedidos de PDVSA), emprender otras urgentes (impulsar la diversidad de opiniones en Venezolana de Televisión, acelerar investigaciones sobre corrupción en PDVSA y otras áreas del sector público) y, sobre todo, abandonar el espíritu agresivo de su discurso: «elimine por completo [...] el eslogan "Patria, muerte y socialismo"».

El sorprendente «decálogo» televisivo concluía con una nota amable: «Aproveche estos días de Navidad para descansar, reunirse con sus amigos». Meses más tarde, al enterarse de la fundación de una Iglesia cismática, comentó el padre Palmar: «Chávez no va a dividir a la Iglesia con seis bandidos disfrazados de cura».

* * *

Muchos creyentes en la palabra de Cristo tienen que ver con Chávez y Chávez ha tenido que ver con muchos creyentes en la palabra de Cristo. La fe del pueblo le importa porque en esa fe sustenta su mando. Si tiene que echar mano de Cristo nunca duda en hacerlo. En el mural que decora, detrás del conductor, el programa *La Hojilla*, aparece Chávez *tocando* al pueblo (como Dios a Adán, en el fresco de Miguel Ángel) mientras que Cristo preside la beatífica escena. Pero si tiene que echar mano de libros heréticos, lo hace también, aunque cuidando las formas: «Él es muy amigo de hablar de oídas —dice Ibsen— de libros que cree haber leído o dice haber leído (recurso viejo de todos los demagogos «pico de plata»). Yo lo vi una vez en televisión comenzar su programa santiguándose como un católico, y luego decir: «Decía Nietzsche en *El anticristo"*».

«Dar a Dios lo que es de Dios y a César lo del César.» El problema en Venezuela es que el César actúa como el ventrílocuo de Dios. Para que un líder carismático exista, el primer creyente en su carisma debe ser él mismo. ¡Y vaya que Chávez cree en Chávez! En *Aló, Presidente* Chávez habla como un teleevangelista del sur de Estados Unidos.

Su discurso enfatiza su mística relación con el alma en pena de Bolívar, con el espíritu del pueblo y con Dios. Ha repetido continuamente el relato de su «cautiverio» como si hubiera sido una réplica de la Pasión de Cristo.

Chávez –apunta Ibsen Martínez– dice haber visto una estrella en la bóveda celeste, una estrella «que no debía estar ahí» y que nunca más volvió a avistar en este hemisferio: «Alcé los ojos, vi una estrella solitaria, oré, flaqueé y pedí que se apartara de mí esa responsabilidad». La estrella titilaba sólo para él, como una advocación de Dios instándole a no rendirse porque, de hacerlo, abandonaría a su pueblo. La similitud con el relato de la estrella de Belén resplandece.

Hay muchas variaciones sobre el mismo tema: el humilde siervo se somete al designio superior del pueblo y de Dios, que lo han elegido. Un amplio sector del pueblo venezolano –evangélico, católico, animista, mágico, místico, devoto de la santería– cree en él, comulga con él, en su misa televisiva.

¿Qué tan amplio?

No tanto –opina el padre Ugalde–. Chávez ha tenido algunos intentos de utilización de la religión y del cristianismo con aquello de que Jesús fue el primer socialista y proclamándose el auténtico intérprete del cristianismo y su sentido de la solidaridad y del amor. Pero de eso a que la gente acepte la utilización política del cristianismo para bendecir la concentración personal del poder hay mucha distancia y ésta es creciente.

Sombras nazis

Visito al rabino Pynchas Brener en la sede de la Unión Israelita, una casa amplia, llena de puertas esclusas, interfonos y vigilantes. Nacido en Polonia en 1931, autor de numerosos libros, siguió la ruta latinoamericana abierta por su padre, que hasta 1963 fue gran rabino del Perú. Hombre moderno y tradicional, en su oficina los libros canónicos comparten espacio con las más recientes publicaciones de política internacional. Después de ofrecerme té y galletas, me refiere los allanamientos policiacos (el último había ocurrido justo antes de la votación) de que ha sido objeto el Colegio y Centro Social, Cultural y Deportivo Hebraico de la comunidad judía de Caracas bajo la excusa, completamente falsa, del acopio de armamento para conspirar contra el gobierno. «Nuestra población infantil y juvenil vive atemorizada.» El tema lo aflige y preocupa: por más de cuatro décadas ha buscado tender puentes de comprensión con todos los grupos religiosos y civiles. Ahora siente que esos puentes se destruyen por obra de una discriminación racial y religiosa sin precedentes en el país. Me da cuenta de los cartones antisemitas en los diarios oficiales así como de las parrafadas negadoras del Holocausto y las continuas andanadas contra su persona y su comunidad que aparecen en *La Hojilla*. Dos días después de mi visita, pude ver a su conductor en YouTube advirtiendo a sus televidentes –con total impunidad y sin pruebas– que los judíos eran:

> los financistas de todo esto que está pasando [...] a mí no me van a acusar de antisemita, he dicho desde hace tiempo que aquellos empresarios judíos que consideren que no están metidos en la conspiración lo digan [...] pero están participando activamente en la conspiración con los medios de comunicación [...] y mucho del movimiento estudiantil que está ahorita activado tiene que ver con el grupo.

Ante esta situación –lamenta Brener– un sector de la comunidad, quizás 25% de un total original de 15.000, ha decidido emigrar. (Esta actitud no es privativa de los judíos: llevados por un acoso distinto, no racial ni religioso sino social y económico, también muchos españoles y portugueses, llegados al país hace medio siglo, han estado emigrando.)

Hacía mucho tiempo que no se escuchaban en una televisión oficial latinoamericana las palabras ominosas: «conspiración judía». Para encontrar un antecedente en la región hay que remontarse a los gobiernos militares de derecha en Argentina durante y después del peronismo. En este sentido, no es casual que Chávez haya tenido por muchos años como consultor cercano y «gran amigo» a un sociólogo argentino que se movía a sus anchas entre la izquierda soviética y la derecha neonazi, como prueba viviente de la identidad histórica de ambos extremos. Se llamaba Norberto Ceresole. Consejero de Juan Velasco Alvarado, «montonero» y portavoz de Perón durante su exilio en Madrid, líder en el movimiento militar ultraderechista de los «carapintadas», miembro de la Academia de Ciencias de la URSS, profesor en la Escuela Superior de Guerra de la URSS, representante de Hezbolah en Madrid, neonazi militante y por tanto vociferante negador del Holocausto, Ceresole fue autor de varios libros de geopolítica inspirados explícitamente por el general del Tercer Reich Karl Haushofer.

En uno de ellos, *Terrorismo fundamentalista judío* (publicado en 1996, cuando frecuentaba a Chávez), relanzó la teoría de una conspiración judía internacional activamente empeñada en dominar a Latinoamérica. Ceresole profetizaba el estallido de una guerra entre Irán y el eje Washington/Londres/Tel Aviv. Impedido para librarla solo, Irán convocaría en su ayuda a un «Estado grande y poderoso» que «por supuesto será el Estado alemán». «Berlín emergerá de sus cenizas y veremos volar el Ave Fénix». En su definitiva resurrección, el «imperio alemán» se aliaría con Rusia, Japón y el mundo musulmán.

En esa reedición de la Segunda Guerra Mundial, Latinoamérica se liberaría de su yugo histórico tradicional («Angloamérica») y de su yugo secreto: el de los «judíos globalizantes» que han penetrado las estructuras políticas de la región. Apoyada por «Eurasia», América Latina ampliaría su *Lebensraum* con un ejército supranacional. «Nosotros estamos revisando todo el planteamiento que hace Norberto Ceresole, en sus estudios y trabajo –explicó Chávez en 1995– [...]. Nuestro planteamiento refiere la creación de un cuerpo armado latinoamericano.»

Es obvio que el acoso a la comunidad israelita tiene que ver con la política exterior de Chávez, pero no sólo con ella. Si bien su postura antiestadounidense y su animadversión respecto de Israel no son muy distintas de las de amplios sectores de la izquierda europea, su ostensible cercanía con Irán y las lecciones bien aprendidas de Ceresole lo han llevado a posiciones y declaraciones extremadamente hostiles no sólo contra Israel sino contra los judíos. Aunque fue expulsado de Venezuela en 2000 y murió en 2003, la influencia de Ceresole (que algunos consideraron en su momento «el Rasputín de Chávez») parece perdurar en el discípulo y amigo con quien llegó a recorrer los pueblos y ciudades de Venezuela. La huella es perceptible no sólo en la retórica sino en el diseño político interno para Venezuela (que parecería calcado del libro *Caudillo, ejército, pueblo,* escrito expresamente por Ceresole para inspirar a Chávez), en la visión geopolítica (delirante, grandiosa, militarista) y en la animosidad contra el pueblo judío. A mediados de 2006, en una reunión televisada con presencia de su gabinete, declaró: «Los judíos critican mucho a Hitler. Pero lo que hace Israel es parecido y, ¿qué sé yo?, peor que lo que hacían los nazis».

Es una lástima –me había dicho en el desayuno Ibsen Martínez, cuya madre provenía de antiguas y pobres familias sefardíes de Curazao–: Venezuela es un país que nunca tuvo la menor resistencia religiosa a los judíos. Por el contrario: ha habido tolerancia y simpatía. Allí está el caso de Paulina Gamus, dirigente de Acción Democrática, judía sefardí. Y tenemos también a Sofía Imber, judía rusa de primera generación casada con Carlos Rangel y quien dirigió el gran Museo de Arte, ahora desvirtuado, desmantelado, pero que fue un orgullo nacional. O el propio Teodoro Petkoff, búlgaro de madre judía polaca y cuya hermana murió en

Theresienstadt. Éste es un país en donde la diferencia de religión no existía. Chávez no sabe lo que está removiendo allí.

Quizá sí lo sabe, y por eso lo hace.

Entre colegas

Con Elías Pino Iturrieta, colega historiador de El Colegio de México, me dirijo muy de mañana a casa de Simón Alberto Consalvi. Ahí nos espera un pequeño grupo de escritores, intelectuales, historiadores y editores.

Mientras sortea la avalancha de automóviles, Pino comienza a revelarme la «otra historia» de Venezuela. «El *personalismo* es el origen de nuestros males.» «No incluyes a Bolívar, ¿verdad?» «Por supuesto que sí, Bolívar fue el primer personalista.»

«¿Y el párrafo en el discurso de la Angostura contra la tiranía? —le opongo—, ¿y su negativa a aceptar la corona?» «Hay una cita de Bolívar para cada gusto y ocasión —responde Pino—, pero lo cierto es que su dominio fue siempre personalista.»

Es la primera vez que pienso en Bolívar como un «mandón», no como un «libertador». Y la primera, también, que escucho el concepto del «gendarme necesario» incluido en el libro *Cesarismo democrático* de un autor igualmente desconocido hasta ahora para mí: Laureano Vallenilla Lanz. Aquel historiador y sociólogo positivista —me explica Pino— sostuvo en 1902 que en Venezuela (igual que en toda América Latina) la dictadura no era sólo una salvífica fatalidad sino una forma autóctona, latina, de la democracia. Vallenilla fue uno de los intelectuales que colaboró con la férrea dictadura de Juan Vicente Gómez (1908-1935), a quien sus panegiristas llamaron «hombre de Carlyle», «hombre fuerte y grave».

Mussolini —agrega mi amigo— mandó traducir la obra de Vallenilla al italiano. En 1930, Gioacchino Volpe, teórico del fascismo y respetado historiador, hizo frente al Duce el elogio de Bolívar presentándolo como el César americano. En el mismo sentido escribió

113

un teórico de la falange española, Ernesto Giménez Caballero. A sus ojos, Bolívar resultaba, como Franco (que también admiró al prócer), un «caudillo regulador de la monarquía». Ahora –concluye Pino– vivimos un falangismo nacionalista de izquierda.

Comienzo a entrever que la historia en Venezuela es una arena de combate. Las apacibles investigaciones académicas de las décadas finales del siglo XX han cedido su lugar a un trabajo no menos riguroso pero mucho más dramático y acuciante. La circunstancia presente, caracterizada por una nueva e inesperada concentración de poder en manos de un nuevo caudillo personalista, reclama a su vez una nueva revisión de la historia. ¿Quiénes, dónde, cuándo y cómo marcaron el alma venezolana con semejante propensión a mandar y ser mandados? «Es un tema antiguo que se remonta a lo que nuestro maestro, don Silvio Zavala, llamó los "intereses particulares" de la Conquista», apunta Pino, que me refiere a su reciente libro *Nada sino un hombre* (2007). Y a otro más, *El divino Bolívar* (2003), donde profundiza y actualiza, en formidable polémica con el «bolivarianismo» chavista, un asunto ya tratado en *El culto de Bolívar* (1970) por el decano de la historia venezolana, Germán Carrera Damas, también egresado de El Colegio de México y ex embajador de Venezuela en México.

En Venezuela, me voy dando cuenta, los historiadores atraviesan por un periodo de exigencia extrema. Terrible y fascinante a la vez. Chávez, por lo que advierto, busca apoderarse de la verdad histórica, y no sólo reescribirla sino reencarnarla. Su régimen extrae su legitimidad de una interpretación mítica de la historia que habla a través de él, que converge en él, que encarna en él. Sólo los historiadores pueden refutarlo, sólo ellos pueden restaurar la verdad de los hechos y la historicidad de los procesos, aunque sus libros alcancen a miles, no a millones. En Venezuela la disputa sobre el pasado es la disputa del porvenir.

Simón Alberto Consalvi es un venezolano del Renacimiento: ha sido diplomático, historiador, político, biógrafo, ministro, embajador, presidente de la República encargado, y es actualmente editor de *El Nacional*. Rodeada de verdor campestre y mirando desde las alturas la ciudad de Caracas, su casa es un museo de arte donde resalta de inmediato una vasta colección de óleos, dibujos, caricaturas en torno a la figura del tirano, a quien Consalvi le ha dedicado varios ensayos y libros: Juan Vicente Gómez. En la popular colección «Biblioteca biográfica venezolana» que dirige en *El Nacional* desde 2005, Consalvi ha publicado alrededor de 70 obras, entre ellas su propia, ácida e implacable biografía de Juan Vicente Gómez.

Además del anfitrión y Pino Iturrieta, charlamos en la sala el historiador Germán Carrera Damas, el editor literario de *El Nacional* Nelson Rivera, el economista Frank Viloria, la internacionalista Elsa Cardoso (que me regala su biografía de Lanz Vallenilla) y el apasionado historiador y ensayista Antonio Sánchez García, casado con Soledad Bravo.

Justo frente de mí, un inmenso óleo de Pedro León Zapata preside la escena. Es uno de los «Gómez» de Zapata que Consalvi colecciona y sobre los que ha escrito. Pintor, caricaturista, autor teatral, profesor, periodista de casi ochenta años, León Zapata vivió en México durante la dictadura de Marcos Pérez Jiménez (1948-1958). Lo influyeron el muralismo y los grabados de José Guadalupe Posada. Hay en su pintura, su caricatura y su actitud un parentesco anarquista con José Clemente Orozco. «En óleos o en el género del *ritratto ridicolo*, Zapata —me explica Consalvi— ha buscado al general Gómez que todos los venezolanos llevamos dentro, unos con dolor, otros con nostalgia, otros como una interrogación.» El Gómez de aquella sala corresponde a la etapa plena del dictador.

Pintado, si no recuerdo mal, en colores ocre y ceniza, aparece despatarrado, desparpajado, desparramado en su poltrona. La poltrona del poder. Imagen inolvidable, detestable: largos bigotes, amplia y cínica risa, gafas circulares, guantes, altas botas y bastón de mando. Gómez murió en 1935 pero algo suyo no ha muerto. Por eso las caricaturas que publica Zapata en *El Nacional*, desde hace más de cuarenta años, llamadas «Zapatazos», fustigan con frecuencia a otro dictador en ciernes, no silencioso sino vociferante, no andino sino llanero, no frío sino tropical, pero igualmente misterioso: Hugo Chávez. El «Zapatazo» del 4 es inolvidable: un rostro sin facciones sobre un pedestal declara: «Él no ganó porque el *No* ganó».

* * *

Adelantándose a la pregunta obvia sobre el origen de la «mandonería», Carrera Damas abre la charla: «Es la herencia monárquica, que tanto pesa». Pero ésta no será una reunión académica (ya habrá tiempo para eso, quizá) sino política. Se trata de darme pistas sobre el presente, muchas pistas. La presencia de los cubanos en la guardia pretoriana y en los sistemas de inteligencia de Chávez es cosa sabida, pero Germán se pregunta de qué nacionalidad eran los guardias avistados en el estado Táchira, que «claramente no hablaban español». Es probable que Carrera se haya hecho eco de una especie, jamás confirmada, según la cual Chávez llegó a contar con una Guardia de Corps iraní. No se ha confirmado la presencia sino de guardaespaldas y agentes de seguridad cubanos.

Sobre el papel del fundamentalismo islámico, en particular de Hezbolah, aporta datos sorprendentes: los indígenas guayú están siendo convertidos al islam. Existe ya la Autonomía Islámica Guayú. Hay sitios de Internet que lo revelan. Según el historiador, el gobierno gastó cientos de millones de dólares en su «lobby mediático», repartiendo cédulas a haitianos y colombianos, pero de nada le sirvió en la jornada del 2 de diciembre. El episodio del maletín con 800.000 dólares para Cristina Kirchner le hizo daño. «Chávez, en una palabra, se empachó. Le pasó lo que a Chacumbele.» ¿Y quién es Chacumbele? El famoso personaje habanero, celebrado en un son cubano muy popular en Venezuela desde los años cuarenta cuyo estribillo reza: «Chacumbele, él mismito se mató».

Los amigos se turnan para disecar la psicología del presidente. Se recuerda el 15 de diciembre de 1999. Chávez acababa de lograr la aprobación de la Constitución Bolivariana pero ese mismo día había ocurrido una de las peores tragedias naturales en la historia venezolana: el deslave de los cerros de

116

Vargas, que dejaría un saldo de 30.000 muertos. Chávez había tardado en aparecer al aire. Alguien que lo acompañaba a sobrevolar la zona filtraría la versión de que, en esa circunstancia dramática, el presidente sólo hablaba de la Revolución bolivariana. «No tiene sensibilidad para el dolor de las personas concretas», dice Antonio; tal vez por eso «se ha quedado solo, sin amigos». «Es cobarde –apunta alguien–, se ha visto en varias ocasiones. El 4 de febrero de 1992 se atrincheró en el Museo Militar mientras sus compañeros se jugaban la vida, y ahora se hace acompañar de su guardia pretoriana compuesta por cubanos.» «No concibe que Venezuela exista sin él –exclama de nuevo Antonio–. Es como un Hitler en alpargatas.» Germán resume todo en una frase: «Como decían los abuelos, es "un hombre de mala índole"». En algún momento les deslizo una ocurrencia: «2D» sería un buen nombre para un movimiento cívico. Los hechos de ese día (2 de diciembre) lo ameritan.

Ya en la mesa, frente a los buenos platos de cocina venezolana (arepas con huevo y carne mechada, caraotas negras, cachapas con queso blanco), todos se desbordan en elogios a los estudiantes. En Venezuela –recuerdan– las grandes crisis han ocurrido «al calor de un movimiento estudiantil», empezando por la de 1928 contra Gómez. «Los líderes, Rómulo Betancourt, Jóvito Villalba y Miguel Otero Silva, tenían 20 años, como los muchachos de hoy. Han dejado la adolescencia y se han hecho hombres bajo Chávez.» «Estoy muy emocionado –dice Germán–; son nuestros muchachos, me siento justificado al ver lo que han hecho.» Nelson Rivera apunta que los jóvenes libertarios tienen el apoyo casi unánime de la clase intelectual, los artistas, escritores y académicos. Frank Viloria opina que estos jóvenes arrebataron a Chávez la hipoteca de la pobreza y se han apoderado del discurso moral. Todos comparten el entusiasmo: «Quizá lo más notable es su actitud de auténtico pacifismo: no confrontan, no pelean, no atacan a Chávez de manera directa; tampoco se sienten amedrentados por él, ni aceptan deberle nada: lo llaman a cuentas por lo que no ha hecho». ¿Durará el movimiento o se desvanecerá por la misma condición transitoria del estudiante? «Chávez es el que lo va a mantener vivo. Fíjate en su lenguaje cuartelario. Él no sabe más que confrontar.»

Carrera Damas había hablado hacía poco con Rafael Caldera, el líder histórico de la COPEI que, junto con Villalba y Betancourt, fue el firmante del famoso Pacto de Punto Fijo (1958), verdadera acta de nacimiento de la democracia venezolana que ahora pasa por una prueba de fuego. Encontró optimista al viejo de 92 años: «Tenga confianza, este pueblo ya aprendió la libertad». Al final pregunto: ¿qué horas son en la democracia venezolana? Germán me responde con melancolía: «Como las dos de la mañana: aún no amanece».

La maltrecha cultura

Visito a Guillermo Sucre y María Fernanda Palacios en su departamento de Caracas. Tengo ganas de hablar distendidamente con dos viejos amigos que me acompañan desde la época de *Vuelta*. Guillermo Sucre no sólo es un poeta de la luz sino uno de los ensayistas más finos del idioma. *La máscara, la transparencia* es el punto culminante de una indagación intelectual de verdad extraordinaria. Sucre vivió en París muchos años, y allí conoció a Octavio Paz, con el que trabó una profunda amistad. Su mujer, María Fernanda Palacios, es el complemento ideal de esta extraordinaria pareja. Ella es también una fina ensayista, con un gran sentido del humor. Su apartamento está en la parte más alta de Colinas de Bello Monte, con el no tan enigmático nombre de Residencias Cariaquito. Desde su balcón, la vista al Ávila, el esplendor verde que oxigena la capital es más notable.

Comenzamos hablando, justamente, de Monte Ávila, ya que Guillermo fue el director fundador de este sello editorial venezolano, emblemático de la alta cultura de ese país y aun de Latinoamérica. Durante cuatro décadas, el Estado venezolano apoyó la cultura respetando la autonomía de las distintas instituciones, ya fueran públicas o privadas. Desde que asumió el poder Hugo Chávez –lamentan María Fernanda y

Guillermo–, la autonomía ha desaparecido y el Estado se ha vuelto cada vez más intervencionista y excluyente. Para publicar hoy en Monte Ávila –antes un ejemplo de pluralidad y rigor– sirven más las lealtades al régimen que el verdadero talento, y los rechazos por razones ideológicas se incrementan. Incluso la emblemática colección «Biblioteca de autores», donde están, sin ir más lejos, Mariano Picón Salas y Ángel Rosenblat, ha sido descontinuada. Después de una dirección verdaderamente sectaria, al frente de la editorial ha sido nombrado un novelista, chavista *light*, que ha sabido abrir la casa a una serie de autores jóvenes y ha incluido algunos poetas y narradores críticos con el gobierno. Sin embargo, esta apertura tiene más de guardar las apariencias que de verdadera convicción plural, pues el ensayo, la historia, la política y la sociología están reservados para los adeptos a Chávez.

Al principio, durante el primer periodo de gobierno de Hugo Chávez, algunas instituciones contaban todavía con figuras de la cultura reconocidas, solventes y autónomas. La situación se agravó a partir de 2004, cuando hartas de la arbitrariedad y el sectarismo muchas de estas personas renunciaron; otros, aún más incómodos, fueron despedidos, jubilados o destituidos. Lo cierto es que el aparato cultural ha quedado casi enteramente en manos de los apóstoles del régimen. Y los que no lo son deben abstenerse de manifestar cualquier crítica, dentro y fuera de las instituciones, para mantener sus empleos.

María Fernanda es una cocinera exquisita. Su asado negro criollo es uno de los platillos más sutiles que he probado, pese a la contundencia de sus ingredientes. La conversación fluye al calor del vino Los Vascos. Pero detrás del tono festivo escucho el relato de un drama cultural. La historia de cómo el Estado fue expropiando los espacios de libertad y de creación para ponerlos a su servicio.

Un elemento central en esta depuración de las instituciones culturales fue aquella famosa lista del diputado Tascón, que incluye los nombres de todos los ciudadanos venezolanos que suscribieron su apoyo al referéndum revocatorio del gobierno de Chávez y se ha usado como un arma y un elemento de presión para los críticos del sistema. La «infame lista» gravita sobre cada ciudadano.

La relación de los agravios culturales es tan grande que me parece más útil mencionar algunos ejemplos y que varias partes sirvan para definir el todo. El teatro Teresa Carreño, una gran sala exclusiva de conciertos, ópera y ballet, está ahora prácticamente tomado para actos oficiales de carácter político. Lo mismo sucede con el resto de los teatros nacionales. Algo semejante pasa con los museos, en particular el extraordinario Museo de Arte Moderno de nuestra querida Sofía Imber. Ahora los museos han sido unificados arbitrariamente y han dejado de poner al día sus colecciones. La emblemática Biblioteca Ayacucho ha desaparecido y la Biblioteca Nacional es una ruina, dirigida por una de las figuras más sectarias del régimen, según me explican mis anfitriones.

Hasta hace poco tiempo, la cultura no era prioritaria para Chávez. Cuando descubrió el poder que se desprende de su prestigio en el exterior, no ha vacilado en usarla como propaganda política. Ése es justamente el caso de las orquestas juveniles creadas por José Antonio Abreu. Este programa, de gran prestigio y reconocimiento internacional, se creó durante la Cuarta República y ahora es utilizado como si se tratara de un logro de Chávez, quien no desaprovecha ninguna oportunidad de fotografiarse con los músicos, como si fuera un miembro más de la orquesta. Pero su verdadero designio es el realismo socialista: con esa lógica se creó la «Misión Cultura» y se definió la lectura como una «práctica socialista».

Otro problema para la cultura venezolana, y para la vida en general del país, es el absurdo control de divisas: para importar un libro, los interesados deben adjuntar un resumen de su contenido y «una breve exposición en la cual se justifique la importancia que el texto tiene para el país». En Venezuela está vigilado como nunca recibir cualquier tipo de apoyo y ayuda del extranjero; quien decida seguir adelante debe saber que se enfrentará a una verdadera maraña de obstáculos administrativos, legales y fiscales, y que será blanco fácil de los comisarios políticos. Esto limita muchas actividades culturales que, como en cualquier país del mundo, son patrocinadas o copatrocinadas desde el extranjero.

La cultura también enfrenta el exilio voluntario de sus mejores representantes, que cuando tienen una invitación del extranjero no sólo no la rechazan, sino que procuran ya no regresar a Venezuela. En campos enteros, como la música o el cine, este éxodo silencioso es alarmante. Un problema más sutil –me cuentan mis anfitriones– es el de la autoexclusión. Muchos artistas e intelectuales críticos del régimen o ajenos a él han decidido dejar de participar en las instituciones culturales del Estado venezolano, por miedo a que el poder los use como instrumentos o a que la oposición más radical los califique de traidores o de cómplices.

Fue una cena alegre llena de noticias tristes. Paradójicamente, en la despedida alcanzaron a contarme algunas buenas noticias. Las universidades resisten la presión oficial y mantienen altas cuotas de independencia y autonomía cultural, en particular la Universidad Central de Venezuela. Han surgido grupos editoriales y revistas privadas que, con el auxilio de la maltrecha iniciativa privada, están garantizando la continuidad de la cultura libre.

Meses después de nuestro encuentro, me enteré del nombramiento (en junio de 2008) del actual ministro de cultura, Héctor Soto, un veterinario con un posgrado en reproducción animal. El nuevo ministro, según otros testimonios, no teoriza sobre la "cultura socialista" y cumple con su trabajo lidiando con los reclamos del sector. Pero en el país de Andrés Bello, la noticia, me parece, no deja de encerrar una paradoja.

El cerco y el humor

Óscar García Mendoza dirige el Banco Venezolano de Crédito, uno de los más antiguos de Venezuela y el único que no trabaja con el gobierno. Sus problemas legales dejan entrever las consecuencias prácticas de aquellas megaelecciones de 2000 en las que los venezolanos se olvidaron de la división de poderes y consintieron que los jueces, la fiscalía y el poder electoral estuvieran todos en manos del Ejecutivo.

Estamos siendo sometidos –me explica Óscar– a fiscalizaciones por parte de distintos organismos. Hemos sido multados 14 veces, con montos fuera de toda proporción, y estamos constantemente sometidos a procedimientos administrativos, decisiones arbitrarias, ataques públicos, difamaciones e inspecciones tanto a la institución como a sus empleados.

La comida tiene lugar en las oficinas del banco, donde Óscar ha reunido a un grupo de empresarios, un abogado experto en derechos humanos y algunos invitados sorpresa. Uno de los abogados pronuncia una frase imborrable: «Si quieres conocer un gobierno, ve a las cárceles». Las fotografías sobre torturados que me muestra son espeluznantes. La criminalidad se ha disparado: en Venezuela hay 15.000 homicidios anuales, más que en Colombia e Iraq. Las víctimas principales no son los ricos ni la clase media sino los marginados, hombres negros, desempleados entre 16 y 23 años.

La conversación se centra en el tema económico. El gobierno de Chávez se ha beneficiado del mayor ingreso petrolero de la historia venezolana: según cifras confiables, a partir de 1999, y contando con el estimado de 2008, serían 420,000 millones de dólares más que el ingreso de los sucesivos gobiernos entre 1984 y 1998. El precio del petróleo –como todo el planeta sabe y buena parte padece– ha rebasado los 100 dólares por barril. A pesar de la indescriptible bonanza petrolera, el Pro-ducto Interno Bruto per cápita de Venezuela está lejos de alcanzar los picos de los años setenta, cuando el petróleo llegó a precios récord aunque incomparablemente menores a los actuales. Pero el dato verdaderamente negativo es la inflación: es la mayor en la región y ha aumentado en forma constante. En 2007 fue de 22,3% y se pronosticaba que en 2008 superaría el 30%. El argumento oficial es que la economía en su conjunto creció a cifras superiores a 8% en 2007, pero el dato es engañoso: el motor predominante es el petróleo, el aporte que de las empresas estatizadas, y la inflación se engulle el beneficio. Además, organismos como el Fondo Monetario Internacional o FMI prevén que las cifras de crecimiento descenderán de manera importante en 2008 y 2009. Por otra parte, entre 1999 y 2006 la deuda pública rebasó los 40.000 millones de dólares. De ellos, casi 27.000 millones corresponden a la deuda externa, que Chávez habría podido cubrir casi en su totalidad con los fondos de ayuda que ha dado a los países latinoamericanos.

Semanas después completaría este cuadro con una carta detallada que me envió Rafael Alfonzo (empresario y presidente de Cedice). Según Alfonzo, en Venezuela existe un «cerco» sobre el sector privado de la economía. Al leerlo, recuerdo «la curvita a la esquina de afuera» y la orden de «nacionalícese» que había anunciado Chávez en su discurso inaugural de enero de 2007. Dice Alfonzo:

> Tenemos un capitalismo de Estado desbordado que viene ocupando todas las actividades propias a la actividad privada. Lo hace confiscando, expropiando, estatizando y comprando con una chequera que dobla muchas voluntades (vivimos en un país donde el bolsillo vale más que la dignidad y la defensa de la libertad).

Esta vasta política de estatización ha desalentado la producción industrial y creado una burguesía paralela, beneficiaria múltiple (por intermediación, operación, corrupción, etcétera) de la transferencia total o parcial al Estado de todo tipo de empresas: el petróleo del Orinoco, la "electricidad de Caracas", algunas fábricas de alimentos, la importante empresa de lácteos Los Andes, además de la división de yogurs de Parmalat, empresas de almacenamiento en frío, empresas de ingeniería.

Aparte, el gobierno ha adquirido 30% de la distribución de alimentos; el cemento, la arena, los bloques y las cabillas para la construcción. Más de dos millones de hectáreas productivas del agro privado han sido expropiadas y entregadas en cartas agrarias que no dan propiedad, tierras que hoy no producen nada. Estatizó la empresa de telecomunicaciones y su filial de celulares (la más grande del país), además de la estación de televisión RCTV.

El cerco tiene otras caras: el control cambiario impuesto desde 2003 (que sobrevalúa la moneda, dificulta la disponibilidad de divisas y la adquisición de insumos), la multiplicación de regulaciones (con su estela inevitable de corrupción) y el control de precios que ahoga sectores clave como el de los alimentos (frijol, arroz, aceite, carne de res, pollo, etcétera). No es casual que Venezuela sufra desabastecimiento crónico de productos básicos, un activísimo mercado negro y una inflación galopante en alimentos y bebidas no alcohólicas (232% en los últimos cinco años). Tampoco sorprende que ocupe el sitio 172 de 178 países en cuanto a «facilidad para hacer negocios». Otras consecuencias: entre 1998 y 2006, la inversión extranjera directa (IED) pasó de alrededor de 5.000 millones de dólares anuales a una cifra negativa de 543 millones de dólares, fenómeno atribuido por la CEPAL a los cambios normativos que aumentaron la participación estatal en la economía (de hecho, con base en cifras de 2007, Venezuela ocupa el último lugar entre 18 países latinoamericanos en cuanto al monto de IED como porcentaje del PIB, con apenas 0,3%); las importaciones han crecido 114%; el número de empresas ha disminuido 24% (18% la gran industria, 19% la mediana y 46% la pequeña); el número de industrias ha pasado de 11.198 en 1999 a alrededor de 7.200 en 2006.

Muchas empresas han abandonado el país, no sólo venezolanas sino extranjeras, como Procter & Gamble. También los jóvenes profesionales –como apuntaba Óscar García Mendoza– están emigrando. El informe de Alfonzo concluía: «Mientras los precios internacionales de las *commodities* se han triplicado, los precios locales siguen sin variar. Viene una crisis de dimensiones gigantescas que traerá una presión social difícil de evitar, aun con el petróleo a más de 100 dólares el barril».

Un análisis comparativo sobre la importación de alimentos en América parece validar su diagnóstico: Venezuela es con mu-

124

cho el país que más importa alimentos en proporción del PIB: 2,47 en comparación con el 1,67 de Colombia, el 1,16 de México y el 0,91 de Perú. Tratándose de un país con cierta tradición ganadera, los informes de la FAO correspondientes a 2007 arrojan cifras preocupantes. Se estima, por ejemplo, que las importaciones de carne en Venezuela (bovino, ovino, cerdo, aves, etcétera) alcanzaron las 182.000 toneladas, convirtiéndolo en el mayor importador del rubro, muy por encima de economías similares como la colombiana o la argentina, que importaron respectivamente 45 y 31 toneladas. Venezuela importó 1,1 millones de toneladas de leche y productos lácteos, cifra sorprendente si se toma en consideración que en su conjunto Sudamérica importó 1,7 millones.

Hugo Chávez, desde luego, tiene un método para explicar a la gente lo que ocurre. «Es el capitalismo –lamenta, asintiendo con los ojos cerrados, levitando casi, en *Aló, Presidente*–, es el capitalismo.» La culpa es de la «oligarquía». Pero el líder estudiantil Yon Goicoechea, uno de los invitados sorpresa, está presente en la comida y acota: «¿Cuál oligarquía? En Venezuela no hay oligarquía. En Venezuela el agente económico central es el Estado». La palabra *oligarquía* parece la materialización del ataque contra el mercado, la forma de defender la propuesta de socialismo del siglo XXI. «Ojalá aquí hubiéramos tenido una oligarquía dispuesta a no hipotecar su libertad por un poco de bolívares», diría Alfonzo.

* * *

Ya en los postres de aquella comida descubro al otro comensal sorpresa. Es Laureano Márquez, humorista finísimo, que me regala su último *best-seller, El Código Bochinche*.

El método de Laureano es difícil pero infalible: reduce al absurdo el discurso chavista (lo revela, parodia, desarma) tomándolo al pie de la letra. «El humor –dice Laureano en la comida, muy seriamente– debe tener tres ingredientes: gracia, verdad, bondad», cualidades no muy comunes en los caricaturistas latinoamericanos, propensos más bien al *mal* humor: en vez de gracia, acritud; en vez de verdad, propaganda ideológica; en vez de bondad, insidia. «Acabo de aceptar públicamente que soy de la CIA», nos dice Laureano, y casi me atraganto. ¿Cómo está eso? «Sí, y hasta he reclamado en mi columna el retraso de los pagos.» Márquez había recibido una invitación para atender un curso de «Transparency and Good Governance» organizado sin tintes partidistas por el gobierno de Estados Unidos, pero decidió hacerla pública y revelar su «verdadero» origen: la CIA.

El gobierno de Chávez tenía razón –escribiría días después Márquez en su columna de los viernes en *Tal Cual*–: esa invitación era sólo una «mampara» para que el imperio pudiera entrenarlo en diversas tácticas de «recontraespionaje», entre ellas: «cómo hacer desaparecer la carne, la leche, el aceite y los huevos de los supermercados de las naciones enemigas», «sobrevuelo en islas a las que van los oligarcas a beber whisky del bueno», etcétera. Su página en www.noticierodigital.com es popularísima.

Meses después de mi visita bajé de la red una columna genial de Laureano. Esta vez el «informe secreto» que rendía al presidente contenía una investigación de primera mano sobre la muerte de Bolívar. ¡Buenas noticias para Chávez! Su versión sobre el complot colombiano para matar al prócer se confirmaba, pero no había sido el malévolo general Santander el autor del crimen. El detective Márquez había descifrado hasta los mínimos detalles: nombres, apellidos, escenas. ¿Por qué, por ejemplo, el doctor no le había tomado radiografías a Bolívar? El asesinato se había hecho gracias a una máquina del tiempo y los autores del crimen (los mismos personajes que, según la leyenda, habían rodeado al libertador en sus últimos días) eran, en realidad, Álvaro Uribe, Rómulo Betancourt y, por supuesto, George W. Bush, quien había supervisado todo personalmente:

> El resto es historia conocida: el mismo Uribe realizó la autopsia y –naturalmente– ocultó las evidencias. Pero como si esto fuera poco, el cadáver fue sustituido por un prototipo. El original

está en una bóveda refrigerada en el Fort Knox, de modo que analizar los restos sería inútil. Como puede notar, el asesinato de El Libertador es algo que, aunque sucedió, en cierta manera no ha sucedido y, por tanto, puede evitarse. Usted podría desarrollar una operación de contrainteligencia con el G2 para impedir el magnicidio. Claro que si usted cambia de tal modo la historia, es muy probable que Bolívar vuelva a la presidencia de la Gran Colombia y ésta no se disuelva, con lo cual usted nunca será presidente de Venezuela. La decisión es suya. Nosotros cumplimos con investigar, en sus manos está la vida del Padre de la Patria.

Tenga presente que no hay crimen perfecto y que lo primero que los investigadores suelen preguntarse es a quién beneficia el asesinato. ¿Caso cerrado?

La destrucción de PDVSA

Ramón Espinasa fue el economista en jefe de PDVSA antes del régimen de Chávez, entre 1992 y 1999. Me ha citado en el Café Olé en las Mercedes. Ramón es hijo de inmigrantes españoles, en su caso catalanes, que llegaron a Venezuela en 1947. Ingeniero industrial por la Universidad Católica de Caracas, ahora trabaja en el Banco Iberoamericano de Desarrollo. Vive en Washington, con el corazón en Venezuela. «Freud dijo que todos llevamos inscrito el destino de nuestros padres en nuestra vida, pero nunca pensé que la fatalidad del destierro, el exilio, reincidiera en mi vida.» Esa desolación invade a decenas de miles de venezolanos hoy en día. Agricultores, comerciantes, industriales, a veces de avanzada edad, han emigrado. «Los técnicos de PDVSA expulsados por Chávez –me dice Espinasa– ahora trabajan en Calgary, Houston, México, Colombia y Riad.»

La sangría le ha costado muy cara al régimen de Chávez. La producción total en Venezuela, tanto de PDVSA como de asociaciones estratégicas, ha pasado de cerca de tres millones de barriles diarios de crudo a mediados de 2000 a poco más de 2,4 millones de barriles diarios a fines de 2007. Cifra baja tomando en cuenta que su cuota asignada por la OPEP es de 3,3 millones. La caída vertical de la producción no sólo se debe a la falta de inversión en el sector sino a la falta de capacidad ejecutiva, gerencial, ingenieril. Los elogios que ahora recibe Petrobras palidecen frente a los que en su momento recibió PDVSA. «Ahora –dice Espinasa– PDVSA no es siquiera una caricatura de lo que fue, está diezmada y no se recuperará. Creo que es el epítome de la obra destructora de este régimen. Está destruida igual que el Poder Judicial o el Legislativo.» Quienes operan PDVSA no tienen en absoluto capacidad gerencial, pero para los efectos que ahora ocupan a la empresa tampoco la necesitan: PDVSA es una especie de superministerio paralelo dedicado a «gerenciar» la oferta misionera del Estado.

Las estadísticas oficiales –me explica Espinasa– son opacas y están maquilladas. Lo que cuenta son los números internacionales, y también son desoladores. El auge de los precios no tiene precedente y ha sido el motor del crecimiento económico. Gracias a ese *boom*, en 2006 las ventas de PDVSA alcanzaron poco menos de 100.000 millones de dólares. Ese año, PDVSA generó al país al menos 80% de su ingresos por exportación, aportó 39.206 millones de dólares al presupuesto del gobierno (alrededor de 38% del mismo) y una tercera parte del PIB. Con todo, una mirada más cercana descubre la otra cara de la moneda: la enorme improductividad y el despilfarro. Con un consumo interno de 800.000 barriles diarios, Chávez entrega 300.000 barriles diarios a Cuba y el Caribe con descuento y supuestamente pagaderos a 20 años. Adicionalmente, PDVSA debe entregar petróleo en cantidades estimadas en 400.000 barriles diarios como pago de nuevos contratos de financiamiento externo, que han llevado la deuda total de PDVSA a poco menos de 16.000 millones de dólares. Por añadidura, los 800.000 barriles de consumo interno se facturan a menos de 2,00 dólares por barril, lo que produce una merma considerable. Si al consumo interno subsidiado se suman los 300.000 barriles de Cuba y Caribe y los 400.000 que corresponden al pago de deuda, Venezuela está dejando de recibir renta petrolera por 1.500.000 barriles diarios. El margen no subsidiado es de 850.000 barriles diarios, pero las necesidades que cubre –en su papel de brazo misionero del Estado– son enormes: los dos millones de empleados públicos, las misiones, los subsidios a la comida, el abastecimiento de productos de toda índole.

La pasmosa ventaja comparativa del precio actual del petróleo (que en el instante de hablar con Espinasa no llegaba a 100 dólares por barril) se está esfumando fatalmente por el derrumbe de la producción, que a su vez se explica, ante todo, por la pérdida de personal especializado (los aproximadamente 22.000 ejecutivos, geólogos, ingenieros y demás profesionales y empleados cesados en 2003). Hay otros factores: la falta de inversión propia, el natural recelo de las compañías petroleras extranjeras a invertir en Venezuela, la escasez de torres perforadoras y la indisposición de empresas internacionales a arrendarlas. Para colmo, PDVSA está inflando su nómina alegremente, día tras día (en octubre de 2007 Chávez declaró que la empresa tenía 74.918 empleados y planeaba llegar a los 113.831 a fines de 2009). Y la corrupción campea: según Transparencia Internacional, Venezuela es uno de los países más corruptos del mundo. PDVSA es el botín del siglo.

«En aquellos tiempos de auge, ¿no debía haberse ocupado PDVSA de la cuestión social?», le pregunto a Espinasa.

No le correspondía, no era su papel. Su papel era ser una empresa estatal de nivel mundial, cuya eficacia y productividad le permitiera entregar al Estado (que como representante de la nación es el propietario de los recursos) la mayor renta para que éste la distribuyera con el mejor sentido económico y social.

En esos años, el barril se vendía al precio (ahora increíble) de 20 dólares, de los cuales 12 eran del Estado y ocho de PDVSA. Con esos ocho cubría los cinco del costo y le quedaba un margen de tres. Ahora esos números parecen un juego.

Espinasa ve en el horizonte el arribo de la verdadera «tormenta perfecta».

Ya nos ocurrió tres veces en el pasado, y nos volverá a ocurrir. El ciclo es previsible: en 73-74, en 79-82 y en los noventa, los precios subieron y con ellos el gasto público se desbocó. Se crea una inercia indetenible en el gasto y las importaciones. De pronto el precio baja y la economía se estrella. Se presenta una crisis fiscal y de balanza de pagos. Pero lo crucial aquí es que el derrumbe viene aun si el precio no baja sustancialmente, porque la inercia de gastar más y más es indetenible. La situación actual es ésa: los precios caerán hasta cierto nivel, el gobierno no podrá parar el gasto y la producción no se recuperará: su caída es inexorable. De modo que es cuestión de tiempo: la tormenta perfecta viene.

El padre desencantado

¿Quién en Venezuela no conoce a Luis Miquilena? El veterano político de izquierda es la prueba viviente del poder vitalizador del poder. Para ser preciso, Miquilena lo ha tenido en sus manos poquísimo tiempo: fue presidente de la Asamblea Constituyente en 1999, presidente de la Comisión Legislativa Nacional y senador en ese año y, finalmente, entre 1999 y abril de 2002, ministro del Interior y Justicia del gobierno de Chávez. Pero el universo de la política (sus grandezas y miserias, sus contradicciones y misterios, sus posibilidades) lo ha apasionado toda la vida. Nacido en 1919, como tantos otros personajes de su generación en América Latina se inició en la militancia de izquierda por la vía sindical. Fue secretario del sindicato de autobuseros, aliado del progresista presidente Isaías Medina Angarita (1941-1945) y militante del PCV, Partido Comunista de Venezuela. En 1945 creó el efímero Partido Revolucionario del Proletariado. Durante la dictadura de Marcos Pérez Jiménez fue encarcelado y torturado. Su vía crucis lo convirtió en el personaje de la novela *La muerte de Honorio*, de Miguel Otero Silva. Ya en el periodo democrático, Miquilena ingresó al partido Unión Republicana Democrática y fue propietario y director del diario *Clarín*.

Sus desavenencias con Rómulo Betancourt a propósito de Cuba lo retiraron parcialmente de la política activa. Por tres décadas Miquilena se dedicó a cultivar sus negocios privados, con apariciones intermitentes en la política de izquierda. De pronto, en la década de los noventa, conoció a Hugo Chávez y la pasión política le sobrevino con nuevos bríos. Tenía más de setenta años, pero sentía que sus sueños de juventud (poner fin a una era de corrupción, desigualdad y pobreza) podían materializarse si lograba encarrilar por el camino de la democracia al joven comandante preso en la cárcel de Yare que había intentado dar un golpe de Estado llevado por esos mismos sueños.

Miquilena visitó a Chávez, lo proveyó de un celular, se ganó su respeto, su confianza y, sobre todo, su atención y admiración. Una vez liberado, Miquilena lo acogió en su departamento y lo sostuvo económicamente. Comenzó a conocer su vida íntima, se enteró de la traumática ruptura de Chávez con su madre («siete años sin tratarla»). Chávez, por su parte, lo consideró su padre espiritual. Don Luis sirvió de puente para acercarlo a Fidel Castro (a quien conocía de tiempo atrás), negoció el crucial sobreseimiento de su causa con el presidente Caldera (que le permitiría postularse como candidato), pero sobre todas las cosas lo persuadió de optar por la vía de las urnas y abandonar la vía de las armas. No era fácil. En un principio, Chávez desdeñaba por entero la vía democrática, la consideraba caduca. En una entrevista de los años noventa con el profesor Agustín Blanco Muñoz, Chávez declaró: «El regreso de la dictadura militar es una posibilidad. Como también es posible el arribo de un gobierno popular revolucionario. Lo que es claro es que ya pasó el tiempo de la democracia liberal. Llegó a su fin ese paradigma».

Pero la prédica de Miquilena surtió efecto: el discípulo aceptó las reglas del juego electoral. Si el Congreso se oponía a sus planes debía ser «barrido»… mediante referéndum.

Me reúno con Miquilena en el bar del hotel. Nos acompaña el periodista Luis García Mora. Vestido de traje beige claro, fornido, vigoroso, sonriente, don Luis está por cumplir los 90 pero parece de escasos 70 años. Habla con la vehemencia del viejo líder. «Chávez era una piedra en bruto, un muchacho sencillo, humilde.» Su rebelión estaba justificada no sólo por la corrupción de los gobiernos sino por la «inmensa deuda social preterida». Miquilena advirtió en Chávez la posibilidad de atraer masivamente el voto popular y, ya en el poder, cambiar las «estructuras caducas» mediante una Asamblea Constituyente de la cual nacería la Quinta República Venezolana. El plan –refiere don Luis– era perfecto: «Blindados los derechos ciudadanos, podíamos intentar el asalto al cielo, inventar la auténtica "tercera vía", acabar con la exclusión social, concretar los ideales». «Con esa ingenuidad que lo ha caracterizado, actúe ahora», predicaba a su alumno.

Le pregunté sobre su gestión al lado de Chávez. Varias cosas lo distanciaron. En primer lugar, la intolerancia. «¿Cuánto te pagaron por una caricatura, Pedro León?», increpó alguna vez Chávez al caricaturista Zapata, que había publicado la ingeniosa imagen de una espada militar serpenteada por esta leyenda: «A mí la sociedad civil me gusta firme y a discreción». A Miquilena, el reclamo de Chávez a Zapata le pareció inadmisible: «¿Por qué lo ofendes? –le preguntó–, ¿no ves que esa postura le sacará urticaria a la prensa?» Zapata, en efecto, le respondió con otro dibujo y esta frase: «Hugo, ¿cuánto te pagaron para promover mi cartón?» «No te metas con el clero», le pedía también don Luis. «Sí, tienes razón, me decía, y a los quince minutos volvía a hacerlo. No lo podía evitar: al contacto con la gente se enardece, pierde el control». Pronto comenzarían a ocurrir cosas más graves: «uso del ingreso petrolero en gasto populista y nada al desarrollo»; casos de corrupción en el ámbito militar (concesiones sin licitar, por ejemplo); y, lo más grave, pruebas de enriquecimiento ilícito en el círculo familiar más cercano a Chávez. Miquilena señaló el problema. Se estaba convirtiendo en una «ladilla» para el presidente. Con su estilo de gobierno, le parecía que Chávez restaba «majestad» a la institución presidencial.

132

Conocerlo es difícil –me dice–, tal vez nunca lo conocí. Perdimos la sintonía. El poder es corrosivo si uno no está preparado. Lo ha perdido el *sex appeal* del poder. Somos «cachado y basura», como dice el refrán: a Chávez le creció la basura en lugar del cachado. Es un hombre romo, sin formación teórica. Sagaz, audaz y pícaro, pero también soberbio, como todo cobarde. «Pataruco», como le llamamos acá al gallo correlón. Todos lo adulan para fomentar su ego monumental. Su vanidad es insuperable. Ahora está solo, barriendo para adentro. Solo, lejos de mí, de Marisabel y de Baduel (que tanto lo apoyaron en abril de 2002).

En otras entrevistas, don Luis se ha referido a su antiguo pupilo como un «hombre despótico con sus subalternos, un autómata, autoritario, brutal: el poder se lo tragó».

Miquilena me dice que, en la reciente derrota del 2 de diciembre, Chávez quedó muerto políticamente. «El presidente no puede volver a presentar su proyecto de reforma ni siquiera por la vía de una Asamblea Constituyente. Sólo con un golpe de Estado contra la propia Constitución.» Lo más lamentable, a su juicio, es la corrupción. Según don Luis, Chávez está rodeado de «oportunistas que se aprovechan del festín».

Le pregunto sobre su relación con Fidel –a quien conoció tan de cerca–. También Castro le reconvenía a Chávez su proclividad al insulto y le sugería sensatez. «Ya no juegues a la ruleta rusa», «es importante que no fracasen», le habría dicho, en uno de los encuentros propiciados por don Luis. Finalmente, opina Miquilena, el saldo de esa nueva relación filial ha favorecido por entero a Castro: «Chávez terminó siendo una caricatura de Fidel. Castro le aconsejó que no radicalizara el proceso, más de una vez le dijo que no tenía que dirigirse a una revolución. Pero inventó el socialismo del siglo XXI, que ni él sabe qué es». Escuchando estos comentarios, pienso que Chávez puede haber desarrollado una secreta ensoñación parricida con respecto a su verdadero y definitivo padre político, Fidel Castro. Desatendiendo sus consejos, jugando a la ruleta rusa, quizá se sienta más fidelista que Fidel y, en el futuro, más Fidel que Fidel.

«¿Qué cosas buenas ha hecho Chávez?», le preguntó días antes Joaquín Ibarz (el experimentado corresponsal para Latinoamérica de *La Vanguardia)* a Miquilena. Respuesta lapidaria:

Nada. Ha sido destructivo. Destruye lo que ya existía en el país. El país se pudre por la corrupción, ha doblado la deuda pública. No hay hábito de trabajo, ni vestigio de producción. La iniciativa privada está aterrada. Y se ha enfrentado y ha creado problemas con nuestros amigos de siempre: España, Colombia, Perú, México, Estados Unidos. Lo peor es que siembre el odio y el resentimiento entre la gente.

«¿Es marxista o fascista?», inquirió Ibarz. Don Luis negó que Chávez hubiera tenido alguna vez algo de marxista:

su ideología es una sopa de minestrone, agarra cosas de aquí o de allá. Se ha convertido en un caudillo militar. Tiene aspectos de fascista por su aparato represivo disfrazado de populismo. Yo diría que es una mezcla de Perón y Mussolini. Tiene mercenarios pagados para agredir a la oposición democrática. Y con las llamadas milicias estaba armando un ejército personal paralelo al de las Fuerzas Armadas Nacionales.

Me despido del hombre que creó al Golem. Algunos críticos liberales lo acusan todavía de haber sido (junto con José Vicente Rangel, otro lobo de mar) el creador del «atasco en que nos tiene Chávez». Pero otros no olvidan cómo rompió con él el 11 de abril de 2002 diciéndole que «la revolución se había manchado de sangre». Para Simón Alberto Consalvi, «representa una entidad moral». Y si don Luis llegara a perder la pasión, le bastaría una mirada a aporrea.org para recobrarla, pues ahí se descubrirá nombrado de estas maneras: «quinta columna, viejo y astuto zorro, senil, sacado de las catacumbas, advenedizo, contrarrevolucionario, fascista, neofascista, presencia siniestra y profundamente traidora, cadáver político, zombi».

La fe de Baduel

En *La Hojilla*, expresión mediática y moral del régimen, Mario Silva se ocupa del general Raúl Isaías Baduel. Con su tono habitual, lee un libro de artes marciales o filosofía oriental que el general, según se sabe, ha leído, y subraya los pasajes que a su juicio revelan su incongruencia y su traición. Es obvio que Baduel se ha convertido en el enemigo público número uno.

Chávez ha reclamado a su «compadre» (que lo es, en efecto, por haber bautizado recientemente a Isai, la hija más pequeña de Baduel) el haber dado «una puñalada al proceso que vino defendiendo todo este tiempo». Lo ha llamado «traidor y peón de la derecha», encuentra incomprensibles «la forma, las expresiones y el odio en el lenguaje gestual» y lo ha acusado de prestarse al «juego del imperialismo».

Amigo de Chávez desde 1972, Baduel había sido uno de los cuatro juramentados del «Samán de Güere». Por fin entiendo la referencia. Cada 17 de diciembre a las 13:07 de la tarde (día y hora de la muerte de Bolívar) la tradición, en las guarniciones y los cuarteles, era celebrar un acto en memoria del héroe. En esa ocasión –recuerda Baduel– Chávez pronunció unas palabras incendiarias, «haciendo críticas muy fuertes al estado de cosas que veíamos en el país y diciendo que si el libertador viviera vendría a enjuiciar a todos los que dirigen al país». Los oficiales superiores –me cuenta Baduel– lo recriminaron y hubo un momento de tensión:

Después de ese incidente acordamos correr hasta el fondo de la granja donde estaba la brigada (unos 10 kilómetros) para ir drenando nuestra impotencia y nuestra adrenalina. Cuando veníamos de regreso ya veníamos conspirando totalmente. Luego, como si fuera un maratón, ese día fuimos al «Samán de Güere»[1]

[1] El samán es un árbol sumamente frondoso. Semeja una acacia africana. El de Güere, localidad cercana a Maracay, ciudad de guarniciones, cuarteles y bases aéreas,

y allí, parafraseando el juramento del libertador en el Monte Sacro en Roma, juramos empeñar nuestro esfuerzo para que nuestro país tuviese una democracia más profunda pero con un alto contenido social, con más participación social, con más justicia social [...]. No era sólo un *mea culpa* sino un accionar para dar nuestro aporte para que esa situación de exclusión se revirtiera. Realmente el movimiento nace allí, y se llamó en un principio Ejército Revolucionario 2000, porque se veía que el horizonte era de largo plazo. Indudablemente que la opción militar se contemplaba, pero no era la primera opción.

No lo era para Baduel pero sí para Chávez. Éste encabezó el famoso aunque frustrado golpe de Estado del 4 de febrero de 1992, «un accionar» en el que Baduel no tomó parte por considerarlo prematuro y altamente riesgoso en términos de vidas. Con todo, los caminos de ambos volvieron a cruzarse con el arribo de Chávez a la presidencia. Baduel acompañó al presidente a lo largo del régimen y fue –según diversos testimonios– el factor decisivo en la reversión del golpe de abril de 2002. En 2007 ocupó por un breve tiempo el Ministerio de Defensa. Pasó a retiro por unos meses, y de pronto el 5 de noviembre de 2007 el militar pintó su raya con un discurso público de media hora en el que llamaba a votar resueltamente por el *No*.

La Reforma, explicó frente a los medios, era «un golpe de Estado» porque despojaba al pueblo de su soberanía de dos maneras: usurpaba de manera fraudulenta su poder constitucional y le impedía elegir a las nuevas autoridades. «Las constituciones son para controlar el poder, no para concentrarlo»,

---

fue muy celebrado por el barón de Humboldt en su viaje a Venezuela en 1799, por sus descomunales dimensiones. Hubo allí cerca una posada y un abrevadero para los caballos de los viajeros que iban al llano desde Caracas. Es fama que bajo su sombra acampó parte del ejército de Bolívar en 1813, durante su llamada «campaña admirable». Lo más probable es que haya habido sólo sombra suficiente para su nutrido estado mayor, sus ordenanzas y sus cabalgaduras. El árbol bajo el cual se juramentaron Chávez y sus amigos es un nieto del original, que se secó sin remedio a mediados de los años cincuenta del siglo pasado.

insistió, en referencia directa al presidente. En seguida, «alertó al pueblo» de la gravedad de la situación que «cambiaría la vida de todos». El pueblo no debía permitir la consumación de un fraude; la reforma los llevaría como «ovejas al matadero». Su tono no era retórico sino serio y sereno.

Esa postura desató a los demonios. Un largo artículo titulado «El fantasma de Pinochet cabalga», publicado en la red el primero de diciembre, resume algunos de los argumentos que se utilizan contra él: monosilábico, economicista, tecnocrático, conservador, desertor, contrarrevolucionario, fascista, neofascista tropical, variante del nacionalsocialismo de derecha, saboteador, fundamentalista religioso, golpista. El autor del largo texto (bien escrito, por cierto) no ignora el papel del general en abril de 2002, pero relativiza los hechos atribuyendo el mérito al «clima de combatividad antigolpista» de los camaradas y «al aguerrido pueblo venezolano [...] dispuesto a defender hasta las últimas consecuencias a la revolución y al presidente», a «resistir y vencer una posible agresión militar del imperio del norte» y a apoyar al «inclaudicable y carismático líder de la Revolución bolivariana». Pero lo que le parece verdaderamente inaudito es que Baduel, en vez de «ir a conversar con Chávez a Miraflores», haya apelado al público para hacer sus reflexiones. Para este crítico la vida pública debe arreglarse en privado.

Para que no cupieran dudas sobre el sentido cívico de sus actos y palabras, Baduel invocó la biografía de Lucio Quincio Cincinato, el cónsul romano llamado de su retiro para salvar a la república amenazada por los pueblos bárbaros. Le pregunto por su separación de Chávez, al parecer súbita e inexplicable. No lo es tanto. Desde julio de 2005, me explica, comenzó una serie de discretas pero serias confrontaciones con el presidente. «Él llegó hasta a amenazarme con mandarme lejos, con sacarme».

Entre julio de 2006 y julio de 2007, ya como parte del consejo de ministros, Baduel descubrió cómo se manejaban los asuntos. «Se estaba llevando al país hacia un rumbo que no me agradaba.» Finalmente, pasó a retiro. En los blogs y corrillos políticos e intelectuales, los críticos, opositores y disidentes del gobierno creen en la sinceridad de Baduel, pero le recriminan haberse tardado casi diez años.

Baduel ha propuesto la celebración de una nueva Asamblea Constituyente, posibilidad prevista expresamente en la Constitución vigente. En 1999, explica, se le dio un «cheque en blanco al presidente Chávez», el pueblo le «delegó todos los poderes», pero, debido al uso que el presidente ha dado a esos poderes («el accionar para atentar contra la democracia misma»), le parece necesario revertir o corregir algunos aspectos del texto. La potestad para hacerlo reside en «el dueño único e indelegable del poder, en el pueblo soberano». Puede y debe hacerse, insiste. Esa convocatoria lleva implícita la **facultad de** solicitar la rendición de cuentas a cualquier funcionario, y «de ahí pueden desprenderse acciones civiles y hasta penales, y la revocación de cualquier mandato». Es claro que en este punto particular, Baduel está pensando en el uso discrecional que el presidente ha hecho del petróleo: «de una vez y para siempre hay que poner coto al manejo arbitrario de la riqueza nacional, y particularmente la renta petrolera».

El general parece convencido de que Chávez actúa con maquiavelismo extremo, postergando la solución de los problemas para fortalecer su control:

> Su única ambición es ser el presidente vitalicio de una Venezuela depauperada. Y mientras más destruye el aparato productivo del país, mientras más fomenta la polarización y el clima de desestabilización, mientras más depende la gente de la dádiva que él maneja a su libre albedrío, mucho mejor para su propósito.

Aunque retirado del Ejército, mantiene contactos con las Fuerzas Armadas y asegura que en 80% de la oficialidad están bien cimentados los preceptos de profesionalismo militar, por lo cual «hay malestar ante la manifiesta intencionalidad de generar anarquía, de desplazar a la fuerza armada formal por una milicia que obedece a una parcialidad política. El rechazo es silente pero allí está».

Otros testimonios que recogí durante mi estancia en Caracas sobre la conciencia democrática y cívica de las Fuerzas Armadas de Venezuela se refieren al tema con menos optimismo. A juicio del almirante Mario Iván Carratú (que salvó la vida del presidente Carlos Andrés Pérez y que, retirado ya, prepara una tesis doctoral en Ciencias Políticas), el efecto generacional se está dejando sentir en esa corporación. Los oficiales con sentido democrático son orillados al retiro o están presos entre dos tendencias, la oficialidad joven –sin recuerdos del pasado democrático e identificada con la ideología del régimen– y la más antigua, que por razones de edad va de salida. Según otras versiones, un factor más importante está mermando el coraje cívico de los militares: la «plata», que llega a borbotones hasta los mandos bajos de las corporaciones.

Tanto en la conferencia como en la charla privada no es difícil advertir un cierto tono religioso en las palabras de Baduel. No es el de Chávez, no es un predicador evangélico. Tampoco tiene la circunspecta precisión o la fraseología de un sacerdote católico. Baduel habla como un yogui. Hombre más bien grueso y de tez oscura, hay algo triste en el fondo de sus ojos. Le pido que me aclare la última frase de su discurso del 5 de noviembre que me había desconcertado: «Que Yahvé Elohim Dios de los Ejércitos bendiga por siempre a nuestra amada patria venezolana». «Soy cristiano-católico pero tengo una visión ecumenista de las cuestiones de la religión. Vengo del ecumenismo [...]. Tengo muchos amigos musulmanes y muchos amigos judíos».

En ese instante, el general Baduel sacó de su bolsa derecha un rosario católico y de la izquierda un *tasbith* y poniendo ambas sobre el escritorio me informó que en su auto tenía un ejemplar del *Zohar*, el libro sagrado del misticismo judío. «Como está en hebreo, no lo entiendo. Pero lo atesoro. Me lo enviaron de Israel, porque he tenido el altísimo honor (que muy pocas personas judías tienen) de tener contacto directo con los dos grandes rabinos judíos, el ashkenazita y el sefardita». Apasionado con las religiones orientales, sobre todo el taoísmo, es evidente que el tema religioso lo obsesiona.

En Venezuela la fe está de moda. El presidente pretende inspirarse en su peculiar santísima trinidad: la fe de Cristo, Marx y Bolívar encarnadas en él, como un inquisidor que divide el mundo entre creyentes (en él) y no creyentes. Baduel, en su ecumenismo, representa un mundo de inclusión en el que caben todos los creyentes. Incluso los demócratas, que profesan la modesta fe del humanismo liberal. Esa fe inspiró al movimiento estudiantil.

¡Que vivan los estudiantes!

Igual que su mentor, el padre Ugalde, Yon Goicoechea es vasco. Es vasco hasta en las dimensiones: grande, ancho, con antebrazos de leñador o pelotari. Tiene 23 años y conserva la sonrisa de niño, pero su discurso tiene poco de infantil, salvo la frescura. Estudia Leyes en la Universidad Católica Andrés Bello. Su padre está preso por un homicidio cometido en defensa propia que las autoridades han querido utilizar como arma de chantaje. En los meses previos al 2 de diciembre, Yon se vio en la disyuntiva de elegir, literalmente, entre su padre y su causa. Eligió la causa, en espera de que su padre defienda la suya. Antes de la jornada electoral (provisto ya de un chaleco antibalas) fue a despedirse de él, por si no volvía a verlo. «Tenía miedo —me confiesa—, pero en algún momento rompí mi barrera.»

Yon piensa que Chávez «perdió su centro discursivo» y celebra que los estudiantes hayan «ganado en el mercado chavista». Ahora buscarán arrebatarle «el mercado de la pobreza», discurriendo «ideas concretas para necesidades concretas». «Nos urge conocer, de verdad, al venezolano». La conversación tiene lugar a bordo de una camioneta Chevrolet (que presumo blindada). Yon ocupa el asiento delantero junto al chofer. Atrás me acompaña Gustavo Tovar, maestro de Yon y de otros líderes estudiantiles. Mexicano por parte de madre, radicado en Venezuela desde hace años, Tovar ha sido inspirador, guía y cronista del movimiento estudiantil. El recorrido a la sede de *El Nacional* (donde nos reuniremos con varios líderes estudiantiles) es corto pero nos permite charlar. Yon recibe una llamada intempestiva. Es Marisabel, la ex esposa de Chávez. Su postura razonada y abierta sobre la inconstitucionalidad de la Reforma había calado en los electores, pero ahora estaba «angustiadísima» por las represalias que Chávez pudiera tomar contra ella, quitándole la custodia de su pequeña hija. «Tranquila, Marisabel», la consuela Yon repetidamente, como si de él dependiera la situación. Y quizá depende, en alguna forma, porque un escándalo íntimo llevado a los medios es lo último que Chávez necesita en este momento. Por lo demás, hasta sus críticos más acerbos admiten que ha sido un padre atento y amoroso con sus cuatro hijos, los tres (ya mayores) de su primer matrimonio, y Rosinés, que procreó con Marisabel.

Sus opiniones sobre Chávez, recogidas por Ibarz, son similares a las de Miquilena:

> No es de izquierda ni demócrata quien persigue las libertades, asume todos los poderes del Estado y reprime a los que no piensan como él. Más bien es un fascista. Chávez habla más que lo que hace. No es un gobernante de izquierda, porque Venezuela es hoy un país más consumista, con menos ahorro y más desigualdad que cuando él llegó al poder. Aquí los índices de pobreza no han bajado, la inseguridad aumenta, la corrupción se ha multiplicado. A pesar de todo lo que dice, Chávez no va a cambiar el sistema económico ni el orden social. Nuestro No a la reforma es un rechazo al totalitarismo y a la concentración de poder en el presidente [...]. Los dictadores no son de izquierda ni de derecha, simplemente son totalitarios [...]. No soportamos un totalitarismo en Venezuela.

«Somos socios más que amigos», me aclara Yon, refiriéndose a su vínculo con los demás líderes estudiantiles. «Stalin González –me dice– es un gran organizador, un tipo audaz» (luego averiguo que ha sido militante desde los 13 años, de padres sindicalistas de izquierda); «Freddy es el hombre bisagra, noble y conciliador» (tiene un grupo musical); Ricardo Sánchez, presidente de la Federación de Centros Universitarios, es de extracción humilde y vive en un barrio popular de Caracas. Hay muchos otros, y otras, como Manuela Bolívar, hija del gobernador Didalco Bolívar. Por fin nos encontramos con varios de ellos. Me conmueve y divierte ver que traen cuadernos para anotar, pero no tengo mayor cosa que enseñarles. Son ellos los que han dado una clase de coraje cívico. Lo único que se me ocurre decirles es una frase de un vasconcelista, dicha al candidato filósofo en la campaña presidencial del 1929: «Hagan que esto dure».

Ellos no conocen el camino para que esto dure, pero están orgullosos de su solidaridad y conscientes de las pruebas que los esperan: ¿Crearán un partido nuevo? Saben que es empresa ardua. ¿Se incorporarán a los viejos partidos? Saben que están desprestigiados. ¿Consolidarán un Parlamento de Estudiantes? Dependerá de quienes tomen la estafeta cuando varios de ellos –el propio Yon, que cursa su último año– dejen, fatalmente, de ser estudiantes. Me despido de ellos convencido de una cosa: durarán.

Por lo que hace a Yon, no tiene dudas vocacionales ni incurre en modestias falsas: «Algún día –me dice– seré presidente de Venezuela».

* * *

Los estudiantes de 2007 parecen haber cerrado el ciclo histórico rescatando la tradición libertaria de los estudiantes de 1928. Pero, como en el caso de la generación de Rómulo Betancourt enfrentada a Juan Vicente Gómez en 1928, su movimiento ha optado por la reforma, no por la revolución; no es «salvacionista» o «providencialista» en el sentido del marxismo académico del siglo XX sino en un sentido democrático. Para encender la mecha se necesitaba un peligro real, algo que no sólo pusiera en jaque el futuro profesional del estudiante sino la viabilidad democrática y la libertad de su país: ese peligro se ha configurado con claridad en el proyecto político de Chávez, admirablemente expresado en su frase favorita: «Socialismo o muerte».

Porque si Chávez ha pensado en convertir a Venezuela en una Cuba con petróleo, los venezolanos que se le oponen han descubierto en el movimiento estudiantil el antídoto perfecto. En contraste con casi todos aquellos antecedentes en la región, los «chamos» venezolanos no reivindican las ideologías estatistas del siglo XX ni las pasiones románticas del siglo XIX, sino los derechos humanos del siglo XVIII. Se declaran, sencillamente, «humanistas». Al mismo tiempo, han dado muestras de una auténtica vocación social. No lanzan adoquines ni levantan barricadas ni alzan el puño desafiante. No son revoltosos, rebeldes o revolucionarios: son luchadores cívicos, reformadores pacifistas. Y encarnan una esperanza de reconciliación para un amplio sector de la sociedad venezolana.

¿Dónde están los estudiantes?, se preguntaban muchos a lo largo de los nueve años del régimen chavista. Creciendo, madurando, era la respuesta. Aunque habían ensayado algunas acciones simbólicas aisladas, el cierre de RCTV los arrojó a la acción.

Ese 28 de mayo –escribe Yon Goicoechea– explotó lo mucho que sentíamos. Los jóvenes nos encontramos en la calle sin previa convocatoria [...]. No hubo heroísmo ni genialidad [...] hubo sólo corazón y patria, sueños rotos y miedo. Ese día tomamos el control de nosotros mismos y vencimos el peor enemigo: el conformismo.

Estudiantes de ocho universidades se reunieron en la Quinta Michoacán, propiedad de Tovar. Acordaron acciones inmediatas. 120.000 estudiantes han estado activos desde entonces. Al sobrevenir la convocatoria al referéndum del 2 de diciembre, el movimiento estudiantil ya estaba en las calles y en las conciencias. Con marchas masivas, asambleas, talleres de discusión, boletines, hojas volantes, textos telefónicos, correos electrónicos, los estudiantes transmitieron a la opinión pública un mensaje de reconciliación, libertad y paz que sacudió la apatía y conquistó simpatías inmediatas.

Sus acciones de resistencia fueron eficaces y pacíficas: entregaron flores a la policía, marcharon al Tribunal Supremo de Justicia y a la Fiscalía, caminaron con la boca tapada por la palabra *Unión*, acuñaron lemas como «Libertad une», «Expresarse es libertad», «*Ser presidente* es unir al pueblo, no dividirlo», organizaron festivales y conciertos (donde cantó Soledad Bravo), pronunciaron discursos memorables en la Asamblea Nacional, venciendo celadas con una audacia sorprendente. Por sobre todas las cosas, comprendieron que la abstención era suicida: «Para comprobar que te quitaron el voto debes votar. El fraude no lo vamos a evitar quedándonos en casa viendo la tele», dijo Goicoechea. Chávez trató de desprestigiarlos llamándolos –entre otras cosas– «lacayos del imperio» y reclamándoles (como Juan Vicente Gómez en 1928) que estudien en vez de querer ser políticos. Pero 70% de los venezolanos avaló su derecho a protestar.

«Que vivan los estudiantes porque son la levadura / del pan que saldrá del horno con toda su sabrosura.» La célebre canción de Violeta Parra que escuchábamos los estudiantes mexicanos del 68 ha vuelto a entonarse en las calles de Caracas. Mario Silva en *La Hojilla* denunció esta adopción como un plagio infame del patrimonio revolucionario, pero a los estudiantes el acoso les importa poco. «Con sus rituales cursis, el Walter Mercado de la televisión venezolana –escribe Tovar– ha promocionado a estos jóvenes hasta lo indecible.»

El día en que se escriba la verdadera historia de aquella noche del 2 de diciembre en las oficinas de Consejo Nacional Electoral se sabrá que los estudiantes fueron un factor clave de resistencia, no sólo ante el fraude que se maquinaba sino ante el derrotismo de algunos opositores, que consideraban imposible vencer a Chávez. «Tengo miedo, pero la libertad vale la vida», decía textualmente el mensaje enviado por celular de uno de los líderes que vivió desde dentro aquellas siete horas interminables. Conquistar ese miedo los llevó a la victoria. Y el triunfo no los envaneció. «Hay que ver con humildad la victoria», declaró Stalin González. Para probarlo, tras la victoria organizaron en la Universidad Católica Andrés Bello un acto al que invitaron a líderes chavistas y los recibieron con una ovación. También el padre Luis Ugalde fue ovacionado, pero permaneció en su asiento. «Yo estaba orgulloso –me dijo– de la acción ingeniosa, creativa y valiente con que la dirigencia estudiantil enfrentó las tendencias totalitarias y se ganó la simpatía y la confianza de la mayoría de la población».

En su crónica del movimiento estudiantil titulada *Estudiantes por la libertad*, Gustavo Tovar incluye un epígrafe de Octavio Paz:

Se olvida con frecuencia que, como todas las otras creaciones humanas, los imperios y los Estados están hechos de palabras: son hechos verbales. En el libro XIII de los Anales, Izu-Lu pregunta a Confucio: «Si el duque de Wei te llamase para administrar su país, ¿cuál sería tu primera medida? El maestro dijo: la reforma del lenguaje».

Ésa ha sido la hazaña de los estudiantes venezolanos. Al lenguaje de la confrontación, el odio, el resentimiento, la mentira, la insidia, han opuesto un lenguaje de reconciliación y respeto. Han limpiado el cielo cívico de Venezuela. Como decía Paz, «le han devuelto la transparencia a las palabras».

* * *

Nuestra lucha es histórica –ha dicho Goicoechea–. Como Martin Luther King, no luchamos contra un hombre sino por la reivindicación de los derechos civiles y humanos de todos los hombres de Venezuela. Ese es nuestro objetivo y ese objetivo no se alcanza en un mes ni en un año, así que hay que prepararnos para la larga lucha que se avecina.

En efecto, puede ser larguísima, puede ser pacífica y, sí, también puede ser sangrienta. Pero estoy seguro de que no bajarán la guardia. Saben que juegan el más serio de los juegos, saben que la democracia de su país está en juego. Semanas más tarde, recibo un email navideño de Yon: «Nos ha tocado transitar un camino inesperado y grandilocuente. Espero que no nos consuman el ego y la vanidad, porque eso sería lo único que nos podría detener». Aunque no los consuman el ego y la vanidad, el formidable adversario puede detenerlos.

Por mi parte, de vuelta en México con mi cargamento de libros venezolanos, sentí llegada la hora de tratar de responder con seriedad a la pregunta obvia: ¿quién es, de dónde salió, cómo se construyó el personaje llamado Hugo Chávez?

III
Venerador de héroes: biografía y mitología

Buena estrella

«Bolívar y yo dimos un golpe de Estado. Bolívar y yo queremos que el país cambie». El comandante pronunció estas palabras sacramentales en la primera entrevista que concedió a la prensa. Y el comandante hablaba en serio. Pero quizá nadie, ni siquiera él, entrevió el grado en que las reverberaciones del pequeño sismo militar que había encabezado –uno más en la telúrica historia venezolana– cambiarían, en pocos años, la vida de aquel país y de América Latina, y perturbarían la geopolítica mundial de principios del siglo XXI.

Un mes antes, el 4 de febrero de 1992, todo parecía distinto. El fracaso de su acción revolucionaria lo había «derrumbado»: «hubiera preferido la muerte», recordaba. No era para menos. Llevaba cerca de quince años de vivir dos vidas, y vivirlas peligrosamente.

Por un lado, había sido un oficial modelo del ejército: apenas graduado en 1975 de licenciado en Ciencias y Artes Militares (octavo de un total de 67 en la Academia Militar), había ascendido el arduo escalafón sirviendo en diversos estados y distintas encomiendas. Esforzado y curioso, había impartido clases de historia militar, tomado cursos para el Estado Mayor y dado inicio a un posgrado en Ciencia Política en la Universidad Simón Bolívar. En su trato personal con los superiores era formal y cortés; con sus compañeros, cordial, alegre y animoso. Pero su verdadero yo era el de un conspirador que trabajaba para la revolución incrustado en las Fuerzas Armadas.

Carismático, idealista, incansable, apasionado, temerario, impaciente, lenguaraz, fue –desde fines de los setenta– el interlocutor principal de los personajes más radicales de la izquierda insurreccional que se negaban a admitir el fracaso de la revolución. Uno de ellos era Douglas Bravo, el veterano de la guerrilla de los sesenta que nunca había sido apresado. Otro era William Izarra, teniente coronel de la Fuerza Aérea, viajero frecuente a La Habana, Trípoli y Bagdad que en los setenta había recibido una beca (del sistema democrático que odiaba) para estudiar en Harvard (en el país que odiaba) y escribir una tesis revolucionaria para las Fuerzas Armadas.

Chávez se reunía con estos y otros personajes en casas, departamentos, parques públicos, siempre sigiloso, a veces disfrazado. ¿Qué sospechas, delaciones o pesquisas no había librado en esos quince años? Su buena suerte lo salvaba siempre: sus superiores –extrañamente indulgentes o desaprensivos– lo invitaban a cenar o lo trasladaban fuera de la capital.

Su buena estrella lo protegió especialmente el 27 de febrero de 1989, cuando el presidente Carlos Andrés Pérez llamó al ejército para reprimir el saqueo de comercios en la capital del país. Aquel día Chávez contrajo una providencial varicela. A partir de aquellos hechos de sangre la cuenta regresiva del ansiado golpe se aceleró.

El plan –ideado por Kleber Ramírez Rojas, prominente ideólogo de la revolución socialista– no dejaba nada al azar: capturar al presidente; disolver el Congreso, los parlamentos regionales, el Tribunal Superior, el Consejo Electoral y los partidos políticos; instaurar un Consejo de Estado Revolucionario y hasta la formación de un robespierrano Comité de Salud Pública que incluía decretos que ordenaban el fusilamiento de una larga lista de políticos y empresarios. No podía fallar, no debía fallar, pero falló, por razones que aún ahora son materia de disputa. Según algunos de sus propios compañeros, la rendición de Chávez sin disparar un tiro había sido prematura, inexplicable, hasta cobarde. Y había costado 17 vidas, entre civiles y militares. Él aduciría que de no haberse rendido, las bajas habrían sido mucho mayores. Como quiera que sea, en aquel 4 de febrero nada mitigaba el dolor de la derrota: cuando «se cayó el poder del fuego», también él se había precipitado en el mayor abatimiento. Tras quince años de vivir frente al abismo, era un héroe caído, un antihéroe.

Pero ni siquiera entonces su buena suerte lo abandonó. Un golpe, no de Estado sino de azar, transformó su derrota en victoria. El general Ochoa Antich le ordenó aparecer en televisión con un llamado a la deposición general de las armas. Increíblemente, le regalaban el sueño de cualquier revolucionario, desde Fidel Castro en la Sierra Maestra hasta los guerrilleros salvadoreños de los años ochenta: llevar la guerra a los medios y ganar, a través de ellos, la conciencia pública del país.

Chávez no desaprovechó la oportunidad de «editar» su realidad presente para producir su futura victoria. Se acicaló, se colocó la boina roja de su batallón de paracaidistas, y con perfecta calma, cuidada dicción y tono exacto –como en sus tiempos de locutor de radio y maestro de ceremonias en concursos de belleza– pronunció un mensaje en vivo de sólo 169 palabras en el que saludaba cortésmente al pueblo venezolano, llamaba a la rendición de sus compañeros y, como un MacArthur del trópico, advertía: «Lamentablemente, por ahora, los objetivos que nos planteamos no fueron logrados [...] vendrán nuevas situaciones y el país tiene que enrumbarse definitivamente hacia un destino mejor». Quizá sin saberlo, escenificaba una página extraída de Curzio Malaparte en su clásica *Teoría y práctica del golpe de Estado* (1931): tomar los medios para comunicar desde el primer momento la impresión de un hecho consumado, irreversible y feliz, hacia tiempos mejores.

A las pocas horas de arresto, el capellán de la cárcel, primer visitante en su celda, le susurró al oído el bálsamo de la resurrección: «Levántate, en la calle eres un héroe». La gente comenzó a acudir en caravana en espera de una fotografía o un autógrafo. En el carnaval, los niños se disfrazaban de Chávez. «A mí me ponían velas al lado de Bolívar –recordaba ya siendo presidente, en 2002– [...] el pueblo hasta inventó una oración: Chávez nuestro que estás en la cárcel, santificado sea tu nombre.» Sí, el comandante hablaba en serio: «El verdadero autor de está rebelión es Simón Bolívar».

* * *

Los datos anteriores son archiconocidos. Provienen de tres fuentes: *Hugo Chávez sin uniforme,* de Alberto Barrera Tyszka y Cristina Marcano; *Hugo!,* de Bart Jones, y *Habla el comandante,* libro que recoge la serie de catorce entrevistas que el historiador Agustín Blanco Muñoz sostuvo con el comandante Hugo Chávez entre marzo de 1995 y junio de 1998.

Publicado inicialmente en 2004 y reeditado varias veces con un epílogo de 2006, el trabajo de Barrera y Marcano cubre sobre todo la etapa de formación de Chávez, aunque se adentra también, con una composición temática, en varios aspectos centrales del régimen: la súbita afición al turismo que contrajo Chávez desde el primer año, la crisis de abril de 2002, su estilo mediático de gobernar (los autores lo llaman «El Showman de Miraflores»), su política exterior (los desafíos al «pendejo de Bush», su pacto de sangre con Fidel, los pleitos con sus vecinos), su entorno privado, y un análisis del cuadro político en 2006 de cara a una hegemonía que en ese momento parecía casi asegurada hasta 2021. De fácil lectura, estilo claro y tono objetivo, se asienta en una rigurosa investigación bibliográfica, hemerográfica e internética que recoge obras pioneras sobre el chavismo (como las de Alberto Garrido y Alberto Arvelo Ramos) así como en entrevistas con personajes clave de la oposición. De particular importancia es el acceso que los autores tuvieron a los diarios juveniles de Hugo Chávez y que quedaron en poder de Herma Marksman, su compañera amorosa y revolucionaria en la etapa fundamental de su conspiración. Quizá la laguna principal del libro es la falta de entrevistas con representantes del chavismo.

El libro de Jones, mucho más extenso, es una biografía oficial de Chávez que en algunos tramos linda con la hagiografía. No sin razón, Jones trae a cuento y admira la energía, la actividad incansable y la genuina y antigua indignación de

Chávez ante la injusticia social y la pobreza, pero adopta sin más la visión que el comandante tiene de sí mismo: conecta la vida de Chávez con la de Bolívar, cree que Bolívar era revolucionario en el sentido social que pregona Chávez, decreta en varios pasajes que el periodo de «Punto Fijo» era una falsa democracia: «Una democracia en el papel, pero que funcionaba para beneficiar a las elites.» Punteado aquí y allá por errores históricos, no por risibles menos gruesos (como imaginar una emboscada del general Ezequiel Zamora –caudillo de las Guerras Federales de los años cincuenta del siglo XIX– a los «ingenuos españoles»), el libro de Jones es también un ejemplo de doble moral: llama «rebelión de los ángeles» al «buen» golpe de Chávez y dedica 60 de las 570 páginas del libro a desentrañar el «mal» golpe de 2002; ve a los antiguos aliados de Chávez como desertores por interés o ceguera ideológica; desprecia a los gobernantes del pasado por tener amantes, beber whisky importado o presidir regímenes corruptos, pero no se refiere con ese nombre a las mujeres de Chávez, ni le parecen demasiado mal los whiskies y la corrupción de hoy. Cuando no tiene más remedio que mencionar aspectos negativos del régimen o de su héroe, invariablemente emplea la fórmula antiséptica: «Según sus críticos...» No obstante, el libro de Jones contiene materiales sumamente valiosos provenientes sobre todo de las entrevistas que Jones pudo llevar a cabo con figuras relevantes de las últimas décadas: Adán, el hermano mayor de Chávez; la propia Herma Marksman (a quien Jones equipara primero con la legendaria Manuela Sáenz, amante apasionada y compañera insurgente de Bolívar, pero luego critica por «no haber sido leal a Chávez hasta la muerte»), Jesús Urdaneta (conspirador de primera hora, separado tempranamente de Chávez y a quien Jones llama «firme anticomunista»), Francisco Arias (compañero de Chávez a todo lo largo de la historia conspiracional, arrepentido luego de apoyarlo –hasta el punto de ser candidato presidencial de la oposición en 2000– y más tarde arrepentido de su arrepentimiento, tanto que hoy es embajador de Venezuela ante la ONU), Fernando Ochoa Antich (ministro de la Defensa en el momento del golpe de

151

1992), Mario Iván Carratú y Ramón Santeliz (protagonistas centrales en esos hechos) y, por supuesto, copiosamente, el propio Hugo Chávez. En el prólogo y el epílogo, Jones asienta la fascinación que le provoca la charla con el presidente a bordo del jet: «Su cabina era más pequeña de lo que yo esperaba, dada la indignación de sus críticos en torno a la compra de este avión Airbus 319 en 65 millones de dólares». Sin aparente sorpresa ni acotación alguna, escribe que Chávez afirmó que su proyecto socialista buscaba promover la igualdad, la libertad, la fraternidad y satisfacer las necesidades básicas... En suma, buscaba el reino de Dios, pero «aquí en la tierra». Jones, que trabajó en el grupo Maryknoll perteneciente a los Catholic Peace Corps, quedó, más que convencido, convertido.

El libro del profesor Blanco Muñoz es prolijo en su presentación y un tanto engorroso de leer. Dotado de un buen índice onomástico y temático, se trata de un conjunto de testimonios de la mayor importancia. Gracias al empeño de Blanco Muñoz –que se acerca a su entrevistado con esperanza de redención para lo que él llama «pueblo-pobreza»– podemos escuchar a Chávez antes de su acceso al poder. Allí está la visión de Chávez sobre Chávez, anécdotas frescas de su infancia y juventud, su trayectoria conspirativa, su explicación puntual (obsesiva, casi sospechosamente obsesiva) de por qué fracasó el golpe, su paulatino convencimiento de la necesidad de ir a elecciones para convocar a una Constituyente y borrar toda huella de la democracia liberal que «¡fo!, huele mal», sus ideas sobre Bolívar, su imagen de Castro, su fidelidad al ejército, su identidad militar, la confesión de su orfandad ideológica, etcétera.

Con candidez y veneración, en el caso de Bart Jones; con discreción y economía, en Alberto Barrera Tyszka y Cristina Marcano, la imagen del conspirador resulta similar. Lo que Chávez aportó esencialmente a la historia política de su país (y a la de América Latina) fue la reanudación del proyecto revolucionario de los años sesenta que había sido derrotado por el régimen democrático de Betancourt y Leoni, y que luego de la caída del Muro y la crisis del mundo socialista parecía ya imposible y anacrónico.

Él mismo lo ha declarado: «Yo creo que la lucha de los sesenta dejó una fragmentación tal y un veneno que hasta nosotros fuimos impregnados de sus productos». Él fue el antídoto contra el veneno. Aunque el irreductible Douglas Bravo lo considera ahora demasiado tibio y hasta «neoliberal», admite que Chávez fue «el conspirador más activo, tanto teórico como práctico». Lo había reconocido como tal desde principios de los ochenta: representaba la «pata» que, junto a la popular, la intelectual y la obrera, faltaba al diseño revolucionario: la «pata» militar.

La narración biográfica de la vida de Chávez entre 1977 y 1992 (más esquemática en Barrera y Marcano, más detallada y digresiva en Jones) no deja duda de su tesón, nacido probablemente de una intensa identificación inicial con la guerrilla en cuya zona operó (con remordimiento y vergüenza, según ha dicho repetidamente) hacia el año de 1977 en el estado de Anzoátegui. Chávez se desempeñaba entonces como oficial de comunicaciones.

«Ahí caí en mi primer conflicto existencial», confesó Chávez a Gabriel García Márquez, en una entrevista de febrero de 1999. «Llegué incluso a pensar en irme a la guerrilla y hasta fundé un Ejército de Liberación del Pueblo de Venezuela. Ahora me río cuando lo recuerdo, porque sus miembros no llegábamos a diez», recordaría en otro momento. Su simpatía resalta sobre todo en el acucioso diario personal de Chávez que Barrera y Marcano pudieron consultar gracias a su contacto con Herma Marksman. En septiembre de 1974, durante un ejercicio de ataques, le había tocado «interpretar» el papel del Che Guevara y apunta: «Teníamos un campamento guerrillero en el cual cantábamos canciones de protesta y emboscábamos a los nuevos. Gocé un puyero, estoy ronco de tanto gritar». Al poco tiempo lamenta: «Qué estarán haciendo los jóvenes de mi edad en otras partes, aquellos que viven libres de tantos sacrificios como éste [una prueba militar]. De seguro estarán bonchando en una discoteca». Y dibuja su proyecto heroico:

Si ellos supieran lo que estamos haciendo, dirían que estamos locos. Pero yo no estoy loco. Sé muy bien lo que busco y lo que hago, y por qué me sacrifico. Recuerdo en estos momentos un pensamiento del Che: «El presente es de lucha. El futuro nos pertenece».

Tres años más tarde, en octubre de 1977, mientras opera ya en Anzoátegui, la contigüidad física con los guerrilleros ahonda su convicción. No sólo invoca al Che («Vietnam. Uno y dos Vietnam en América Latina») y a Bolívar («Vengan. Regresen. Aquí. Puede ser») sino que, significativamente, se inscribe ya a sí mismo en la saga revolucionaria: «Esta guerra es de años [...] Tengo que hacerlo. Aunque me cueste la vida. No importa. Para eso nací. ¿Hasta cuándo podré estar así? Me siento impotente. Improductivo. Debo prepararme. Para actuar». Dos días más tarde anota:

¿Quién agitará la llama? Se puede hacer un gran fuego. La leña está mojada. No hay condiciones. No hay condiciones. No hay condiciones. Maldita sea. ¿Cuándo las habrá? ¿Por qué no crearlas? No hay condiciones. Subjetivas sí. Objetivas no. Tremenda excusa. Allí nos encontramos.

A fines de los setenta, mientras su padre, el profesor Hugo Chávez, es director de educación en su estado natal de Barinas, bajo la administración copeyana de Luis Herrera Campins (1979-1984), su hijo, el subteniente Hugo Chávez, busca acelerar las «condiciones» y entabla los primeros vínculos con los grupos civiles radicales de Causa R. que, para su desencanto, le hacen ver que «esta guerra es de años».

La verdadera acción comienza en los ochenta cuando, estacionado en Maracay, Chávez conoce a Izarra y a Bravo. Con este último se reúne en el mayor sigilo y de él adopta la idea del «árbol de las tres raíces», en referencia a tres prohombres venezolanos que debían ser el emblema y la inspiración, ya no internacional sino autóctona, del movimiento: Simón Bolívar, su maestro Simón Rodríguez (llamado históricamente «Robinson») y el caudillo de la Guerra Federal, Ezequiel Zamora. Con el juramento en el «Samán de Güere» nace el EBR, el Ejército Bolivariano Revolucionario.

En 1983 sobreviene en Venezuela una agudísima crisis económica debida al desplome de los precios petroleros y a la devaluación ya mencionada, recordada hasta hoy como la del «Viernes Negro».

Un año más tarde, tras volver a Caracas, desde su puesto de instructor de historia, Chávez se dedica a reclutar cadetes. Estudia sus perfiles personales con detenimiento, los llama «mis centauros», les toma el juramento bolivariano y les escribe poemas. Por un tiempo, todo camina sobre ruedas: asciende a capitán, habla en pequeños grupos sobre historia y política, organiza hasta cinco «congresos» subrepticios, acumula rifles, granadas, equipo radial. Sus células actúan en «anillos de seguridad», incomunicadas entre sí. Para entonces, la dualidad había invadido todas las esferas de su persona, no sólo la militar y profesional sino la íntima: se había casado y crecían sus hijos Hugo Rafael, María Gabriela y Rosa Virginia, pero al mismo tiempo en 1984 había establecido una relación amorosa con su compañera revolucionaria, Herma Marksman.

En 1985 los peligros suben de intensidad en su vida. La sospecha de sus superiores interrumpe su trabajo y lo conduce a las lejanías de Elorza, junto a la frontera con Colombia, donde compagina (y enmascara) su actividad conspiratoria plantando árboles, organizando festivales y ligas locales de beisbol. Ascendido a mayor, en 1986 su impaciencia bordea la temeridad: en un momento emprende una larguísima marcha con tanques, cientos de kilómetros desde Elorza hasta San Cristóbal. Afectado como Alonso Quijano por la lectura de libros, no de caballerías sino de historia venezolana, busca emular (representándolas) las hazañas guerreras del legendario general Páez a quien –según su compañero Raúl Baduel– Chávez admiraba entonces profundamente. Otro compañero, Francisco Arias («un soldado que más bien parecía y caminaba como un sacerdote», dice despectivamente Jones, en referencia quizás a su estancia por años en el Seminario Arquidiocesano de Mérida), le sugiere calma, pero Chávez anhela trasmutarse en héroe de la nueva independencia de su país, en guerrillero de la revolución: quiere desestabilizar, volar puentes, pozos petroleros y torres eléctricas. Por un tiempo rompe con los grupos civiles que aconsejan esperar, y sin embargo espera. En septiembre de 1986, tras una delación, debe ordenar súbitamente la destrucción de los comprometedores papeles que guarda Marksman y tolerar que sus superiores lo arrinconen aún más, en un ostracismo que le recuerda el de Lorenzo Barquero, personaje de *Doña Bárbara,* la célebre novela de Rómulo Gallegos. Pero en todos los casos, ya sea por su simpatía o su ingenio, o por contar con la coartada perfecta, o por no haber dejado rastros claros, se le tolera con lenidad. Sus discursos incendiarios y los himnos guerreros que hace cantar a sus cadetes tienen –como tantas cosas en la personalidad de Chávez– dos significados: el revolucionario y el patriótico. Sus superiores prefieren escuchar el segundo. No menosprecian su enjundia pero acaso sí su inteligencia estratégica. Creen que es posible controlarlo.

Por un tiempo el movimiento va de picada. Chávez no desfallece. De pronto, sobreviene el Caracazo y el desplome casi total de la confianza pública no sólo en el gobierno sino en los partidos tradicionales y en la política toda. En Venezuela se pone de moda la antipolítica.

A partir de ese episodio traumático –el esperado arribo de «las condiciones objetivas»– el golpe de Estado entra en cuenta regresiva. A fines de 1989, Chávez trabaja en el propio Palacio de Miraflores con el ministro de Defensa Fernando Ochoa Antich. El ministro no simpatiza con él pero prefiere tenerlo cerca creyendo que así lo vigila.

Pero Carlos Julio Peñaloza Zambrano, director de la Academia Militar, sospecha de su participación en un complot para asesinar al presidente. La conjetura no es fantasiosa: Chávez tiene acceso amplio al presidente. En un momento de telenovela, Peñaloza lo reta a duelo. El ministro Ochoa Antich alivia la tensión: también sospecha de Chávez pero solamente decide alejarlo de Caracas. Tras leer estos hechos casi surrealistas en el libro de Jones, un comentarista británico escribiría: «Uno de los aspectos más sorprendentes de la biografía de Chávez es la indulgencia con la que lo trataban sus enemigos [...]. Todo resulta deliciosamente sudamericano».

En 1991 Chávez comanda por fin un batallón propio, el de Paracaidistas, y elije con sus amigos Arias, Urdaneta y Acosta Chirinos varios momentos para hacer estallar el movimiento. La agenda del presidente Carlos Andrés Pérez dicta la fecha del 4 de febrero de 1992, cuando Pérez regresa del Foro Económico Mundial en Davos. Hay todavía varios hechos azarosos: dudas, divisiones, delaciones, deserciones, retractaciones. Aunque Jones hace la cuidadosa reconstrucción del golpe (con escenas de película, como el asalto con tanques al Palacio Presidencial del que Pérez se salva por segundos, gracias al arrojo del jefe de edecanes Mario Iván Carratú, que abatió de un disparo al ametralladorista de un tanque que logró tener en la mira la limusina presidencial), la verdad permanece en la bruma y acaso nunca se aclarará por completo. El silencio, la complicidad, la confusión, el miedo y hasta el olvido han dejado en el aire muchas preguntas. Basta un solo ejemplo: ¿por qué, habiendo sido un oficial en comunicaciones, le fallaron a Chávez, precisamente, las comunicaciones?

En las pláticas que sostuvo con Blanco Muñoz, Chávez dedica horas a justificar sus decisiones. Más allá de la veracidad o sinceridad de sus argumentos (copiosamente vertidos en las entrevistas con Blanco Muñoz), lo cierto es que importan menos como elementos históricos que biográficos. Son piezas de una inútil ucronía: ¿qué hubiera pasado si Chávez ataca Miraflores, si recibe los refuerzos de Fuerte Tiuna, si se comunica con sus aliados, si logra el esperado apoyo de la población civil? Tal vez habría muerto. O ganando, habría instaurado de inmediato un Comité de Salud Pública. O habría sido desbancado. Quizá si Chávez triunfa aquel día, su victoria hubiera sido una derrota. Tal como ocurrió fue lo contrario: su derrota fue una victoria. Malaparte tenía razón: para llegar al fin, el mejor medio son los medios.

Civilización y barbarie

Chávez era un pitcher extraordinario. Desde las ligas inferiores venezolanas subió a la liga mayor, jugó en varios equipos, llegó a los Navegantes de Magallanes, el equipo profesional con mayor fanaticada en Venezuela; siguió ascendiendo, se contrató con los Gigantes de San Francisco que lo mantuvieron en ligas menores hasta hacerlo debutar en las Grandes Ligas y cumplir así, a los 20 años, el sueño de figurar en el elenco de los grandes peloteros venezolanos, como los *short-stop* Alfonso «Chico» Carrasquel y Luis Aparicio. La necesidad de operarse del codo lo regresó a su país, donde era un ídolo: su nombre completo era Néstor Isaías Chávez, apodado «el Látigo».

En la remota población de Sabaneta de Barinas, enclavada en los ardientes e insumisos llanos del oeste venezolano (tierra de batallas legendarias de la Independencia y las Guerras Federales del siglo XIX y escenario de las novelas de Rómulo Gallegos en las que la barbarie se opone a la civilización), un jovencito escucha por radio las hazañas de su ídolo en la voz del locutor Delio Amado León: «Se prepara Isaías Chávez, levanta una pierna, el Juan Marichal venezolano lanza una recta, strike, el primero».

El muchacho venera al Látigo por tres razones: por pitcher, por pertenecer a los Navegantes de Magallanes y por tener el mismo apellido que él. De pronto, el 16 de marzo de 1969, un accidente aéreo en el aeropuerto de Maracaibo acaba con la vida de su ídolo. Hugo Chávez escuchó la «noticia urgente» por radio: «Fue como si por un momento me hubiera llegado la muerte [...] me desplomé». Pasaron los días y «hasta me inventé una oración que rezaba todas las noches en la que juraba que sería como él: un pitcher de las Grandes Ligas». El dramático vaivén de sus estados de ánimo sería, desde entonces, uno de sus rasgos específicos, tan importante como su disposición a venerar héroes. Tras del Látigo vendrían muchos otros héroes: militares, revolucionarios, familiares, históricos, políticos.

Decenios más tarde, al asumir la presidencia de Venezuela, su mayor héroe literario describiría su nacimiento: «Vino al mundo –escribió Gabriel García Márquez– el 28 de julio de 1954 bajo el signo del poder: Leo». Jones sostiene que nació en una casa con piso de lodo, mugrosa y con goteras, y creció en la pobreza, pero al mismo tiempo señala que en la casa de la abuela paterna Rosa Inés Chávez (donde vivió desde muy chico) había un gran patio, lleno de frutas tropicales y de plantas, que Chávez recuerda así: «Nuestro patio trasero era el patio de los sueños». Sus problemas, en caso de haber existido, eran más bien sentimentales: su distanciamiento con la madre, doña Elena Frías, que años después, con toda candidez, declaró: «Yo no quería tener hijos […]. No sé, no me gustaba, no me parecía bonito».

Junto con Adán, su hermano mayor, Hugo se vio forzado a dejar el hogar de sus padres (que apenas tenían tiempo de atender a los cuatro menores) y fue criado amorosamente por aquella abuela llamada Rosa Inés, cuya memoria atesora (murió en 1982). Personaje femenino digno de García Márquez, Úrsula llanera, ella le dio el don de la imaginación, le enseñó poemas, leyendas, historias y joropos, le hizo vender topochos –variedad de banano silvestre, recurso alimenticio de los muy pobres– y sembrar maíz, alentó sus innatas facultades de pintor, lo vistió de monaguillo, festejó las cualidades histriónicas que desplegó al tomar el micrófono frente al primer obispo de Barinas. En sus cartas adolescentes Hugo le decía «mamita».

Derrocada la dictadura de Pérez Jiménez, durante los primeros años del periodo democrático (y en parte como resultado de las nuevas políticas de desarrollo social del régimen) la familia Chávez Frías se reintegró, compró una casita en Barinas, comunidad de 40.000 mil habitantes, y comenzó a prosperar discretamente.

Hugo se matriculó en el Liceo Daniel O'Leary de aquella ciudad. Fue allí donde lo conoció Carlos Raúl Hernández, un joven caraqueño recién llegado, hijo de un respetado diputado adeco, que apenas se reponía del tremendo efecto que le había producido el aterrador comité de recepción de la, para él, «ignota Barinas»: «una temperatura de 35 grados centígrados y cucarachas de unos quince centímetros de largo que volaban alrededor de cada poste de luz y eran conocidas por el hidráulico nombre de "cucarachas de agua"». Carlos Raúl recuerda a Hugo:

Me llamaba la atención la cara de pocos amigos de un zambo flaquito, que miraba de abajo arriba, con el mentón clavado en el nacimiento de las clavículas y la cara llena de acné [...] apenas me enteré al principio de que se llamaba Chávez y venía de Sabaneta, una pequeñísima aldea de unos cuatro mil habitantes, situada en el camino hacia Apure. Después lo conocí en juegos de beisbol y era un buen pitcher zurdo [...]. Sus ojos eran ventanas, pero de una embrionaria lucha de clases, que dejaban pasar la indignación contra los ricos, aun en aquella población de diferencias sociales no demasiado marcadas. Era él un muchacho de clase media baja, hijo de maestros. Vivía en una urbanización de trabajadores, la Rodríguez Domínguez, sin privaciones.

Según Hernández, la condición económica de la familia Chávez no correspondía a la sombría versión que después se ha propagado:

Cuando Chávez afirma que venía de una familia depauperada, no dice la verdad, pues en cada casita se criaban gallinas o cerdos y jamás hubo hambre. No había ningún vestigio de esa visión apocalíptica, miserable y carencial que pretenden brindar para darle épica a su trayectoria.

En todo caso, aquella hosquedad y resentimiento que advirtió Hernández en su compañero tenían –como a menudo ocurre con Chávez– otra cara evidente, la de la creatividad artística, la energía vital y el don mayor de la alegría: «Chávez era cantante, caricaturista, dibujante, bailarín, dicharachero, era "el alma de las fiestas"».

Venezuela venía de un largo periodo de crecimiento económico (entre los más altos del mundo) y la pobreza adoptaba características muy distintas al hacinamiento y miseria que serían comunes en los años ochenta. La casa de Hernández, de clase media profesional, colindaba con un barrio de campesinos semiurbanizados que gozaba de todos los servicios de la época (agua, viviendas decentes, luz eléctrica, alcantarillas).

Era una vida bastante bucólica –recuerda– pues las puertas siempre estaban abiertas y cualquiera de los jóvenes de la barriada, incluyéndome, podía entrar a uno de esos hogares, comer algo de la cocina o tomar café, sin siquiera pedirlos a los dueños. En otros países latinoamericanos las cosas eran distintas.

En Barinas las diferencias sociales eran muy relativas.

Los «ricos» –explica Carlos Raúl– eran pequeños propietarios pueblerinos y los «pobres» tenían trabajos y viviendas garantizados por la mágica paridad del bolívar con el dólar. Si descontamos la inflación norteamericana acumulada desde entonces –han dicho algunos notables economistas– es posible que un dólar de 1965 adquiriera quince veces lo que adquiere hoy. Una familia pobre, con un ingreso de 500 bolívares, recibía 1.750 dólares. Era una sociedad bastante próspera, independientemente de lo que se pueda decir.

En la educación pública, la democracia de «Punto Fijo» daba resultados. Era una educación democrática que se batía contra la barbarie de una sociedad que no terminaba de salir de la tradición autoritaria. El Liceo Daniel O'Leary en el que estudió Chávez (único instituto de educación media pública de la región) era buen reflejo de ello, según lo recuerda Hernández:

Los muchachos estudiaban en colegios públicos de buena calidad, bajo la vigilancia del Ministerio de Educación que se proponía masificarla inspirado por la política de los partidos. Recuerdo que nuestra profesora de literatura, en cuarto año de bachillerato, nos obligó a leer la *Divina comedia*, la *Ilíada*, *Juan Tenorio* y

161

extensos pasajes de *Don Quijote*, así como aprendernos casi de memoria el libro de Anderson Imbert sobre literatura hispanoamericana. El liceo era impecable. Limpio, aireado, una gran manzana de salones laterales con patios interiores y un gran auditórium. Al frente, otra manzana con cancha deportiva.

Con todo, la violencia seguía siendo el signo de la vida comunitaria. Barinas había sido incendiada dos veces en la época de las Guerras Federales del siglo XIX. La torre de la catedral de Barinas todavía muestra los devastadores efectos de la última de aquellas conflagraciones, y el recuerdo de ese remoto pasado permanecía latente, pendiente. Entre sus estampas de juventud, Hernández destaca una anécdota:

En unos carnavales se organizó un joropo, fiesta de arpa, cuatro y maracas en una pequeña finca cercana a la ciudad en la que estaba presente uno de los caciques locales [...]. La concurrencia pertenecía a los estratos altos. Entre los asistentes estaba una pareja de recién casados invitados de Caracas, que querían naturalmente estar solos y no participar demasiado de la ingesta de ron y carne asada sanguinolenta de ternera con yuca. En cierto momento comenzó el juego carnavalesco de mojarse con agua, luego con cerveza y después con barro, divertimento no al gusto de la pareja, que se encerró en su habitación. El caudillo de la reunión decidió que eso no era aceptable y aquel hombrón obeso de enorme estatura decidió derribar la puerta del escondite donde se ocultaban y sacarlos personalmente para revolcarlos en el potrero, en el detritus del ganado. «Así aprenderán –dijo– cómo era el llano.»

Aunque la civilización le ganaba poco a poco la batalla a la barbarie, en Barinas la barbarie seguía presente en las frecuentes balaceras, el machismo brutal y la cultura caudillista. Los jóvenes estudiantes que –como Chávez y Hernández– se beneficiaban de los avances fragmentarios de la civilización eran soñadores e impacientes. No veían las cosas en los viejos términos. No veían la civilización ganando espacios a la barbarie. Creían ver la barbarie incrustada en la civilización. Y buscaban vías distintas, no de mejoramiento sino de redención, no de libertad sino de liberación, no de democracia sino de revolución. En ese contexto, Chávez parecía más bien una especie de doña Bárbara en charreteras. Sus parámetros analíticos eran exactamente los mismos que los de un muchacho de 15 años en aquel lugar y en aquella época. Me lo confirma Carlos Raúl Hernández: «Siempre digo que Chávez es el capataz de Venezuela, porque hasta sus giros verbales copian los que conocí en los capataces de las haciendas. Es la encarnación de la Venezuela agraria: militarista, centralista, autoritario, machista, tal como cualquier bandido guerrillero del periodo de la violencia venezolana del siglo pasado.»

Sueños de grandeza

Una de las grandes paradojas de aquellos años fue el hecho de que el nuevo régimen democrático (con el margen de acción que daban sus libertades y a despecho de sus vastos programas sociales y económicos) prohijara inadvertidamente la revolución en su contra. Fue en el Liceo O'Leary donde el propio Hernández ingresó a la izquierda insurreccional:

Varios de nosotros nos hicimos con el tiempo, y ya en la universidad, dirigentes del movimiento insurreccional, en medio de la tolerancia de los gobiernos democráticos que daban grandes posibilidades para actuar contra la democracia. No hay duda que hubo represión al movimiento armado, pero como lo han reconocido en libros, entrevistas y programas de televisión los principales jefes del movimiento como Pompeyo Márquez, Teodoro Petkoff, Américo Martín, Héctor Pérez Marcano y muchos otros, no era concebible pedirle a un gobierno electo que no se defendiera del movimiento armado. Alguno de ellos llegó a afirmar que [...] «en la confrontación nuestra con Betancourt, él tenía la razón y no nosotros».

En el caso de Hugo Chávez, los biógrafos consignan una rudimentaria formación ideológica de izquierda, abrevada en la casa de un viejo comunista barinés, preso por la dictadura y desafecto a la democracia, el barbudo historiador José Esteban Ruiz Guevara, quien se preciaría de haberle «metido» dos cosas «entre ceja y ceja»: «el marxismo y la función constructora del Ejército Rojo». Chávez lo había conocido a través de sus amigos Vladimir y Federico, hijos de Ruiz. Aunque el padre de Chávez (de filiación demócrata cristiana) desautorizaba esa pedagogía, no había nada sorprendente ni clandestino en ella. El marxismo y sus variantes constituían –ya desde entonces– la ideología hegemónica en los ámbitos académicos, formales o informales, de América Latina. El auge obedecía sobre todo al triunfo de Fidel Castro y al vía crucis del Che. La identificación de Chávez con ambos fue inmediata: al enterarse por la radio de que el Che estaba en Bolivia, se había preguntado: «¿Por qué Fidel no manda unos helicópteros, un batallón, unos aviones a rescatarlo?».

Contra la voluntad de la abuelita Rosa Inés, que rezaba a los santos para que no lo hiciera, Hugo se incorporó a la Academia Militar en 1971. Lo hizo sobre todo por consejo expreso de Adán, su hermano mayor, que perteneciendo ya a un núcleo insurreccional estudiaba en la Universidad de los Andes y comprendía la necesidad de plantar un revolucionario en las Fuerzas Armadas. Y lo hizo también –una paradoja más– gracias a las políticas progresistas del régimen que llegaría a combatir y detestar.

Uno de los grandes ascensores de los grupos de menores ingresos –apunta Hernández– eran las Fuerzas Armadas, a las que se podía aspirar apenas con tercer año de bachillerato aprobado. La estrategia de Betancourt, y luego de Raúl Leoni, fue mantener el instituto armado abierto a los sectores populares, con la idea de liquidar en él cualquier propensión aristocrática, a diferencia de los ejércitos de Chile, Colombia u otros países de la región. De mi generación alrededor de quince jóvenes salieron en pos de ese objetivo y llegaron a ser oficiales superiores.

El proyecto gubernamental logró desterrar el espíritu aristocrático, pero fue incapaz de advertir y acotar la propagación del espíritu revolucionario de la época, encarnado en jóvenes de extracción popular, como Hugo Chávez.

Curiosamente, no fueron sus notas académicas las que le valieron la entrada a la Academia sino su indudable habilidad para el beisbol: sus superiores se admiraron cuando, lastimado de un brazo, conectó tres jonrones. (Siempre es raro ver a un pitcher conectar cuadrangulares.)

La generación estudiantil a la que se incorporó (llamada «Promoción Bolívar») fue parte de un experimento educativo diseñado para enaltecer y cultivar a las Fuerzas Armadas: el Plan Andrés Bello, que introducía materias de carácter humanístico y contenido ideológico (sociología, historia económica, historia de las ideas políticas) en el currículo militar. (Sus compañeros de otras promociones más castrenses les decían, despectivamente, «los licenciados».) Chávez, en otras palabras, aspiraba a ser un universitario militar. Dotado, según un maestro, de «desespero de conocimiento», se apasionó por la historia venezolana y absorbió como esponja los contenidos ideológicos de aquella enseñanza, pero al mismo tiempo amó el aspecto puramente militar de su carrera. «Cuando me vestí por primera vez de azul –recordaría– ya me sentía soldado [...] un fusil, un polígono, el orden cerrado, las marchas, los trotes mañaneros, el estudio de las ciencias militares [...] el patio. Bolívar al fondo [...]. Me sentí como pez en el agua.»

El beisbol lo seguía apasionando –sus amigos lo apodaban «Furia»–, pero pronto comprendió que su camino de grandeza debía llevarlo a otras ligas. Ceremonioso como desde entonces era, acudió a la tumba del Látigo y le pidió un solemne perdón por no poder cumplir su juramento. Y es que muy pronto viejos y nuevos héroes atraerían su atención. Ante todo, los de la Revolución cubana: el Che y Fidel Castro, que llegaría a ser su héroe mayor de carne y hueso. Tras el golpe de Estado contra Salvador Allende, lo escuchó por primera ocasión a través de la radio y quedó arrobado: «Si cada trabajador, si cada obrero hubiera tenido un fusil en las manos, el golpe fascista chileno no se da [...]. Aquellas palabras de Fidel nos marcaron tanto que se convirtieron en una consigna». En 1975 puso en un altar a los generales de izquierda: Omar Torrijos, enfrentado a Estados Unidos a propósito del canal de Panamá y, sobre todo, a Juan Velasco Alvarado, que había llegado al poder en 1968 mediante un golpe de Estado.

Chávez lo conoció personalmente en un viaje escolar a Perú, hacia 1975. El presidente militar obsequió a los cadetes un ejemplar de *La Revolución Nacional Peruana*, que Hugo atesoraría y estudiaría como un fetiche. Fue una «revelación» ver a «los militares peruanos hablando del pueblo [...]. Los discursos de aquel Plan Inca me los leí durante años».

En una entrevista de 2005, el presidente Chávez recordaba sus primeros encuentros con Fidel. «Dios mío, quiero conocer a Fidel –había rezado en la cárcel– cuando salga y tenga libertad para hablar, para decir quién soy y qué pienso.» Tras el primer encuentro en La Habana, Chávez comenzó a verlo «como a un padre», y sus propios hijos, como un abuelo. El abuelo Fidel. Un sueño literario hecho realidad:

El día en que entró a la casita de la abuela en Sabaneta tuvo que agacharse. La puerta es bajita y él, un gigante. Yo lo veía, ¿no? Y le comenté a Adán, mirándolo allí, como si fuera un sueño: «Esto parece una novela de García Márquez». Es decir, cuarenta años después de la primera vez que escuché el nombre de Fidel Castro, él estaba entrando en la casa donde nos criamos [...]. ¡Ay Dios mío!

En la idolatría por sus héroes, Hugo Chávez se empeñaría en buscar un contacto directo con ellos: vivos o muertos les rendía pleitesía y juramentos, les estrechaba la mano y se aprendía sus discursos, los teatralizaba. Soñaba con ellos, con ser como ellos, con *ser ellos*. Quería meterse a *su* historia y meterlos en *su* historia. Quería meterlos en *su* vida, en la novela de *su* vida.

Tocaba el turno a los personajes de la historia venezolana. El elenco empezó a integrarse en 1974, poco antes de graduarse, cuando leyó el libro *Maisanta, el último hombre a caballo,* de José León Tapia (historiador aficionado pero acucioso; el chavismo le otorgó el Premio Nacional de Literatura en 2004, el cual rechazó gallardamente por no querer ser utilizado). «Maisanta» era el sobrenombre de Pedro Pérez Delgado, caudillo que había operado en la región de Barinas a principios del siglo XX. (El apodo provenía de las voces «Madre santa, virgen del Socorro», que el personaje solía exclamar.) Ruiz Guevara lo pintaba como un oportunista. Para la abuela Rosa Inés no era más que un bandido y un asesino, y Chávez creció pensando que lo era. Pero según Tapia, Maisanta era un revolucionario rural extraviado en el siglo XX, un adversario jurado del dictador Juan Vicente Gómez y un defensor de los pobres. Aunque el libro no era de ningún modo una hagiografía, Chávez leyó lo que quiso y se convenció de que la última versión era la correcta, entre otras cosas porque Maisanta era su bisabuelo materno.

A mediados de los ochenta, aprovechando su traslado a Elorza, Chávez decidió ponerse la casaca de historiador aficionado e ir en busca de Maisanta. La narración detallada de esta pesquisa está en *Habla el Comandante:* «Sentí la necesidad de completar aquella historia. Comencé a buscar en viejas bibliotecas militares, en partes de guerra [...] con un maletín, un grabador, una cámara fotográfica, un mapa militar de la zona, buscando información, tomando fotos de viejitos». Esos «viejitos» evocan para él la escena de Maisanta abriendo los comercios, autorizando el saqueo del pueblo, retirándose a vivir entre los indios. Chávez veía en esos actos «elementos doctrinarios, ideas no desarrolladas, no escritas, y un fondo demostrable que se puede rescatar aún». Paso a paso sentía reconstruir la trayectoria de Maisanta: visitó el terreno donde en 1921 ocurrió la «Batalla de la Periquera», en la que aquel personaje había participado; recorrió las tierras de «La Marqueseña» que a principios de siglo –según sostiene– habían sido de su bisabuelo: «Mi abuelo, el hijo de Maisanta, murió peleando por esas tierras». Los agravios de Maisanta comenzaban a volverse suyos. A partir de entonces, exigiría a sus subordinados que rindieran honores a dos retratos: Bolívar y Maisanta. Chávez acumuló todo aquel material en cajas pero nunca pudo escribir el libro que planeaba. En vez de escribir historia prefirió apropiársela, inscribiéndola en su propia vida. Ya en la prisión de Yaré, un primo le regaló el escapulario que llevaba Maisanta al cuello, reliquia que Chávez no abandona ni de noche ni de día. En una sesión espiritista llevada a cabo en la cárcel, sintió que lo movía una «fuerza extraña» y comenzó a hablar como un viejito tembloroso. Sus compañeros de celda pensaron por un momento que se trataba del propio Bolívar, pero el propio Chávez, sensatamente, los trajo a la realidad: «No me pongan tan arriba». Uno de los amigos se dio cuenta de la confusión y corrigió: «¡Mi general Maisanta!» «Claro, m'ijo, aquí estoy», respondió Chávez.

Mientras colocaba a Maisanta en su altar personal, Chávez descubrió que su tatarabuelo, el padre de Maisanta (llamado Pedro Pérez Pérez) había sido coronel jefe de guerrillas en el ejército de Ezequiel Zamora (1817-1860), el famoso «general del pueblo soberano», de quien Ruiz Guevara y sus maestros en la escuela militar (como Jacinto Pérez Arcay, autor de un libro sobre Zamora) hablaban con reverencia. La hija de Maisanta, su tía abuela, le refirió una estampa garciamarqueciana que narraba el propio Maisanta: cada Semana Santa, aquel coronel, ya muy viejo, solía clavar su espada en el medio del patio, como mudo recuerdo de sus acciones de guerra. Esa conexión de su tatarabuelo con Zamora lo ungía a él, a Hugo Chávez, como heredero del «general del pueblo soberano».

En sus años de patrullaje por la zona de Anzoátegui, Chávez había descubierto, en un carro abandonado por la guerrilla, un arsenal no de armas sino de letras. Entre esos libros hubo uno que complementó su imagen de Zamora: *Tiempo de Ezequiel Zamora*, de Federico Brito Figueroa, historiador marxista, autor de la versión según la cual Zamora fue una especie de Emiliano Zapata *avant la lettre;* libro que alentó en Chávez, entre otros desvaríos, la necesidad de una guerrilla agrarista en un país petrolero y urbanizado. Con proclamas como «Elección popular», «Tierras y hombres libres», «Horror a la oligarquía», «¡Oligarcas, temblad, viva la libertad!», aquel carismático caudillo de las feroces Guerras Federales de mediados del siglo XIX había operado justamente en la zona natal de Chávez. Allí había revivido las hazañas y horrores de la guerra de Independencia y fundado el Estado Federal de Barinas. A Chávez le gustaba recorrer los caminos de Zamora, rememorar sus frases, batallas y peripecias y celebrar sus excesos: «quemó varias veces Barinas y mandó a quemar los archivos de propiedad». Lo conmovía pensar que hubiera borrado la palabra «orden» de sus manifiestos y «decomisara ganado y leche para los niños». De madrugada, hacía cantar su himno a los cadetes de su regimiento: «¡El cielo encapotado anuncia tempestad!» Chávez veía en Zamora «el destello de lo social [...] el hombre de pensamiento social, yo diría revolucionario». Creía descifrar en él la historia olvidada y latente de unos hombres que, por un lado, retomaban el proyecto bolivariano de la Confederación Colombiana y, por otro, presagiaban las revoluciones socialistas del siglo XX. Y hasta imaginaba descubrir en aquel legendario general mensajes proféticos en clave (el hecho de que usara un quepis militar encima de su sombrero de cogollo significaba, según Chávez, la unión de «pueblo y ejército»: «es lo mismo que decía Mao, el pueblo es el agua al pez, que es el ejército»).

En la febril imaginación historicoepopéyica de Chávez todo relato o leyenda era historia contemporánea, todo pasado era presente. Pero lo significativo de aquel pasado poblado de héroes eternos era que convergían en él, que le hablaban precisamente a *él* y que, en última instancia, terminaban siempre por renacer *en él*. «Te voy a decir una cosa que no le he dicho a nadie –confesó a varios compañeros–: yo soy la reencarnación de Ezequiel Zamora». Hay quien dice que siempre ha temido morir como él: a traición de un disparo en la cabeza.

* * *

Si Maisanta fue su héroe familiar y Zamora su héroe social, el Dios Padre de aquella Santísima Trinidad siempre fue, naturalmente, Simón Bolívar. Esa devoción es un rasgo casi consustancial al ser venezolano. Sus gobiernos nacionales, a partir del primero (el del general Páez, su compañero y rival) construyeron un omnipresente culto cívico alrededor del prócer. Pero el fervor de Chávez era realmente peculiar. De niño había ensoñado con el héroe cruzando los Andes y recordado con pesar su desolada muerte. De joven sentía que el alma de Bolívar gravitaba en torno a él. Sus amigos lo creían casi su encarnación.

En 1974, tal como consta en textos suyos recogidos en 1992 bajo el título de *El brazalete tricolor*, el arrebato lírico a propósito del libertador iría más allá de las imágenes reverenciales (pictóricas, verbales o escultóricas) de la historia neoclásica de bronce, más lejos de las equiparaciones románticas y patrióticas de Bolívar con Alejandro, César o Napoleón (como la famosa *Venezuela heroica*, de Eduardo Blanco, escrita en 1881); más lejos aún que las grandilocuentes imágenes que el presidente Antonio Guzmán Blanco había pronunciado sobre «la apoteosis al semidiós de Sudamérica» en 1883, en el centenario de su nacimiento: «El 23 de junio, víspera de la gran batalla de Carabobo [...], Simón Bolívar hizo parir a la patria».

Según el penetrante análisis crítico de Elías Pino Iturrieta en su libro *El divino Bolívar*, para el joven Chávez, Bolívar era Dios Padre o Zeus, la Patria era la Virgen, y el Niño Dios, producto de esa cópula trascendental, era el ejército libertador, que en un salto a través de los siglos era el mismo ejército al que Chávez pertenecía.

En un texto de 1978 –explica Pino– la idea desembocaría en su corolario natural: el ejército bolivariano (el de Bolívar y el de Chávez, que místicamente son el mismo) vuelve a la escena histórica a lavar el honor de «la humillada madre», la continuidad de la saga emancipadora y la culminación de la obra pendiente. El ejército, escribe el joven Chávez, creyendo cada palabra y dibujando con nitidez, para el futuro, su idea protagónica del ejército:

Es tu joven hijo, Venezuela, que recoge en su seno la gente de tu pueblo, para adiestrarlo y enseñarlo a amarte y defenderte. Es tu semilla, Patria [...]. Es tu reflejo, país de héroes [...], tu reflejo glorioso. A medida que pasen los años, nuestro ejército debe ser la proyección inevitable del desarrollo social, económico, político y cultural de nuestro pueblo.

Miembro del ejército, Chávez era ya un «hijo» de Bolívar. En su diario había apuntado: «Bolívar es lo único real y hermoso que nos queda [...] tiene mucho que hacer en América Latina». Tras aquel primer contacto personalísimo y filial (aunque todavía colectivo) con su «padre» metahistórico, bautizó con sus siglas su movimiento revolucionario. El 17 de diciembre de 1983, día del aniversario luctuoso de Bolívar, Chávez pronunció su provocador discurso y discurrió el acto simbólico del juramento del «Samán de Güere», representación misticoteatral para vincular (a la sombra del añoso árbol) su proyecto revolucionario con la memoria del prócer. Acompañado por sus tres compañeros (Raúl Isaías Baduel, Jesús Urdaneta y Felipe Acosta), Chávez parafraseó el juramento del año de 1805 –que muchos prestigiados historiadores juzgan como una invención de Rodríguez– que Bolívar había hecho en presencia de su mentor Simón Rodríguez, frente al Monte Sacro de Roma: «Juro por el Dios de mis padres, juro por mi patria, juro por mi honor, que no daré tranquilidad a mi alma ni descanso a mi brazo hasta no ver rotas las cadenas que nos oprimen y oprimen al pueblo por voluntad de los poderosos». 1805 se convertía en 1983. Chávez había cambiado sólo dos palabras: en vez de «los poderosos», la oración de Bolívar se refería al «poder español».

En sus ejercicios militares ordenaba a sus subalternos comenzar el día con un pensamiento entresacado al azar de un libro de frases de Bolívar y repetía esas oraciones como citas de un Evangelio pertinente por encima del tiempo y para todas las circunstancias. A mediados de los ochenta, tras el juramento del «Samán de Güere», la historiadora Herma Marksman (su compañera en el amor y en la guerra que entonces representaba el papel de la amante de Bolívar, la célebre ecuatoriana Manuelita Sáenz) lo recuerda investigando en el terreno los escenarios de las batallas con el propósito de reactuarlas. De hecho, su puesta en escena de la marcha del general José Antonio Páez del 24 de junio de 1821 previa a Carabobo (seguida de un discurso incendiario) llegó a las primeras planas de *El Nacional*, sin que nadie (salvo los juramentados) advirtiera en esas fotos y palabras su secreto contenido revolucionario.

Cargado de aquella imaginería histórica encarnada extrañamente en él, al salir de la cárcel en 1994 Chávez desplegó el activismo político febril que un lustro más tarde lo llevaría a la presidencia por la vía electoral. Pero en las reuniones de trabajo, según se dice, comenzó a ocurrir uno de esos hechos desconcertantes, muy naturales en la literatura existencial de Chávez: colocaba una silla en la cabecera sin permitir que nadie se sentara en ella. La mira fijamente. Sólo él escuchaba al inasible convidado: el libertador Bolívar.

Hilvanando su propia genealogía con los héroes de la patria, Chávez se estaba convirtiendo, en efecto, en un personaje salido de las páginas de García Márquez, aunque dotado de una verbosidad ideológica impensable en el dictador de *El otoño del patriarca*. Inventor incesante de sí mismo, novelista de sí mismo, Chávez se convertía en una criatura del realismo mágico a la que no bastaba profesar respeto o idolatría hacia los héroes del pasado: él necesitaba conectarse con ellos de manera íntima, recoger su mensaje, completar su obra y, en última instancia, reencarnarlos. Si seguía hurgando en la Sagrada Escritura de la historia venezolana, con certeza se encontraría e inscribiría, «heroicamente», en ella.

La sacralización de la historia es costumbre antigua en
América Hispana. En estos países católicos, las historias nacionales (sus héroes y sus villanos) se volvieron paráfrasis inmediatas de la historia sagrada, con sus martirologios, sus días
de guardar y sus profusos retablos de santos laicos. Pero en
Venezuela, donde la presencia de la Iglesia fue mucho menos
rica e influyente que en México, Perú o Ecuador, la transferencia de lo sagrado a lo profano fue más intensa acaso por la
falta de «competencia» con las figuras estrictamente religiosas
como la virgen de Guadalupe o los santos patronos de México.
Adicionalmente, la piedad cívica de Venezuela tuvo la par-
ticularidad de ser monoteísta, es decir, de centrarse en la vida
y milagros de un solo hombre deificado: Simón Bolívar.

Además de los desfiles, procesiones, discursos, ceremonias,
concursos, inauguraciones, pompas, develación de monumentos, publicaciones iconográficas y demás actos sacramentales
en honor de Bolívar que los sucesivos gobiernos de Venezuela
(oligárquicos, ilustrados, civiles, militares, dictatoriales, casi
todos personalistas) prohijaron «para el pueblo» (y para afianzar su propia legitimidad), desde 1842 fue perceptible el nacimiento de un culto distinto y espontáneo, un culto por «el
pueblo». Según se dice, a este mito lo alimenta una suerte de
penitencia del pueblo por la culpa de haber dejado morir a
Bolívar, en 1830, en tierras colombianas. Como en la interpretación de Freud en *Moisés y el monoteísmo*, Bolívar había
sido endiosado por el mismo pueblo que, con su indiferencia, lo sacrificó. Esta versión caribeña del «pecado original»
cruzó los siglos: propuesta por primera vez en un famoso
texto de 1842, fue repetida casi intacta en 1980 por el mismísimo arzobispo de Venezuela. Desde la silla de su cátedra,
aseguró que las desdichas de su país, las dictaduras padecidas
en el siglo XIX y XX, provenían de la supuesta traición cometi-
da contra Bolívar.

Oficial, popular, inducido, espontáneo, neoclásico, romántico, positivista, nacionalista, internacionalista, militar, civil,

religioso, mítico, providencialista, patriotero, venezolano, andino, iberoamericano, panamericano, universal, el culto a Bolívar se volvió el lazo común de los venezolanos, la liturgia de su Sagrada Escritura. Otros santos ocupaban el altar, pero siempre a su sombra y no siempre adorados: Sucre, Páez, Mariño, Urdaneta, Bermúdez. Incluso en círculos académicos esta imagen inmaculada prevaleció hasta los años sesenta. Cuando en 1916 –según relata Pino Iturrieta– el médico Diego Carbonell se atrevió a sugerir la probable epilepsia de Bolívar y otros males que pudieron haberlo aquejado, el linchamiento académico por aquel acto de «ateísmo patriótico» contra la fe bolivariana, «religión augusta, admirable, excelsa», fue feroz: «¿Cómo es posible –se dijo– que un venezolano joven suba al empíreo para separar a Bolívar del lado de César, y colocarlo en el averno, al lado de Calígula?»

Aunque Hugo Chávez era un oficiante de esa misma mitología histórica, lo era no de un modo ceremonial o académico sino teatral. Pero el teatro no era de mentiras sino de verdad. Al salir de prisión, y con la certeza íntima de convertirse en presidente, se propuso lo que muchos gobernantes y caudillos: usar la figura del héroe para propios fines políticos. Su piadosa sacralización idolátrica era, en el fondo, maquiavélica. La admiración por Bolívar era genuina, pero la adopción del mito fue fría y cerebral.

En las primeras entrevistas con Agustín Blanco Muñoz, Chávez se lo dijo con todas las letras: se refirió repetidamente y con distancia a la «mistificación» de que era objeto el «hombre» Bolívar. Chávez entonces se proclamaba «revolucionario antes que bolivariano». Su revolución necesitaba una «ideología». También él la necesitaba, «pero no tenía tiempo ya». ¿Qué hacer? Aunque «lo importante es estar en el centro de la lucha», necesitaba al menos una «bandera ideológica». La encontró en su innato culto al héroe. Los revolucionarios de Nicaragua habían adoptado a Augusto César Sandino, legendario guerrillero nacionalista. Chávez sabía que en México el Subcomandante Marcos había invocado, con mayor éxito, a Emiliano Zapata. Pero Bolívar significaba mucho más para el pueblo de Venezuela. Con todas sus letras, Chávez declaró: «Si el mito de Bolívar sirve para motorizar ideas y pueblos, está bien». Fidel Castro bendeciría la «bandera», en la primera visita de Chávez a La Habana: «Si las luchas hoy se llaman bolivarianismo, estoy de acuerdo, y si se llaman cristianismo, estoy de acuerdo». Pero ni el propio Castro imaginaría los extremos a los que Hugo Chávez, una vez en el poder, llevaría el culto al héroe. Según el fino análisis de sociología religiosa de Pino Iturrieta en *El divino Bolívar*, Chávez orquestó la más impresionante escenificación teologicopolítica vista en América Latina. Sus fastos no palidecieron ante los que el fascismo dedicó a los héroes de la Roma antigua.

En América Latina los poetas son profetas. En febrero de 1999 Hugo Chávez tomó una famosa línea de Pablo Neruda y la convirtió en el eje de su discurso inaugural, con Fidel Castro sentado a su diestra en el estrado, ubicado en terrenos del complejo «Los Próceres», anexo a la Academia Militar y al Fuerte Tiuna. Aunque políticamente moderado (invitaba a la inversión privada, hablaba de «la tercera vía»), su mensaje de fondo era otro. Sermón y homilía pronunciados ante todo lo humano y lo divino, texto larguísimo, apasionado, sentido, justiciero, apoteósico, colmado de citas de Bolívar aplicadas al presente, pleno de tonalidades religiosas y giros grandilocuentes –extremados aun dentro de los permisivos parámetros de la retórica latinoamericana–, Chávez anunciaba (en el sentido cristiano) que su llegada al poder no era sólo un triunfo electoral o político, ni siquiera un triunfo histórico. Era infinitamente más: una epifanía, una parusía, la vuelta a la vida de los muertos y de la Patria, la resurrección anunciada por el apóstol Pablo (Neruda): «Es Bolívar que resucita cada cien años. Despierta cada cien años cuando despiertan los pueblos».

Acto seguido, en aquel discurso, Chávez retomó la vieja idea de la culpa histórica centrándola en la abrumadora pobreza del pueblo y decretó la nueva y perentoria verdad histórica: la república que nació en 1830 «traicionando al Cóndor» (Bolívar) se había condenado a sí misma por casi ciento setenta años. Ese remoto pasado republicano, y la IV República con todo y «el modelo político nefasto al que dio nacimiento en estos últimos cuarenta años, [tenía] que morir». Venezuela contemplaba ahora el milagro mayor, la «vuelta del Cóndor». Su llegada al poder representaba una verdadera «resurrección»: «que no es otra cosa que llevar adelante la revolución social bajo el faro luminoso de Bolívar». La historia de Venezuela se identificaba, ya inequívocamente, con su propia biografía.

El primer sacramento cívico de la «refundación nacional» –explica Pino Iturrieta, partiendo del discurso de Chávez– sería un bautizo bendecido por la presencia encarnada de «nuestro Padre infinito», «genio de América», «hombre sideral», «alfarero de repúblicas», «verdadero grandísimo héroe de este tiempo», «verdadero dueño de este proceso». Bajo su advocación, la V República de Venezuela agregaría la palabra *Bolivariana* a su nombre y la nueva Constitución estaría «basada en la doctrina de Bolívar», omnisciente, eterna, infalible.

Desde entonces, el paroxismo (propagandístico, mediático y hasta comercial) del culto a Bolívar no tendría límites: las masas se concentrarían para escenificar colectivamente la escena del juramento en el «Samán de Güere»; las masas corearían el mensaje «¡Alerta, alerta, que camina la espada de Bolívar por América Latina! ¡Bolívar vive, Bolívar sigue!»; las masas escucharían a «Bolívar» opinando a través de los siglos sobre todos los temas: el petróleo, el movimiento obrero, la revolución social; las masas comenzarían a adquirir plátanos y arroz «bolivarianos», a comprar gallinas «bolivarianas», a cortarse el pelo en barberías «bolivarianas».

«Nosotros hemos buscado audazmente un nuevo referente. Original y autóctono. El bolivarismo», explicaba Chávez, en aquellas entrevistas premonitorias de su régimen. La indudable «audacia» ha sido objeto de varios análisis políticos, psicológicos e históricos que buscan desentrañar las razones de su éxito. Algunos antropólogos lo atribuyen a la naturaleza taumatúrgica del culto en ciertos ámbitos populares. Pino Iturrieta ha recogido alucinantes testimonios de estos Bolívares secretos y mágicos. El Bolívar poseído por el alma de un ser sobrenatural dotado de poderes de cura y salvación, llamado Yankay; el

Bolívar en quien encarnan los caciques indios vencidos en la Conquista; el Bolívar cristológico; el Bolívar de las leyendas populares, supuesto hijo de una esclava negra de los cacaotales; el Bolívar teológico que, habiendo muerto pobre, trae una promesa de liberación a los desposeídos; el Bolívar sincrético de las antiguas religiones negras de Venezuela, que ocupa el centro de una «Corte Libertadora» presidida por el culto de la «Reina María Lionza» (culto sincrético relativamente reciente, de fines del XIX), adorada por quienes buscan el amor, la salud, el dinero, la suerte. En ceremonias animistas, los chamanes lo invocan para condenar a los «partidos políticos», para traer la igualdad, la paz, la liberación, para «bendecir a los guerrilleros del vecindario y anunciar el reino de la felicidad dirigido por los militares».

Impregnado de esas variantes de la religiosidad popular, utilizándolas instintiva y calculadamente para su causa política, Chávez ejerció desde entonces las funciones de mago o taumaturgo, de mesías y de santo, pero su audacia mayor fue potenciar el culto bolivariano para colocarse él mismo en el lugar de Supremo Sacerdote y así apropiarse el carisma de Bolívar. Rastreando en la historia del cristianismo, Elías Pino Iturrieta ha encontrado un símil apropiado: «Ahora un tropical Constantino ha impuesto la identificación absoluta entre un pueblo y una deidad nacional».

Bolívar había escrito su «Delirio en el Chimborazo». Chávez vivía su delirio bolivariano. De joven, en sus peligrosos años de conspirador, aspirando a convertirse en héroe, había vivido en el delirio incesante de una historia poblada de mitos y héroes, elevada al rango de Sagrada Escritura; una historia donde el tiempo no era tiempo, donde el tiempo no pasaba, o de pronto volvía en los mensajes cifrados de Maisanta y Zamora o en la palabra eterna de Bolívar. El tiempo de los héroes era su propio tiempo. En su marcha hacia el poder, ese delirio fue la inspiración de Chávez. Ya en el poder, logró contagiar su delirio a grandes masas populares, al pueblo «bolivariano».

IV

Marxismo o fascismo: crítica ideológica

Plejánov en los llanos

¿En qué tradición histórica se inscribe el delirio bolivariano de Hugo Chávez? Según su propia versión, su destino se le reveló con la lectura de uno de los más prominentes teóricos del marxismo ortodoxo. En aquel automóvil abandonado por los guerrilleros hacia 1977 no sólo halló historias de Zamora y manuales revolucionarios sino el libro que le cambiaría la vida: *El papel del individuo en la historia,* de Gueorgui Plejánov.

«Escribes sobre Plejánov –comentó Chávez a uno de sus teóricos marxistas favoritos, el galés Alan Woods, dirigente de la Corriente Marxista Internacional, autor prolífico y editor del sitio web *In Defense of Marxism,* que lo visita y asesora con frecuencia–. Eso está bien. Leí a Plejánov hace mucho tiempo y me causó una gran impresión.» En seguida le narró una historia que le gusta repetir sobre su encuentro con aquella obra que lo iluminó: «Lo leí cuando estaba en una unidad antiguerrillera en las montañas [...] y me causó una honda impresión. Recuerdo que era una noche estrellada maravillosa en las montañas y lo leía en mi tienda de campaña con la luz de una antorcha».

En el crucial discurso programático con que arrancó su segundo periodo presidencial (12 de enero de 2007) Chávez contó de nuevo –con su habitual lirismo digresivo y su invariable manía autorreferencial– la relectura de «aquel maravilloso libro que hace muchos años yo cargaba en mi morral de campaña, ese librito (porque no es muy grande, no tiene muchas páginas) que me ayudó a ir consiguiendo el camino».

Había acudido a él, una vez más, «buscando ideas [sobre] el papel del individuo en los procesos históricos». El ejemplar que acababa de leer era el mismo

> librito que logró sobrevivir a los huracanes y a los años; el mismo librito y la misma rayita que uno le puso allá, y la misma flechita y el mismo forro con que yo lo camuflaba para que los superiores míos no me dijeran «¿qué hace usted leyendo eso?» Lo leía por allá, escondido, con una linterna por las noches [...], una ~~lamparita~~ de kerosén.

Como ferviente (a veces hasta frenético) venerador de héroes, era natural que el tema lo apasionara. En los años ochenta «leía de todo –recuerda Herma Marksman–, pero le gustaban especialmente las historias de grandes líderes». Las historias y las teorías.

En el arranque de la primera entrevista con Blanco Muñoz (marzo de 1995), Chávez aludió de inmediato a Plejánov, su clásico ruso:

> Los hombres podemos ubicarnos [...] en puestos protagónicos que aceleran, retardan, le dan un pequeño toque personal [...] al proceso. Pero creo que la historia es producto del ser colectivo de los pueblos. Y me siento entregado absolutamente a ese ser colectivo.

Con frecuencia se ha referido a sí mismo como un mero «instrumento del ser colectivo», como una «brizna de paja en el viento», invocando el título de la novela de Rómulo Gallegos.

A partir de esta lectura personal de Plejánov, en aquellas premonitorias entrevistas con Blanco Muñoz, Chávez elaboró su defensa del caudillismo: «Si toman conciencia real, se abstraen de su persona y ven el proceso desde lejos; si dedican su vida, su esfuerzo, a colectivizar a través de su poder "mítico" [...] se puede justificar la presencia del caudillo». Esa óptica explicaba su admiración por Castro. Aunque en ese momento

180

todavía se preguntaba si la dependencia de un proceso a un hombre era «una maldición o un virus que se repite», en su reciente visita a Cuba lo había conmovido la identificación del pueblo con el líder, del «colectivo» con el caudillo. Viajando por el oriente de la isla, en un restaurante, una señora lo había reconocido y abrazado, diciendo estas palabras: «Caramba, usted habló con mi jefe, usted habló con Fidel».

Para Chávez «ése fue el mensaje del pueblo; a mí me llena eso que uno recoge directamente del pueblo, ese pueblo de la calle». Ese «mensaje», que para él resulta «prioritario», no era la expresión del pueblo sobre el pueblo sino la expresión del pueblo sobre el líder. ¿Dónde había quedado la tesis de Plejánov? Chávez no tenía dudas: bastaba que el líder se declarara sinceramente servidor del colectivo y que un sector del colectivo lo aceptara sinceramente como tal, para que se cumpliera «el papel del individuo en la historia».

¿Qué era, en la práctica, «el colectivo»? ¿Tenía partes o era un todo homogéneo? Y esas partes, ¿qué tan libres eran para formar su criterio? ¿Podían disentir del caudillo? ¿Cómo se medía la eficacia del caudillo al servicio del «colectivo»? ¿Podía cambiar la opinión del «colectivo» a través del tiempo? ¿Podía criticar al caudillo? ¿Podía limitar, vigilar, revocar su mandato? ¿Podía elegir otro caudillo, o ninguno? Esas preguntas no pasaban por la mente del joven comandante recién liberado. Lo importante era la unión mística entre el colectivo y el líder, la adoración del colectivo al líder, la disolución del colectivo en el líder. Por eso le parecía natural y hasta deseable que Castro tuviera «un peso enorme en la problemática que rodea la isla»: «las generaciones se han acostumbrado a que Fidel lo hace todo. Sin Fidel no pareciera que hubiese rumbo. Es como el todo». Castro resultaba un ejemplo de cómo los caudillos «se abstraen de su persona, ven el proceso desde lejos y dedican su vida a colectivizar a través de su poder "mítico"». Y Castro tenía derechos históricos para ser ese «todo»: era un héroe, el gran héroe de América Latina.

Él también proponía «abstraerse» de su persona, como Fidel Castro se ha abstraído, por casi cincuenta años. Él también era un héroe, tal vez no un guerrillero triunfante y mítico como Fidel, pero sí un militar con alma de guerrillero. Él también proponía «colectivizar a través de su poder mítico»:

El cuerpo nacional está picado. Las manos por allá, las piernas por allá, la cabeza más allá de la montaña, el cuerpo de lo que es el colectivo. Ahora, si se pasa por esta vida y se deja algo hecho en función a la reintegración de ese cuerpo, de pegar las manos con los brazos y darle vida, un motor a ese pueblo, a ese colectivo, yo creo que se justifica haber vivido.

Su compañera Herma Marksman vio la transfiguración de otro modo: notó que un «fulgor mesiánico» se había apoderado de su antiguo compañero. Y según su propio amigo revolucionario William Izarra, Chávez «estaba convencido de tener que cumplir una misión terrenal guiada por una fuerza superior al ser humano». No sin reticencias Chávez desmentía esa imagen: «Yo no creo en mesías, ni creo en caudillos, aunque de mí se dice que soy eso, yo no sé si lo soy, a lo mejor tengo un poco de eso, pero tengo la conciencia de que solo ni a la esquina». El caudillo heroico sirviendo al colectivo, el colectivo identificado con el heroico caudillo. Ser como «el todo». Ésa era su interpretación del librito aquel que había logrado sobrevivir a los años y los huracanes.

* * *

El presidente Chávez ha sido un asiduo lector de Plejánov, pero tal vez no ha sido el mejor lector de Plejánov. Ha leído a su manera *El papel del individuo en la historia,* pero acaso no conoce bien el papel de Plejánov en la historia. Considerado el padre del marxismo ruso, Gueorgui V. Plejánov (1856-1918) había escrito ese libro hacia 1898, cuando atravesaba una especie de luna de miel con su discípulo V.I. Lenin (1870-1924), con quien editaba la revista *Iskra (La Chispa).*

Populista bakuniniano en sus inicios, Plejánov se había exiliado del zarismo en 1880 refugiándose en Ginebra. No volvería a pisar suelo ruso hasta 1917. Continuador de Hegel, Engels y Marx y, por tanto, historicista estricto, Plejánov (que acuñó el término «materialismo dialéctico») creía en las leyes inmutables de la historia y pensaba que, siguiendo la misma trayectoria de los países occidentales europeos, Rusia superaría sus condiciones feudales hasta alcanzar un estadio de capitalismo maduro, condición imprescindible para luego evolucionar a la definitiva dictadura del proletariado. En 1889 había hecho su primera aparición en el congreso de la Segunda Internacional. En 1895 Lenin había viajado a Suiza para conocerlo.

En aquel momento, el horizonte le parecía claro. Las vastas fuerzas impersonales de la historia –como había profetizado Marx– actuaban por sí solas, conduciendo a la humanidad a un futuro mejor de igualdad, fraternidad y justicia. Pero ¿cómo negar la existencia de fuerzas personales? ¿Cómo privar a los individuos de la posibilidad de incidir en la historia y acelerarla? ¿Cómo conciliar la inmutabilidad de los procesos con la libertad y la voluntad de los individuos?

No se trataba de volver al predominio de los «grandes hombres» de quienes Tolstói, en *La guerra y la paz* (1869), había hecho la crítica más alta y definitiva. Luego de los excesos de Napoleón y su estela de muerte, el siglo XIX parecía vacunado contra los «grandes hombres». Y el siglo XX, que estaba a la vista, no presagiaba la vuelta del poder absoluto, propio de las antiguas religiones monoteístas o las caducas monarquías. Pero como probaba el caso de Bismarck, el individuo tenía un papel relevante, y debía tenerlo. ¿Cuál exactamente?

Con el objeto de delinearlo, Plejánov (dialéctico al fin) propuso una síntesis entre la tesis de Thomas Carlyle sobre los individuos como causas motrices de la historia y la antítesis determinista de Engels sobre el carácter incidental o ancilar de esos individuos (si Napoleón no hubiera existido, un segundo Napoleón habría aparecido). Para Plejánov, los individuos pueden influir sobre el destino de la sociedad, pero la posibilidad y alcance de esa influencia están predeterminados por la forma de organización de esa sociedad: «El efecto de las particularidades personales [...] resulta innegable; pero no lo es menos el hecho de que sólo podía ocurrir en esas condiciones sociales particulares». El protagonismo está limitado por sus circunstancias históricas:

> Las cualidades personales de las personas con liderazgo determinan las características individuales de los eventos históricos; y el elemento accidental [...] siempre juega un papel en el curso de esos eventos, cuya tendencia está determinada [...] por el desarrollo de fuerzas productivas y por las mutuas relaciones entre los hombres en el proceso socioeconómico de la producción.

Lector atento de Carlyle, Plejánov creía en la existencia de los «grandes hombres» como «iniciadores». «Ésta es una descripción muy precisa –escribió–. Un gran hombre es, en sí, un principiante porque ve más allá que los otros y desea con más fuerza que los demás». Así, el gran hombre es un héroe pero «no un héroe en el sentido de que pueda detener, o cambiar, el curso natural de las cosas, sino en el sentido de que sus actividades son una expresión consciente y libre de ese curso inevitable e inconsciente». La libertad de un líder era la elección consciente que éste podía hacer de una acción, en conformidad con las leyes invariables del progreso histórico:

> Si yo sé en qué dirección cambian las relaciones sociales, debido a una serie de transformaciones en el proceso de producción social y económico, también sé en qué dirección está cambiando la mentalidad social; en consecuencia, puedo influirla. Influir en la mentalidad social significa influir en los eventos históricos. Por lo tanto, en cierto sentido, en vez de esperar mientras se está haciendo la historia, yo puedo hacer historia.

Como concepto histórico, la idea de Plejánov sobre el «papel del individuo en la historia», ya sea como *iniciador, visionario* o *expeditador*, pudo provenir de Hegel, que en su *Filosofía de la historia* habla de los «hombres históricamente mundiales». A estos seres esenciales para el desarrollo del espíritu, a estos adelantados de la historia a quienes les es dado un poder adivinatorio, sus congéneres los «siguen porque sienten el poder irresistible de su propio espíritu interno, encarnado en ellos». Pero de esta condición Hegel extraía la conclusión de que las reglas comunes de la ética no eran aplicables a los grandes hombres. «La coerción heroica –apuntaba Hegel en su *Filosofía del derecho*– es una coerción justa». La equivalencia moral entre *might* y *right* fue también una clave doctrinaria de Carlyle: «El poder y el derecho –escribió– ¿no son una y la misma cosa?». Lenin estaba de acuerdo con ella, Plejánov no. Y en esa diferencia esencial radicó su separación.

* * *

Con la llegada del nuevo siglo y en el marco del segundo Congreso de la Internacional de 1903 en Bruselas, las diferencias entre ambos se ahondaron hasta el rompimiento. Tras sostener discusiones acaloradas, Lenin tomó el liderazgo absoluto del movimiento, con el apoyo del grupo que, a partir de entonces, sería conocido como el de los «bolcheviques».

«De esa materia están hechos los Robespierres», declaró Plejánov, que acusaría a los bolcheviques de «confundir la dictadura del proletariado con la dictadura sobre el proletariado». Al poco tiempo renunció a la dirección de *Iskra* dejándola en manos de Lenin. Su texto postrero fue un profético «yo acuso» al esquema organizativo impuesto por Lenin, titulado «Centralismo o bonapartismo»:

Imaginemos que el Comité Central reconocido por todos nosotros tuviera el derecho, todavía en discusión, de «liquidación». Podría entonces ocurrir lo siguiente. Convocada la celebración de un congreso, el Comité Central «liquida» en todas partes a los elementos con los que no está satisfecho, elige igualmente a las criaturas con las que está satisfecho, y con ellas constituye todos los comités, garantizándose así una mayoría totalmente sumisa en el congreso, sin más dificultades. El congreso formado por las criaturas del Comité Central grita afablemente «¡Viva!», aprueba todos sus actos, buenos o malos, y aplaude todos sus proyectos e

185

iniciativas. En este caso, en realidad, no habría en el partido ni una mayoría ni una minoría, porque entonces habríamos llevado a la práctica el ideal político del sha de Persia.

Plejánov vivió los siguientes años progresivamente solo, perplejo ante el nuevo fenómeno del poder absoluto concentrado en un partido de vanguardia, comandado a su vez por una persona inapelable, un «sha de Persia». Este fenómeno le parecía contrario a las leyes de la historia. Por eso llamaba a Lenin «alquimista de la revolución» y lo consideraba «un demagogo de pies a cabeza». Pero la concentración de poder en un líder le parecía también un hecho contrario a los principios morales humanistas del socialismo. En *El papel del individuo en la historia* Plejánov había escrito:

Se abre un gran campo de actividad no sólo para los principiantes, no sólo para los grandes hombres. El campo está abierto para todo aquel que tenga ojos para ver, oídos para escuchar y corazón para amar al prójimo. El concepto de gran hombre es relativo. En sentido ético y para usar una referencia bíblica, grande es todo aquel que da la vida por sus hermanos.

Esta grandeza de dimensión modesta, fincada no en el poder, el resentimiento o el dominio, sino en el amor, la fraternidad y la caridad, Plejánov no la encontraba en Lenin.

En la tradición soviética, Plejánov era un disidente equivocado:

después de 1903 no supo comprender la nueva época, se apartó del marxismo revolucionario, adoptó una posición conciliadora frente a los oportunistas y luego se hizo menchevique. Adoptó una posición negativa frente a la Gran Revolución Socialista de Octubre (M.A. Dynnik, *Historia de la filosofía).*

Según Lenin, la actitud de su antiguo aliado constituía «el colmo de la vulgaridad y de la bajeza». Fuera de esa ortodoxia (ahora sólo vigente en Cuba), a Plejánov se le recuerda como el primer intelectual de importancia, antes que Trotsky, en sonar la alarma contra el leninismo, cuyo triunfo presenció –desde la oposición, apoyando nada menos que a Kerensky, meses antes de morir–. De Lenin dijo en su *Testamento político*: «No haber comprendido la meta real de este fanático maximalista ha sido mi más grande error».

* * *

Si Plejánov hubiera vivido hasta finalizar el siglo XX, no es improbable que su postura ante Fidel Castro (que de manera explícita proviene del leninismo) habría sido exactamente igual que la que sostuvo ante Lenin. Plejánov habría fustigado al caudillo que es el «todo». Y ese Plejánov que reivindicaba los valores del humanismo, ese Plejánov que se negaba a supeditar la sociedad a su líder y representó la crítica marxista clásica al espíritu dictatorial de Lenin y el leninismo, ese Plejánov no es el Plejánov que por treinta años (desde el campo antiguerrillero de Anzoátegui hasta el Palacio de Miraflores) ha venido leyendo y releyendo en el «mismo librito, la misma rayita, la misma flechita y el mismo forro» el comandante Hugo Chávez. Él puede pensar que es plejanovista. Pero Plejánov, es seguro, no habría sido chavista.

El 18 Brumario de Hugo Rafael Chávez Frías

También el padre intelectual de Plejánov criticó el culto a los héroes y el poder personal que de él se desprende. En la primavera de 1850, avecindado en Londres, Marx publicó una nota crítica sobre el libro *Latter-Day Pamphlets*, de un autor que, en cierta forma, le parecía admirable: «Pertenece a Thomas Carlyle el crédito de haber apuntado la literatura contra la burguesía en una época en que sus puntos de vista, sus gustos e ideas tenían completamente sojuzgada a la literatura inglesa oficial en su totalidad, y en una forma que en ocasiones incluso resulta revolucionaria». Pero no todo eran elogios:

Cuando reconoce la revolución, o en realidad la glorifica, para él ésta se concentra en un solo individuo como Cromwell o Danton. Él rinde al héroe la misma adoración que predicó en sus conferencias «Sobre el héroe y la adoración de los héroes» como único refugio contra un presente preñado de desesperación; como una nueva religión.

Con su filo habitual, Marx criticaba severamente las ideas de Carlyle sobre el deseable advenimiento de líderes poderosos, representantes «naturales» de una «nueva religión», la del «reinado del noble, el sabio, el conocedor». Este predominio del «gran hombre» conduciría de manera «natural» a un orden opresivo, «en el que habrá una buena dosis de gobierno, una *muy* buena dosis de gobierno». Al poco tiempo, la historia le daría motivos para aplicar sus críticas sobre la «*muy* buena dosis de gobierno». Una «caricatura» del primer Napoleón, su sobrino Luis Napoleón, había llegado al poder siguiendo el libreto de su glorioso ancestro.

El 18 del mes Brumario del año VIII del nuevo calendario establecido por la revolución (9 de noviembre de 1799), el joven revolucionario Napoleón Bonaparte había dado el golpe de Estado tras el cual (con la voluntad plebiscitaria del pueblo) se convertiría primero en cónsul vitalicio y más tarde en emperador. Medio siglo después, su sobrino (primer presidente electo por votación directa en la historia), al no obtener del Congreso una reforma constitucional que le permitiera reelegirse, daba un golpe de Estado y obtenía de la voluntad popular una presidencia vitalicia y luego el título imperial de Napoleón III. Sobre estos hechos Marx escribió una obra famosa y multicitada (*18 Brumario de Luis Napoleón Bonaparte*) que sigue desconcertando a propios y extraños por su excentricidad dentro del *opus* marxista. Y es que en esta obra Marx aparece en una faceta incómoda para sus seguidores del siglo XX, una faceta que por momentos lo acerca a las prevenciones de Bakunin, el profeta de la «dictadura yugo-estatal». Esa faceta es la del crítico del poder.

En Francia había sucedido lo que parecía incomprensible: que la revolución de 1848, en vez de liberar a la sociedad, desatara fuerzas que acabaran por someterla. En el golpe de Estado de Luis Napoleón Bonaparte Marx veía, en esencia, una regresión histórica del Estado burgués liberal a la monarquía absoluta. Parecería que el reciente autor del *Manifiesto comunista* debía festejar el derrumbe del Estado burgués, pero esa crisis no adelantaba la construcción social profetizada por Marx sino que la retrotraía a un estadio anterior. Lo notable de aquel libro es que Marx concedía un valor intrínseco a la democracia representativa característica de ese Estado burgués, a sus instituciones, leyes y libertades, las mismas que Luis Napoleón había desvirtuado, corrompido y abolido:

La Constitución, la Asamblea Nacional, los partidos dinásticos, los republicanos azules y los rojos [...] el trueno de la tribuna, el relampagueo de la prensa diaria, toda la literatura, los nombres políticos y los renombres, intelectuales, la ley civil y el derecho penal, la *liberté, égalité, fraternité* [...] todo ha desaparecido como una fantasmagoría al conjuro de un hombre.

«Francia –decía Marx– sólo parece escapar al despotismo de una clase para reincidir bajo el despotismo de un individuo». Por momentos, su crítica al poder absoluto concentrado en ese individuo parece escrita no por un filósofo historicista perplejo ante una extraña regresión del tren de la historia sino por un crítico sin más, un periodista y panfletista que valoraba la libertad que él mismo ejercía al escribir y publicar, una libertad que recientemente le había sido negada con la clausura en Colonia del efímero diario que dirigía, el *Neue Rheinische Zeitung*:

El sufragio universal sólo pareció sobrevivir un instante, para hacer su testamento de puño y letra a los ojos del mundo entero y poder declarar, en nombre del propio pueblo, que todo lo que existe merece perecer. Toda reivindicación [...] del liberalismo más vulgar, del más formal republicanismo, de la más trivial democracia, es castigada.

Marx no criticaba únicamente la liquidación de las instituciones políticas y el designio autocrático de un hombre, sino
el inmenso aparato estatal que este hombre había heredado de
la monarquía absoluta y que en ese momento (gracias a sus
habilidades demagógicas) alentaba y fortalecía –exactamente
como Hugo Chávez– a costa de la autonomía social.

> Un país como Francia, donde el poder ejecutivo dispone de un
> ejército de funcionarios de más de medio millón de individuos y
> tiene por tanto constantemente bajo su dependencia más incon-
> dicional a una masa inmensa de intereses y existencias; donde el
> Estado tiene atada, fiscalizada, regulada, vigilada y tutelada a la
> sociedad civil, desde sus manifestaciones más amplias de vida
> hasta sus vibraciones más insignificantes, desde sus modalidades
> más generales de existencia hasta la existencia privada de los indi-
> viduos; donde este cuerpo parasitario adquiere, por medio de una
> centralización extraordinaria, una ubicuidad, una omnisciencia,
> una capacidad acelerada de movimientos y una elasticidad, que
> sólo encuentran correspondencia en la dependencia desamparada,
> en el carácter caóticamente informe del auténtico cuerpo social;
> [en un país así] se comprende que, al perder la posibilidad de dis-
> poner de los puestos ministeriales, la Asamblea Nacional perdía
> toda influencia efectiva, si al mismo tiempo no simplificaba la
> administración del Estado, no reducía todo lo posible el ejército
> de funcionarios y finalmente no dejaba a la sociedad civil y a la
> opinión pública crearse sus propios órganos, independientes del
> poder del gobierno.

Pero, en la propia lógica de teatralidad histórica, Marx veía
los gérmenes que destruirían al sobrino del tío:

> Acosado por las exigencias contradictorias de su situación y al
> mismo tiempo obligado como un prestidigitador a atraer hacia
> sí, mediante sorpresas constantes, las miradas del público hacia el
> sustituto de Napoleón y por tanto ejercer todos los días un golpe
> de Estado en miniatura, Bonaparte lleva al caos la economía.

En 1976, tras la desastrosa gestión populista de Luis Echeverría, Gabriel Zaid escribió un ensayo memorable, «El 18 Brumario de Luis Echeverría». Pero los paralelos que encontró entre los dos Luises no se comparan con los de Luis Napoleón y su remoto émulo venezolano. Echeverría, además, dejó el poder a los seis años. ¿Hugo Chávez lo dejará en 2013 o discurrirá un nuevo golpe bonapartista?

* * *

Porque su doctrina suponía una afirmación colectiva (emancipadora, igualitaria) de la sociedad civil, Marx no sólo abjuraba del poder personal. Lo incomodaba también su propio poder personal. Mucho tiempo después de sus escritos sobre Napoleón III y Bolívar, en noviembre de 1877, diez años después de publicado el primer volumen de *El capital*, Marx escribió a Guillermo Bloss:

> Engels y yo no damos un penique por la popularidad. Como prueba de ello citaré, por ejemplo, el siguiente hecho: por repugnancia a todo culto a la personalidad, durante la existencia de la Internacional, nunca permití que se publicaran los numerosos y molestos mensajes que recibía de diversos países en reconocimiento de mis méritos. Nunca los respondimos, salvo para amonestarlos. La primera afiliación mía y de Engels a la sociedad secreta de los comunistas se realizó bajo la única condición de que se eliminara de los estatutos todo lo que contribuyese a la postración supersticiosa ante la autoridad.

Marx había sido mucho más que un *iniciador* y un *visionario* de la historia: Marx había cambiado la Historia del mundo, pero el papel trascendental que tuvo en ella no incluía el culto al poder unipersonal, el culto a los héroes, menos aún el culto a sí mismo.

* * *

Todo lo cual lleva a la crítica marxista de la ideología marxista y sus ideologías afines. «Si la ideología marxista –escribió Zaid en el ensayo "Bonapartismo universitario"–, como todas las ideologías, es una superestructura que legitima una opresión, ¿cuáles son las nuevas relaciones de producción y las nuevas clases dominantes cuya prosperidad requiere el velo santificante del marxismo?»

La pregunta es aplicable a Venezuela y alguna vez deberá ser contestada con detalle. Entonces se verá quizá que, «bajo el velo santificante del bolivarianismo», una nueva clase dominante (sobre todo militar, pero no sólo) ha revivido la situación descrita por Marx en *El 18 Brumario de Luis Napoleón Bonaparte*:

> Este poder ejecutivo, con su inmensa organización burocrática y militar, con su compleja y artificiosa maquinaria de Estado, un ejército de funcionarios que suma medio millón de hombres, junto a un ejército de otro medio millón de hombres, este espantoso organismo parasitario que se ciñe como una red al cuerpo de la sociedad francesa y le tapona todos los poros.

«Yo no conozco el marxismo, nunca leí *El capital*, no soy marxista ni antimarxista», había dicho Hugo Chávez en 1995. A juzgar por la naturaleza del régimen que tenía en mente, decía la verdad. Chávez, en efecto, no era marxista ni conocía al Marx incómodo, al Marx crítico del poder. Marx criticaba la supeditación de la sociedad civil al líder único. Criticaba el ahogo de las libertades y las instituciones políticas. Criticaba el «espantoso organismo parasitario» del Estado. Criticaba el culto a la personalidad. Criticaba la demagogia y el espíritu plebiscitario. Y por si fuera poco, criticaba el uso político del pasado: «La revolución social del siglo XIX no puede sacar su poesía del pasado, sino solamente del porvenir [...]. La revolución del siglo XIX debe dejar que los muertos entierren a sus muertos, para cobrar conciencia de su propio contenido». Punto por punto, la crítica de Marx parece haber sido escrita pensando en la Venezuela de Chávez.

En 1995 Chávez no era marxista. Ya en la presidencia, el posmarxismo internacional lo ha cobijado e inspirado. Chávez es ahora el paladín del «socialismo del siglo XXI», un socialismo que saca la «poesía del pasado», que «no entierra a sus muertos» ni cobra otra conciencia de su «propio contenido» salvo en el propósito de emular los fallidos experimentos históricos del socialismo real mediante el uso de una «acumulación primitiva del capital» que no tuvieron esos países: la del petróleo. Marx, el crítico del poder, tampoco habría sido chavista.

El Bolívar de Marx

Un corolario de la confrontación de Marx con el bonapartismo atañe directamente al libreto histórico del presidente Chávez. Los hechos arrancan en Londres, hacia 1857. Marx recibe de su editor en Nueva York, Charles A. Dana, la solicitud de escribir un artículo sobre Simón Bolívar para *The New American Cyclopaedia*.

Aunque los temas militares no son su especialidad sino la de Engels (que a menudo escribía los textos que Marx cobraba), y aunque siente una marcada (y repugnante) aversión racial por los atrasados y bárbaros países hispanoamericanos, Marx acepta la encomienda. Escribe de prisa, con su habitual filo sarcástico, basado en pocas fuentes, principalmente adversas al libertador. La versión final de su recorrido biográfico incomoda al propio Dana, que sin embargo la publica. En ella aparece Bolívar –entre otras facetas negativas– como

un palurdo, un hipócrita, un chambón mujeriego, un inconstante, un botarate, un aristócrata con ínfulas republicanas, un ambicioso mendaz cuyos contados éxitos militares se deben sólo a [...] los asesores irlandeses y hannoverianos que ha reclutado como mercenarios.

Que había una animosidad casi personal de Marx hacia Bolívar es casi obvio. En una carta a Engels, Marx reitera sus juicios, llama a Bolívar «canalla, cobarde, brutal, miserable» y lo compara con Soulouque, el extravagante caudillo haitiano que en 1852 se había hecho coronar emperador bajo el nombre de Faustino I. ¿Cómo explicar esa animadversión, la más incómoda imaginable para la izquierda bolivariana? ¿Qué hacer con ese antecedente, ahora que el presidente Chávez –en una escalada adicional de su convicción bolivariana– ha decretado que Bolívar es el antecedente expreso, el profeta inspirador del «socialismo del siglo XXI»?

El libro *El Bolívar de Marx* (escrito al alimón por dos autores serios de posiciones encontradas: la historiadora liberal Inés Quintero y el filósofo marxista Vladimir Acosta) ofrece una elegante confrontación intelectual sobre el tema. Quintero hace una historia de la recepción del texto de Marx en América Latina, en particular en Venezuela. La izquierda en estos países se ha empeñado mucho en entender, criticar, deslindar y relativizar el texto de Marx sobre el libertador. Por desgracia, no ha bastado demostrar que está plagado de errores, peripecias mal narradas, interpretaciones psicológicas discutibles, tergiversaciones, sarcasmos racistas, juicios apresurados. Siempre ha quedado un sustrato inquietante.

La vertiente ortodoxa prosoviética de los años treinta consideraba que el texto era simplemente intocable: recogía la palabra de Marx, que era sagrada. Tras la era de Stalin, del mismo campo soviético llegó una tibia retractación: Marx, siempre infalible, había fallado en esta ocasión por la limitación y el sesgo de sus fuentes. Para entonces, varios exponentes centrales de la izquierda latinoamericana (Julio Antonio Mella, José Carlos Mariátegui, entre varios otros) habían intentado una reivindicación para las izquierdas. Reivindicación necesaria, porque al menos hasta la tercera década del siglo Bolívar había sido patrimonio casi exclusivo de las derechas, que reclamaban para su causa no sólo la saga heroica del libertador sino su paulatino convencimiento –probado en diversos actos, declaraciones y constituciones– de que sólo una dictadura –o al menos un despotismo atemperado como el que en sus últimos años había delineado el libertador– podía embridar a la América ingobernable.

Esa actitud política de Bolívar fue precisamente la que Marx reprobó con vehemencia. En el fondo de su texto se escucha un eco del *18 Brumario de Luis Napoleón Bonaparte*. En su penetrante ensayo sobre el texto, Vladimir Acosta encuentra raíces adicionales en la motivación del autor: Marx arremetía contra el bonapartismo y contra Hegel. «Terrible polemista –escribe con acierto Acosta–, Marx convierte su odio teórico y político contra el Estado hegeliano y su odio empírico contra el bonapartismo encarnado en Napoleón III en odio personal contra Bolívar.»

Leyendo el artículo con algún detenimiento, saltan a la vista las referencias directas o indirectas de Marx al autoritarismo de Bolívar. La palabra «dictadura» aparece en varias partes, con indudable carga crítica. En un momento se refiere a Bolívar con el cruel epíteto de «Napoleón en retirada». Y al narrar los hechos de Bolívar en el país que llevaría su nombre, Marx escribe:

> En este país, donde mandaban las bayonetas de Sucre, Bolívar dio rienda suelta a su propensión al despotismo, introduciendo un «Código Boliviano», una imitación del Código Napoleónico. Su plan era transplantar tal código de Bolivia a Perú, y de allí a Colombia [...]. Lo que Bolívar proponía realmente era unificar toda Sudamérica en una república federal, con él como su dictador [...] daba curso libre a sus sueños de unir medio mundo a su nombre.

Como explica Quintero, esa misma vertiente autoritaria de Bolívar (que para Marx era consustancial al personaje) no sólo fue el patrimonio ideológico de la derecha hispanoamericana y venezolana sino también del fascismo italiano y español. Por eso la izquierda tenía que reivindicar al prócer expropiado por esas corrientes, pero dada su propia contextura autoritaria (vastamente probada en el siglo XX) no tenía mucho que decir sobre ese punto concreto y esencial, salvo insistir en los errores del texto de Marx o en su evidente sesgo europeísta.

La solución fue apropiarse del héroe por la vía del iberoamericanismo y deslizar paulatinamente (a partir de citas distorsionadas y aisladas) a un Bolívar antiimperialista. El paso siguiente lo dio el advenimiento de Hugo Chávez al poder: la «vuelta del Cóndor».

* * *

Vladimir Acosta revela con precisión las razones que tuvo Marx para atacar a Bolívar. Pero Acosta no explica sus propias razones para adoptar el libreto bolivariano de Hugo Chávez. Ese vacío lo precipita en la contradicción. Tras explicar la concentración de poder en Bolívar como una necesidad habitual en tiempos de guerra (tema discutible pero racional en términos históricos, es decir, susceptible a la crítica empírica), Acosta sostiene que los historiadores «de derecha» han privado a Bolívar de su historicidad: «¿Significa acaso un dictador lo que significa ahora? ¿Por qué en tiempos de Bolívar no era deshonroso declararse dictador y ahora sí? ¿O es que acaso les parece Bolívar comparable con Pinochet, con Somoza?».

Por supuesto que, en ese y otros sentidos, no son lo mismo. Pero acto seguido, el propio Acosta priva a Bolívar de su necesaria historicidad al avalar la interpretación particularísima (y la apropiación) que Chávez ha hecho del libertador. A ese acto de fe Acosta lo llama «rescate para el pueblo» de la «grandeza humana política y la vigencia iberoamericana de Bolívar». El ideario del gran personaje ya no es histórico sino metahistórico: «unidad de la patria grande que permitirá a nuestros pueblos conquistar la independencia plena y enfrentar la amenaza de imperios más poderosos que el español». El estimable filósofo no ve en la elaboración «bolivariana» del presidente algo semejante a la actitud ahistórica y «sacralizadora» que él mismo reclama a la «derecha»; por el contrario: cree que la obra y el pensamiento de Bolívar se han integrado «de forma activa» a la lucha del pueblo venezolano, y el régimen chavista, por «la democracia, la igualdad, la independencia y la soberanía».

Inés Quintero, por su parte, cita un discurso del propio presidente Chávez en el que advierte a quienes toman los escritos de Marx como un catecismo desprendido de su circunstancia («Date cuenta, chico, de que esto fue escrito por allá de 1800 y tantos [...] date cuenta de que el mundo ha cambiado») y exhibe su contradicción al confrontar esas palabras con el uso que Chávez ha querido dar a Bolívar como profeta del socialismo del siglo XXI. Quintero no sólo prueba así el doble rasero del bolivarismo oficial sino que aporta datos concretos y verificables del «uso arbitrario, selectivo y anacrónico del discurso de Bolívar sin considerar las circunstancias y especificidad histórica en las cuales le correspondió vivir».

La discusión entre Acosta y Quintero no es académica. Acosta entiende muy bien y reivindica el uso de Bolívar por el presidente Chávez. A sus ojos no es un uso: es la reanudación objetiva, real, histórica de un proceso antiguo, una liberación continental interrumpida: Hegel en Miraflores. Para Inés Quintero el problema no está sólo en la utilización ahistórica, falsificada e interesada de Bolívar para apuntalar el socialismo o la revolución, sino en algo más delicado, su creciente utilización política:

> Si Bolívar sirve para justificar el socialismo del siglo XXI, perfectamente bien puede ser útil para refrendar el fin de la alternabilidad republicana y la puesta en marcha de un régimen dictatorial alegando, como se ha hecho, que se está siguiendo al pie de la letra el ejemplo y la palabra del padre de la patria.

Curiosa manera en la que los escritos de Marx se vuelven contemporáneos. En el fondo de la confrontación resuena una frase de De Quincey: «Hay, primero, la literatura del conocimiento y, en segundo término, la literatura del poder».

Si el tema es Bolívar, la literatura (y la ética) del conocimiento dictan encuadrar al hombre en su contexto histórico, examinar con espíritu crítico y objetividad científica sus cartas y discursos, sus actos y actitudes para procurar una interpretación apegada a la realidad tal como ocurrió y se vivió. Pero si se cree –si de verdad se cree– en el libreto de una obra mística llamada «la vuelta del Cóndor», la ética del conocimiento enmudece por los motivos que apunta Inés Quintero: la historia deja de servir como instrumento del saber; la historia sirve al mito y al poder. En cuanto al profesor Acosta, ¿cómo disentir del noble sueño que reivindica, el sueño de «un mundo de justicia e igualdad, sin miseria y sin explotación»? Pero una cosa es el sueño y otra el salto (más hegeliano que marxista) de avalar ese sueño desde la filosofía y verlo encarnado ya en la Revolución bolivariana y su líder máximo.

Más allá de esta polémica, las ideas de Marx que importan a nuestra circunstancia quedan. Quedan como una losa. Todos estamos presos en nuestra circunstancia, pero hay temas humanos que trascienden esas circunstancias, no porque «vuelen» en «el espíritu» sino porque son permanentes y universales, como el amor, la libertad o el poder. De otra suerte no podríamos leer a Aristóteles, a Shakespeare o al propio Marx. Y lo que parece claro es que para Marx, el crítico del poder, la concentración del poder absoluto en manos de un hombre era, en cualquier contexto (ya fuera en la Francia burguesa o en la bárbara Latinoamérica) una aberración histórica. Al margen de sus sesgos y errores, el polémico texto de Marx sobre Bolívar se explica por sus convicciones políticas, unas convicciones que no cabe relativizar con esquemas historicistas, unas convicciones válidas para todo tiempo y lugar, sobre todo para la Venezuela actual.

Un ancestro secreto

La política de los hombres prácticos suele ser la teoría de algún historiador difunto. En el caso de Hugo Chávez, ese autor inadvertido no es Plejánov, mucho menos Marx. Si no es en la tradición socialista ni en la marxista, ¿dónde colocar entonces la filiación histórica del presidente Chávez?

A despecho de lo que quisieran los teóricos actuales del posmarxismo que lo frecuentan, Chávez no pertenece al árbol de la genealogía marxista ni socialista sino a otro árbol que no ve la historia en términos de lucha de clases sociales o de masas sino de héroes que guían al «pueblo», y supuestamente lo encarnan y redimen: el árbol del fascismo. Varios filósofos y escritores del romanticismo alemán plantaron en el siglo XIX ese árbol que floreció a plenitud en el XX. Pero hubo un autor que lo regó con especial esmero. Quizá Chávez (a pesar de ser, según dicen sus corifeos, un lector voraz) no lo ha leído (aunque está citado en Plejánov). Es precisamente Thomas Carlyle, el historiador y panfletista escocés, estilista de gran fama e influencia en su tiempo, cuya doctrina histórica y política, condensada en su obra *De los héroes y el culto de los héroes (On Heroes and Hero Worship,* 1841), profetizó y legitimó el poder carismático en el siglo XX, el mismo poder que Chávez ha representado (como ningún otro líder mundial hasta ahora) en el siglo XXI.

Entre nosotros los demócratas y liberales Carlyle tiene mala prensa pero, para un «bolivariano» como Chávez pertenecer al círculo carlyleano debería ser motivo de orgullo. Para empezar, Carlyle fue ante todo un escritor extraordinario, un biógrafo perceptivo de poetas, escritores, líderes religiosos y políticos que fue leído por autores como Poe, Whitman, Nietzsche, Marx, Engels, Plejánov, Thomas Mann, Emerson. Entre nosotros, fue referencia obligada de Rodó, Martí, Martínez Estrada, Borges, Reyes y muchos más. Pero la Venezuela bolivariana y, en especial, su líder máximo tienen varios motivos específicos para reconocerse en su ancestro y olvidarse para siempre del ingrato Marx. Y es que, a diferencia de Marx, Carlyle admiró a Bolívar. Lamentando en 1843 la falta de biografías sobre «el Washington de Colombia», Carlyle escribió esta pequeña aunque resplandeciente viñeta sobre el prócer:

Bolívar es el «Washington de Colombia». El libertador Bolívar también se ha ido sin fama. Melancólicas litografías lo representan como un hombre de cara larga y ceño fruncido, de aspecto severo y atento, conscientemente atento, con nariz ligeramente aguileña, una mandíbula de una terrible angulosidad y profundos ojos oscuros, un poco demasiado juntos [...]

Tal es el Libertador Bolívar, un hombre de muchas y arduas batallas, largas cabalgatas y muchos logros, zozobras, heroísmos e histrionismos en este mundo. Un hombre –ahora ya muerto y desaparecido– de múltiples propósitos que resistió en exceso [...] ¿acaso no fue de un lado a otro?, casi siempre de la manera más desesperada, en una guerra de liberación hasta la muerte, con una caballería cubierta con mantas, ponchos [...]

Con semejante caballería –y la artillería y la infantería para hacerle juego–, Bolívar cabalgó, luchando durante todo el trayecto, a través de esos tórridos desiertos y esos ardientes pantanos; cruzando gélidos abismos más allá de la curvatura de los hielos perpetuos: ésas son más millas de las que Ulises recorrió jamás. Que el Homero que está por venir tome nota de ello [...]

Bolívar fue dictador, libertador y, de haber vivido, casi emperador.

Aproximadamente en tres ocasiones, ante el solemne parlamento colombiano, renunció a su dictadura con una elocuencia digna de Washington; y casi con la misma frecuencia, ante lo nutrido de la aclamación, volvió a asumirla porque era un hombre indispensable. Tres veces, o por lo menos dos, en distintos lugares construyó dolorosamente una Constitución Libre que consistía de «dos cámaras y un gobernante vitalicio supremo, con libertad de nombrar a su sucesor», ¡las racionalidades!; una Constitución democrática que bien podría uno construir. Y dos veces, o por lo menos una, el pueblo, durante un juicio, lo rechazó [...]. Si éste no es un Ulises, un polytlas [héroe de gran aguante] y un polymétis [hombre fecundo en ardides], un hombre tan perdurable y con tantos propósitos, ¿entonces quién lo es? ¡En verdad fue un Ulises en cuya historia la tinta habría estado bien empleada, siempre y cuando apareciera el Homero capaz de escribirla!

¡Qué diferencia con el desdeñoso Marx! Este concepto homérico de Bolívar y su equiparación con Washington (que curiosamente retomó Fidel Castro en un discurso pronunciado

200

ante Chávez) debería valerle a Carlyle una estatua bolivariana en el centro de Caracas.

Pero más allá de su viñeta sobre Bolívar, la vigencia de Carlyle en el régimen bolivariano y, sobre todo, en la mente y la actitud de su líder máximo está en el concepto del «héroe» como actor central y casi único de la historia. Las revoluciones –pensaba Carlyle– necesitan del «héroe», un «héroe» sin dudas ni miramientos, un «héroe» sincero y confiado en la Divina Providencia, un «héroe» capaz de darle nuevo sentido a la vida colectiva, al «colectivo», como diría Chávez. Sobre su fe trascendental en el «gran hombre» (proveniente de Fichte, quien había sostenido que «la divina idea» aparece encarnada en unos cuantos individuos), Carlyle acuñó esta frase marmórea: «El culto de los héroes es un hecho inapreciable, el más consolador que ofrece el mundo de hoy [...]. La incredulidad sobre los grandes hombres es la prueba más triste de pequeñez que puede dar un ser humano». Es decir, la historia tiene sólo dos protagonistas: el «héroe» adorado y el «colectivo» adorador:

La adoración más o menos ferviente que el hombre rinde al héroe, la reverencia que todos sentimos por los grandes hombres, es para mí la roca viva inconmovible, a pesar de las catástrofes, el punto fijo en la historia moderna revolucionaria, que de no perdurar, sería abismo, mar sin orillas.

Acuñó también una fórmula que resumía toda su filosofía –mejor dicho, su teología– de la historia:

Los grandes hombres son inspirados textos de este divino Libro de las Revelaciones, del cual un capítulo es completado de época en época y es nombrado por algunos historia; de aquellos inspirados textos los numerosos hombres talentosos y los innumerables hombres sin talento, son los mejores o peores comentarios exegéticos.

En cualquier discurso del líder máximo de la Revolución bolivariana resuenan –melodramáticamente, en versión latinoamericana, claro está– los mismos motivos. El suyo no es un historicismo de las clases sociales o los procesos productivos. Tampoco el de las identidades nacionales o étnicas, aunque explote con frecuencia el tema racial. De Barinas a Miraflores, el historicismo de Chávez ha sido una versión involuntaria y primitiva de la teoría histórica de Carlyle: un tropical historicismo de los héroes.

Chávez ha creído también que la historia latinoamericana es una «Sagrada Escritura» poblada por unos cuantos «héroes» que cumplen una misión trascendental para la cual están dotados de fuego divino: el Che Guevara y Fidel Castro. Y desde joven ha creído que la historia de su país ha sido (al menos hasta su propia y providencial llegada, hasta la «vuelta del Cóndor», hasta la «resurrección nacional») la biografía de Bolívar. También (aunque infinitamente menos) la de Simón Rodríguez (Robinson), Ezequiel Zamora, Ribas, Sucre, Maisanta. (Nunca, por supuesto, la del general Páez en el siglo XIX o la de Rómulo Betancourt en el XX.) Y a partir de su discurso de toma de posesión en 1999, una biografía más se inscribía en la Sagrada Escritura: la del propio Hugo Chávez. El comandante ha creído todo ello con una perseverancia y un fervor que acaso no tenga precedente en la historia política latinoamericana. No es su ideología: es su religión. ¿Lo cree? Por supuesto que lo cree: los grandes dictadores son los primeros en creer sus propias mitologías.

En una de aquellas entrevistas con Blanco Muñoz confesó:

A mí me gusta mucho la historia y siempre revisaba libros viejos. Y lo hacía siendo muchacho y más aún siendo cadete [...]. A mí me gusta la historia como ciencia, como referencia de lo que fue, para ver lo que es y posiblemente será, la esencia y existencia de los hombres, de los pueblos.

¿En qué consistía esa «ciencia»? En sentirse el oráculo del pasado y descifrar la Sagrada Escritura de los «héroes»: encontrar la supuesta solución de los problemas presentes en el ideario y la vida de Bolívar (una campaña, una frase), interpretar un gesto de Maisanta, una consigna de Zamora, un pasaje de

Simón Rodríguez. ¿Y en qué podría consistir la futura «esencia y existencia» de los pueblos? En ver realizado a plenitud el «ser colectivo», bajo la modesta guía del caudillo:

> Los hombres podemos ubicarnos en un momento determinado en puestos protagónicos que aceleran, retardan, le dan un pequeño toque personal y un toque distintivo al proceso. Pero creo que la historia es producto del ser colectivo de los pueblos. Y me siento entregado absolutamente a ese ser colectivo.

Eso decía el comandante en la antesala del poder. Su sueño era darle sólo «un pequeño toque personal, sólo un pequeño toque distintivo» al proceso revolucionario. Con el tiempo, como ocurre en estos casos, ese pequeño toque «personal y distintivo» ha llenado todo el escenario. El «colectivo» reducido al considerable «yo» del presidente Chávez.

Borges lee a Carlyle

Quien percibió con sutileza la clave latinoamericana de Carlyle fue el gran escritor argentino que de joven aprendió alemán, en 1917, llevado por la germanofilia de Carlyle. Tres decenios más tarde, releyendo la última conferencia de aquella serie, Jorge Luis Borges anotó: «Carlyle defiende con razones de dictador sudamericano la disolución del parlamento inglés por los mosqueteros de Cromwell».

Borges se refería al pasaje en el que Carlyle describe cómo en 1653, tras la decapitación del rey Carlos I, el puritano revolucionario Oliver Cromwell (1599-1658) –predilecto de Carlyle– pierde la paciencia con el Parlamento compuesto de «pequeños pedantes legalistas», con todo y sus «caducas fórmulas constitucionales» y su «derecho de elección», y finalmente lo disuelve para volverse, con «el poder de Dios», el lord protector de Inglaterra.

Borges supo leer a Carlyle con ojos latinoamericanos, revelar la semejanza de Cromwell con nuestros prototipos antidemocráticos: caudillos, revolucionarios y dictadores. Pero lo notable es que la vinculación advertida por Borges tuvo su contraparte en la realidad: Carlyle tuvo también una inspiración latinoamericana. En los años en que compilaba los discursos inéditos de Cromwell, Carlyle se dolía de que en el siglo XIX no hubiera aparecido un líder semejante a Cromwell, aquella «alma grande, fervorosa, sincera, que rezaba siempre antes de sus grandes empresas». «Se desgañitó nuestra época gritando cuanto pudo –escribió Carlyle– produciéndose confusión y catástrofe porque el gran hombre no acudió al llamamiento».

De pronto, hacia 1843, antes de concluir su trabajo sobre Cromwell, Carlyle dejó de desgañitarse y descubrió por azar, en un remoto país sudamericano, a un «héroe» digno de llamarse así, un «salvador de su época», un «Fénix de la resurrección»: José Gaspar Rodríguez Francia, dictador vitalicio de Paraguay. El caso le impresionó tan vivamente que interrumpió su obra para acometer –basado en escasos testimonios de viajeros alemanes– la biografía de aquel «gran hombre».

Carlyle escribió una sola biografía de un contemporáneo: la del Doctor Francia. Lo llamó el «Cromwell de Sudamérica», el «hombre enviado por el cielo», el «fiero cóndor». Admiró su mando firme y espiritual, sus «oficios divinos sobre el Paraguay», su «veracidad», su severidad, su desprecio por las formas intelectuales y las instituciones políticas heredadas del racionalismo: «De rostro cobrizo, esbelto, inexorable, el Doctor Francia mete de golpe un embargo sobre todo aquello (urnas para los votos, cortes, estallidos de elocuencia parlamentaria) y de la manera más tiránica le dice a la libertad constitucional, "Hasta aquí, no más"». Pero sobre todo Carlyle encomió su deseo de perpetuarse: «Mi contrato de arrendamiento con Paraguay es de por vida», había dicho Francia. «A través de él –escribió Carlyle– Cromwell, muerto hace doscientos años, comienza a hablar». Un dictador sudamericano le había devuelto a Carlyle la fe en la posibilidad contemporánea y futura de los héroes.

En la teología histórica de Carlyle, así como en aquellas dos biografías sobre Cromwell y Francia (perfiles proféticos de

204

muchos dictadores carismáticos del siglo XX), Borges creyó advertir el legado atroz de Carlyle al siglo XX: una teoría política que llevaba a los hombres a postrarse ante esos «intoxicados de Dios», ante esos «inspirados» por él, ante esos «reyes» por ley natural, porque encarnaban la única esperanza de una nueva realidad que pudiera acabar con la «farsa» circundante. Bajo el supuesto determinista de que el héroe no es un protagonista más ni una consecuencia de la historia sino su causa, Borges extrajo el corolario político: «una vez postulada la misión divina del héroe, es inevitable que lo juzguemos (y que él se juzgue) libre de obligaciones humanas [...]. Es inevitable también que todo aventurero político se crea héroe y que razone que sus desmanes son prueba fehaciente de que lo es».

La fecha del texto de Borges sobre Carlyle, prólogo a la traducción de *De los héroes,* es significativa: 1949. Cuatro años después del fin de la Segunda Guerra Mundial, la teoría de Carlyle parecía revelarle su significación: «Los contemporáneos no la entendieron, pero ahora cabe en una sola y muy divulgada palabra: nazismo». Y no sólo Alemania, también Rusia e Italia habían «apurado hasta las heces» esa «universal panacea», la «entrega incondicional del poder a hombres fuertes y silenciosos». Los resultados, concluía Borges, eran los mismos: «el servilismo, el temor, la brutalidad, la indigencia mental y la delación».

Borges se equivocó en aceptar un reconocimiento de Pinochet, uno de esos hombres «fuertes y silenciosos». Pero años más tarde hizo un inventario del «horror público» que había vivido su país, y escribió un epitafio sobre el tema de Carlyle:

Yo escribí alguna vez que la democracia es un abuso de la estadística; yo he recordado muchas veces aquel dictamen de Carlyle que la definió como el caos provisto de urnas electorales. El 30 de octubre de 1983, la democracia argentina me ha refutado espléndidamente.

* * *

205

En su sincero aunque calculado culto de Bolívar y en su permanente sacralización idolátrica de la historia, el comandante Hugo Chávez es discípulo inconsciente pero fiel de la doctrina de Carlyle. En la práctica política también es su hijo natural, espontáneo. En su régimen el protagonista no es el «colectivo». En su régimen –como cualquiera puede comprobar en cualquier rincón, en cualquier instante, en Venezuela– el protagonista es el «héroe», es él mismo, es Hugo Chávez.

Carlyle creía en el «jefe de hombres», en la revolución, los ejércitos, los cuarteles, los símbolos y los mitos. Sus dicterios contra la democracia son ampliamente conocidos: «Democracia significa la desesperación de no encontrar héroes que te gobiernen, y es la competitiva forma de sufrir esa ausencia». Carlyle no creía en las elecciones («el caos provisto de urnas») y detestaba los parlamentos («bolsas de viento») y veía grandes ventajas en el poder personal vitalicio.

Desde antes de asumir el poder, Hugo Chávez, su llanero sucesor, defendió también la necesidad del líder carismático: «El caudillo es el representante de una masa con la cual se identifica, y al cual esa masa reconoce sin que haya un procedimiento formal, legal de legitimación». «Esto no tiene otro nombre que una revolución», había dicho en su discurso inaugural, y lo había cumplido. «Revolucionario antes que bolivariano», predicaba hacer tabla rasa con *todo* el pasado posterior a la muerte de Bolívar y anterior a su propio ascenso y equiparaba la dictadura militar con la «maloliente democracia».

Para él, los regímenes militares de Gómez, López Contreras, Medina Angarita y Pérez Jiménez eran «en el fondo esencialmente lo mismo» que los gobiernos de Betancourt o Caldera:

detrás de esa figura, ese caudillo, con gorra o sin gorra, a caballo o en Cadillac o Mercedes Benz, detrás de ese presidente, está el mismo esquema dominante en lo económico, en lo político, la misma negación [...] del derecho de los pueblos para protagonizar su destino.

La revolución que él representaba sepultaría el «modelo político nefasto [...] de los últimos cuarenta años» y devolvería al pueblo el mando de su destino. Si bien no utilizaba términos apocalípticos para anunciarla, sus advertencias no eran suaves: «Yo creo en la constituyente popular revolucionaria [...]. Se debe llegar a ella *por la vía de la presión popular pacífica o por la vía violenta*».

Casi al mismo nivel que su fe en el caudillo y su convicción revolucionaria, en Chávez ha estado presente la identidad militar: «Nuestro movimiento nació en los cuarteles. Ese es un componente que no podemos olvidar nunca, nació allí y las raíces se mantienen allí». Desde el inicio fue evidente que adoraba las paradas militares y veía al país y la sociedad bajo la especie de una estructura castrense obediente y vertical.

En cuanto al valor del mito, el símbolo y el rito, Chávez anunció su importancia desde un principio: «Si ese mito de Bolívar sirve para motorizar ideas y pueblos, en función de un proceso revolucionario, bueno, lo dirá el proceso, porque si para algo ha de servir eso, ojalá que no sea para seguir explotando un pueblo, sino para transformarlo». La escenificación teologicopolítica de la «resurrección» bolivariana ha sido continua, desde su toma de posesión hasta el presente.

Sobre la democracia liberal siempre tuvo opiniones tajantes: «La democracia liberal no sirve, pasó su tiempo, hay que inventar nuevos modelos, nuevas fórmulas [...]. La democracia es como un mango podrido: hay que tomarla como semilla y sembrarla». En torno a los partidos de oposición representados en los parlamentos, en una concentración popular llegó a exclamar: «El 6 de diciembre [de 1998, día de las elecciones] nosotros, ustedes y yo, vamos a envolver a los adecos [socialdemócratas] en una bola gigantesca de [...] no lo puedo decir porque es una grosería». Y la multitud contestaba: «¡De mierda!» Años más tarde diría: «La oposición no volverá al poder, ni por las buenas ni por las malas». Sobre el carácter, si no eterno ni vitalicio sí al menos largo, muy largo, de su gestión, en su visita a Cuba en 1999 sugirió que el horizonte de su proyecto era «de veinte a cuarenta años».

El paralelo se sostiene también en el estilo personal. Chávez es un personaje dotado de casi todas las actitudes que fascinaban a Carlyle: invoca con frecuencia a Dios, dice ser sincero, veraz, emotivo, intuitivo. Desconfía de la persuasión, la razón, la crítica, el análisis, la duda, la tolerancia: todos los instrumentos intelectuales y políticos de la tradición liberal, proveniente del siglo XVIII. Sus palabras preferidas son combate, lucha, batalla, guerra, enemigo. Probablemente su palabra menos usada es libertad.

No obstante, hay dos divergencias importantes. Carlyle admiraba en sus héroes el grave e impenetrable silencio. No puede decirse que sea un rasgo propio del comandante. Y en algunos pasajes particularmente repugnantes de su obra, Carlyle encomia la violencia física ejercida por sus líderes. Tampoco ahí funciona, en absoluto, el paralelo. Hugo Chávez –como apunta Carlos Raúl Hernández– «no es sanguinario ni cruel», como sí lo fueron tantos dictadores del siglo XX (como su admirado Fidel Castro). No ha matado, pero es cada vez más un poseído del poder carismático y sus furias diabólicas podrían terminar por devorarlo.

* * *

En el centro de la vida pública venezolana impera desde hace diez años un hombre. Hay en él ecos evidentes de Mussolini y de Perón. A partir de los viejos paradigmas ha inventado uno nuevo: una suerte de personalismo autoritario mediático y posmoderno. Pero más allá de todos los símiles, más allá de las posibles tipologías y más allá de los papeles formales que desempeña (presidente, comandante), Chávez quisiera ser –en su fuero más íntimo– el «héroe» del siglo XXI. Se ha acostumbrado a vivir inyectado de adrenalina histórica, de una heroína que él mismo genera. Esa «heroicidad», piensa él, le da derecho a la ubicuidad, la omnipresencia, la omnipotencia y la propiedad privada de los bienes públicos; a disponer de ellos con absoluta discrecionalidad, como si fueran su patrimonio. Esa «heroicidad» le sirve para imponer su idealismo sobre los hombres comunes y corrientes.

Pero hay en todo esto un dato perturbador. ¿Esa heroicidad es real o imaginaria? El «héroe» más peligroso es el que sabe que no lo es: hará lo que sea para serlo, sin lograrlo nunca.

¿Y Bolívar? ¿Y el «padre infinito»? Bolívar sigue presente como mito y como símbolo, pero de una manera suave y casi imperceptible Chávez comenzó hace tiempo a compartir créditos con él y a transferir poco a poco el capital mítico del héroe a su propia cuenta personal. El albacea de Bolívar, su intérprete, su mago, su taumaturgo, su ventrílocuo, su médium, su exégeta, su jefe de Estado Mayor, su Supremo Sacerdote, el Constantino de su credo, se ha venido transformando en el nuevo Bolívar, en el «verdadero dueño de este proceso».

El niño beisbolista que en la «ignota Barinas» soñaba con llegar a las Ligas Mayores atravesó los cielos de las mitologías políticas, militares, históricas y revolucionarias para llegar, henchido de sí mismo, al punto de inicio.

«La historia del mundo –escribió Carlyle– no es más que la biografía de los grandes hombres». «La historia de Venezuela –podría decir ahora el comandante– no es más que mi propia autobiografía, la autobiografía de Hugo Chávez».

«Elementos fascistoides»

Borges no estaba solo en la percepción de Carlyle como el hombre que «veneró, y acaso inventó, la Raza Germánica». Lo habían señalado, entre otros, Chesterton *(The End of Armistice,* 1940) y Bertrand Russell *(The Ancestry of Fascism,* 1945). Decenios más tarde, la defendió también el insigne historiador inglés Hugh Trevor Roper en un ensayo publicado en el *Times Literary Supplement,* en 1981: «Thomas Carlyle's Historical Philosophy».

La incidencia (por supuesto involuntaria pero no menos directa) de Carlyle en el fascismo del siglo xx, y en particular en el nazismo, le parecía evidente a Trevor Roper: era «un corresponsal foráneo» del irracionalismo alemán en Inglaterra, profetizó «al menos cinco siglos» de dominio alemán sobre

Europa, festejó en 1870 la victoria de la «paciente, noble, profunda, sólida y piadosa Alemania» sobre la «fanfarrona, vanagloriosa, gesticulante, pendenciera, intranquila, hipersensible Francia»; recibió del káiser la orden prusiana *Pour le Merit* y en los años treinta del siglo xx tuvo el reconocimiento póstumo del Partido Nacionalsocialista alemán, que también buscaba la solución histórica de los problemas sociales no en la deliberación racional entre los hombres sino en el surgimiento de un hombre carismático.

En los últimos días del Tercer Reich –apunta Trevor Roper, pasmosamente– Goebbels leía a Hitler pasajes de su biografía de Federico el Grande: «Anotó en su diario: el *Führer* conoce el libro muy bien».

Aunque el hombre elige sus precursores (y Hitler eligió a Carlyle) los precursores no eligen su descendencia y acaso Carlyle –a pesar de haber declarado que prefería un judío torturado a un judío millonario– habría reprobado los horrores del totalitarismo. Es tan precursor de Hitler como Wagner o Nietzsche. Pero, aun negando ese vínculo con el nazismo (como lo niega Ernst Cassirer en *El mito del Estado,* 1950), su contribución al poder carismático y dictatorial en el siglo xx está fuera de duda. Según el propio Cassirer, Carlyle había «prusificado el romanticismo» y al hacerlo había dado un paso decisivo en la divinización del caudillaje político.

Tal vez a Norberto Ceresole, «gran amigo» de Chávez –firme creyente en el *Lebensraum* bolivariano, profeta del «Fénix alemán», negador del Holocausto y crítico de los «judíos» Marx y Adam Smith [sic]–, no lo habría incomodado la inserción del comandante en ese elenco. En su obra *Caudillo, ejército, pueblo. La Venezuela del presidente Chávez* (1999), Ceresole escribió:

En Venezuela el cambio se canalizará a través de un hombre, de una «persona física» y no a través de una idea abstracta o de un partido [...]. El pueblo de Venezuela generó un caudillo. El núcleo del poder actual es precisamente esa relación establecida entre el líder y la masa. Esta naturaleza única y diferencial del proceso venezolano no puede ser tergiversada ni malinterpretada. Se trata de un pueblo que le dio una orden a un jefe, un caudillo, un líder militar.

¿Chávez es fascista? Teodoro Petkoff ha reflexionado sobre el tema:

> Chávez no es fascista, pero tiene elementos fascistoides: el culto al líder providencial, a la tradición y a la violencia; la manipulación de la historia para sus fines políticos, el desconocimiento de la legalidad y las formas republicanas en nombre de la voz popular, su presencia permanente y opresiva en los medios, el discurso brutal y agresivo contra el adversario, que eso sí es nazi y que (no sé si lo ha leído) proviene de Carl Schmitt, el teórico nazi para quien la ecuación fundamental de la política es amigo/enemigo. Y Chávez, para los enemigos: ni pan ni agua. Además, es militar, un hombre formado para aniquilar al enemigo.

La opinión de Petkoff tiene un peso específico. Más que una opinión es un veredicto histórico irrecusable. No sólo lo suscribe un hombre que estuvo en la guerrilla, un hombre insospechable de proclividades «capitalistas», un hombre que sufrió prisión, un hombre que ha luchado medio siglo por el socialismo desde todas las tribunas y trincheras. Petkoff tiene una legitimidad adicional, quizás irrepetida en América Latina. Con su hermano Luben (que luchó por Cuba, amó a Cuba y mantuvo siempre su vínculo con la isla), Teodoro proviene de una familia de comunistas europeos, el padre búlgaro, la madre polaca. Ambos llegaron a Venezuela en los años veinte y plantaron en sus hijos el espíritu revolucionario. En otras palabras, no sólo la Revolución cubana marcó la vida de Petkoff, también la revolución original, la Revolución rusa. Y es desde esa legitimidad biográfica como juzga a Chávez. En sus palabras y su tono no hay rencor ni «odio de clase». Hay, eso sí, pasión crítica contra el líder que, en su culto a la persona (a su persona), a la violencia, a la agresividad y al belicismo, ha terminado por parecerse a otros torvos líderes de la Europa

211

del siglo XX y ha manchado el noble ideal del socialismo democrático con la escoria de doctrinas nazi-fascistas que niegan (y al hacerlo, simbólicamente, suprimen) a quien piensa distinto, al adversario, al *otro*. Este veredicto de Petkoff sobre Chávez valida, en retrospectiva, el que hubieran pronunciado Plejánov y Marx.

En Venezuela las personas no se matan por las ideas. Pero al escuchar los ataques brutales de Hugo Chávez contra sus «enemigos», hay que ver en esa contención la mano de Dios.

V

La batalla por el pasado: historia o propaganda

El Panteón Nacional

De vuelta en Caracas a mediados de julio de 2008, visito el Panteón Nacional. El edificio es inconfundible, entre otras cosas, por su impecable color rosa. Lo primero que llama mi atención es que sea una antigua iglesia. En México los restos (reales o virtuales) de los héroes de la Independencia (salvo los del «villano» Iturbide, que consumó la Independencia y está en la catedral) descansan en un monumento cívico edificado expresamente para ese propósito en 1910, el año del Centenario: la Columna de la Independencia coronada por el dorado ángel, emblema de la ciudad de México.

En Argentina, el general San Martín está enterrado en la catedral de Buenos Aires, y el civilizador Domingo Faustino Sarmiento, en una tumba olvidada en el cementerio de La Recoleta. En el Perú, Pizarro reposa en la catedral de Lima y las insignias de los emperadores incas se exhiben en la de Cuzco. Pero en Caracas el tratamiento a los próceres (militares, políticos, intelectuales, en ese orden) es distinto. No se les construyó un espacio puramente profano ni se les colocó en uno sagrado: se adoptó este templo religioso para trasmutarlo en el altar de la patria, en el «Panteón Nacional».

Hace casi doscientos cincuenta años se erigió la modesta Ermita de la Santísima Trinidad. Fue destruida en el terremoto de 1812 y reconstruida después, en estilo neogótico. En las litografías que se conservan aparece en un entorno arbolado y en lugar prominente, con sus dos delgadas torres, ventanas y puertas de forma ojival. Las modificaciones que sufrió en 1911 y 1929 la dejaron irreconocible: la primera uniformó la fachada restando importancia a los arcos. La segunda, más agresiva, se instaló en tiempos del general Juan Vicente Gómez y parece tan masiva como el poder que aquel general acumuló: se trata de una tercera torre de 48 metros, mucho más alta que las originales, que busca uniformar el conjunto en un estilo neoclásico.

La sensación al entrar es inédita: no es un espacio religioso ni un espacio cívico, es las dos cosas a la vez. Recorro la nave central. A izquierda y derecha, en el lugar de las capillas laterales, hay varios monumentos o paneles de mármol dedicados a Santiago Mariño, José María Vargas, José Gregorio Monagas, Ezequiel Zamora, la Primera República, la Federación. Al general José Antonio Páez (en la nave derecha, cerca del altar mayor) se le representa junto con sus fieros lanceros, casi desnudos: los centauros del llano. A cada lado del altar mayor hay un impresionante cenotafio: a la izquierda, el del generalísimo Francisco de Miranda; a la derecha, el dedicado al gran mariscal de Ayacucho Antonio José de Sucre. También Andrés Bello tiene un cenotafio al principio de la nave izquierda, pero sus restos –como su vida adulta, premonición de otros muchos destinos de intelectuales venezolanos– están en el exilio, en tierra chilena.

En el techo, pintados por Tito Salas, una serie de cuadros evoca las sucesivas estaciones en la vida de Bolívar. Es un eco evidente de la pasión de Cristo. Los restos del prócer reposan en una arca colocada en el centro del altar mayor desde el 28 de octubre –día de san Simón y san Judas Tadeo– de 1876. Es de bronce y la ilumina un candelabro de 4.000 piezas y 230 luces. Tras el catafalco hay un sobrio altar neoclásico que data de 1852. En el frente, una ofrenda floral y una bandera venezolana.

* * *

Todo país sacraliza su historia pero la sacraliza de modo distinto. En México, la profundidad de la experiencia religiosa

214

hizo que la esfera profana, cívica o secular tuviera la necesidad de legitimarse, de impregnarse, con la simbología de lo divino. Bolívar mismo notó, con extrañeza y hasta con un dejo de maliciosa diversión, el fenómeno teologicopolítico de México en su *Carta de Jamaica* de septiembre de 1815:

> Felizmente, los directores de la Independencia de México se han aprovechado del fanatismo con el mejor acierto, proclamando a la famosa virgen de Guadalupe por reina de los patriotas, invocándola en todos los casos arduos y llevándola en sus banderas. Con esto, el entusiasmo político ha formado una mezcla de religión que ha producido un fervor vehemente por la sagrada causa de la libertad. La veneración de esta imagen en México es superior a la más exaltada que pudiera inspirar el más diestro profeta.

Hijo del siglo XVIII, Bolívar dejaba ver su distancia irónica y crítica sobre el universo religioso. Tenía razón en cuanto al efecto de esta apelación religiosa pero se equivocaba al juzgar los móviles de los caudillos. Si en Hidalgo pudo haber un asomo de oportunismo al utilizar el pendón de la virgen (había sido una «ocurrencia», declaró en su proceso inquisitorial, que «aprovechó por parecerle a propósito para atraerse las gentes»), el generalísimo Morelos veía en la virgen no sólo a la protectora de la causa sino, en cierto sentido, a su principal protagonista.

Pero, ilustrado como era, Bolívar no podía *ver* que en México la ecuación era distinta a la de América del Sur: la causa de la fe y la causa de la libertad eran una y la misma. Con el tiempo y como resultado de la guerra de Reforma (1858-1861), en México las esferas de lo profano y lo divino dejaron de intersectarse: a Dios lo de Dios, al César lo del César. Aunados a los héroes de la Independencia, otros héroes poblaron el cielo cívico: los liberales del siglo XIX y los caudillos revolucionarios del XX. Pero la Iglesia no tenía nada que temer: en el centro del corazón mexicano, rodeada de los santos patronos de cada pueblo, compartiendo la gloria con el Redentor, seguía reinando hasta la eternidad el símbolo de la mexicanidad: precisamente «la famosa» virgen de Guadalupe.

215

Venezuela no conoció esa experiencia religiosa. No tuvo culturas indígenas desarrolladas, ni padres misioneros que en el siglo XVI las llevaran por el camino de Dios, ni artistas barrocos en el siglo XVII. Venezuela nació en el siglo XVIII, exportando cacao y café e irradiando una cultura ilustrada que deslumbró al barón de Humboldt. Venezuela, en suma, no vivió la separación entre Iglesia y Estado como la vivió México, porque en Venezuela la Iglesia fue siempre débil. Todo esto es bien conocido, pero ¿cómo incide ese «vacío religioso» en la cultura histórica y política actual de Venezuela?

Si una cosa he podido entrever en mis modestísimas lecturas es que el vacío relativo de experiencia religiosa dotó, por compensación, a la historia profana de Venezuela de una religiosidad extrema. En México la historia de la Independencia es casi una prehistoria: no hay hidalguistas ni morelistas. En cambio, en Venezuela, el lugar de la «famosa» virgen lo ocupa Bolívar, el hombre que escribió «una cosa es el mundo, otra la religión».

Venezuela practica el monoteísmo histórico. Lo malo es que –como el original, el del Dios de los Ejércitos– ahora se trata de un monoteísmo militante. No siempre lo fue, pero ahora lo es, por obra del comandante Hugo Chávez. Sus ardorosas huestes bolivarianas escriben en sitios de Internet y blogs, redactan currículos educativos, imparten clases, diseñan campañas mediáticas y pintan toscos murales sobre la gesta histórica del país, atenidos siempre y estrictamente al Evangelio según Hugo Chávez. Frente a ellos se ha levantado un pequeño ejército, compacto y decidido: un grupo de historiadores y ensayistas que aman a su país pero lo aman a través de la verdad histórica.

Coloquio histórico

Para hablar sobre héroes y caudillos, sobre carisma y tradición, sobre monarquías y repúblicas, he citado a tres admirados generales de división (histórica): Simón Alberto Consalvi, Germán Carrera Damas y Elías Pino Iturrieta.

216

Nos reunimos en el Hotel Tamanaco. Construido en tiempos de Marcos Pérez Jiménez, con una vista que descubre, al otro lado del valle de Caracas, el majestuoso cerro del Ávila, conserva la frívola grandiosidad de los años cincuenta, pero hay un cierto deterioro en sus pasillos y habitaciones. Antes de viajar a Caracas he hecho mi tarea y leído algunos de sus libros. El renacentista Simón Alberto ha escrito varios libros de historia política y diplomacia, así como biografías, pero recientemente ha publicado unos libros de bolsillo con ensayos breves sobre temas variados –figuras históricas que son colocadas en su justa dimensión, experiencias violentas que muestran los extremos que el país no debe repetir, las obras de autores pasados y presentes, todo con una mirada sabia y liberal–: *El precio de la historia, El carrusel de las discordias* y *Reflexiones sobre la historia de Venezuela.* Germán es autor de una valiosa y numerosa obra historiográfica, entre las que destacan *El culto a Bolívar, De la dificultad de ser criollo* y *La responsabilidad social del historiador;* es un gran historiador, prolífico y profundo, pero también un filósofo de la historia. Elías Pino Iturrieta, que en la actualidad dirige el Instituto de Investigaciones Históricas de la Universidad Católica Andrés Bello, es autor también de una obra vasta, de la que destaco dos libros que he leído con fascinación y provecho: *El divino Bolívar* y *Nada sino un hombre.* Elías es brillante, claro y polémico. Germán camina con bastón y trae su peculiar barba rala; es irónico y estoico. Simón Alberto tiene un aire a Quevedo con sus pequeños espejuelos.

La charla tiene lugar en un frío salón del Business Center. Nada menos propicio para hablar de historia, pero mis cálidos amigos se avienen. Al acabar la larga sesión caminaremos al restaurante al aire libre, junto a la inmensa alberca. El día es soleado y los cuatro admiraremos a las mujeres venezolanas, ese «fantástico coctel étnico» (Alejandro Rossi *dixit*). «Es verdad, y lo debemos sobre todo a la inmigración europea de mediados del siglo», me dirá Germán, siempre pedagógico, recordando un dicho: «Son lindas, pero están mal repartidas».

217

ENRIQUE KRAUZE: En Venezuela se está librando una batalla por la historia, por la verdad histórica, contra la mitologización de la historia. ¿Cómo la viven ustedes, que son protagonistas?

GERMÁN CARRERA DAMAS: Mi preocupación no es meramente historiográfica. No voy a discutir la historia con Chávez, para mí eso está claro. Me he negado sistemáticamente a hacer comentarios sobre esa especie de señuelos que él lanza cada cierto tiempo para que uno caiga. Lo que me preocupa es que en esta sociedad –no digo que sea la única– hay un vínculo muy estrecho entre conciencia histórica, conciencia nacional, conciencia social y conciencia política. Es una estructura tan vinculatoria que llega al extremo de que el pensamiento histórico, oficializado y generalizado, cobra una proyección política concreta, inmediata.

Por ejemplo, según el régimen, quienes se oponen a Chávez son enemigos de Bolívar. Elías, Simón y yo somos enemigos de Bolívar de acuerdo con ese esquema. ¿Qué significó Bolívar o qué significa? Eso no interesa. Lo importante es la manipulación de la conciencia histórica. Nadie que no sea bolivariano, se dice, es venezolano, y ser venezolano implica una actitud social, ante el imperio, ante los ricos, etcétera. Por lo tanto, eso se traduce en una actividad política. ¿En qué consiste ésta? En votar por el «socialismo del siglo XXI», que es votar siguiendo la huella de Bolívar, el libertador, que no llegó a ser comunista porque murió (de acuerdo con la tesis del régimen actual), pero que sí rozó el socialismo, según la tesis que se difunde masivamente por los medios de comunicación.

SIMÓN ALBERTO CONSALVI: Yo añadiría que Chávez ha encontrado un terreno propicio para la falsificación y adulteración de la historia, ya que nos caracterizamos por ignorar la historia y por un desconocimiento tanto de la experiencia de la dictadura como de la experiencia democrática.

Hay una negación sistemática de los inmensos logros de la democracia venezolana en los cuarenta años de 1958 a 1998, extraordinarios en muchas áreas. Primero, se estabilizó el país. Betancourt fue el primer presidente en la historia venezolana que entregó el poder a otro presidente elegido. Pero la propia democracia fue poco perspicaz a la hora de conectar a la gente con esa experiencia. De ahí que ha sido muy fácil para Chávez negar las grandes conquistas democráticas. Los medios de comunicación en Venezuela –para tratar un tema que me concierne– fueron extremadamente agresivos y negativos con el proceso democrático. De modo que cuando Chávez llegó al poder estábamos bastante debilitados, no teníamos estructuras mentales para resistir su ataque y el cuestionamiento a la democracia. A Chávez se le ha facilitado el asedio a la democracia justamente por esas circunstancias.

ELÍAS PINO ITURRIETA: Ésta es la cúspide de una manipulación de la historia que viene de muy antiguo. Todos los gobiernos, desde el siglo XIX, se han ocupado de escribir la historia a su manera y, por supuesto, de convertir a Bolívar en su muleta. Eso lo sabemos. ¿Qué está sucediendo hoy que ha provocado que el historiador se convierta en protagonista público? Nos invitan a los programas de opinión, los movimientos ciudadanos quieren que estemos presentes. Chávez está transmitiendo constantemente un mensaje que los otros presidentes no se atrevieron a enviar; antes había ciertos límites. Eso hace que la historia esté sobreexpuesta y que se busquen respuestas entre nosotros.

Y uno se ve obligado a responder. Quizá sesgadamente. Germán dice que él no va a discutir directamente con Chávez, pero cada vez que Chávez dice una cosa, uno busca la manera de contestar. La sociedad, los medios nos están llamando. Las cosas que uno escribe circulan. La Sociedad Bolivariana, la Academia de la Historia y la Escuela de Historia no se habían divorciado de la manipulación chavista. Ahora sí. Debido a la grosería de la manipulación, nosotros procuramos distanciarnos a toda velocidad, hasta el punto de que Chávez no tiene ningún soporte en el ramo. Él se está inventando sus historiadores; se está inventando su Centro Nacional de Historia.

¿Qué significa esto? Que existe una historiografía profesional que ha tenido el suficiente contenido, la suficiente densidad, para enfrentarlo, o por lo menos para que la sociedad sepa que hay dos interpretaciones y que la de Chávez no es la correcta. La historiografía ha dejado de ser lo que había sido hasta ahora y se ha convertido en una herramienta ciudadana. Yo pienso que por allí van los tiros. Las sociedades profesionales de historiadores no caen en la trampa del bolivarianismo chavista; se enfrentan a él y se constituyen en un elemento muy importante de resistencia.

CARRERA DAMAS: Hay que recordar que Chávez llega al poder utilizando los procedimientos de la democracia, pero llega también con el propósito de demoler esos procedimientos e instituciones gracias a las cuales había llegado al poder. Tenía, entonces, un problema de legitimidad, no de legalidad. Necesitaba un principio de legitimidad para demoler esas instituciones. ¿Dónde encontrar ese principio de legitimidad? Obviamente acude al pensamiento histórico, eso que hemos calificado como la «segunda religión» de los venezolanos. Es decir, se justifica diciendo que lo que se hace, se hace para cumplir con el mandato del padre fundador de la patria.

No es una especie de recurso secundario; es fundamental. Es el mismo mecanismo que aplicó Fidel en Cuba, sólo que en Cuba él comenzó con un poeta, Martí, y luego tuvo que llegar también a Bolívar. Creo que valdría la pena explorar eso, pues se le da a Bolívar no sólo el sentido de haber luchado por la libertad sino el de tener un designio que nunca se planteó, un carácter antiimperialista. No el antiimperialismo de Martí, un poeta que muere en forma heroica, sino un antiimperialista que comenzó por demoler el más grande imperio de su tiempo, el hispanoamericano. De tal manera que este recurso a Bolívar no es casual; es una fuente de legitimidad y, sobre todo, no necesita explicación.

EK: Una cosa es la falsificación o manipulación de la historia y otra el peso real de la historia en el presente ¿Qué hay en la historia venezolana que pueda ayudar a entender esta concentración de poder en una sola persona? Empecemos por la monarquía, por la época anterior a la Independencia, y luego sigamos con el tema del caudillismo.

CARRERA DAMAS: Si lo vemos desde el punto de vista de la historia, es perfectamente normal el proceso que estamos viviendo los venezolanos. Ninguna sociedad ha transitado de la monarquía absoluta a la república, todavía menos a la república democrática, sin grandes dificultades; salvo en aquellas sociedades donde la monarquía absoluta derivó hacia la monarquía constitucional. Nosotros rechazamos ese camino con la Constitución política de la monarquía española de 1812. Recuerden que rechazamos esa opción porque la vinculamos con la monarquía absoluta y preferimos la república como forma.

La monarquía está viva, está viva en aquello que es fundamental. La monarquía no es un régimen político, es una condición sociopolítica. Los hombres son monárquicos en función de una mentalidad y esa mentalidad —Elías ha trabajado mucho esto— estriba en la conjunción del absolutismo con la fe cristiana católica. Eso crea una especie de atavismo y superarlo es una tarea de generaciones.

Yo diría que los venezolanos tuvimos un avance extraordinario en esto, entre 1945 a 1948, periodo que yo valoro muchísimo porque fueron momentos críticos. Fue el momento en que antiguos *súbditos* insurrectos comenzaron a convertirse en *ciudadanos*, porque cambia la fuente de legalidad y legitimidad. Era la soberanía popular expresada de acuerdo con los procedimientos democráticos. Ése es el momento crítico de ruptura con la monarquía. Pero obviamente esto ocurre en un terreno más bien político. En el aspecto social el proceso es mucho más lento.

Tú me perdonas, Enrique, pero yo considero a México un país esencialmente monárquico todavía hoy. Fundamentalmente monárquico, hasta en los presidentes municipales. La tarea de construir una república, y sobre todo una república democrática, es cuestión de una evolución

221

lenta y difícil. Nosotros avanzamos mucho después de aquella ruptura. Hubo una recaída de 10 años y luego, como se ha dicho, durante cuarenta años se hizo un gran esfuerzo por avanzar.

Soy de los que creen que la democracia venezolana está viva, porque la democracia no está en las instituciones: está en la sociedad. Hoy, cuando 4,5 millones de venezolanos hemos sido capaces de afirmarnos una vez, dos veces, cuando nos abstuvimos y votamos en contra, los ciudadanos seguimos siendo el gran obstáculo para la restauración de la monarquía absoluta.

Eso demuestra que hemos avanzado en lo fundamental, en la conformación de una sociedad democrática. Hoy podemos decir que cuando menos 40%, o más, de la sociedad venezolana está conformada como una sociedad democrática, en cuanto a la reivindicación del principio fundamental de la soberanía popular. Por eso mi versión de Venezuela no es apocalíptica. Todo lo contrario.

EK: Aunque dure mucho tiempo Chávez en el poder.

CARRERA DAMAS: ¿Cuánto es mucho tiempo?

EK: Tienes razón: uno no puede medir un proceso histórico con la vida propia.

CARRERA DAMAS: Sobre todo cuando no se puede decir que Chávez haya ampliado su base social. La gente se mantiene firme, entre ellos los historiadores, que somos conscientes de este proceso.

CONSALVI: Sí, la democracia está viva, pero me gustaría referirme al problema del caudillismo. Tenemos una tradición caudillista ya reconocida, pero yo quisiera ver a Chávez sin el petróleo. Chávez es, a mi juicio, un fenómeno bastante artificial.

Chávez le está haciendo un gran servicio a Venezuela. Ha puesto a pensar al país por primera vez. En segundo lugar, está destruyendo tres mitos que nos mantuvieron dormidos, indiferentes: el mito de Bolívar, el del petróleo y el del ejército. Esos tres mitos condicionaron la democracia venezolana.

Había una veneración a Bolívar, y Chávez ha acabado con ese mito. De Bolívar va a quedar muy poco después de Chávez. ¡Qué decir de las Fuerzas Armadas! Las ha convertido en una vergüenza. El famoso desfile del ejército del 24 de junio de 2007, Día del Ejército, fue un festival folclórico de la peor naturaleza. Las Fuerzas Armadas están en una situación ideal para agilizar un proceso de reconstrucción del ejército. En conclusión, Chávez está creando las bases de un país absolutamente nuevo, despojado de esos tres condicionamientos que tenían neutralizada a la democracia venezolana.

PINO ITURRIETA: Hay algunas peculiaridades históricas que convendría recordar. Como ninguna otra situación hispanoamericana, nuestra guerra de Independencia rompió con el orden establecido de un modo realmente importante. Las instituciones monárquicas tenían que ser restauradas por Monteverde, y después por Boves, pero hicieron todo lo contrario. Ahí hay un primer vacío. Todos los códigos del Antiguo Régimen son echados al basurero, y eso es lo que hace Bolívar después del Manifiesto de Cartagena. Sigue el ejemplo de Monteverde y echa al estercolero todas las instituciones republicanas y propone un gobierno personal, la dictadura.

Hay un hueco muy grande en Venezuela pues nadie refiere su acción a las instituciones que defiende. Los monárquicos hacen lo que les parece y reemplazan a Fernando VII con el régimen personal de Monteverde, con el régimen personal de Boves. Bolívar hace exactamente lo mismo. Estamos en 1811-1814.

EK: Es la «guerra a muerte».

PINO ITURRIETA: Exactamente. «Nada es de lo que fue», dice Bolívar refiriéndose a «la guerra a muerte». Una frase extraordinaria: «Nada es de lo que fue».

EK: No me cabe duda de que es un proceso de independencia absolutamente distinto del mexicano, que fue destructivo pero más breve y acotado. Luego vino una larga paz y un pacto.

223

CARRERA DAMAS: En realidad tenemos que plantearnos el problema en esta perspectiva: la conversión de un súbdito rebelde en un ciudadano no es una tarea de simple educación, es una tarea de transformación social. A aquella sociedad venezolana que sale de la guerra, literalmente reducida al mínimo, casi privada de infraestructura, se le plantea este pequeño problema: ¿cómo convertirse en una república moderna con ciudadanos? Pero un 96 o 98% de la población es analfabeta, es un país no integrado.

EK: ¿El general José Antonio Páez es un personaje vilipendiado abiertamente por Chávez?

PINO ITURRIETA: Sí, claro. Era «traidor», «traidor» a Bolívar y a la gloria colombiana.

CARRERA DAMAS: Es algo disparatado porque es imposible separar a Bolívar de Páez. La alianza política entre ellos fue la clave de la concentración de poder en Bolívar. Hacia 1817 y 1818 Bolívar puede zafarse, digamos, de los llamados caudillos orientales porque tiene a Páez. Y después Páez es el «loquero», el hombre capaz de controlar aquella sociedad.

EK: ¿Esa palabra, *loquero*, viene de entonces?

CARRERA DAMAS: Bolívar la usó. Aquella sociedad estaba en tal grado de disgregación que, si uno revisa a los hombres de los que podía disponer Bolívar para controlar Venezuela, nota que el único hombre que había demostrado capacidad para ello era Páez. Bolívar les temía mucho más a los llaneros venezolanos que al Ejército del Sur en Perú, porque sabía por experiencia que aquellas gentes podían acabar con la república, como lo hicieron en 1814. Páez era absolutamente necesario para Bolívar. Le cuidaba la retaguardia cuando Bolívar estaba luchando hacia el sur.

PINO ITURRIETA: Que Páez sea «enemigo» de Chávez no nos debe sorprender porque la lectura rudimentaria de éste determina que Páez «traicionó» a Bolívar –nosotros somos hijos de la traición– y que él va a rectificar esa traición.

Con Páez hay una cosa muy importante. Ciertamente, fue ese guerrero fundamental que acaba de referir Germán, el loquero (que lo fue, en cierta medida, para poner orden en ese manicomio), pero a la vez él nos permite estar hablando hoy de república y republicanismo. Páez hizo un pacto con el republicanismo moderno capitalista, aceptó las leyes del libre cambio y la libertad de culto, eliminó los diezmos y las primicias. Todo el proyecto liberal del siglo XIX lo adelantó Páez. ¿Qué significa eso? Una distancia terrible frente al absolutismo y frente a Bolívar. ¿Cuándo comienza a haber república en Venezuela? Con Páez, con el señor lancero. Eso es abominable para Chávez y para cualquier persona que hoy esté con el «socialismo del siglo XXI». Páez es el monstruo y es el horror del antibolivarianismo.

CARRERA DAMAS: Voy a decir una cosa que parece una provocación: Páez entró virgen ideológicamente al siglo XIX; Bolívar nunca abandonó el siglo XVIII.

EK: No puedo estar más de acuerdo contigo. David Brading escribió hace tiempo un ensayo sobre Bolívar, que incorporó en su obra magna, *The First America*, titulado «Republican Hero». Ese perfil lo aleja de los esquemas románticos del siglo XIX y mucho más de las ideologías del XX. En cuanto a Páez, con las diferencias del caso, el personaje que más se le parece en México es Porfirio Díaz. El nuestro es más absolutista, pero también está ahí la combinación de modernización económica y modernización liberal de las creencias y las costumbres religiosas. En lo político, era un hombre que entendía la república pero conservaba elementos monárquicos. Ahora permítanme pasar a otro tema, que atañe a la revolución social tal como se daba en esos tiempos: ¿qué tan importante fue la experiencia de la revolución de Haití en la mente de Bolívar para su proyecto?

CONSALVI: Te lo respondo con una frase de Bolívar mismo, cuando se planteó, después de Ayacucho, la posibilidad de invadir Cuba. Para liberar a La Habana de la Corona, Bolívar escribió: «No necesitamos otro Haití».

CARRERA DAMAS: Es que él le tenía mucho miedo a lo popular y, sobre todo, al carácter de guerra social que tomaba

225

la insurrección de los esclavos, aunque fue partidario de la abolición. De lo que no era partidario era de que aquella abolición se tradujera en una sacudida de la sociedad.

EK: Le tenía miedo a lo social.

CARRERA DAMAS: Totalmente. Al pueblo, por incompetencia.

EK: ¿Qué justificaba ese miedo?

CARRERA DAMAS: Los esclavos no eran parte del pueblo. El pueblo era el que se reunía en San Francisco, unas cuatrocientas, quinientas personas; una república de hombres libres, igual que en los Estados Unidos de la época. Los esclavos no eran parte de la república.

PINO ITURRIETA: Cuando va a Haití, su discurso cambia por completo. Es la primera vez que Bolívar tiene contacto con el pueblo. Ha trabado un vínculo real con el pueblo. Cuando va a Haití y ve a los negros en un proyecto republicano –y no sólo los ve, sino que recibe ayuda de ellos–, llega a una encrucijada: la necesidad de contacto pero a la vez el temor. Bolívar se va a debatir entre estos polos hasta el final de sus días. La necesidad de ese pueblo, pero al que le teme terriblemente por su incompetencia, por su ineptitud, por ser un volcán: estamos sentados en un volcán.

CARRERA DAMAS: La prueba objetiva del impacto que tuvo lo de Haití en esta sociedad colonial está en la resolución de la Junta Suprema Conservadora de los Derechos de Fernando VII, que prohíbe la trata de esclavos. ¿Qué significaba prohibir la trata? En la sociedad venezolana de aquella época, los esclavos no representaban más del 5 o 6% de la población y la mayoría estaba en el servicio doméstico. El prohibir la trata significaba que existía el temor de que aumentasen y establecieran la misma relación que habían establecido en Haití, en Santo Domingo. Uno se pregunta: ¿por qué prohibir la trata y no abolir la esclavitud? Porque abolir la esclavitud significaba la bancarrota social. En todas las propiedades, el mayor capital eran los esclavos. La tierra no valía casi nada y las construcciones menos todavía. En consecuencia, abolir la esclavitud significaba la bancarrota para los propietarios agrarios.

EK: Siendo Bolívar un hombre del siglo XVIII cuyo horizonte intelectual era Roma, la historia romana, las *Vidas paralelas* de Plutarco, ¿podemos pensar que tenía instintos propiamente dictatoriales o de ambición del poder en el sentido, digamos, napoleónico?

PINO ITURRIETA: Bolívar quería el mando y no se saciaba de él. Uno no se atreve a decir que Bolívar tenía una necesidad de control de la sociedad como nunca antes, pero eso es fundamental, porque es el «padre de la patria», el modelo de la sociedad venezolana, nuestra carga. Seguimos a Bolívar, un hombre cuyo objeto era el control de la sociedad, es decir, el poder de él sobre una sociedad a la que no consideraba competente.

EK: Se parece a César en ese sentido.

CARRERA DAMAS: ¿Conoces el libro de John Lynch? Hay una frase que me impresionó mucho viniendo de un inglés. Dice Lynch: Bolívar era de tal condición que aun en los momentos de su decadencia era muy superior a todos los que lo rodeaban. En verdad Bolívar se lucía, se lucía porque tenía genuino carisma. Qué es lo que ofrecía: lucha, esfuerzo. No ofrecía prebendas, como Chávez. Y la gente iba tras él, incluso viniendo del campo social contrario. Algo había que hacía que Bolívar fuera el centro de una voluntad social y que esto se tradujera en poder. Además recuerda que desde que se constituyó Colombia, Bolívar gozó de facultades extraordinarias, hasta 1827. Es decir, el general presidente literalmente concentraba los poderes.

PINO ITURRIETA: Agreguémosle a eso toda una maquinaria de propaganda que monta Bolívar para incrementar su poder personal. Bolívar es el sol de Colombia. Hay carisma, pero también hay todo un proyecto montado.

EK: Pero ¿cómo olvidar que no se coronó? Bolívar habló clara y repetidamente a favor de la libertad y contra la tiranía.

CARRERA DAMAS: ¿Tú conoces en todo el siglo XIX a un hombre que haya redactado más constituciones y ejercido más la crítica constitucional que Bolívar? Bolívar fue un gran constitucionalista. Esto pasa un poquito por debajo de la mesa, pero no hay ningún otro prócer de la Independencia que haya tenido una preocupación equiparable por la Constitución. Para mí, era un republicano, pero un republicano conservador. No era demócrata, pero en esa época ningún republicano era demócrata.

CONSALVI: En eso lo sigue Chávez, que es constitucionalista. Chávez tiéne esa idea, y el referéndum de diciembre de 2007 fue en ese mismo sentido. Hay que estudiar muy bien el referéndum. El artículo 69 es propuesto por Chávez para reformar la Constitución que le da un poder extraordinario. Todo el poder para él. Para no negar la elección de los gobernadores, Chávez propuso siete vicepresidentes que al mismo tiempo iban a ser responsables de administración y de fortalezas militares.

EK: Virreyes.

CONSALVI: En Venezuela no le hemos dado la importancia que merece a esta amenaza, que continúa latente pues ellos ahora, con una nueva asamblea, están en condiciones de formular otras reformas. En las disposiciones transitorias de la nueva Constitución reformada, decía un artículo, de tres líneas nada más: «El presidente de la República queda autorizado para modificar el sistema económico y político del país». Nada más.

EK: «Fernando VIII.»

CARRERA DAMAS: ¿Y por qué quiere Bolívar, ese gran constitucionalista, reformar la Constitución de Cúcuta? Para ser presidente vitalicio.

CONSALVI: Por ahí hay una filiación.

PINO ITURRIETA: He dicho en alguna parte que el único que ha leído con toda seriedad a Bolívar es Chávez. En eso lo calca: en el predominio y la visión.

CARRERA DAMAS: Lo que Chávez se propuso fue demoler la República. En el fondo es la restauración de una monarquía por la vía de una monarquía constitucional. Lo que dijiste: es «Fernando VIII». Lo que pasa es que como la sociedad ya ha absorbido y asimilado la democracia, tiene un grandísimo obstáculo para seguir adelante. Y el

2 de diciembre el impacto fue feroz: la gente no aceptó esa idea.

EK: Quiero pasar ahora a los personajes heroicos en la imaginación de Chávez. Ezequiel Zamora, para empezar. ¿Qué tan mitologizado tiene Chávez a Zamora? ¿Tanto como a Bolívar?

CONSALVI: Hubo tres Zamoras distintos y Chávez se enamoró del primer Zamora, el Zamora de la rebelión y de los primeros tiempos. En el gobierno de Páez hubo un proceso eleccionario, y el líder popular era Antonio Leocadio Guzmán, el que tenía mayores posibilidades de ganar. El sector gobernante hizo todo lo posible para cortarle el camino a Antonio Leocadio. De allí vino el lanzamiento de algunos compañeros de Guzmán. Como consecuencia, Zamora se alzó y surgieron los primeros amagos de una guerra que se veía en el porvenir. Ése es el Zamora revolucionario. Hay un segundo Zamora, el general que se pone al servicio de los Monagas, una dinastía que duró alrededor de diez años. Y hay un tercer Zamora, el que se casa con la hermana del presidente Juan Crisóstomo Falcón, una viuda muy rica, y posee unos cuantos esclavos. De modo que hay tres Zamoras, el revolucionario, el que desapareció con el general, al servicio de Monagas, y el último, un esclavista.

EK: Dediquemos un instante al bisabuelo de Chávez, al general Maisanta.

CONSALVI: Eso forma parte de la adulteración de la historia y de la fabricación de un mito. Maisanta era un abigeo que estuvo preso por robar ganado, por participar en alguna de esas escaramuzas, pero no más.

EK: Volvamos pues a la historia. ¿Qué decir de Gómez hoy? ¿Está presente el dictador en el «imaginario» venezolano?

CONSALVI: Gómez está presente en la mente de los venezolanos. Si uno va a los pueblos del interior, consigue figuras de Gómez hechas por los artistas populares. Incluso ya lo han incorporado a esos altares donde está Bolívar, de manera que no hay duda de que el peso de Gómez es muy grande en Venezuela y sobre todo en las Fuerzas Armadas. Allí, en las Fuerzas Armadas, parece que no hubiera ocurrido un cambio de fondo; siguen pensando en términos gomecistas y de alguna manera o de otra vinculan probablemente a Chávez con la figura de Gómez. A pesar del socialismo y todo ese cuento, muchos militares ven en Chávez una resurrección de Gómez, alguien que les va a garantizar el dominio sobre la sociedad, porque él está gobernando con militares.

PINO ITURRIETA: Ésa es una de las cosas que más desesperanza me produce. Yo comparto con Germán la idea de que esto va caminando de una manera estupenda, en busca de fórmulas republicanas y de salidas cívicas, y que somos un escollo formidable para Chávez, pero a la vez me produce gran desconfianza una sociedad que no entiende lo que de veras fue Gómez, ese cretino; era un imbécil de marca mayor, un idiota, un sanguinario, un sangre fría. Era una cosa pavorosa. Pero nosotros contamos las anécdotas del hombre fuerte y bueno, que fue la frase que inventó otro historiador, Gil Fortoul, «el hombre fuerte y bueno». Era un horror: veintisiete años de ignominia y de vergüenza. Porfirio Díaz era un hombre de genio, genio de genios; tenía formación, tenía mucho pupitre. Pero Gómez era un campesino ignorante y se murió como un campesino ignorante, rico después de robar todo lo que le dio la gana.

EK: Ésa es una diferencia muy importante con Porfirio Díaz, que no robó. Probablemente consintió que alguno de sus hijos fuera accionista de una empresa. Pero ¿cuál es la huella de Gómez ahora según tu concepto?

CARRERA DAMAS: Gómez demostró que era lo suficientemente inteligente –de guisa natural, no hablo de cultura– como para diferenciar entre el poder y el gobierno. Lo suyo era el poder. Pero buscó un buen número de hombres, entre ellos hombres capaces, para gobernar. Lo que Gómez hizo fue concentrar el poder, pero no el gobierno, y por lo mismo había espacios donde los hombres podían realizar pininos de obra civilizadora.

Para que veas lo compleja que era la personalidad de Gómez, voy a contarte dos anécdotas muy breves.

Una, del general Carlos Peñaloza Zambrano. Peñaloza es un hombre muy inteligente. Era director de la Escuela Militar y un día me invitó a dar una conferencia. Entré a su despacho y vi un retrato. Se dio cuenta de que veía el retrato y me preguntó si me impresionaba. Le dije que sí, con razón: era el retrato del general Gómez. Carlos me dice: «fue el fundador de la Escuela Militar». Y Carlos era un demócrata.

La otra anécdota. Mi mamá el Día de Muertos ponía las velas en un rincón de la casa y siempre ponía una vela para Gómez. Un día le pregunté: «Oiga, mamá, ¿por qué usted le pone una vela a Gómez?». Me dijo: «Mira, ese bicho fue tan malo que todo lo que podamos pedir por él es un acto de voluntad».

Vale la pena subrayar una cosa: Gómez no fue producto del petróleo. La consolidación del poder gomecista ocurrió cuando Venezuela era todavía una sociedad agraria. El petróleo comienza con vigor en el año 28 y Gómez ya había consolidado su poder desde 1909. Éste es un hecho interesante, porque sin duda el petróleo lo refuerza, pero él es una expresión genuina de aquella Venezuela primaria, no de la Venezuela petrolera.

CONSALVI: Chávez utiliza el petróleo exactamente como lo utilizó Gómez. Gómez daba concesiones a sus amigos –la cosa más insólita, más inverosímil–. Gómez no sabía lo que hacía. Por ejemplo, a su urólogo no le pagaba con dinero, le pagaba con una concesión petrolera. Una de las concesiones que le dio, la vendió el doctor Adolfo Bueno por siete millones de dólares en 1920. El ministro del petróleo le abrió los ojos a Gómez y entonces fundó la Compañía Venezolana de Petróleo, la compañía particular de Gómez. Tenía un enorme poder.

Así como Gómez repartía concesiones, Chávez reparte el petróleo, exactamente igual, sin que nos enteremos. No hay manera de enterarse: ellos no entregan cuentas de ninguna naturaleza. El contrabando de petróleo que hay de Venezuela hacia Cuba es algo extraordinariamente significativo. Petróleos de Venezuela es una de las áreas más secretas que hay en este momento en Venezuela, cosa que nunca había ocurrido. El vicepresidente del ramo es primo de Chávez. Ahí está concentrado todo el poder de Chávez. En Europa hay inquietud porque por primera vez han llegado depósitos venezolanos a bancos europeos. Un banco inglés comenzó algunas investigaciones porque detectó que en su sucursal de Panamá un joven venezolano había depositado 1.500 millones de dólares. Y ésa es una cifra pequeña para lo que estamos manejando.

CARRERA DAMAS: En contraste, cuando Fidel vino aquí y le pidió a Betancourt petróleo para Cuba, Betancourt le dijo: «Yo no tengo petróleo, ese petróleo es del pueblo de Venezuela y yo no puedo disponer de él».

CONSALVI: Allí arranca la guerra de Cuba contra Venezuela. Yo estaba ahí. Presencié la negativa de Betancourt, que era presidente electo. Fue en una casa muy cerca de aquí, preparada para recibir a Fidel. Aun cuando nosotros no oíamos la conversación, uno le veía el rostro a Betancourt, que se encendía. El único venezolano que no cayó bajo las redes de Fidel fue Betancourt. Todos los demás caímos bajo la magia.

* * *

Me despido de mis amigos. Hemos visitado juntos a los personajes del Panteón (menos algunos cuantos). Hemos bajado las estatuas del pedestal. Hemos tratado de comprender el sentido de esas vidas colocándolas en su contexto y hemos buscado también posibles significaciones o legados de esas vidas en tiempos posteriores y en el momento actual. Nunca me pareció más cierto el axioma de que el conocimiento del pasado ilumina el presente y el compromiso con el presente aclara aspectos del pasado. Siento que, de una manera extraña, el paroxismo bolivariano de Hugo Chávez ha dado más vigor y sentido a las vidas de mis amigos. Pero el costo es alto y la batalla, por lo visto, será larga, muy larga.

México en la obra de Bolívar

La obra escrita de Bolívar es un océano pero hasta en un océano hay gotas representativas. Varios de sus pasajes referidos a México ilustran –me parece– aspectos de su pensamiento. Y al menos dos de esos pasajes tocan temas que hablan de la circunstancia de hoy: sus ideas sobre el poder absoluto y sobre la violencia revolucionaria y social. Son dos gotas que muestran, inequívocamente, a un Bolívar republicano.

El primer pasaje se refiere al destino trágico de Agustín de Iturbide, el emperador Agustín I que murió fusilado en 1824. Bolívar había seguido con atención el proceso de la Independencia en México, país que había visitado en sus mocedades y desde cuyo puerto principal, Veracruz, había escrito en 1799 la primera carta compilada en sus obras completas, dirigida a su tío Pedro Palacios y Sojo.

Al referirse a México lo hacía siempre con «j» y, quizá por influencia del famoso libro de su amigo Alejandro de Humboldt sobre el Reino de la Nueva España, anteponía casi siempre la palabra «opulenta»: «la opulenta Méjico».

En cartas fechadas entre 1813 y 1815 lamentaba precisamente la destrucción de esa opulencia por obra de la guerra, y en particular de los «feroces» españoles, que habían convertido al «opulento imperio» en un «vasto cementerio», ejerciendo «su venganza contra las poblaciones inofensivas de todas clases». En 1815 admitía carecer de documentos «bastante instructivos» para juzgar la situación mexicana pero los informes que tenía le bastaban para confirmar la «guerra de exterminio» que contra todo «derecho de gentes y de guerra» libraba España contra los insurgentes. En ese año escribe su famosa *Carta de Jamaica* formulando ya su sueño de ver formar en América «la más grande nación del mundo». No podía ser, por el momento, una república. Pero mucho menos cabía pensar en una monarquía universal.

Debía ser un gobierno intermedio: «Los Estados americanos han menester de los cuidados de gobiernos paternales que curen las heridas del despotismo y la guerra». Y en opinión de Bolívar, la «metrópoli» debía ser México, «la única que puede serlo por su poder intrínseco, sin el cual no hay metrópoli». Es precisamente en aquella carta donde Bolívar hace referencia al ingenio de los caudillos de la Independencia para aprovechar el «fanatismo», «proclamando a la famosa virgen de Guadalupe por reina de los patriotas». Bolívar proyectaba su propio pensamiento ilustrado sobre un movimiento que era mucho más religioso y milenarista de lo que podía percibir.

Pasaron los años y por fin, el 10 de octubre de 1821, pudo felicitar al general Iturbide por haber consumado la Independencia (el 27 de septiembre). Al poco tiempo, al enterarse de los términos del acuerdo (la invitación a un príncipe europeo que podía ser el propio Fernando VII para ocupar el trono mexicano), dedicó meses a advertir a sus generales sobre los peligros de esa eventualidad para la nueva república de Colombia: «dividirnos, debilitarnos y aun aniquilarnos, destruyendo nuestro sistema republicano».

Para consuelo de Bolívar y a diferencia de Portugal (que mudó la familia real a Brasil), España dio las espaldas al arreglo. México se sintió en situación de orfandad monárquica y en 1822 discurrió la coronación de Agustín de Iturbide por el Congreso, acto que Bolívar vio con escepticismo y desprecio: «No doy un cuarto por el imperio de Iturbide [...] ¡qué locura la de estos señores, que quieren coronas contra la opinión del día, sin mérito, sin talento, sin virtudes!». La verdad es que tampoco Iturbide daba un cuarto por su imperio: «Carezco de la fuerza necesaria para sostener el cetro; lo repugné, y cedí al fin por evitar males a mi patria próxima a sucumbir de nuevo, si no a la antigua esclavitud sí a los males de la anarquía».

En febrero de 1823 Bolívar se enteró sin sorpresa de las dificultades del emperador con algunas facciones republicanas. Su propio enviado en México había sido «echado» por sus ideas: «no nos quieren porque somos demasiado liberales». En noviembre de 1824, escuchó rumores sobre el fusilamiento de Iturbide: «me alegraré mucho porque debía causar una nueva revolución en Méjico». En enero de 1825 las noticias se confirman y Bolívar escribe al general Santander:

La muerte de Iturbide es el tercer tomo de la historia de los príncipes mexicanos. El emperador de Brasil puede seguirlos, y los aficionados tomar ejemplo. El tal Iturbide ha tenido una carrera algo meteórica, brillante y pronta como una brillante exhalación. Si la fortuna favorece la audacia, no sé por qué Iturbide no ha sido favorecido, puesto que en todo la audacia lo ha dirigido. Siempre pensé que tendría el fin de Murat. En fin, este hombre ha tenido un destino singular, su vida sirvió a la libertad de Méjico y su muerte a su reposo. Confieso francamente que no me canso de admirar que un hombre tan común como Iturbide hiciese cosas tan extraordinarias. Bonaparte estaba llamado a hacer prodigios, Iturbide no, y por lo mismo, los hizo mayores que Bonaparte. Dios nos libre de su suerte, así como nos ha librado de su carrera, a pesar de que no nos libremos jamás de la misma ingratitud. El parte oficial tiene una expresión al fin bastante tierna cuando ofrece a su patria el sacrificio de su dolor al ejecutar la sentencia del Congreso.

Este primer recorrido por la obra de Bolívar sobre México (de 1813 a 1824) ilustra en varios sentidos la postura de Bolívar frente al poder. En primer lugar, lo más obvio, su repudio irreductible a la dominación «despótica» de España: un despotismo del poder absoluto sacralizado y bendecido por la Iglesia. La correspondencia revela también su conocida aversión a la monarquía y su fe en la república y en las libertades que le son propias.

En circunstancias de «lisonja» similares a las de Iturbide, y con un prestigio y poder mucho mayores, Bolívar rehusaría, como se sabe, la incitación a coronarse que le hiciera Páez en 1826: «El título de libertador —respondió— es superior a todos los que ha recibido el orgullo humano». Aunque persiguió y ejerció en su momento el «poder vitalicio», su práctica no correspondía —o no quería corresponder, me parece— con la del poder absoluto. Era un pensador neoclásico. Con la galería romana en su mente (Bruto, Sila, Camilo, César) y sin olvidar las luces y sombras del Napoleón «estadista y filósofo», Bolívar se empeñaba en diseñar el esquema justo, el balance preciso entre «federalismo y monarquía» (a Páez, 26 de mayo de 1826) para hacer gobernables a los indómitos y diversos pueblos de América. ¿Se trataba de una utopía? Por supuesto que sí, pero una utopía de la razón, no de la emoción; una utopía ilustrada, no una utopía romántica (el héroe y sus súbditos) y muchísimo menos el presagio o la profecía de una utopía totalitaria, fascista o comunista (el líder y las obedientes masas).

Lo mismo cabe decir de su ideal anfictiónico: imaginó una gran federación republicana de pueblos de raíz hispana que en un futuro pudiesen vivir bajo las instituciones y libertades que había propuesto en el Congreso de Angostura y que, como revelan estudios recientes, no sólo se inspiraban en Montesquieu sino muy estrechamente en John Adams.

Si William Blake hubiera conocido a Bolívar lo habría pintado tal vez de modo similar a como concibió a Newton: un griego marmóreo, sentado sobre unas rocas, desnudo e inclinado hacia el piso donde se despliega su propia toga blanca en la que dibuja un perfecto triángulo: el iluso geómetra del mundo y sus secretos. El Bolívar de Blake hubiera sido un general inclinado sobre el mapa ideal de América que se extiende sobre su mesa de trabajo; un mapa geográfico, político, institucional que sufre sucesivas modificaciones pero que, confrontado con las malas noticias de la realidad, se desdibuja siempre. Ese sueño bolivariano tampoco tiene que ver con el *Lebensraum* de raíz romántica, poblado de dioses mitológicos y aspiraciones de dominio racial. Menos aún con el sueño de una América Latina militarizada y militante, unificada por una ideología, muy semejante a la monarquía absoluta española de la que Bolívar abjuraba.

* * *

El segundo pasaje decisivo data de 1830, pero tiene una historia interesante. Para entonces Bolívar ha seguido los sucesos mexicanos de la década: ha abrazado con esperanza la nueva república fundada en 1824; en 1825 ha agradecido las muestras de admiración llegadas de México y la oferta de nombrarlo «generalísimo» de una gran federación que incluiría a México y Colombia; se ha ofrecido a Santander como agente diplomático en México; ha renunciado a la idea del «generalato», «aunque mucho me lisonjea»; se ha alarmado con las noticias de una posible expedición española de reconquista y ofrece hombres y servicios (los suyos propios) en la defensa de México.

En 1826 se ha esperanzado con el proyecto de la gran federación que los diputados de varios países discutirían en Panamá; no renuncia a la idea de una «soberbia federación» formada por México, Guatemala, Colombia, Perú, Chile y el Alto Perú, pero que excluye a Haití, Buenos Aires y Estados Unidos; mientras ve desvanecerse el sueño de la federación, en 1829 confirma la inminente expedición de reconquista española sobre México pero no la lamenta porque «reunirá esos espíritus».

Pero el momento de la alarma llega en 1829. En México ha ocurrido una insurrección popular (el «motín de la Acordada») encabezada por el general Vicente Guerrero (hombre de pueblo y de raza mixta) y alentada por el joven general criollo Antonio López de Santa Anna, que muy pronto se convertiría en el caudillo emblemático de México, el Rosas mexicano, el jefe amado por el pueblo. Bolívar comenta: «el pueblo tomó parte en la revolución de Méjico y ha robado y matado a todo el mundo».

Desde Quito, el 23 de abril de 1829, agrega:

Los sucesos de Méjico son tan temibles como pueden ser útiles a Colombia para hacerla más juiciosa en adelante, ya que tuvo la fortuna de escapar de los léperos del 25 [...]. Los amigos del orden, o los antiléperos, deberán emplear todo su influjo en prevenir la opinión pública a fin de que no participemos de aquellos horrores.

A lo largo del año, Bolívar sigue muy de cerca los hechos. Sabe que «Guerrero ha hecho caer la federación», dice que se han cometido «horrores», que México «no da esperanza de vida». Por fin, en su artículo «Una mirada sobre la América Española» resume con detalle e indignación su versión de los hechos:

la opulenta Méjico [es hoy] ciudad leperada. Sí; los horrores más criminales inundan aquel hermoso país: nuevos *sans culottes*, o más bien descamisados, ocupan el puesto de la magistratura y poseen todo lo que existe. El derecho casual de la usurpación y del pillaje se ha entronizado en la capital como rey, y en las provincias de la federación, un bárbaro de las costas del sur, vil aborto de una india salvaje con un feroz africano, sube al puesto supremo por sobre dos mil cadáveres y a costa de veinte millones arrancados a la propiedad. No exceptúa nada este nuevo Dessalines: lo viola todo; priva al pueblo de su libertad, al ciudadano de lo suyo, al inocente de la vida, a las mujeres de su honor. Cuantas maldades se cometen son por su orden o por su causa.

Bolívar traza el perfil de sus líderes: «No pudiendo ascender a la magistratura por la senda de las leyes y de los sufragios públicos», Guerrero se había asociado con el general Santa Anna, «el más protervo de los mortales». Primero, «destruyen el imperio y hacen morir al emperador, como que ellos no podían abordar el trono; después establecen la federación de acuerdo con otros demagogos, tan inmorales como ellos mismos, para apoderarse de las provincias y aún de la capital». Acto seguido, Guerrero, «que no conoce las letras», hace expulsar al general Nicolás Bravo, «rival digno de competir con hombres de bien», y contiende contra el general Pedraza, por quien el pueblo vota «en su inmensa mayoría». Pero «el ambicioso Guerrero no se detiene por crímenes»:

Ensangrienta la capital y arrojando toda la canalla sobre el pueblo propietario inundan la más hermosa ciudad de América de todo lo que hay de más soez sobre la tierra. Los asquerosos léperos, acaudillados por generales de su calaña, Guerrero, Lobato, Santana [...]. ¡Qué hombres o qué demonios son éstos!

En México, el general Vicente Guerrero es uno de los grandes héroes de la Independencia. Sus restos descansan en la Columna de la Independencia y su estatua la preside junto a la de Hidalgo y Morelos. Fusilado arteramente en 1831, su revolución ha sido encomiada por todos los textos liberales del siglo XIX y los revolucionarios del XX, incluidos los de tendencia marxista.

Para los efectos del pensamiento bolivariano, la exactitud de su versión (no imprecisa, por cierto) importa menos que los juicios que emite y éstos no dejan lugar a dudas: como republicano estaba del lado del orden institucional y legal, y abjuraba de la revolución. Los documentos dejan traslucir algo más incómodo: su asco (no hay otro término, puesto que él mismo lo emplea) social y racial. Esto no lo convierte en un racista a la manera del siglo XIX y el XX. Pero sí a la manera del XVIII. Y es que Bolívar nunca dejó de ser un criollo, nunca dejó de temer la «guerra de colores», nunca olvidó el antecedente de Haití (por eso menciona a Dessalines, el esclavo convertido en gran general y más tarde emperador). Y en términos sociales, nunca dejó de defender los derechos de quienes tenían «luces» y propiedades. Bolívar era un antilépero.

Palabra de Martí

Es una lástima que Venezuela viva la historia de modo militante. La madurez histórica reside en bajar a los héroes de sus estatuas de bronce, verlos como hombres de carne y hueso y admirarlos con afecto humano, no divino. Verlos como los «hombres representativos» de Ralph Waldo Emerson, no como los semidioses de Carlyle; mover a la emulación, no a la sumisión.

Hallo –decía Emerson– que es más grande el hombre que puede abolirse a sí mismo y a todos los héroes […] un monarca que da una Constitución a un pueblo, un pontífice que predica la igualdad de las almas y dispensa a sus servidores de sus bárbaros homenajes, un emperador que pueda prescindir de su imperio [...] todo héroe es a fin de cuenta fastidioso.

Emerson admiraba el espíritu de servicio, de humildad, de sacrificio. Por eso se entiende que José Martí, latinoamericano eminente –acaso el más eminente– escribiera sobre Emerson: «¡Qué tablas de leyes, sus libros!». Martí aplicó esa idea de Emerson a algunos escritos sobre la historia venezolana. Viviendo en Nueva York, publicó en *El Porvenir* y *La Patria* de esa ciudad y en *La Nación* de Argentina (de donde era corresponsal) tres textos sobre Bolívar y al menos dos sobre Páez.

En junio de 1883 Martí describió la develación de la majestuosa estatua hecha por el escultor Rafael de la Cova. Meses después narró la conmemoración del centenario, una recepción a la que acudieron embajadores de todos los países del continente. Se comió y se bebió, se leyeron poemas y elegías, y se brindó por el héroe. En su sabrosa crónica, Martí apuntó:

No se cansó de pelear por la libertad de Venezuela cuando parecía que Venezuela se cansaba. Lo habían derrotado los españoles: lo habían echado del país. Él se fue a una isla, a ver su tierra de cerca, a pensar en su tierra [...]. Un negro generoso lo ayudó cuando ya no lo quería ayudar nadie. Volvió un día a pelear: con trescientos héroes, con los trescientos libertadores. Libertó a Venezuela. Libertó a la Nueva Granada. Libertó al Ecuador. Libertó al Perú. Fundó una nación nueva, la nación de Bolivia. Ganó batallas sublimes con soldados descalzos y medio desnudos. Todo se estremecía y se llenaba de luz a su alrededor. Los generales peleaban a su lado con valor sobrenatural. Era un ejército de jóvenes. Jamás se peleó tanto, ni se peleó mejor, en el mundo por la libertad.

Generoso hasta el delirio pero ante todo honesto, Martí deslizaba sus caballerosas críticas con sumo cuidado. El Bolívar que amaba era el libertador, no el gobernante: «Bolívar no defendió con tanto fuego el derecho de hombres a gobernarse por sí mismos, como el derecho de América a ser libre».

Bolívar le provocaba admiración; Páez, admiración y ternura. Hay razones biográficas que lo explican. Martí había llegado a Nueva York en 1880, siete años después de la muerte del general, en esa misma ciudad. Páez había pasado veinte años exiliado en esa ciudad y había trabado relaciones estrechas con los exiliados cubanos. «Mucho recuerdo hay en que andan juntos el general Páez y los cubanos –escribió Martí–, y a no ser por los vecinos del norte, en Cuba habría rematado el llanero su cabalgata de libertador.» El dato es sorprendente: ya viejo, Páez había estado dispuesto a reiniciar sus gestas embarcándose a Cuba para liberarla. Entre los cubanos que lo rodeaban en el destierro estaba un viejo condiscípulo de Martí, Luis Felipe Mantilla, que había estado muy cerca de él durante su estadía como profesor en Guatemala.

Mantilla fue muy su amigo, y como el secretario de su literatura: a los cubanos, cuando ya apenas podía tenerla, ofreció de buena voluntad su lanza: los cubanos lloraron largamente al héroe, más grande que los errores políticos con que sus interesados consejeros estuvieron a punto de manchar su gloria.

Martí hubiera querido conocer a Páez. Siente con él el dolor del destierro.

El 24 de marzo de 1888 Martí acude al cortejo que atraviesa la Quinta Avenida hasta el muelle. Están en el desfile los héroes de la guerra civil estadounidense, Sheridan y Sickles. Martí escribe:

Son los restos, harto tiempo solitarios, de José Antonio Páez, de aquel que sin más escuela que sus llanos, ni más disciplina que su voluntad, ni más estrategia que el genio, ni más ejército que su horda, sacó a Venezuela del dominio español en una carrera de caballo que duró dieciséis años.

Los restos se trasladan a Venezuela. Martí aprovecha la ocasión para recrear la vida de Páez, «la primera lanza americana»: el hato, las correrías, las hazañas, el ejército, el Coplé, las queseras, Carabobo, su negro, su caballo, su magnanimidad. Martí aplica a la narración toda la plasticidad y brillo de su estilo.

Las escenas guerreras de Páez se suceden con un detalle casi cinematográfico. El lector advierte que Martí está vertiendo no sólo lecturas sino charlas y recuerdos. Había hablado mucho con los amigos de Páez, los que habían oído «con asombro las proezas del llanero épico que con la hombría de su trato supo más tarde, en su destierro de 20 años en Nueva York, mantener para el hombre resignado la admiración que despertó el guerrero». Le decían:

Todavía nos parece verlo cortés y verboso, más instruido en batallas que en leyes, puntual en sus citas, muy pulcro en el vestir, lleno de generosidad y de anécdotas, amigo de las damas y del baile, sin que lo de general y presidente se le viera más que en algún gesto de imperio de la mano o en alguna centella de los ojos.

Martí remata el texto, conmovido:

Ya llegó al muelle la comitiva, las calles levantaban las cortinas, para ver pasar al extranjero. Las calles pobres, de polacos, de italianos, de negros, se agolpan a oír la música, a «ver lo que es», a alegrar los ojos cansados con los colores de los uniformes, y los penachos, y la caballería. Los niños aplauden desde las ventanas a los veteranos mancos. A un negro colombiano, que se abrió paso al borde de la acera, le corren las lágrimas a hilos. Se forma en línea la milicia, las baterías, el escuadrón de húsares. ¿Es que lo quiere así el alma piadosa, o es que de veras, al sacar del carro fúnebre el ataúd, parece el aire como más luminoso, y los caballos no piafan, y no se oye más que el silencio? Ocho marinos lo cargan en hombros. «¡Cerca, mi Dios, de ti!» toca la banda: Sherman baja los ojos. Sheridan levanta la cabeza. ¡Todos los sombreros en las manos!

242

Hermosa imagen. Martí, tan utilizado por Castro como Bolívar por Chávez, reconocía a los hombres representativos por sus virtudes clásicas. El régimen actual de Venezuela no exalta esas virtudes porque las desconoce. Y deshonra a la historia al convertirla en un campo de combate, delirante, fastidioso, vacío.

VI

El centenario de Rómulo Betancourt: vindicación democrática

Atentado de película

En el bar del Tamanaco –que por el tráfico de la ciudad he adoptado como segunda casa– le pregunto a mi amigo Ibsen Martínez cómo era Rómulo Betancourt.

«Un caudillo civil, republicano. En una foto con Frondizi se le sale de su bolsillo la culata del revólver. Hablaba nasalmente –me dice Ibsen, y, como buen hombre de teatro comienza a imitarlo–: "Congggciudadanos", siempre comenzaba sus discursos así.» A Betancourt, al parecer, le gustaban las palabras redundantes y hacía chistes con ello: decía «obsoleto» y «periclitado», «obsolescencia planificada», «castrocomunismo» y se refería a los «sicofantes» de Castro.

Era muy chiquito –dice Ibsen–, lo que llamamos aquí jabado (esto es mestizo, de canario y negro) y eso daba gente como con pecas, tenía viruelas. Usaba una pipa, y no tenía ninguna gracia, pero como diría Petkoff, «Oye, ¡qué arrecho era Betancourt!» (aquí llamamos «arrecho» a alguien recio).

Cuando Ibsen evoca que aquel «tipo desangelado, que no tenía carisma, que usaba trajes mal cortados», triunfó sobre el carismático Fidel, y contrasta ahora ese recuerdo con la «perduración de estos mitos heroicos», no puede sino concluir que Venezuela es el escenario de una tragedia.

Y en el centro de la tragedia está Betancourt, el verdadero héroe, porque «este hombre se jugó la vida por la democracia». Para probarlo, Ibsen me regala una anécdota estrujante que vivió en persona y sobre la que escribió un libreto. Se trata del atentado a Betancourt ordenado por Trujillo. Era el 24 de junio de 1960, día de parada militar. Ibsen tenía nueve años de edad y vivía en el sur de la ciudad, a cuatro y medio kilómetros del lugar de los hechos:

Trujillo había financiado el atentado con una bomba, pero se les pasó la mano con la carga y la onda expansiva pasó por arriba del coche de Betancourt. Mató a algunos, pero no a Betancourt. Betancourt enfrentaba entonces una doble conspiración militar: la de la izquierda y la de la derecha. Trujillo no le perdonaba haberlo sacado de la OEA y además era aliado de Pérez Jiménez. Trujillo era así, mandaba matar a la gente. Betancourt estaba penetrado de agentes de Trujillo. Lo sabía y por eso le dijo «Tú vienes conmigo al carro».

Cuando estalla la bomba, es famoso que Betancourt se quema las manos porque el coche está al rojo vivo; y él abre la puerta y logra salir al pavimento aturdido, sin tímpanos. Ha muerto su chofer, y Betancourt saca su revólver y empieza a ver a su derredor. Un edecán –que fue quien me lo contó– se le acerca y le dice: «presidente» y Betancourt le pregunta: «¿Quién es usted?», «Soy yo, su edecán». «Ah, bueno, sácame de aquí, muchacho.» «Voy a llamar una ambulancia.» «No, teniente, usted me saca de aquí pero en un coche de cualquiera de los mirones que están viendo este desfile.» Señala a alguien al azar y dice: «Ese tipo debe de tener un carro». El tipo era un portugués, y es en la camioneta de ese portugués que Betancourt se deja conducir nada menos que al hospital universitario, nido de los comunistas. Cuando lo van a operar, cuando le van a atender sus primeras quemaduras, con audacia y presencia de ánimo dice: «Convócame al gabinete y convócame a los dos presidentes de los dos partidos de la coalición. Voy a salir vivo de aquí y además tengo que hablar en televisión». «No, que lo queremos dormir.» «Usted no me va a dormir, usted me cura y yo tengo que hablar en televisión.» Betancourt sale del hospital universitario donde han podido rematarlo. Sale para Miraflores, quiere hablar por televisión. Pero tiene las manos vendadas y le han reventado un tímpano. Su sastre tiene que romper las sisas de las mangas, y Betancourt hace una locución muy breve; dice: «Conciudadanos, he sido víctima de un atentado de la derecha militar; sé que es Trujillo, este gobierno va a hacer lo que tenga que hacer para sacar a la República Dominicana de la OEA». Siempre habló desde un punto de vista muy institucional. Se refería a esa famosa doctrina de que los gobiernos militares tenían que ser sacados de la OEA. Anuncia que estaba en perfectas condiciones, y que iba a seguir al frente y que había fracasado la intentona de asesinarlo. Se apagan las luces, se voltea hacia su edecán y le dice: «Ahora sí puedo desmayarme», y se desmayó. Ése es Betancourt.

Los recuerdos del biógrafo

Para hablar largo sobre Betancourt me reúno con su biógrafo, el autor de *Rómulo Betancourt, político de nación.* Es el apasionado historiador, ensayista, columnista y profesor Manuel Caballero, quizás el hombre de más filo crítico de toda Venezuela. Llega con paso lento, apoyado en su bastón y acompañado de un ayudante que trae consigo una inmensa maleta: su obra reunida (no completa, que es mucho mayor). Son doce tomos hermosamente editados por Editorial Alfa, con espléndido papel, portadas negras y un bella ilustración pictórica o fotográfica en cada una. Nuestro común amigo Alejandro Rossi me ha ponderado siempre su obra, y un libro en particular: *La Internacional Comunista y la revolución latinoamericana,* publicada originalmente en Cambridge University Press.

Aunque es un Caballero en el nombre y las formas, Manuel no ha perdido la pinta del utopista, del disidente: es un *mujik* ruso, un bohemio del Barrio Latino. De su boina azul oscuro (distintivo de la generación del 28; Caballero comenzó a usarla, desafiantemente, desde los primeros días del gobierno de Chávez) se desprenden largos y rebeldes cabellos blancos. Su inmenso bigote blanco es una especie de provocación. En el *lobby* del hotel, encontramos un espacio tranquilo para conversar. El tema lo apasiona. Como en tantos casos de la izquierda venezolana, hablar sobre Betancourt es ejercer un *mea culpa*. No porque haya sido inmaculado (aunque hasta sus enemigos admiten que no robó) sino porque casi creó la democracia venezolana, la democracia que la izquierda de los sesenta hizo tanto por desprestigiar y demoler.

ENRIQUE KRAUZE: El 22 de febrero de 2008 se cumplió el centenario de Rómulo Betancourt. ¿Cómo conmemoró o no conmemoró Venezuela el nacimiento del que para mí es el mayor demócrata de América Latina?

MANUEL CABALLERO: Como era previsible, no hubo ninguna celebración oficial, más bien se puede decir que hubo una contracelebración. El Parque del Este de Caracas, que equivaldría al de Chapultepec en México, más pequeño, fue construido durante el segundo gobierno de Betancourt. Al final de su vida, Betancourt solía caminar por ahí. Poco después de que murió, el gobierno de su rival histórico, COPEI, puso al parque el nombre «Rómulo Betancourt» y le mandó hacer un medallón por la artista venezolanoamericana Marisol Escobar. Bueno, lo primero que hizo el gobierno de Chávez fue retirar el medallón y cambiar el nombre del parque por el de Francisco de Miranda.

Por lo visto, la historia de Venezuela se acaba al final de cada época política; ahora los únicos que existieron son los libertadores, después de los cuales hay un enorme hueco, que sólo empieza a llenarse con la venida del nuevo Mesías, el comandante Hugo Chávez Frías. Esto aparte de las constantes diatribas oficiales y oficiosas contra la memoria de Betancourt.

Cuando un periódico francés le preguntó a Juan Barreto, el actual alcalde de Caracas, su opinión de Betancourt, respondió: lo comparo solamente con Hitler. Y ésta no es la opinión de un subalterno: es el discurso oficial constante de este gobierno.

EK: ¿Cuál es la razón o razones de este odio?

CABALLERO: La razón fundamental es que Betancourt demostró que los militares podían ser mandados por los civiles, que el comandante en jefe de las Fuerzas Armadas podía ser un civil, y Betancourt lo fue de hecho y derecho. Metió al ejército en cintura, y eso no se lo perdonan. Por otro lado, Betancourt tuvo oposición de izquierda y de derecha a lo largo de toda su trayectoria política. Yo también fui opositor suyo. Publiqué una columna diaria durante casi tres años, todas contra él, que era el presidente de la República. Ni siquiera me tomaba el trabajo de llamarlo así (lo llamaba *el p. de la R.*), de modo que no estás hablando con un viejo partidario suyo.

El odio de los militares se combinó con el odio tradicional de la izquierda. Como relato en mi libro *Rómulo Betancourt, político de nación*, el odio de la izquierda se remonta a la época del Betancourt militante del Partido Comunista de Costa Rica (PCCR) y, sobre todo, al Betancourt que regresa a Venezuela en 1936, ya enfrentado al Partido Comunista de Venezuela (PCV). En 1928, el año de la revuelta estudiantil de Caracas, Betancourt sale al exilio a Curazao y ahí se inscribe en el Partido Revolucionario de Venezuela (PRV), antecedente del PCV. Inmediatamente se peleó con ellos.

EK: ¿Cuáles eran las disputas?

CABALLERO: Hubo una diferencia de interpretación del movimiento estudiantil de 1928. El PRV lo interpretaba esquemáticamente, lo que a Betancourt le parecía una «simpleza insultante». Pero lo que llama la atención es la dureza del enfrentamiento porque no fue producto de disputas doctrinarias ni de la dinámica política. Las diferencias empezaron a manifestarse incluso antes de la conversión de Betancourt en líder de los comunistas de Costa Rica.

Hacia 1932, Betancourt se convierte en el jefe del PCCR, donde demuestra su autoridad y capacidad de organización. Cuando regresa a Venezuela, empieza a separarse del PCV. Mejor dicho, se separa del marxismo, pero no del leninismo. Esta separación es muy importante porque hacia 1941 dará lugar a una formación política única en el mundo,

249

Acción Democrática, un partido leninista no marxista, pero ésa es otra historia.

El hecho es que el «renegado» Betancourt va a enfrentar esa aversión toda su vida. Durante su segunda presidencia, sofocará veinte conspiraciones militares en su contra, mientras que por el otro lado se le alzará la izquierda, que toma la vía de la lucha armada en 1961.

EK: A la distancia, la supervivencia de Betancourt y de la democracia venezolana, con tantas fuerzas en contra, parece casi un milagro, por lo menos en los quince años posteriores al Pacto de Punto Fijo.

CABALLERO: Sí, es asombroso. En el atentado de 1960, ordenado por Rafael Leónidas Trujillo, dictador de la República Dominicana, Betancourt salva su vida, paradójicamente, por el exceso de odio a su persona. Los conspiradores pusieron tanta dinamita que la onda expansiva se elevó por encima del auto. Betancourt y casi todos sus acompañantes salieron muy quemados pero vivos (con excepción del general Armas Pérez, jefe de la casa militar). Si los conspiradores hubieran tenido un poco menos de odio, la historia hubiera sido otra.

EK: ¿Cuál fue la importancia del paradigma de la Revolución rusa para Betancourt y su generación? Y un detalle: la influencia de la novela *Sachka Yegulev* de Leónidas Andreiev en Betancourt.

CABALLERO: La Revolución rusa impactó con fuerza a la generación de Betancourt, pero no sólo en Venezuela, en toda América Latina. Yo interpreto que permitió a la generación de Betancourt saltar del antiimperialismo «arielista» de Rodó al antiimperialismo leninista; les dio una base más moderna y científica que condujo a una forma diferente de hacer política.

La novela de Andreiev no figura en los diccionarios que conozco; no es muy importante desde el punto de vista literario, pero para Betancourt y su generación sí lo fue, porque se veían retratados en el héroe, Sachka, el joven de sentimiento puro, saliendo de la adolescencia y manifestando hacia su madre un amor en el límite del incesto, edipiano. La novela era leída sobre todo como una especie de manifiesto idealista, populista, revolucionario y sacrificial. La generación de 1928 quería vivir «así como Sachka». También les fascinaba la idea romántica de un grupo de jóvenes intelectuales a la cabeza de las masas campesinas ignorantes. Sabían de memoria el primer párrafo de Sachka, pero yo creo que uno de los pocos que leyó la novela completa fue Betancourt, pues ya era entonces un lector voraz y, hasta antes del movimiento de 1928, no manifiesta una clara intención de ser político, quería ser escritor. De hecho, ganó concursos literarios entre los 16 y los 19 años. Sus textos son prescindibles, pero ya delatan al lector voraz que siempre sería.

En esa época los jóvenes intelectuales venezolanos peroraban la retórica de la Revolución rusa, sus hitos y protagonistas, con cierta familiaridad. Un obrero coetáneo de Betancourt, después miembro del PCV, me contó que por 1928 circuló el libro *Los crímenes de la Ojrana* (la policía política zarista), y que donde decía «Zar» y «Ojrana» ellos sobreponían los paralelos venezolanos, pues era lo que en cierto modo buscaban en esa literatura. Eso mismo sucedió con la lectura de *Sachka Yegulev*.

EK: Vayamos, Manuel, un poco más atrás. ¿Cuáles fueron las influencias familiares que pudieron haber condicionado la inteligencia, la voluntad política y el carácter excepcional de Betancourt?

CABALLERO: Su padre, Luis Betancourt, era un canario emigrado a Venezuela cuando tenía 15 o 16 años, con su madre viuda, doña María García, y una hermana, lo cual es indicio de que la señora (la abuela de Rómulo) tenía carácter. Se instalaron en una hacienda propiedad de un señor de apellido García, como ellos, pero sin parentesco, al parecer. El futuro padre de Rómulo comienza a trabajar muy joven con ese señor García y luego en una casa de comercio. Pese a su condición de extranjero, adquiere mucha presencia en la pequeña sociedad de Guatire, donde Rómulo

251

nació. Incluso dirigió un pequeño periódico, *El Geranio*. Un compadre suyo escribió que Luis Betancourt era el hombre más «plumúo» de Guatire, refiriéndose a que era un hombre de cultura. Rómulo creció, pues, en un ambiente relativamente culto. Desde pequeño mostró inclinación por la lectura. Al parecer, su padre le leía capítulos del *Quijote* y lo llevaba a pasear, al encuentro social, pues era el único varón. Rómulo tuvo una educación especial por ser la esperanza de la casa.

EK: El parteaguas de aquellos jóvenes es la rebelión estudiantil contra el dictador Juan Vicente Gómez. Estalla, como sabemos, en febrero de 1928, en la «Semana del Estudiante», un festival más o menos inocuo. Luego se extiende. Gómez los encarcela y les reclama –como Chávez ahora– que se dediquen a estudiar. ¿Cómo marca 1928 a la generación de Betancourt?

CABALLERO: En 1928 hubo dos acontecimientos importantes en Caracas: primero, el movimiento estudiantil de febrero, y luego, el intento cívico-militar de derrocar a Gómez en abril. En el movimiento estudiantil, Rómulo fue líder con Jóvito Villalba; y en el intento de golpe participa con algunos cadetes y oficiales, entre ellos el hijo del general Eleazar López Contreras. Este último era el segundo de Gómez, a quien sucederá en diciembre de 1935.

1928 los arroja de manera abrupta a la política. Hasta la «Semana del Estudiante» los discursos de Villalba y Betancourt son casi puramente literarios. Pero luego publican un manifiesto abogando por una «democracia decente» y por una respuesta positiva del gobierno a las «aspiraciones colectivas». Este manifiesto sería menospreciado por los historiadores de izquierda –incluido yo– porque invocaba valores abstractos. No veíamos que hubiera marcado un cambio importante en el discurso político venezolano, del personalismo político tradicional al «nosotros», a la dimensión social. Éste será el germen de la democracia social venezolana.

EK: ¿Qué quería decir la expresión «democracia decente»?

CABALLERO: Era una caracterización de las aspiraciones colectivas, en oposición al muy corrupto y por tanto indecente
régimen de Gómez, donde campeaba el peculado; la dictadura era indecente también porque negaba las reglas más
elementales de la convivencia y, sobre todo, era indigna del
pueblo venezolano, pues Gómez era un ignaro chafarote.

EK: ¿En todos estos hechos ejerció alguna influencia la Revolución mexicana?

CABALLERO: La ejerció en toda América Latina, pero en Betancourt no hay indicios de influencia profunda. Es curioso
que él no haya intentado ir a México. Después de que
caen presos casi todos los estudiantes de 1928, Betancourt
es ayudado por su padre a escapar a Curazao; de ahí irá a
Costa Rica y luego a Colombia, donde lanza el famoso
Plan de Barranquilla en 1931, embrión programático y organizativo de Acción Democrática. Luego regresa a Costa
Rica, donde permanece cuatro años, se casa y se convierte
en el dirigente real del PCCR, pero nunca va, ni intenta ir,
a México. Quizá no tenía posibilidades económicas, pero
el caso es que no buscó refugio allá, como sí lo hicieron
otros venezolanos.

EK: De nueva cuenta, así como en estas últimas décadas el
horizonte revolucionario fue (y quizá siga siendo) la
Revolución cubana, entonces el horizonte revolucionario
era Rusia, la Revolución rusa.

CABALLERO: Así fue. Las discusiones del grupo se centraban en
el egocentrismo heroico a lo Sashka Yegulev y el ejemplo
de la Revolución rusa. En sus primeros años de exilio,
Betancourt vive una etapa de conspirador garibaldiano, de
«charreteras». Se involucra en la fallida invasión del *Falke* a
Venezuela en 1929, comandada por un caudillo de la vieja
guardia. Pero en 1930, luego de este fracaso y de otras
acciones dispersas, conmina a sus compañeros exiliados a
enfocarse en la acción organizada al margen de caudillis-
mos. Un año después redacta el Plan de Barranquilla,
donde ya se nota una interpretación de la realidad venezolana basada en el materialismo histórico, el primer intento

marxista en esta dirección en Venezuela. En 1932 delinea por primera vez sus diferencias con los partidos comunistas obedientes a lo que llamaba las «majaderías» de la Tercera Internacional, impugna la «estigmatización» de la vía democrática para los partidos semicoloniales y sostiene que hacer propaganda contra la democracia es como echarse a nadar a un río con una mano amarrada a la espalda.

EK: Admirable creatividad: Betancourt, el joven Betancourt, lee sin dogmatismos las dialécticas de la historia. Costa Rica fue la tesis, la ceguera soviética y comunista fue la antítesis y su original imaginación democrática de izquierda fue la síntesis.

CABALLERO: Así es, comenzando con el Plan de Barranquilla, y sobre todo con su correspondencia desde Costa Rica con los «hermanitos», como él llamaba a los estudiantes exiliados en Barranquilla. Ellos firman el Plan redactado por Rómulo y fundan la Agrupación Revolucionaria de Izquierda, la legendaria ARDI, un partido leninista nonato, cuyos miembros serán, diez años después, los principales dirigentes de Acción Democrática.

Otro documento importante es la carta de Betancourt a Valmore Rodríguez, Ricardo Montilla y Raúl Leoni en 1932, desde un sitio llamado Las Juntas de Abangares, Costa Rica. Dicho sea de paso, Betancourt fungía ahí como supervisor o agente electoral, pese a ser extranjero, lo que nos da una idea de cómo se movía. En esa carta aplica la idea del «programa mínimo», que es un programa democrático, aunque sólo como etapa previa del «programa máximo», es decir, el socialismo.

Esa carta está incluida en *El libro rojo,* una infame edición de la policía venezolana para estigmatizar a Betancourt de comunista, exhibiendo documentos redactados por él mismo, sustraídos del archivo de Raúl Leoni por el gobierno en 1936. Lo curioso es que el material exhibido es más blanco que rojo.

EK: Leninismo y democracia. Me cuesta trabajo pronunciar las dos palabras juntas. Pero la lectura de algunos de esos documentos en tu libro *Rómulo Betancourt. Leninismo, revolución y reforma* (publicado por el Fondo de Cultura Económica en México) me convenció de algo: la verticalidad original del partido (la forma diría yo) era, como tú adviertes, leninista. Pero el contenido era –en tus palabras– «más menchevique que bolchevique, más democrático que comunista».

CABALLERO: Aunque no sin contradicciones y retrocesos que tuvieron consecuencias. Por ejemplo, en 1930, Betancourt, Raúl Leoni y otros firman una alianza sobre la política que adoptarán a su regreso a Venezuela, y declaran que se opondrán con todo a la formación de un gobierno militar y a la participación de militares en el gobierno. Esto es ya una declaración de antimilitarismo. Sin embargo, en 1945, nueve años después de su regreso a Venezuela, Betancourt aparece como presidente de facto de la Junta Revolucionaria de Gobierno, resultante del golpe militar del 18 de octubre de ese año. Como Lenin, Betancourt estuvo a la cabeza de una «revolución de octubre».

EK: Y sus enemigos se lo recordarían toda la vida. «Un gobierno nacido de la violencia que actúa con tolerancia», escribió diez años después para justificar esa decisión, quizá la más discutible de su trayectoria. Y tú, ¿cómo la interpretas?

CABALLERO: El tema se ha discutido durante décadas, pero está claro que Betancourt y los militares acordaron dar un golpe en la forma de pronunciamiento militar clásico. Betancourt mismo lo admite en su libro *Venezuela: política y petróleo* (Fondo de Cultura Económica, 1956). El acta constitutiva de la Junta Revolucionaria asienta los hechos de los preparativos del golpe, incluyendo que Betancourt aceptó ser el presidente. Ahora bien, lo notable es que al día siguiente del golpe, el 19 de octubre, comienza un proceso revolucionario. Es el famoso Trienio (1945-1948), desbancado a su vez por un golpe militar subsiguiente.

EK: En el libro que mencionas *(Venezuela: política y petróleo),* Betancourt describió el Trienio (1945-1948) como un «salto en el sentido hegeliano, de lo colonial a lo moderno en la estructura económica de la sociedad». Con tanta dialéctica a cuestas, ¿tenía influencia de Hegel?

CABALLERO: No lo creo, aunque como todos los marxistas, la tenía de modo indirecto. Pero a diferencia de Víctor Raúl Haya de la Torre, Betancourt tenía una cabeza más política que filosófica. Nunca intentó especulaciones abstractas.

En cuanto al proceso iniciado en el Trienio, muchos tendíamos a verlo con desdén, debido a nuestra formación marxista. Sin embargo, la acción desatada fue realmente revolucionaria en lo político, lo económico y lo social: reforma de las instituciones electorales, revolución educativa, revolución sanitaria, mejoramiento del nivel de vida de la población. En suma, una vasta obra de transformación social y económica que será la base del gobierno constitucional de Betancourt de 1959 a 1964. Los cambios favorecieron a todos los sectores sociales, incluyendo a los empresarios nacionales, pero lo más importante es el código electoral de 1946 porque nacionaliza al pueblo venezolano. Hasta 1945, Venezuela no tenía elección directa de presidente de la República, ni siquiera del Congreso. No votaban las mujeres, los analfabetos ni los jóvenes en edad militar; 80% de la población en edad de votar estaba excluido de la vida política. El gobierno del Trienio cambió todo eso. En 1946 se constituyó la Asamblea Nacional Constituyente, que elaboró la Constitución que se aplicaría bajo la breve presidencia de Rómulo Gallegos en 1948. Para el historiador Germán Carrera Damas, este código electoral es tan importante como el acta de independencia, porque incorporó el pueblo todo a la nación.

EK: ¿Es eso lo que Betancourt quiso decir por «democracia decente» en 1928?

CABALLERO: Sí. Los compromisos más importantes de los partidos que apoyaron el golpe de 1945 –elecciones libres y erradicación del peculado– ya figuran en la idea de «democracia decente». Apenas toma posesión en 1945, Betancourt nombra una comisión para redactar el código electoral y ordena crear un jurado especial para juzgar a los responsables de peculado en los gobiernos anteriores: el de Cipriano Castro, el de Juan Vicente Gómez, el de Eleazar López Contreras y el de Isaías Medina Angarita, a quien acababan de derrocar.

EK: No sé si esas medidas contra el peculado fueron sabias. Le atrajeron –según sé– enemistades permanentes y quizás innecesarias. Además, no todos esos gobiernos fueron igualmente corruptos. Al menos no los dos últimos. ¿Me equivoco?

CABALLERO: López Contreras y Medina Angarita fueron unos ángeles en comparación con Gómez. Pero lo relevante es que hasta antes del Trienio no había sanción penal, social ni moral del peculado.

Betancourt tomó otra decisión también revolucionaria días después del golpe, el decreto número 9, que prohibió a los miembros de la Junta ser candidatos en las elecciones inmediatas. Es decir, Betancourt se prohibió a sí mismo postularse, pese a ser el candidato idóneo. Él lo llamó *haraquiri* político. La evolución democrática consiste aquí en que el Trienio es el primer gobierno que renuncia a aprovechar su propio poder para colocar a sus miembros como candidatos en la elección inmediata.

EK: «Ese decreto fue redactado de mi puño y letra», escribió Betancourt once años después.

CABALLERO: Efectivamente. Debe reconocerse que, con todo y sus grandes defectos y contradicciones, Betancourt mostró congruencia democrática, desde el Plan de Barranquilla, pasando por sus tres exilios y sus dos presidencias, hasta el final de su vida. En 1972, cuando la Internacional Socialista se reunió aquí, en Caracas, Acción Democrática era el partido más numeroso de la organización.

EK: ¿Cómo evolucionó la política en Venezuela a partir de las bases sentadas en el Trienio? ¿Hubo logros permanentes?

CABALLERO: El primer logro es que hasta ahora ha sido imposible echar atrás el sufragio universal.

EK: ¿Se intentó echar abajo el sufragio universal el 2 de diciembre de 2007?

257

CABALLERO: El rechazo a la reelección en el referéndum de 2007 demuestra que la no reelección sigue siendo sumamente importante. La tradición antirreeleccionista de Venezuela tiene antecedentes en el siglo XIX, aun bajo el caudillismo.

EK: Ciertamente. José Antonio Páez, el hombre fuerte del periodo 1830-1848, alternó en el poder. Supervisaba o garantizaba el juego político con elecciones limitadas y alternancia…

CABALLERO: Basta recordar que el primer candidato presidencial de Páez no alcanzó a llegar al día de la elección. Primero fue impugnado por carecer de los requisitos legales. Páez salió en su defensa pero el candidato terminó renunciando, aunque por otras razones. En esa época se cuidaban ciertas formas.

EK: ¿Era el dictador Juan Vicente Gómez como Porfirio Díaz?

CABALLERO: No, no era como él.

EK: ¿Sobre todo porque Porfirio Díaz no robó?

CABALLERO: No sólo por eso. Díaz permitió los comités antirreeleccionistas, algo que a Gómez no se le habría ocurrido ni de broma.

EK: Volvamos al Trienio. ¿Cuál fue la causa del golpe que terminó con él en 1948? ¿Cometió Betancourt algún error, se impuso la fuerza de los jóvenes militares, o el golpe fue el precio que Betancourt tuvo que pagar por haberse aliado a ellos?

CABALLERO: Betancourt vio venir el golpe de 1945 como inevitable y justificó su participación bajo la necesidad de enfilar el nuevo gobierno hacia la democracia y la transformación social, como efectivamente lo hizo. Mi libro *Las crisis de la Venezuela contemporánea (1903-1992)* contiene una descripción de esos hechos.

Una consecuencia del Trienio fue que Acción Democrática salió favorecida en lo inmediato, pues se hinchó con 80% del voto, hasta llegar a ser partido casi único, pero se debilitó porque no tenía músculo político suficiente. De hecho, Betancourt no tenía plena confianza en su propio partido ni en los militares. Para mantener el equilibrio, en algunos asuntos se movía con el partido y en otros con los militares, nunca solo.

EK: El golpe sobreviene en 1948, Betancourt tiene 40 años y sale de nuevo al exilio, esta vez por diez años. Parece que no cesa de crecer política e intelectualmente. ¿Podrías describir su evolución en esos años?

CABALLERO: Betancourt tiene bastante claro su proyecto político desde 1939, cuando es expulsado de Venezuela a Chile por el gobierno de López Contreras. Entre 1937 y 1939 escribe 600 artículos desde la clandestinidad (en Venezuela) en la columna «Economía y Finanzas» del diario *Ahora* de Caracas. En Chile recoge una selección de esos artículos en el libro *Problemas venezolanos* (Santiago, 1940). En el prólogo escribe que ese material es la base de un futuro programa económico venezolano. En mi opinión, ése es el primer documento propiamente betancourtiano.

Para entonces, Betancourt ya se ha apartado de la línea marxista. Cuando el gobierno constitucional de Rómulo Gallegos (electo en diciembre de 1947 gracias a la reforma electoral promovida por Betancourt) es derrocado en 1948, Betancourt, con la experiencia adquirida en el poder, tiene claras dos cosas: que ningún gobierno podrá sostenerse sin la anuencia de Estados Unidos, pues ya había empezado la Guerra Fría, y que el camino es la democracia. No obstante, intenta de nuevo provocar un alzamiento militar, reúne dinero para comprar armas y su partido elabora un plan para matar a Pérez Jiménez. Durante este periodo, Betancourt va a tener poca presencia pública, pero lo importante es que, después del plan frustrado para matar a Pérez Jiménez, la lucha política dentro de Venezuela va a desplegarse contrariando algunas de sus opciones tácticas, sobre todo su idea fija de aislar a los comunistas de todo contacto, mucho menos alianza, con su partido.

EK: Me llama la atención la persistencia de la opción violenta, el golpe de Estado.

CABALLERO: Todavía a fines de la segunda mitad de la década de los cincuenta, declaró a un periodista cubano que si no se lograba en Venezuela una solución como la peruana, su partido estaría dispuesto a seguir el camino de Fidel Castro, entonces en la Sierra Maestra. Pero el hecho es que a la hora de decidir cómo encarar la elección presidencial de diciembre de 1958, se opuso a un candidato único de toda la oposición al militarismo («único sólo Dios», se le oyó decir), pero sin manifestar su deseo de serlo. Su candidatura apareció así como una imposición de su partido a su persona, no de su persona a su partido. Aunque, se sabe, no siempre la apariencia corresponde a la realidad. Pero Betancourt era muy cuidadoso de ciertas formas, en particular en aparecer como un caudillo, él que tanto esfuerzo hizo para despersonalizar el poder.

EK: Estás hablando de los hechos posteriores al Pacto de Punto Fijo de 1958. Los líderes de COPEI y URD eran Rafael Caldera y Jóvito Villalba, respectivamente. ¿El Pacto de Punto Fijo se firma en Nueva York?

CABALLERO: No, se firma aquí, en Caracas. Punto Fijo se venía cocinando desde 1951 entre AD, COPEI y URD. Caldera era mucho más joven que ellos, mientras que Jóvito y Betancourt eran más o menos rivales desde 1936. Con el Pacto de Punto Fijo retomaron la idea del frente único que habían concebido desde 1951 en la universidad, el semillero político tradicional de Venezuela. Las conversaciones en Nueva York fueron circunstanciales. Al momento de la caída de Pérez Jiménez, el 1.º de enero de 1958, Villalba llevaba en Nueva York algún tiempo y solía conversar con Rómulo, que estaba ahí de paso. Y por pura casualidad también, Caldera llega a Nueva York, expulsado de Venezuela por primera vez en su vida. Así que los tres líderes se reunieron allá el día de la celebración por la caída de Pérez Jiménez. Una foto publicada entonces cuando los tres brindaban dio pie para la versión según la cual se había firmado allá el Pacto.

El Pacto de Punto Fijo tiene un acuerdo muy concreto: que cualquiera que sea la decisión sobre si habrá un candidato único o uno por cada partido a la presidencia de la

República, los votos se contabilizarían a favor de un solo candidato para que la victoria de la oposición fuera arrolladora. Los partidos se comprometían a que el gobierno resultante fuera de coalición.

EK: Llegamos al momento del régimen democrático. ¿Qué periodo es más importante, el Trienio de 1945-1948 o el Quinquenio de 1959-1964? ¿Cuál es tu opinión de esos cinco años de la segunda presidencia de Betancourt y los primeros quince años de la democracia venezolana, hasta antes del gobierno de Carlos Andrés Pérez? A mí me parecen enormemente meritorios, casi milagrosos, como te he dicho.

CABALLERO: La cuestión de qué periodo es más importante, el Trienio o el Quinquenio, también ha sido tema de larga discusión. Para Virginia, la hija de Betancourt, lo más importante es el Trienio, mientras que para Rafael Caldera lo es el Quinquenio.

Para mí, ambos periodos son dos momentos de un mismo proyecto, enfrentado a los mismos peligros, con una diferencia: en el Trienio la izquierda no estaba contra Betancourt; lo detestaba, pero no estaba en contra suya. La razón es sencilla: la Guerra Fría no había empezado, si bien estaba latente. Así que Betancourt se daba el lujo de tener una excelente relación con Estados Unidos sin que los comunistas lo cubrieran de injurias y, por otro lado, podía asistir al Instituto Cultural Venezolano-Soviético sin que Estados Unidos pusiera reparos. En cambio, el contexto internacional del Quinquenio fue muy distinto, pues la Guerra Fría estaba en su apogeo y ya había ocurrido la Revolución cubana.

El triunfo de Betancourt en la elección presidencial de 1958 es la culminación de su proyecto. Ese proyecto incluía un principio que va a tener mucha influencia, la institución de la alternabilidad, ratificada por el electorado en 1958. Ese año, a la caída de Pérez Jiménez, hubo un presidente provisional, el contraalmirante Wolfgang Larrazábal, que luego contendió en la elección de diciembre apoyado por la URD de Jóvito Villalba y por el Partido Comunista y admitió el triunfo de Betancourt. A partir de entonces, la política de Venezuela va a ser bipartidista –Acción Democrática y COPEI–, que juntos obtienen alrededor de 90% del voto. La alternabilidad durará hasta el final del segundo gobierno de Carlos Andrés Pérez, de Acción Democrática (1989-1993). En la elección de 1993 contienden cuatro candidatos, todos los cuales obtienen una votación alta. Acción Democrática y COPEI quedaron en segundo y tercer lugar. El bipartidismo comenzará a disolverse.

EK: El inicio de la segunda presidencia de Betancourt coincide con la aurora de la Revolución cubana. Ése su principal obstáculo, su infortunio, me parece.

CABALLERO: Sí, ése fue su gran obstáculo. Betancourt pensaba tener un papel revolucionario en América Latina, como lo había tenido entre 1945 y 1948. Pero ahora, en 1959, tenía en su contra las simpatías y esperanzas despertadas por la Revolución cubana, sobre todo entre los jóvenes.

EK: ¿Tuvo simpatía por la Revolución cubana en un principio?

CABALLERO: Sí, hasta antes de que los revolucionarios cubanos y él mismo llegaran al poder, pues llegaron casi juntos. La historia es la siguiente: un mes después de su entrada a La Habana, Fidel viaja a Caracas, pues el gobierno provisional de Larrazábal lo había apoyado, enviándole armas, aviones y pilotos a la Sierra Maestra. Por cierto, los dos comisarios políticos encargados de gestionar ese apoyo eran miembros de Acción Democrática, el partido de Betancourt. Así que Fidel, con su discreción característica, declaró sentir una emoción mucho más grande al entrar a Caracas que a La Habana, pues aquí fue recibido en triunfo con una gran manifestación. Pide hablar con Betancourt, entonces presidente electo.

EK: Simón Alberto Consalvi, testigo del encuentro, me narró los hechos. Fue en una casa muy cerca de aquí preparada para recibir a Fidel. Él no oyó la conversación, pero le vio el rostro a Betancourt, que se encendía. El único venezolano que no cayó bajo las redes de Fidel, me dijo Simón Alberto, fue Rómulo Betancourt. Los demás, incluido él, ustedes, cayeron bajo la magia.

CABALLERO: El hecho fue así y trascendió a la prensa, pero no pasó a mayores porque Betancourt no asumía todavía la presidencia. La primera rabieta de Fidel ocurrió a raíz de que el presidente Betancourt propuso a otros presidentes latinoamericanos y al gobierno estadounidense crear un fondo para indemnizar a los propietarios norteamericanos expropiados por la Revolución cubana. Entonces Fidel empezó a atacarlo con el argumento de que no debía meterse en los asuntos de Cuba.

EK: ¿Cuál es en ese momento la postura de la izquierda venezolana frente a la Revolución cubana y qué influencia tuvo en ella la adhesión pública de Fidel Castro al comunismo?

CABALLERO: En 1961 la izquierda extrema de Acción Democrática y el PCV deciden radicalizar su lucha contra el gobierno de Betancourt. Es entonces cuando Fidel comienza a apoyarlos para que se alcen. El antecedente inmediato es la decisión de Betancourt de votar a favor de las sanciones contra el régimen cubano en la Conferencia de la OEA en Costa Rica a finales de 1960. El canciller venezolano, Luis Ignacio Arcaya, no obedeció a Betancourt y renunció. Por cierto, ese Arcaya es el padre de un efímero ministro del Interior del mismo nombre del gobierno de Chávez.

EK: ¿Qué diferencia hay entre la victoria de Betancourt en 1958 y la de Chávez en 1998?

CABALLERO: Para establecer esta diferencia, la consideración básica es la existencia de la república civil, es decir, la primacía de lo civil sobre lo militar. A partir de Betancourt, por primera vez en la historia de Venezuela, el presidente de la República es también el comandante en jefe de las Fuerzas Armadas de hecho, no sólo de derecho, primacía reconocida por la ley de las Fuerzas Armadas. Ésta es la causa de la gran rabia de Chávez y los militares contra Betancourt.

EK: ¿Cuáles son los logros políticos más importantes de Betancourt y del régimen que él inició en 1959?

CABALLERO: La alternabilidad y el respeto al resultado electoral.

EK: ¿El respeto al resultado electoral se está perdiendo en Venezuela?

CABALLERO: Por el contrario, la está salvando. Hay que decir que el respeto al resultado electoral se venía gestando desde la muerte de Gómez. López Contreras y Medina Angarita no intentaron reelegirse. Con el derrocamiento de Pérez Jiménez en 1958 no se derrocó a una dictadura cualquiera, sino a la dictadura más breve en la historia de Venezuela (1952-1958). Desde entonces, la sucesión presidencial está regida por una especie de biorritmo quinquenal. Chávez hizo rabietas cuando perdió el referéndum de 2007, pero se tuvo que someter. Ésa es una gran fortaleza de la democracia venezolana. La otra es la imparcialidad en el conteo de los votos.

EK: ¿Permanece esa imparcialidad ahora?

CABALLERO: Por supuesto que no, porque el partido del gobierno controla recursos e influye en las instituciones. Pero esto es precisamente lo que la oposición está echando para atrás; es una de sus reivindicaciones más importantes y populares. El control del gobierno sobre los recursos y su influencia en las instituciones es ventajismo, no fraude, o mejor dicho, no es sinónimo de manipulación de resultados, de cifras.

EK: Hablemos ahora de los últimos años de Betancourt. ¿Fueron años de tristeza y decepción?

CABALLERO: Virginia Betancourt respondería afirmativamente, que fueron años de tristeza y decepción. Rafael Caldera piensa igual. Un amigo mío, que también lo fue de Betancourt, el editor José Agustín Catalá, me contó que el viejo estaba bastante deprimido al final de su vida. Virginia se llevó a casa suya el retrato que estaba en la fundación para que la gente no lo viera porque es deprimente. Rómulo aparece abatido física y moralmente. En sus últimos años se decía muy preocupado por lo que llamaba las «verrugas» de la democracia.

EK: ¿Se refería a la corrupción?

CABALLERO: Sí, específicamente al peculado. Se creía falsamente que esa lacra había sido superada y no se vio el peligro de que volviera, menos entre los militares.

La peste militar

Caballero es un crítico feroz del régimen. Nacido en 1931, militante de izquierda, su indignación frente a Chávez me recuerda un poco a la de los disidentes rusos frente al socialismo soviético: una indignación del socialismo libertario frente al poder totalitario o, en este caso, frente al amago de ese poder totalitario. Frente a Chávez es implacable. Cuando el MAS decidió apoyarlo, Caballero les dijo expresamente: «Si van a dedicarse a lamerles el culo a los militares, no cuenten conmigo». Chávez –escribe Caballero– «ha utilizado la dádiva como política», «su "socialismo bolivariano" es casi un oxímoron, como decir "blanco negror"». Alguien le preguntó si en Venezuela había un gobierno socialista. Manuel contestó:

> Este gobierno no es socialista ni en los hechos ni en su planteamiento. Chávez no es comunista, ni socialista ni musulmán. Pero es todo eso a la vez si le garantizan que puede quedarse toda la vida en el poder. Chávez es chavista y lo que él adora de Fidel Castro no es lo que hizo o dejó de hacer en Cuba, sino su permanencia de casi medio siglo en el poder.

Para Caballero, Chávez es, simplemente, el «más grande demagogo de la historia de América Latina». Lo que más le reprocha (con toda razón a mi juicio) es «la división absoluta de la sociedad, tal como nunca había existido en nuestro país. El odio social es notorio». No es pesimista, todo acabará alguna vez, todo en la vida: «y la limosna dura lo que dura la limosna». Pero está convencido de que «Chávez no va a salir del poder como no sea por la fuerza». La conversación continúa, ya no sobre Betancourt sino sobre las posibilidades de que su

265

legado persista frente a un adversario acaso más temible que Fidel Castro.

EK: Manuel, acabo de leer *La peste militar,* colección de artículos en los que perfilas la tesis de que el gobierno de Chávez es, en esencia, un régimen orientado por «la explotación del nacionalismo y la militarización de la sociedad». Eres un antimilitarista a ultranza. ¿Por qué?

CABALLERO: Hacia los militares he tenido siempre una desconfianza política visceral. Puedo jactarme de que fui el único de la izquierda que condenó sin reticencia el golpe de Chávez en 1992. A diferencia de todos los otros, incluyendo a los adecos, que eran los más perjudicados, no bajé el tono de mi condena ni un solo momento.

EK: Teodoro Petkoff condenó también el golpe de 1992.

CABALLERO: Petkoff condenó el golpe pero, como todo el mundo, era partidario de amnistiar a los golpistas. *La peste militar* incluye un artículo en respuesta a él y otro en respuesta a Pompeyo Márquez. Ellos sostenían que no podían ponerse contra el electorado popular que seguía a Chávez, la gente por la cual habíamos luchado siempre. Reaccioné contra esa postura por mi formación marxista y por mi pasado comunista. Siempre he sido antimilitarista. En la época en que yo estaba a favor de la lucha armada, en el tiempo de Betancourt, apoyé la alianza con los militares, creyendo que los estábamos manipulando, cosa que nunca fue realmente así, pero ésa era la idea prevaleciente entonces en la izquierda. Al principio pensé que el golpe de 1992 era un golpe de derecha, pero luego comprendí que no hay golpe que no sea de derecha. Así fui madurando la idea central de *La peste militar,* a saber, que el régimen más reaccionario que ha tenido Venezuela en toda su historia es el de Hugo Chávez. A diferencia de los gobiernos militares precedentes, que se limitaban a copar el aparato del Estado, el militarismo de Chávez pretende organizar a la sociedad con el modelo del cuartel.

266

EK: ¿Consideras que el régimen de Chávez tiene características fascistas? Hay un culto a la personalidad como en los regímenes fascistas...

CABALLERO: Sí, muchísimo, sobre todo hay gran parecido con Mussolini, aunque mediado por el ejemplo peronista. Perón y Chávez se parecen hasta en el culto a Evita. Chávez le mandó hacer una estatua muy cerca de la del Che Guevara, que está todavía a la vista.

EK: En tu trayectoria intelectual y política, Manuel, ¿dejaste de ser marxista?

CABALLERO: Sólo en la medida en que se puede dejar de serlo. Añadiría que fui marxista porque era imposible no serlo, pero mi cambio no fue abrupto. Publiqué mi primer libro, *El desarrollo desigual del socialismo,* en 1970. Ese libro ya era una toma de posición frente a la invasión de Checoslovaquia y toda esa serie de cosas, pero no fue producto de una iluminación.

EK: ¿Cuáles son las perspectivas a corto y mediano plazo del proceso que Venezuela está viviendo?

CABALLERO: Cuando me preguntan si soy optimista o pesimista sobre el futuro inmediato respondo con la siguiente frase «original»: «No soy optimista ni pesimista, sino todo lo contrario». Creo que en México atribuyen esta frase a Luis Echeverría; aquí se la atribuyen a Carlos Andrés Pérez. En realidad, soy escéptico frente al pesimismo y al optimismo por igual.

Pero veamos los hechos: primero, es muy difícil combatir a un líder carismático; segundo, es muy difícil combatir a un gobierno con ingresos tan altos por el precio del petróleo; y tercero, lo más difícil, es muy difícil tapar el poso autoritario que está en el fondo de todo esto. En 500 años de historia, Venezuela ha tenido alrededor de 430 años de gobiernos autoritarios. Pero también está el hecho asombroso de que la cultura democrática ha resultado más fuerte de lo que muchos pensaron, sobre todo si se considera su juventud en perspectiva histórica.

EK: ¿A partir de cuándo datas esa cultura democrática cuya permanencia es tan importante, tan necesaria? ¿A partir del Trienio?

CABALLERO: Antes del Trienio, en fecha muy precisa, el 14 de febrero de 1936, dos meses después de la muerte de Gómez. Esta tesis está en mi libro *Las crisis de Venezuela contemporánea (1903-1992)*. Gómez es sucedido por López Contreras, un hombre mucho más abierto y liberal, aunque no democrático. A diferencia de Gómez, que no conoció la democracia siquiera, López Contreras sí la conoció y la enfrentó, pero el suyo fue un gobierno legalista, no despótico. Desde el inicio de ese gobierno se manifestaron dos tendencias dentro y alrededor del gobierno. Una era la de la facción gomecista más recalcitrante, partidaria de que todo siguiera igual, o peor, debido al impulso militar de dominar al populacho, pues la gente empezaba a manifestarse en la calle con cierta violencia ante la relativa tolerancia de López Contreras. Pero una vez que esta marea popular creció, López Contreras suspendió las garantías constitucionales y decretó la censura de prensa. En protesta, diversas organizaciones convocaron a una manifestación el 14 de febrero de 1936 en un sitio emblemático, donde confluían entonces la sede de la universidad y la plaza Bolívar, bastante cerca del Palacio de Miraflores. La policía se puso nerviosa, disparó y mató a varios manifestantes que empezaban a reunirse. En respuesta, casi toda Caracas se volcó a la calle en la manifestación más grande hasta entonces vista en Venezuela. La manifestación fue encabezada por el rector de la universidad y por Jóvito Villalba, mientras la gente coreaba «¡A Miraflores!». Al llegar la manifestación a Miraflores, López Contreras la estaba esperando y pidió que una delegación pasara a hablar con él.

EK: ¿Ése es el momento en que empieza a nacer la cultura democrática venezolana?

CABALLERO: Exacto. En ese momento López Contreras cambió su gabinete y publicó su Programa de Febrero. Se ha dicho que, en realidad, el programa ya estaba redactado y el cambio ya estaba decidido. Eso es posible, pero los manifestantes sintieron que el triunfo había sido suyo. A partir de ese momento, Venezuela comienza a ser democrática y no ha dejado de serlo. No estoy diciendo que entonces nació el gobierno democrático; digo que entonces nació la sociedad democrática.

EK: Que sigue hasta el presente. Y creo que debe muchísimo a Betancourt.

CABALLERO: Exacto. Eso es lo que ha impedido que el gobierno de Chávez evolucione en dictadura abierta.

EK: ¿Qué clase de persona es Chávez?

CABALLERO: Chávez es el venezolano típico, de ahí la identificación de mucha gente con él. Representa al venezolano que no se deja de nadie, el que se las sabe todas, el astuto. Combina además lo que Arturo Uslar Pietri llamaba su «incultura universal» con una gran audacia que lo lleva a opinar «de todas las cosas sabidas y por saberse» como un Pico della Mirandola. Hay un cierto culto a la personalidad que el mismo Chávez estimula.

EK: Su mayor héroe es él mismo.

CABALLERO: Hay un libro extraordinario que leí hace poco, el cual me ha aclarado algunos rasgos de la personalidad de Chávez. Su título es *Anotaciones sobre Hitler*, su autor es Sebastián Haffner. Por razones profesionales he leído unos 200 libros referidos a Hitler, pero nunca había leído algo tan revelador. Haffner huyó de Alemania a Inglaterra en 1938 para proteger a su esposa judía. En Inglaterra se convirtió en conocido columnista de *The Observer*, bajo pseudónimo. Después de la guerra regresó a Alemania con su verdadero nombre, Raimund Pretzel, y se volvió muy escuchado. Su tesis es que gran parte del éxito de Hitler se debió a los errores y a la estupidez de quienes después serían sus enemigos, pero que durante el ascenso de Hitler no se habían percatado de la amenaza que este hombre representaba. Una estupidez similar de la oposición venezolana es la que explica el ascenso de Chávez.

EK: Pero quiero creer que en Venezuela hay a fin de cuentas una sociedad democrática que no puede dar marcha atrás.

CABALLERO: Bueno, tampoco diría eso.

EK: Quizá tengas razón, la historia está abierta a lo inesperado y el azar siempre acecha. Además, así como hay una cultura democrática, también es fuerte el sentimiento de apego carismático y revolucionario en Venezuela.

CABALLERO: No estoy seguro de que haya un sentimiento de apego revolucionario. En *La peste militar* sostengo que lo de Chávez no es populismo militar, o por lo menos no es solamente eso, y ésa es la desgracia: es más bien un militarismo popular. Pero hay que tomar en cuenta la capacidad de respuesta de la sociedad. El movimiento democrático que provocó la caída de Pérez Jiménez en 1958 ocurrió sin propaganda previa. Por otro lado, también trabaja el impulso contrario, que debe tener una explicación. Una vez que nos preparamos mentalmente para librar contra Chávez una lucha larga, comenzamos a trabajar, y a los cuatro meses habíamos derrotado su intención de reelegirse.

EK: La única verdad es que la historia es una incógnita, y qué bueno que así sea.

CABALLERO: De lo contrario sería muy aburrida. No habría historiadores.

EK: Y no tendríamos trabajo.

Su palabra no fue escuchada

Virginia Betancourt, que actualmente preside la Fundación Rómulo Betancourt, responde con generosa lucidez una carta en la que le pido me comente cuál fue la percepción de su padre respecto a la política venezolana después de dejar la presidencia (ejercida de 1959 a 1964). Transcribo su respuesta:

Desde su exilio autoimpuesto para dar libertad de acción a su sucesor, el doctor Raúl Leoni, miembro de su partido, mi padre me escribía con frecuencia y era muy franco en sus comentarios sobre la vida política venezolana del momento, de épocas pasadas en las que fue protagonista y de sus perspectivas futuras.

Compartiré con usted algunas de sus preocupaciones expresadas en ese epistolario y nunca antes reveladas.

El 14 de diciembre de 1964, desde Bruselas, me escribe: «O triunfa el recto proceder, o el amiguismo alcahuetón se entroniza. Si eso sucede el Partido correrá la suerte del MNR boliviano: se pudrirá».

El 6 de abril de 1967, desde Nápoles, me confiesa: «No me hago ilusión de ninguna clase sobre mi posible arbitraje [en relación con la elección del candidato de su partido a la presidencia de la República al término del mandato de su sucesor, Raúl Leoni]. Fui árbitro, discutido más de una vez, pero siempre en capacidad de hacer triunfar los puntos de vista políticos que sustentaba, en los días difíciles de la fundación del partido, en la clandestinidad, en la oposición, en el exilio y en el poder. Ahora no, y si alguna duda tuviera se desvaneció en marzo de 1967. Prácticamente estuve muerto políticamente mientras se escogían los ministros y se preparaba el camino de la Ancha Base. Ni aun mis mejores amigos, como se los recordaba en Puerto Rico, se tomaron el trabajo de ir a La Guzmania a decirme cuál había sido la actitud del CDN [Comité Directivo Nacional de AD] ante mi posición, la que tú tienes allá en cinta grabada. Fue en una Carta Política, posterior a mi salida del país, cuando supe que el CDN se había pronunciado contra la coalición con COPEI».

Al mes siguiente, mayo de 1967, desde Berna, me señala: «La lección de la Cuba de Prío la tengo entre ceja y ceja. Movimiento político popular que admita el tráfico de influencias y el negociado ilícito se corrompe se pudre, se desintegra en viscosos pedazos».

En una larga carta escrita en julio de 1967, desde Nápoles, hace una apreciación de la situación política en estos términos: «En AD existe y funciona, aceitada y prepotente, una maquinaria fraccionalista. [...]. Esa gente fue zarandeada por mi gobierno, por mí mismo, porque era gente de pésima ética; y no he dejado de combatirla dentro del partido, por lo que entraña de peligro para la organización y para el país». Agrega días más tarde: «Tengo la idea razonada de ser muy incierto el futuro del país y de estar en juego la suerte misma del sistema de instituciones, todavía enclenques».

Ante un llamado mío de regresar a Venezuela a rescatar su partido, contesta en la misma carta: «Estoy en otra etapa de mi vida. Más de tres décadas las dediqué a un activo trabajo partidista. Ahora quiero cumplir mi viejo anhelo soterrado: difundir un mensaje escrito, trabajar en mis memorias. No descansar y "darme vida". Trabajo mucho y no en holganza, sino dentro de estrecheces económicas, porque la vida es cara en Europa. No se lo digo a nadie, porque un político, por definición, oculta sus malestares físicos. No soy el mismo, físicamente, después del atentado».

Al año siguiente, en marzo de 1968, al regreso de un viaje a Venezuela, me comenta: «Me vine de Caracas pesimista con respecto al país político», y seis meses después reitera: «Tengo cierto asco por la politiquería; algo distinto, fundamentalmente distinto, de la política que he vivido y practicado».

Un año más tarde, en septiembre de 1969, desde Berna, me expresa su sorpresa por el estilo de gobierno asumido por el presidente Caldera y dice: «Se tenía guardada una jupiteriana y dogmática concepción del poder».

Los textos anteriores revelan su constante preocupación por la fragilidad de las instituciones democráticas, apenas reconquistadas después de diez años de dictadura militar, y por la falta de reconocimiento de las elites políticas de la necesidad de consolidarlas mediante un esfuerzo por reconocer, por el bien del país, las coincidencias y reducir los conflictos políticos de menos rango.

Una de sus primeras propuestas para lograr ese objetivo, misma que no fue escuchada, fue dar continuidad, en el segundo gobierno electo después de la caída de la dictadura, a la alianza entre AD y COPEI, los dos partidos más fuertes a nivel nacional, y así consolidar la ejecución del Programa Conjunto de Gobierno, firmado por los tres candidatos presidenciales, un día antes de las elecciones de 1958, traducido en un Plan de la Nación centrado en dotar al país de la infraestructura moderna de la que carecía, a pesar de los inmensos ingresos petroleros. Otra fue la de bajar el tono de las rencillas parlamentarias en aras de centrar la atención en las necesidades de la gente y, la más insistente: enfrentar los signos de corrupción de miembros de su partido, a menudo disfrazada de disenso ideológico y complementada con acciones fraccionalistas encubiertas.

Su preocupación no se centraba en Acción Democrática. De allí su comentario sobre el estilo de gobierno del presidente social-cristiano Rafael Caldera, sucesor de Leoni, aislado de otras corrientes políticas. Ello se debió a su personalidad y, también, a la prepotencia generada por el significativo aumento de sus seguidores después de haber compartido el poder con AD. En síntesis, los partidos perdieron de vista el futuro del país y se centraron en sus logros a corto plazo y en sus rencillas subalternas.

A su regreso a Venezuela y después de renunciar, en 1973, a la reelección presidencial, tuvo que afrontar la evidencia de la laxitud ante irregularidades en la administración de los fondos públicos durante la primera gestión presidencial de un compañero de partido suyo muy cercano: Carlos Andrés Pérez, a quien no podía tacharse de secesionista.

Con la ilusión de rescatar la decencia en la gestión pública deja de lado su distanciamiento de la vida partidista activa y apoya abiertamente la candidatura a la presidencia de Luis Piñerúa Ordaz, quien había demostrado su honestidad durante la administración de los ingentes recursos asignados, durante su presidencia, a la ejecución de la Ley de Reforma Agraria. En las elecciones de 1978, Piñerúa es derrotado por el candidato socialcristiano Luis Herrera Campins, funcionario honrado, a quien le correspondió presidir los actos protocolares posteriores a su muerte, acaecida en septiembre de 1981.

En su último mensaje presidencial, mi padre delineó cuál sería su conducta en adelante: «Cuando regrese al país, mi tarea, silenciosa [...] se orientará a utilizar alguna influencia que pueda tener en los varios factores de poder para que todos apoyen y respalden la estabilidad y vigencia del régimen democrático». Cumplió su palabra. No fue escuchado.

El juicio de Hugh Thomas

Si América Latina tuviera conciencia clara de su historia política y valorara la democracia, todos los países, comenzando por Venezuela, habrían celebrado el centenario de Betancourt.

No hay en la historia de nuestros países un estadista de la estatura política, intelectual y moral de Betancourt. Ni de su estatura ni de su clarividencia. Su tragedia fue haber llegado al poder al mismo tiempo que Fidel Castro. «Hay dos vías en Latinoamérica –dijo el gran historiador estadounidense Arthur Schlesinger Jr.–, la de Betancourt y la de Castro». Por varias generaciones, la juventud universitaria se enamoró de Castro. «Fidel lo borró del altar cívico de América Latina», dice Alejandro Rossi, que recuerda la absoluta indiferencia con que los jóvenes intelectuales de los sesenta vieron a Betancourt cuando visitó México. Lo más extraño de todo es la incandescencia de ese encanto: en varias universidades del continente la juventud sigue enamorada de Castro y su revolución. Nadie fuera de Venezuela recuerda a Betancourt. Y por lo visto Venezuela misma ha dejado pasar en sordina el centenario del más ilustre demócrata de su historia. Los restos de Betancourt, sobra decirlo, no están, quizá nunca estarán, en el Panteón Nacional.

En 1988 conversé sobre Betancourt y Castro con el historiador británico Hugh Thomas. A principios de los sesenta, después de años de investigación, había publicado *The Pursuit of Freedom*, la más completa historia de Cuba, libro de 1.710 páginas, imprescindible hasta el día de hoy, pero que (me consta) no se encuentra en las magras librerías de La Habana, ni en los puestos de libros de sus plazas (donde en cambio abunda la hagiografía de Castro y el Che acompañada de pronto por joyas de la literatura española que los viejos cubanos sacan de sus armarios). Thomas había dedicado uno de sus libros –nada menos que *La historia del mundo*– a Betancourt. «A la distancia –le pregunté– ¿cuál de los dos gobernantes, Castro o Betancourt, tuvo la razón?» Thomas contestó:

Betancourt, por supuesto. Entendió que su país había llegado a un nivel de madurez histórica que reclamaba la plena institucionalización de la democracia. La prueba del éxito está en que desde entonces, y a pesar de la gran crisis de 1982, Venezuela ha continuado siendo un país democrático.

En 1977 Hugh Thomas había prologado la tercera edición de *Venezuela: política y petróleo,* libro canónico de Betancourt, escrito durante su exilio en los años cincuenta. Le parecía triste que la democracia venezolana no tuviera la buena y amplia prensa de la que gozaba aún, a pesar de sus fracasos manifiestos, la Revolución cubana. Y se preguntaba: ¿por qué las ideas políticas que Europa y América Latina derivaban unas de otras eran «todas ilusiones románticas en la tradición de Garibaldi o Guevara y no en la inspiración constitucional»? La pregunta permanece vigente, treinta años después.

Thomas habría querido ser ese puente de entendimiento nuevo. Por invitación de Betancourt había visitado varias veces Venezuela. Betancourt le encarecía escribir un libro sobre la experiencia democrática. En aquel prólogo Thomas anunciaba el proyecto: «espero escribir (para Venezuela) una nueva versión de *La democracia en América* de Tocqueville». En el libro que vislumbraba, «los éxitos obtenidos por Betancourt ocuparán desde luego un lugar prominente». Thomas se preguntaba por el papel del individuo en la historia (tema que en esos mismos años comenzaba a inquietar a Hugo Chávez) y recordaba una cita clásica:

> Platón escribió que siempre ha sido posible para los individuos, con un esfuerzo sobrehumano (o mejor dicho supremamente humano) detener el proceso de decadencia de las sociedades. Sospecho que en los años 1945-1948 y 1958-1964, y también posteriormente, justamente un esfuerzo de esa magnitud ha sido necesario.

«Mis compromisos de política interna en Inglaterra me desviaron del proyecto», se lamentaba Thomas en 1988. «¿No fue más bien la convicción de que la historia del éxito es menos interesante que la historia del conflicto?», pregunté. «Muy cierto. Si la transición democrática española se hubiese frustrado o hubiera desatado una nueva guerra, las librerías se habrían atestado de obras con el título de *España en conflicto*. Me temo que todo esto es parte de la naturaleza humana».

Hoy esa historia de éxito democrático que parecía consolidada está en vilo. Pero las librerías no están atestadas de obras con el título de *Venezuela en conflicto*. Tal vez esto sea parte también de la naturaleza humana.

VII

La Revolución bolivariana: voces chavistas

Hugolatría

«El presidente ya está enterado de su visita», me dijo por teléfono Andrés Izarra, el joven y dinámico ministro de Información del gobierno chavista.

Gracias a la mediación de Teodoro Petkoff (que no ha perdido el puente de comunicación con algunos personajes del gobierno) pude escribir a Izarra y armar con su ayuda una serie de entrevistas con personajes relevantes del régimen.

A mi llegada al aeropuerto me esperaba la gentil Alexandra Güdel, que me acompañó a varias citas. «¿Podré ver al presidente?», pregunté a Izarra. «Muy difícil, estamos a punto de viajar a Rusia y luego a Europa.» Por fortuna, pude verlo desplegar su estilo personal de gobernar, en vivo y desde Miraflores, pero no en persona sino a través de su programa *Aló, Presidente*.

El domingo 20 de julio pude constatar por mi cuenta el funcionamiento de ese gobierno mediático. En el segmento que vi, Chávez narró capítulos de su autobiografía que al parecer le venían espontáneamente a la memoria. Refirió, por ejemplo, la divertida historia de cómo se camuflaba (escondido en una cajuela) para acudir a las reuniones con sus compañeros de conspiración o salir de ellas. (En otros casos ha confiado aspectos mucho más íntimos, incluso –con todo detalle– intimísimos, como los apuros de una diarrea que le sobrevino en plena actividad política: dónde fue, qué sintió, cómo la sobrellevó, etcétera.)

Más allá de la estrategia mediática de establecer un vínculo personal, personalísimo con el televidente, la implicación obvia es que Chávez, evidentemente, considera como parte integral de la historia venezolana absolutamente todo lo que le ocurra, de la dimensión que sea. Habló también de las borracheras que se organizaban en Miraflores en tiempos de Carlos Andrés Pérez y que él pudo, con asco, constatar, y de allí desprendió toda una larga teoría de cómo ese gobierno (servil a la oligarquía) despilfarraba y robaba el dinero del pueblo.

En otro momento dio cuenta de impresionantes mejoras en la producción de arroz y maíz (que ha visto con sus propios ojos), hizo un largo recuento histórico de los horrores de la IV República y los contrastó con las bondades de la revolución que encabeza. En un momento de contrición admitió: «Yo no soy perfecto, yo soy un ser humano, cometo errores, trato de no cometerlos, tengo un grupo de ministros que tampoco son perfectos, perfectas, pero ¡cómo trabajan!». En otro instante avizoró la grandeza de las celebraciones de 2010 y 2011, refirió anécdotas de la vida de Miranda y hacia el final (bailando con su pequeña nieta en brazos) se regocijó con una larga y excitante canción de *hip hop* revolucionaria y bolivariana cantada recitada por una estudiante de ingeniería.

Durante largos minutos, entrecortando la narración, Chávez habló de la operación de la empresa nacionalizada Cantv. Esa mañana en Miraflores, el presidente no estaba sólo gobernando mediáticamente su país. Estaba actuando en diversas capacidades: historiador oficial, fiscal de la historia, representante del Poder Ejecutivo y Legislativo, presidente de Cantv, dueño de Cantv: él apuntaba allí mismo, en su libreta, el destino de las inversiones.

Otra capacidad con la que actuó durante esa jornada fue la de máximo dirigente electoral. Porque el tema que en verdad le interesaba comunicar aquel domingo era la necesidad de apurar el registro masivo del electorado chavista y la alianza, todavía frágil pero imprescindible, de los partidos que lo apoyan pero que aún están entrampados en la rebatinga por las nominaciones en vistas de las elecciones del 23 de noviembre de 2008:

Bueno, miren, un tema que tiene que ver con esto, yo lo decía en Barinas, el 23 de noviembre, [es el de] las elecciones para gobernadores, alcaldes, alcaldesas, gobernadores, alcaldes mayores. No se trata sólo de la alcaldía o de la gobernación. No, es mucho más que eso. Se trata, por una parte, de impedir; tenemos que impedir que los vendepatrias, que la oligarquía venezolana que gobernó nuestro país y lo destrozó durante los 100 años casi completos del siglo XX, y que dejaron a Venezuela hecha pedazos, en el suelo, tenemos que impedir que ellos vuelvan a ocupar espacio de poder, como cabezas de playa. Imagínense ustedes que la oposición vendepatria, porque toda esa oposición es vendepatrias, no se sabe de alguno, no se sabe de un partido del que se pueda decir «Oye, es un internacionalista», no, no, ellos son los vendepatria, los destruyepatria; imagínate si la alcaldía mayor de Caracas vuelve a caer en manos de la oposición, como la tuvieron, la tuvieron y usaron para matar gente, para dar un golpe de Estado, para apoyar un golpe de Estado, y [tenían] un alcalde mayor que no atendía a nadie, a nadie, a la oligarquía, apoyando movimientos desestabilizadores. Imagínense que la alcaldía en Caracas [...] caiga en manos contrarrevolucionarias. No se trata de la oposición nada más, no, eso es mucho más que oposición. Son los vendepatrias, son los contrarrevolucionarios, son pitiyanquis, que son peores que los yanquis. Ellos quisieran que los yanquis volvieran a gobernar este país, porque lo gobernaron, se llevaron el petróleo, se llevaron las riquezas nuestras. Imagínense que el estado Miranda vuelva a caer en manos de la oposición, ¡Diosdado que no está aquí! Imagínense que el estado Vargas vuelva a caer en manos de la oposición y el estado Aragua, y Carabobo. Si eso ocurriera, el año que viene no habría paz aquí. Sería un año de guerra, porque ellos si vienen, es por mí. Eso es lo que ellos quieren: sacarme de aquí. Ellos no andan buscando una alcaldía, una gobernación, para devorar las condiciones de vida de esa alcaldía, porque no tienen un plan de gobierno. Pregúntele a cualquier candidato de ellos, cuál es el plan de gobierno; no tienen plan de gobierno. [...] ahí está una muchacha jugando ajedrez; vamos a comparar, ellos son peones de un juego de ajedrez. ¿Quién mueve los peones? El imperialismo, y la oligarquía, si falla. [...]. El plan de ellos es sacar a Chávez; están tratando de ocupar el mapa, posiciones estratégicas, para luego venir el próximo año, en ofensiva desestabilizante, y sacar de aquí este gobierno [...]. Entonces, fíjense lo importante que es esta batalla que ya comenzó. [...]. Apuntemos bien las armas hacia el enemigo, el enemigo internacional, el enemigo interno.

El lenguaje de guerra utilizado me sorprendió. Confirmó las ideas de Manuel Caballero sobre el militarismo esencial de Chávez. También la repetición de la palabra *vendepatria* me llamó la atención. Con esa lógica no hay más que dos tipos de venezolanos: ellos y nosotros, los buenos y los malos, los patriotas y los traidores. Confirmó la tesis de Teodoro Petkoff, la inspiración acaso involuntaria de Carl Schmitt, el teórico nazi, para quien la ecuación fundamental de la política es amigo/enemigo. El adversario político convertido en enemigo radical, en enemigo teológico, al que se niega toda posibilidad de patriotismo, de razón, de humanidad. Una visión compatible con los Comités de Salud Pública en la tradición jacobina o con sus derivaciones fascistas o comunistas en el siglo XX. Una visión incompatible con la democracia.

Estado docente

Dos días antes, en el Hotel Tamanaco, esperaba en el bar la confirmación de mis primeras citas. Temía que mi incursión en el campo chavista fuera imposible. No se necesitaba ser políglota para advertir la presencia de turismo iraní y ruso o bielorruso. En una mesa chocan copas y cierran tratos. De pronto, Alexandra me anuncia la primera cita, en una hora. Sería en VTV (Venezolana de Televisión), donde tiene un programa el primer personaje, Aristóbulo Istúriz. Y me proporciona su ficha sucinta.

Nacido en 1946, miembro del Partido Causa R. (que acompañó a Chávez como brazo civil a lo largo de su carrera conspiratoria) Istúriz fue diputado y en 1993 resultó electo alcalde del municipio de Libertador (el mayor del país, asiento de los poderes nacionales, que nunca había sido gobernado por un partido distinto a AD y COPEI). En 1997 Causa R. se escindió frente a la candidatura de Chávez. Con algunos compañeros como Alí Rodríguez Araque y Pablo Medina, Istúriz fundó el Partido Patria para Todos (PPT) y apoyó a Chávez. En 1999 fue el segundo vicepresidente en la Asamblea Constituyente y, tras un breve distanciamiento, volvió a la política como candidato a las elecciones de la sindical CTV. Fue derrotado (primer revés chavista en elección alguna) pero el presidente le dio el mejor premio de consolación: el Ministerio de Educación, Cultura y Deportes (2001-2005) y el mismo cargo –prescindiendo de la cultura– entre 2005 y 2007.

A raíz del segundo periodo de Chávez, Istúriz abandonó su partido para ingresar al PSUV, Partido Socialista Unido de Venezuela. En junio de 2008 fue electo («clamorosamente», dice la ficha) como candidato de ese partido a la alcaldía mayor de Caracas para las próximas elecciones municipales del 23 de noviembre. Ese domingo 20 de julio Istúriz apareció en primera fila, junto con otros candidatos, en el patio de Miraflores, escuchando con diligencia el programa del presidente.

También Istúriz es un *showman*. Su programa se llama *Dando y dando*. Al terminar la transmisión, me alcanza en la cafetería del lugar. Varias personas lo esperan, entre ellas unas chicas muy lindas que se sientan a esperar en la mesa contigua. La conversación será algo atropellada. Istúriz tiene 61 años. Es un afrovenezolano típico, simpático, risueño, populachero, extraordinariamente entusiasta y articulado. En sus mocedades fue dirigente estudiantil. El padre estuvo preso por la dictadura de Pérez Jiménez y la madre (dirigente magisterial) fue perseguida también. Ambos pertenecían a AD. La influencia pedagógica en la vida de Istúriz fue un maestro muy respetado en Venezuela, Luis Beltrán Prieto Figueroa. Algo mayor que Betancourt, el «maestro Prieto» (como se le conocía) tuvo una trayectoria ejemplar: fundó la Federación Venezolana de Maestros, cofundó el Partido Acción Democrática, fue ministro de

281

Educación de Rómulo Gallegos, vivió en el exilio durante la dictadura, representó a su país en la UNESCO, creó el Instituto Nacional de Cooperación Educativa INCE (al que el presidente Chávez ha adicionado la palabra «Socialista») alentó el arte, la música, el folclore, la lectura, las artes plásticas, el cine, la literatura, la producción editorial, la radio, el teatro. Presidió en los años sesenta el Congreso Nacional, se separó de AD y se presentó dos veces como candidato presidencial (1968 y 1978). «Yo allí estaba empezandito con el maestro Prieto –me dice Istúriz– y lo seguí mucho a él.» Prieto murió en 1993.

Le pregunto sobre el tema de la alfabetización. Me explica que al llegar Chávez había un rezago de millón y medio de analfabetas. Se intentó acelerar el proceso de alfabetizarlos a través del aparato del Estado, pero en los dos primeros años quedó claro que era inoperante. Por eso hubo que hacer lo que en otros campos de la acción social: *bypassear* al aparato estatal a través de las misiones, establecidas con la ayuda cubana:

> Lo logramos con el método cubano «Yo sí puedo», utilizando los televisores, los videos, incorporando a las Fuerzas Armadas, a la juventud, a los estudiantes, a amas de casa, todo el mundo voluntario, en todo el país, con una gran campaña dirigida por el presidente. Fuimos a censar con voluntariado por todos los caminos, los campos, los pueblos indígenas, casa por casa. El método cubano es muy bueno, tiene un alto contenido pedagógico, y se logró, definitivamente, alfabetizar millón y medio en dos años. Luego continuamos para que no ocurriera lo que ocurrió en Nicaragua, donde se avanzó y luego se vino todo atrás. Nosotros logramos censar millón y medio de estudiantes hacia el sexto grado y luego continuamos con el bachillerato. Y vimos qué estudiantes habían salido de sexto y no habían logrado terminar el bachillerato. Se aplicó la Misión Ribas.

La atención a las necesidades concretas de la población más pobre llamó mi atención e Istúriz me explicó los diversos mecanismos que se instrumentaron en su gestión: becas a 100.000 jóvenes, respuestas en efectivo a problemas urgentes (una silla de ruedas, unos lentes, el motor de una nevera, el problema de una pared que se le cayó a una gente, el señor que estaba en alfabetización, un camión al que se le dañó el motor, una enfermedad, todo). Adicionalmente se procuraba vincular a la gente con centros de capacitación y con novedosas instituciones bancarias de microfinanciamiento, como el Banco del Pueblo o el Banco de la Mujer. Si la gente se organizaba en una «cooperativa» y presentaba un proyecto (por ejemplo, para corte y costura de los uniformes de las escuelas) el gobierno daba financiamiento, a veces con intereses bajos o sin intereses.

Le pregunto por las debilidades del gobierno. La mayor, a su juicio, es la «persistencia del Estado piramidal: poder nacional, poder estatal, poder municipal, poder parroquial, y el pueblo, que es el sujeto de la revolución y está abajo». Afortunadamente, insiste, el *bypasseo* ha servido no sólo en la educación sino en la salud, con la presencia de los miles de médicos cubanos que –según me explica– atienden a la población hasta en los lugares más alejados, con una base de 130 medicamentos gratuitos, las 24 horas del día.

Istúriz habla con fervor de la construcción del Partido Socialista Unido de Venezuela. No se parece al cubano porque no ha adoptado la ideología marxista-leninista (aunque Marx es un «referente», junto con Bolívar y Cristo). Crítico de la piramidación estatal, refiere el modo en que se construyó («de abajo hacia arriba») la estructura del partido:

Abrimos un proceso de inscripción, y luego ubicamos geográficamente a todos los inscritos. Después, por cada doscientos o trescientos militantes, constituimos unos batallones socialistas. Y tenemos en todo el país más de catorce mil batallones; grupos de trescientos militantes, cuatrocientos militantes o quinientos militantes que están en el mismo espacio geográfico. Jóvenes, viejos. Todo. Cada batallón eligió un vocero, y elegimos unas comisiones: comisionado de organización, de ideología, de propaganda. Eso habla de una estructura en cada batallón. Cada diez batallones, a su vez, formaron una circunscripción socialista, y los voceros y comisionados de los diez batallones conforman la circunscripción.

Esa circunscripción elige de su seno un delegado, mil ochocientos delegados en el país. Esos mil ochocientos delegados conformaron el congreso fundacional del partido, donde se estudiaron todos y cada uno de los componentes fundacionales, el programa, los estatutos. Después fuimos a un gran congreso donde se aprobó todo, y después fuimos a elecciones, para elegir la directiva nacional, con participación del Consejo Electoral. Nosotros salimos elegidos: treinta miembros de la dirección nacional. De esos treinta miembros, hicimos una estructura interna, con vicepresidentes regionales y comisionados en distintas áreas. Después fuimos a la elección de los candidatos. Este partido es el único que eligió sus candidatos, gobernadores y alcaldes, desde la base. Elegimos la dirección nacional y las direcciones regionales desde la base. El presidente del partido es el presidente Chávez.

Pero el tema que apasiona a Istúriz es la educación. Le pregunto por el currículum bolivariano. Lo considera un instrumento de prédica moral para la formación de un hombre nuevo:

El currículum bolivariano tiene que ver con un cambio en los valores. Nosotros hemos estado afectados por valores como el *tener*: «El que no tiene no es nadie; para ser alguien hay que tener». Nosotros creemos que lo más importante debe ser el *ser*, porque nos basamos en el humanismo. [...]. Nosotros creemos que la solidaridad es fundamental. Creemos que lo importante debe ser la creatividad. Entonces el currículum lo que busca es cómo priorizar el *ser* sobre el *tener*. El ser *social* sobre el *individual*.

Ya que hablamos de ser y no de tener, toco un tema delicado: la corrupción. Istúriz me contesta con una línea: «Si hay expresiones de corrupción es porque nosotros mismos las perseguimos. Antes se tapaba todo». Inmediatamente vuelve a la educación para repetir que su tarea se basa en el maestro Beltrán Prieto.

Me despido del carismático Aristóbulo. Algunos críticos del régimen me refieren que se ha hecho millonario con las comisiones derivadas de primas de los seguros del Ministerio de Educación. Y las críticas no provienen sólo del bando adversario. Días más tarde leo en aporrea.org un texto de Julio Mosquera que reprende a Istúriz por inspirarse en el maestro Prieto: «En ningún momento planteó Prieto abolir el capitalismo y que los obreros se organizaran para tal fin». Prieto proponía «la colaboración de clases» y tenía en mente una «escuela orgánica a la democracia representativa que le servía al capitalismo». Mosquera –autonombrado «educador revolucionario»– instaba al gobierno a encontrar la «brújula» revolucionaria en la educación, no invocar más al maestro Prieto. Como prueba, transcribió la carta pública de Luis Prieto Oliveira, uno de los hijos del maestro Prieto, enviada a Istúriz:

> Le advierto, de la manera más enérgica y categórica, en nombre de Luis Beltrán Prieto y de Cecilia Oliveira, que siempre fueron enemigos de lo que usted hoy representa, que se abstenga de usar sus nombres y ejecutorias para falsear la verdad y desorientar a nuestra juventud. Me consta, porque hablé largamente con él en febrero de 1992 y en fechas posteriores, que mi padre sentía profunda repulsión por Chávez y sus compañeros sanguinarios y rechazaba el concepto golpista y las intenciones de quienes querían subvertir el orden y conspirar contra la democracia. No pongan ustedes en la boca de mi padre cosas que nunca hubiera dicho, ni lo usen para respaldar acciones que hubiera combatido, como siempre lo hizo. No confundan la actitud de un humanista y de un político convencido de que la educación es el camino de la grandeza, con un supuesto apoyo a sus ideas disociadoras, destinadas a asesinar el espíritu de nuestros niños y convertirlos en títeres de una dictadura.

Istúriz es un candidato formidable a la alcaldía, más ahora que el régimen de Chávez ha inhabilitado (con otros 260 políticos de oposición) a Leopoldo López, el joven y también carismático alcalde actual de Chacao, que contribuyó mucho al triunfo de la oposición el 2 de diciembre y que ha encabezado las encuestas para la Alcaldía Metropolitana de Caracas.

En nombre del padre

Aquella noche vi en televisión un excelente programa documental sobre el papel de la CIA en América Latina. En un segmento sobre Venezuela aparece una escena estrujante sobre el asesinato (por hemorragia interna, tras unas bárbaras torturas) del activista Jorge Rodríguez a mediados de los setenta. Aparece su foto, serio, triste, noble. Había ocurrido el secuestro de un empresario estadounidense, y el gobierno en turno, el primero de Carlos Andrés Pérez, se propuso desterrar a toda costa los procesos insurreccionales.

Rodríguez –dirigente estudiantil de la Universidad Central de Venezuela nacido en 1942, fundador de la Liga Socialista– había sido, en efecto, miembro de un grupo insurreccional, pero no había tenido papel alguno en el secuestro, se enfilaba ya a desempeñarse en la política civil y su responsabilidad, en todo caso, debió haberse dirimido en tribunales. En la pantalla aparece la escena posterior al crimen: los medios interrogan a la autoridad de la DISIP, y un torvo personaje de lentes que la representa saca su cigarro, lo prende lentamente y dice con cinismo algo así como: «noticia horrible», «fue un infarto», «murió de muerte natural».

Días más tarde me entrevisto con el hijo de ese malogrado joven, personaje conspicuo del régimen chavista. Tiene su mismo nombre. Es el doctor y escritor Jorge Rodríguez. Es alto, delgado, de calvicie pronunciada y modales finísimos. Personas que militan en el bando contrario me han ponderado su trabajo como psicoanalista. Lector de Borges («mi Dios tutelar»), de la novela policial estadounidense y de los clásicos rusos e ingleses, autores respetables me han dicho que es un «cuentista de mérito». Un cuento suyo, «Dime cuántos ríos son hechos de tus lágrimas», obtuvo en 1998 el premio de relato en el concurso que promueve anualmente el diario *El Nacional*.

Rodríguez dejó su profesión para entrar a la política en 2002, después del golpe contra Chávez. Presidió el Colegio Nacional Electoral que normó el revocatorio presidencial de 2004 y las elecciones de 2006. En enero de 2007 Chávez lo nombró vicepresidente de la República. Meses más tarde fue separado del cargo (según versiones, por intentar el armado de una base política propia con sus antiguos compañeros universitarios). Pasó a encargarse de la estructuración del PSUV de cara al referéndum del 2 de diciembre. Recientemente fue electo candidato para la alcaldía del municipio caraqueño de Libertador.

«Como psiquiatra, defíname a Chávez», le pido, y por supuesto se niega: «No hago psiquiatradas». Le digo entonces que la psiquiatría y la biografía son primas hermanas y entonces sí se anima a ponerse «muy biográfico». La conversación va por otros rumbos, más personales e íntimos, el tema de su vida, la tragedia de su padre, que murió cuando él tenía 11 años:

> Aquí, a finales de los sesenta y comienzos de los setenta, dentro de esa fachada democrática, comenzó una inmensa persecución contra los dirigentes de izquierda. A mi papá lo pusieron preso. Llegaban a mi casa y allanaban. Una vez allanaron mi casa y un esbirro de la policía política me colocó una pistola en la cabeza. Me preguntaba dónde estaba mi papá, y ya lo tenían preso. Yo le decía que no sabía y accionaba la pistola. Fue una cosa terrible. En el año 76 lo apresaron y lo asesinaron debido a una tortura que duró tres días.

Rodríguez reconoce que el sufrimiento causado por esa «parte heroica», la «sensación de martirio y de sacrificio heroico», es «algo que probablemente mantiene a uno en esta propuesta». Siguiendo la ruta del padre, también él fue dirigente estudiantil en la Universidad Central: el padre fue delegado estudiantil ante el Consejo Universitario; el hijo, presidente de la Federación de Centros de la Universidad Central de Venezuela.

Me cuenta cómo, tras graduarse en medicina (con especialidad en cardiología), abandonó la política para aventurarse como médico rural en el Amazonas. Más tarde derivó hacia una vertiente que le permitía seguir leyendo y escribiendo, y que quizá se conectaba mejor con sus inquietudes profundas y sus fantasmas: «Soy psicoterapeuta de corte analítico. Jamás hice lo que llaman la formación psicoanalítica propiamente, pero la escuela donde estudié es una escuela de tendencia psicoanalítica. Era especialista en problemas de sueño. Insomnio es de lo que más sufro todavía». No sólo atendió a «señoras burguesas», también a pacientes terminales de sida.

Su contacto con Chávez es relativamente reciente: data del golpe de 2002, cuando Rodríguez le hizo llegar unas notas sobre los peligros de la psicosis colectiva que podría desatarse en Venezuela como producto de la guerra mediática y política contra el régimen. Rodríguez tenía entonces 37 años de edad, y aquellos hechos fueron un parteaguas. Sintió que debía volver a lo suyo, al origen, a la raíz paterna, a la política revolucionaria. Su vuelta era una vindicación: «Siempre tendré que preguntarme qué estaría haciendo mi padre si estuviera vivo. Ahora tendría 66 años de edad, una persona quizá todavía joven. Murió a los 34 años. Él siempre decía "yo no veré la revolución, yo no la veré"». Su hijo sí la vería. No sólo la vería: la construiría.

La narrativa chavista de Jorge Rodríguez es clara y coherente. En primer lugar reprueba la IV República en su totalidad. Eran «unos dinosaurios que vieron nacer los meteoritos». La deuda social que dejaron es inmensa (Alí Rodríguez Araque, el ministro de Finanzas –me dice– la valúa en 200.000 millones de dólares.) Por lo demás, aquella democracia no era tal:

Aquí no hubo democracia. Desde el mismo momento en que se aprueba una Constitución en el año 61 se suspendieron todas las garantías: las garantías económicas, las garantías individuales, las garantías que permitían el derecho a un proceso justo. Aquí no había libertad de expresión tampoco, es mentira. Había un control férreo sobre los medios de comunicación, sobre los poderes públicos, completamente controlados por el bipartidismo. El sistema electoral estaba completamente podrido. Era un sistema electoral basado en la corrupción permanente, en el fraude continuado. Solamente en el año 83, creo, 80, cuando se realizaron las elecciones de alcalde y gobernadores, se impugnó 66% de las elecciones por casos de fraude.

Acto seguido, frente a ese pasado que considera antidemocrático e injusto, Rodríguez piensa que el chavismo ha dado ejemplo de democracia y responsabilidad social. Hay un «sistema electoral confiable», se han llevado a cabo doce elecciones («más que en todo el periodo de la IV República», dice Jorge), las instituciones son «más fuertes» que entonces. Su propia experiencia en el CNE prueba, a su juicio, el avance político:

> Nosotros organizamos la recolección de firmas para el referendo revocatorio (de 2004) en condiciones que fueron favorables para la oposición. Luego, es verdad, en el proceso de evaluación de las firmas del referendo revocatorio encontramos demasiadas irregularidades. Llevamos a cabo un proceso de revisión para checar si esas firmas correspondían a los ciudadanos que habían solicitado el referendo revocatorio. La gente lo ratificó y se convocó al referendo. En este periodo, el periodo difícil, no recibí ninguna llamada del presidente Chávez para decir «mira tú, mi opinión es ésta».

La obra social de Chávez le parece evidente, sólo negada por la mezquindad de la oposición. Lamenta los resultados del 2 de diciembre, pero los atribuye a una falla de comunicación por parte del gobierno: «No supimos explicar bien la profundidad involucrada en la propuesta de la reforma». Con todo, a sus ojos la principal cualidad de Chávez es precisamente la de comunicar: «Tiene una gran capacidad para comunicar, una forma obsesiva de hacerlo. No ha perdido desde el primer día esa intención obsesiva, mantenerse en contacto con la gente y cumplir». Sobre el uso –a todas luces discrecional– que hace Chávez de los recursos del país, Jorge argumenta: «Chávez ha sido muy cuidadoso con los recursos. Nosotros hemos reducido el endeudamiento a un nivel de casi cero».[1]

[1] Es cierto que el servicio de la deuda externa en 2007 y 2008 ha estado muy por debajo de sus niveles históricos, pero de 1999 a 2006 rondó los niveles que tenía en 1998, siendo en ocasiones muy superior. De hecho, según el *BBO Weekly Report*,

Acerca de la corrupción, comenta:

Yo tengo la certeza de que éste es el gobierno menos corrupto de la historia política de Venezuela. Parto de una hipótesis: Chávez no es corrupto. Chávez se enfrenta con mucha fuerza a la corrupción, y creo que es el primer presidente de los últimos 50 años –exceptuando a Medina Angarita– que no es corrupto.[2]

«Nosotros nos estamos preparando para cobrarnos la de diciembre», dice Jorge, confiado en alcanzar una gran victoria el 23 de noviembre. «Vamos a elegir, fíjese, 23 gobernadores de diferentes estados y 328 alcaldes». El enemigo, apunta, es fuerte porque «los medios de comunicación en este país, en más de 90%, pertenecen a sectores opositores a Chávez». Le hago el recuento de las estaciones y admite que «ahorita hay un poco más de equilibrio, no crea que mucho». Insisto en mi mayor crítica: la concentración de poder en una sola persona, carismática, mesiánica. Un hombre como él no puede ignorar los extremos a que llevó, en el siglo XX, ese proceso de concentración. «Entiendo su preocupación», me dice, pero acto seguido refiere los procesos de concentración formales y reales en Francia y en el propio Estados Unidos («en manos de quien está») y abunda: «Hay que ver la pobreza con la que todavía vivimos en Venezuela, y cómo esa pobreza ha sido impactada de forma objetiva y de forma subjetiva también. Sin Chávez no habríamos avanzado lo que hemos avanzado».

---

durante el mandato de Chávez la deuda nacional de Venezuela –interna y externa– subió de 21 mil millones de dólares en 1998 a unos 41.000 millones de dólares en 2005.

[2] Según el Banco Central de Venezuela, desde 2004 el gobierno de Chávez ha transferido cerca de 22.500 millones de dólares a cuentas en el extranjero. De esta suma, unos 12 mil millones nunca se justificaron. José Guerra, ex funcionario del Banco, sostiene que el régimen utilizó ese dinero «para comprar lealtades políticas en la región, a fin de consolidar su proyecto político. Parte se donó a Cuba y Bolivia, entre otros países». Guerra agregó que, de realizarse un análisis más detallado, podría señalarse que las sumas transferidas al exterior son mucho mayores, ya que tampoco se ha llevado a cabo una rendición de cuentas de los saldos por cobrar por ventas de petróleo a países políticamente afines.

Yo estoy de acuerdo con usted en que hay que mantenerse alerta. Yo creo que [todo irá bien] mientras mantengamos un sistema electoral confiable, mientras consultemos a la gente sobre las cosas importantes, sobre quién quiere que sea su alcalde, quién su gobernador. El que la gente se organice en consejos comunales sienta una capacidad de liderazgo en su comunidad, y que esa capacidad de liderazgo se exprese en términos concretos, ésa es una forma más democrática de ejercicio del poder.

Ya rumbo a la puerta, vuelvo a mi pregunta inicial sobre la psicología de Chávez. Jorge me refiere entonces una lectura reciente: la biografía de Enrique VIII. «Era un narcisista, pero cambió la historia y fundó una religión. Se necesita una fuerte dosis de narcisismo para hacer grandes cosas.»

Días más tarde converso con varios escritores que lo conocen de tiempo, los mismos que elogiaron su inteligencia y sus dotes literarias. Me hablan de rumores de corrupción. Alguien refiere una frase que se atribuye a miembros de su familia: «Ahora nos toca a nosotros». Yo sólo sé de cierto que Jorge Rodríguez es un personaje de novela, un hombre desgarrado que vindica a su padre y venga su horrible martirio participando en una revolución bolivariana (socialista, igualitaria, justiciera) en la que cree o quiere creer o ha decidido creer.

No sé por qué pienso que su carrera literaria no ha terminado. Al despedirnos me confía que su esposa y él se enamoraron leyendo poemas de Octavio Paz.

El prístino ideal

Fue diez años guerrillero junto con Douglas Bravo. Fue parlamentario. Fue fundador de Causa R. y de PPT. Ha sido, según se me informa, el hombre de todas las confianzas de Fidel Castro en Venezuela. Bajo el régimen de Chávez ha ocupado puestos clave: ministro de Energía y Minas, representante en la OPEP, presidente de PDVSA, canciller, embajador en Cuba y actualmente ministro de Economía y Finanzas. Es Alí

Rodríguez Araque. «Hombre serio, taciturno, muy reconcentrado además de muy honrado –me dice Antonio Sánchez García, crítico muy acerbo del régimen–, él es quien mejor te puede referir la visión idealista, utópica del chavismo.»

La descripción de Sánchez García es perfecta. Si no hay ascendencia china en la familia de don Alí, parecería haberla. Sus ojos rasgados acentúan el rostro impenetrable y sin embargo gentil. Es evidentemente un hombre estructurado, estudioso, denso. Entramos sin más al tema. La charla no tuvo desperdicio.

Con método, el ministro Rodríguez me explica pausadamente el origen y las consecuencias del problema económico esencial de Venezuela: su economía rentista.

Desde el siglo pasado, Venezuela ha dependido de un ingreso que no ha generado el aparato productivo interno. El Estado ejerce el monopolio sobre la riqueza del subsuelo, cobra una contribución como cualquier propietario por el acceso al recurso natural y el ingreso así generado supera ampliamente la productividad nacional. Esto lleva aparejado otro problema: ese ingreso supera la capacidad gerencial del país. Éste es un problema característico de toda economía rentista y trae aparejado otro problema más: uno podría afirmar que la economía venezolana es estructuralmente inflacionaria, porque generalmente la capacidad de compra del país supera la capacidad de producción. El gran problema en el Estado no ha sido cómo recaudar el ingreso para cubrir los gastos propios de un Estado, de la administración pública, de los empleados, de la infraestructura, educación, salud, seguridad, etcétera. Los excedentes se han distribuido generalmente a través de no cobrar impuestos, bajar la carga tributaria. Todas las monedas del mundo se devaluaron. Venezuela no devaluó, revaluó, y eso provocó un impacto en el sentido estricto, incrementó los ingresos pero encareció exportaciones agrícolas; desde entonces Venezuela dejó de ser un país exportador de productos agrícolas.[3]

[3] En el segundo semestre de 1998, según datos del Banco Central, el tipo de cambio de referencia promedio (a la compra) fue de 568,78 bolívares por dólar y al segundo semestre de 2007 fue de 2.144.6 bolívares por dólar, lo cual representa un incre-

Esa estructura –explica Rodríguez, con obvias resonancias marxistas– permitió «lo que podría llamarse la acumulación originaria de Venezuela»: fortaleció al sector adinerado y permitió al Estado adquirir tierras para repartirlas a los campesinos, en un acto orientado más a resolver conflictos que a expandir la producción y ser plataforma de un verdadero desarrollo industrial. El modelo condujo a un exiguo desarrollo industrial y la migración a las ciudades desmanteló al campo.

Para revertir el problema atávico, la cultura del reparto, el gobierno de Chávez –dice Rodríguez– ha diseñado una estrategia orientada a buscar progresivamente un balance, «un modelo distinto al capitalista, que pese a todos los intentos que se han hecho ha fracasado rotundamente». Se trata de crear una «cultura del trabajo». Pero ésta sólo puede nacer de un cambio en los «valores culturales», en la «ética de la sociedad». Así se podrá modificar la «ética rentista, en la que mucha gente piensa que tiene derecho a todo pero sin obligación».

Creo (o más bien quiero) advertir en sus palabras una crítica al Estado, distribuidor, protector, misionero, cuidador, tutelar, y le pregunto si percibe una transferencia de responsabilidad del Estado a los individuos o a la sociedad en Venezuela. Pero él no demerita en absoluto el papel del Estado ni menciona a los individuos o a la sociedad. Habla de un nuevo Estado ligado al pueblo, habla del «poder comunal»:

> Se está dando por la nueva forma de organización del Estado que estamos llevando adelante. Los poderes comunales, por ejemplo, que deben decidir sobre los asuntos de la gestión del Estado a esos niveles. Los consejos municipales, si bien han cumplido un rol, han sido muy insuficientes, afectados por esta cultura de la que he hablado. De manera que las comunidades, que son las que se ven directamente afectadas por distintos tipos de problemas, son las que pueden administrar colectivamente los recursos que se

mento de poco más de 277%, evidenciando una enorme devaluación. Esto no quiere decir que el bolívar no esté sobrevaluado, ya que bien podría valer mucho menos si no hubiera control cambiario.

les otorgan para la solución de esos problemas colectivos. Viene funcionando bastante bien. Hay un empoderamiento del pueblo. El que el pueblo ejerza el poder va a depender del grado de desarrollo de la conciencia democrática. Para mí el socialismo tiene que ser eso, o no es socialismo.

En la visión global de Alí, Marx ha adquirido una nueva vigencia, o nunca la ha perdido. Le basta ver la realidad del mundo de hoy: «La marea incontenible del sur al norte es el conflicto central, no geopolítico o militar sino social». En la medida en que se ha globalizado el capital, también la pobreza, su contraparte, se ha globalizado. En términos geopolíticos, los cambios le parecen muy positivos: el nuevo equilibrio mundial, el ascenso de China, «el renacimiento de Rusia, con todas las penalidades que pasaron». Esta lectura explica el nuevo papel que ha venido a tener Venezuela en el concierto mundial, la llamada «Alternativa Bolivariana para las Américas». Me pone un ejemplo:

Me habló Chávez hace poco y me dijo que vamos a mandar petróleo a Buenos Aires, ya que el presidente Kirchner ha pedido apoyo porque está a punto de reventar una gran crisis energética. En Argentina habían privatizado absolutamente todo. En medio día llegamos a un acuerdo y en quince días estaban llegando los primeros barcos con petróleo de Venezuela a Argentina. Se conjuró así la crisis energética argentina. Sin embargo, comenzamos a observar que así como Venezuela es una potencia energética que tiene excedentes para exportar, tiene grandes carencias alimentarias. Y Argentina es una gran potencia alimentaria, con excedentes exportables. Así que nos complementamos perfectamente.

¿No es demasiado generosa Venezuela? «Todo es parte –responde Alí– de la política de integración. Es mejor complementarnos y cooperar que competir. Es mejor una pacífica solidaridad que una política de imposición». Según cifras de la oposición, los regalos de Chávez al mundo sumaron 33.000

294

millones de dólares entre 1999 y 2007. Por ejemplo, sólo con lo que «regaló» a Bolivia entre 2006 y 2008 el gobierno hubiera podido construir 61.000 viviendas de las 2.800.000 que se necesitan en el país. ¿Qué está haciendo Venezuela con el petróleo?

No está vendiendo el petróleo por debajo de los precios, pero está aplicando una política sin la cual sencillamente centenares de miles o millones de personas tendrían que prescindir del petróleo. Los precios de los alimentos van en un aumento incontenible y conocemos la hambruna de los pueblos. En el caso de energía, hay una hambruna en las rentas. No puedo pagar la factura de luz, me la cortan y ¿qué hago? ¿Corto leña como antes? En Haití la erosión es terrible, porque han destruido árboles y no tienen ríos. ¿Podemos nosotros observar indiferentemente esa crisis de energía?

El problema económico más serio que enfrenta Venezuela –a su juicio– es la inflación. Se la combate con un «esfuerzo tremendo para incrementar la producción», un esfuerzo que –aclara– ya está dando grandes resultados en arroz, leche y maíz. Si no se resuelve ese problema alimenticio, Venezuela no podrá «pensar en desarrollos industriales y en un despegue sostenido de la economía nacional». ¿Otro problema clave en Venezuela?

El fenómeno educativo. Era una verdadera vergüenza nacional que en pleno siglo XXI tuviésemos más de millón y medio de analfabetos. Ese problema se resolvió en tiempo récord con el apoyo de Cuba. En ciertas zonas hay que atender los problemas de salud de la población que está desnutrida. Primero se tienen que atender estos problemas. No se puede pretender crear una cantidad importante de nuevas universidades sin antes resolver esos problemas. Paradójicamente, una universidad pública se vuelve tan selectiva como las universidades privadas, el número de pobres que acceden a la educación media hacia arriba en Caracas es ínfimo.

Otra preocupación es la falta de gerentes públicos. Por ello «se ha establecido una escuela de gerencia pública que va creciendo progresivamente. Es un problema parecido al que tuvo Francia y que resolvió creando la Escuela de Administración».
En ese nuevo proyecto, ¿tiene un papel la iniciativa privada? «Claro», contesta el ministro, pero no refiere el lugar que tendría la iniciativa privada sino su acotamiento:

Aquí tenemos el capitalismo de Estado más poderoso de todo el hemisferio occidental, así que para lograr la transformación que nosotros pensamos no se requiere pasar por el peligro que pasaron otros países de estar expropiando hasta las cosas más mínimas. El Estado tiene suficiente poder económico para garantizar la conducción.

¿La iniciativa privada lo entiende? «No lo entiende todavía. Hay sectores que comienzan a entenderlo. Aquí esto está mediado por el conflicto político. Tienen mucho que ganar [pero se empeñan] en suplir el rol de un partido político de oposición». ¿Cuál sería el perfil de ese partido de oposición?

Lo primero que tienen que resolver los partidos de oposición es definir cuál es su proposición al país. En lugar de la política petrolera que está aplicando Hugo Chávez, ¿qué propone? En lugar de la política aplicada por Hugo Chávez en relación con la OPEP, ¿qué propone? En lugar de las políticas de salud, de educación que propone Hugo Chávez, ¿qué propone? Actualmente no hay proposición, hay una obsesión antichavista. Que salga Chávez a como dé lugar. Seguramente, si tienes la fortuna de hablar con alguno de los más lúcidos de la oposición, te dirán que su proposición sería la desaparición física de Chávez... Entonces, ellos tienen la tarea de elaborar un proyecto nacional para enfrentarlo al proyecto nacional que ha presentado Hugo Chávez y entonces podremos empezar el debate. Eso implica seguir normalmente el

debate para salir de ese terreno visceral y llevarlo a la vida cotidiana que estamos muchas veces buscando.

Igual que con Jorge Rodríguez, apelo a la historia del siglo
XX (Stalin, Hitler, Mussolini, Mao) y le pregunto su opinión
sobre la concentración de poder en manos de Chávez. ¿Hay
algo allí que tomar en cuenta? «Por supuesto –me contesta–,
claro que Hugo Chávez comparte esa preocupación tuya,
completamente». Por eso –argumenta Alí– se está fortalecien-
do al partido revolucionario que parte de las bases, de las
comunidades, del poder comunal. De Acción Democrática,
Alí dice desprender la lección de que un partido revolucionario no puede servir –como en su visión terminó por hacerlo
aquél– a una clase, una casta burocrática, ni convertirse en un
apéndice del Estado. Menos entrar en connivencia con el
capital y terminar en el «pillaje del erario público». Ahora los
revolucionarios como él, que no creían en «las elecciones ni
nada de eso», tienen la oportunidad de construir un orden
nuevo. «La vida nos convenció de que era posible llegar al
poder por elecciones. La fuerza revolucionaria llegó», pero se
encontró frente a sí una vieja cultura, unos viejos valores, y
cambiarlos es un «trabajo titánico». ¿Cómo hacerlo? La nueva
receta que propone –tengo la impresión– es antigua, la integración de una vanguardia:

> Porque si tú quieres crear nuevos valores en la sociedad tienes que
> comenzar por una vanguardia que ya esté nutrida con esos nue-
> vos valores, valores en el más prístino sentido de la palabra, revo-
> lucionarios, una nueva ética. Tiene que ser una vanguardia a toda
> prueba, que vaya desarrollando un efecto expansivo, y esto está
> en la juventud, y está en los trabajadores de base.

Concluyo preguntándole al ministro qué se mantuvo y qué
cambió de su concepción a través de los años.

Se mantuvieron los principios, el ideal de conquistar sociedades
igualitarias, el reino de la libertad. Son ideales que se mantienen

intactos. Pero por supuesto que la experiencia y la reflexión sobre nuestras propias realidades llevan a medir bien hasta dónde se puede llegar en la realización de esos sueños. Por eso estoy convencido de que existen esas fuerzas; estoy profundamente compenetrado con ese ideal, consciente de que la materialización de los ideales nunca es total, siempre es parcial.

Estrecho la mano de Alí Rodríguez Araque. Creo entender por qué es un hombre respetado, aun por la oposición. Representa el espíritu revolucionario, el idealismo revolucionario, en su estado prístino, puro.

Fouché entre estatuas

La oficina de José Vicente Rangel, ex canciller, ex ministro de Defensa, ex vicepresidente del gobierno de Hugo Chávez, es un pequeño museo de extrañas esculturas policromadas de madera, algunas de gran tamaño, como labradas o inventadas por un niño que juega con soldados de plomo.

A sus 79 años de edad, don José Vicente es un hombre robusto, con pinta de *elder statesman*, delgado bigotillo blanco y una mirada de zorro, de viejo zorro. Al leer los datos de su vida no me explico cómo no ha escrito o dictado su autobiografía. Encarcelado en 1951 por Pérez Jiménez y exiliado después, fue fundador (junto con Jóvito Villalba) del partido de centro izquierda Unión Republicana Democrática (URD) y ocupó escaños parlamentarios donde logró merecida fama como defensor de los derechos humanos de los guerrilleros, con frecuencia vejados por el gobierno. Hombre puente en las negociaciones de pacificación entre el MIR y el gobierno, Rangel fue tres veces candidato a la presidencia, las dos primeras por el MAS: 1973, 1978 y 1983. «Soy experto en derrotas», bromea. Durante los años ochenta se dedicó a lo que en Venezuela se llama el «periodismo de denuncia» y obtuvo dos veces el Premio Nacional de Periodismo. Ya en los noventa condujo un exitoso programa de televisión. Chávez apareció en él, en su primera comparecencia pública después de dejar la prisión. Allí empezó una liga que sigue viva.

Conforme creció la popularidad de Chávez, creció también el vínculo. Tras la victoria, el presidente electo le hizo una oferta que Rangel, sencillamente, no pudo rehusar: «Me resistí mucho, me costó mucho, se lo digo sinceramente, pero éste es un hombre muy hábil y astuto. Se metió por el lado de mi mujer; él la conocía bastante, mi mujer simpatizaba mucho con la candidatura y entonces la convenció de que yo debía ser el canciller y ella me convenció a mí, yo soy muy permisivo». Asegura que no lo movía la ambición sino algo distinto, una curiosidad de entomólogo: «Yo siempre me he definido como un antipoder. Yo ingresé al gobierno, más que para ser gobierno, para escudriñar la interioridad de quienes llevan el poder».

Introduzco de nueva cuenta (como en *Aló, Ciudadano* del 4 de diciembre) el tema de Lázaro Cárdenas y la Revolución mexicana. Cárdenas encarnó la mejor vocación social del siglo XX mexicano, fue tan popular y amado que su recuerdo sigue vivo a casi cuarenta años de su muerte. Pero no se reeligió en 1940. Nunca volvió al poder. Ahí había un elemento de modernidad política que me parece imprescindible en toda democracia. Rangel se dice complacido con el paralelo con un hombre que distribuyó 17 millones de hectáreas y nacionalizó el petróleo: «En estos países, dada su composición social e incluso, hasta diría yo étnica, no se puede prescindir de la vocación social. Sin ella se vuelven ingobernables o anárquicos o a tal grado polarizados que desembocan en lo que desembocó Venezuela». Concuerdo con él, por supuesto, y a partir de ese terreno común insisto en el problema político. ¿Es necesaria la concentración absoluta del poder para alcanzar esas metas? México probó que no. Rangel no rehuiría el tema, pero comienza por encomiar el inusitado carisma de su antiguo jefe:

¡El chavismo es un fenómeno telúrico, una cosa impresionante! Le cuento una anécdota. Cuando yo estaba en el gobierno, siendo ministro de la Defensa, siendo canciller, siendo vicepresidente, concurría a las marchas y marchaba como un ciudadano cualquiera porque disfrutaba de aquel espectáculo. Un día venía yo marchando a la altura de la Plaza de Venezuela y entonces vi a una señora, ya anciana, muy cansada. Le digo «¡Bien! Marchando. ¡Bien!» Ella me contesta que está levantada desde las cuatro de la madrugada. Le pregunto por qué lo hace y me dice: «Porque tengo que defender a Chávez». «¿Defenderlo de qué?» «De esa gente extraña» y señala los barrios ricos, «porque el día que esa gente vuelva, yo vuelvo a ser invisible».

La realidad «telúrica» de Chávez –dice Rangel– es un hecho que la oposición no ha sabido asimilar. A su juicio, la oposición es la principal responsable del poder desproporcionado que ha amasado Chávez:

La oposición no ha querido entender eso. Se fue primero por el atajo de la conspiración, luego por el paro petrolero, sesenta y tres días todo el país. Hoy reconocen que fue una aventura. Cuando hubo elecciones parlamentarias [...] se abstuvieron y le dejaron toda asamblea al chavismo. Hay concentración del poder, sí, pero ¿quién es el responsable? ¡No es Chávez! Porque los opositores tuvieron todas las garantías para participar. Hubieran tenido sesenta, setenta parlamentarios.

De pronto, el antiguo periodista combativo aconseja al oído al reciente intelectual tras del trono que tome en serio el tema del carisma: «Es peligrooooso, es peligroooso, es peligroooso, en la Iglesia, en la política, en todas partes», y alude a la teoría de Francisco Javier Conde en España sobre el franquismo. El diálogo nos lleva a la figura de Rómulo Betancourt. Por Antonio Sánchez García conozco el antecedente del Juicio de Responsabilidad Civil y Administrativa en contra de su padre, gobernador de Barinas en tiempos de Gómez.

El juicio se inició en tiempos de López Contreras y se dictó en pleno Trienio, en tiempos de Betancourt, con una pena superior a los 250.000 bolívares. En cada postura política de cualquier índole hay un antecedente biográfico, a veces clave, y tal vez éste sea importante para entender la génesis política de Rangel y su animadversión por Betancourt, el hombre de izquierda que logró la mejor síntesis venezolana (y latinoamericana) entre vocación social y democracia:

JOSÉ VICENTE RANGEL: En Venezuela siempre ha habido un liderazgo carismático. Betancourt fue un líder carismático.

ENRIQUE KRAUZE: Pero Betancourt fue un líder que tuvo actos muy precisos de autolimitación, no se reeligió.

RANGEL: No podía, no tenía ningún chance.

EK: ¿Quería? No quería. O algo más importante: sabía que no debía quererlo, porque era contradictorio con el espíritu de la democracia.

RANGEL: Él quedó físicamente incapacitado para poderlo intentar.

EK: Pero qué valiente fue, ¿no le parece?

RANGEL: Y le ha costado, él sabía que no podía. Sí hay que reconocerle que estaba consciente de eso, quizá otro, un delirante, hubiera desafiado las instituciones.

EK: En aquellas épocas entregó el poder y se fue a Suiza. No volvió a postularse. Se apartó del poder.

RANGEL: ¡No entregó el poder! El poder se alejó de él, ¿no?

EK: No sé. Tenía una virtud, una virtud republicana, el hombre que pone coto a su propio poder.

RANGEL: Desde luego, no se le pueden desconocer sus méritos. Un aporte muy importante que concibió en un momento en que la política venezolana venía de toda la herencia gomecista, fue actuar modernamente y organizar un partido; es decir, fue prácticamente el ideólogo de la partidización en Venezuela, y el creador de un partido con vocación social. Incluso fue comunista.

Rangel insiste en culpar a la oposición. Fueron ellos quienes reventaron las mesas de diálogo en 2002 porque «ya estaban planeando el paro petrolero», hasta «estuvieron a punto de matarlo». El presidente tenía –según le consta– la mejor disposición de reponer a los empleados de PDVSA, pero la oposición siguió enceguecida diciendo «este hombre es un autócrata, ejerce mesiánicamente el poder». Yo le hago ver que el elemento mesiánico me parece clarísimo, y que usarlo me parece sumamente riesgoso en nuestros pueblos, porque representa un abuso de los sentimientos religiosos innatos en él. Despertar expectativas casi mesiánicas en estos pueblos puede llevar a consecuencias desastrosas, violentas. Rangel responde pausadamente, con excelente cadencia:

RANGEL: Pero es que tú eres un intelectual, independientemente de la posición política que tienes.

EK: El mesianismo al que me refiero está en su estilo personal. El celo casi religioso (fanático, más bien) al declarar que no hay más camino que el suyo y la consecuente y continua denigración del enemigo.

RANGEL: Yo creo que eso es importante de analizar porque hay mucha gente a la que no le gusta el estilo de Chávez...

EK: El estilo es el hombre.

RANGEL: El arma más poderosa de Chávez no son ni los tanques ni los aviones rusos ni su boina, es la palabra. Chávez es un mago de las palabras. Tiene una capacidad tremenda para comunicarse con la gente común y corriente; ha hecho de la comunicación con la gente un ejercicio de pedagogía: repite, abusa; a mí me molesta ese lenguaje, repetitivo, muchas veces chabacano.

EK: Precisamente, un ejercicio de pedagogía militante y también un ejercicio de adoctrinamiento.

RANGEL: ¡Claro! Y ¿quién no adoctrina en política? Todo mundo adoctrina.

EK: No siempre.

RANGEL: Todo el mundo busca adoctrinar: la derecha, la izquierda, el centro. Él está muy centrado en él. Es muy impresionante, aunque no me guste el estilo.

EK: Llega a exasperar.

RANGEL: A mí muchas veces me molesta que esté tan centrado en su persona, porque además yo soy una persona muy lacónica. Chávez va tratando un tema, lo deja y después vuelve a él con esos circunloquios que hace con una coherencia increíble, salpicados de anécdotas, chistes, referencias históricas. Él ha reivindicado la historia en Venezuela. Aquí los presidentes no se ocupaban de la historia.

EK: Hay una politización indudable y creo que es un aspecto muy positivo, pero me parece grave el uso, el abuso y la falsificación de la historia para fines políticos.

RANGEL: La politización es muy positiva, la gente discute, habla. Aquí en Venezuela ni los abogados leían la Constitución, la gente salía de las escuelas de derecho y no conocía la Constitución. Hoy en día, cualquier ciudadano en la calle te agarra un librito...

Rangel está a punto de criticar a Chávez pero se detiene en la puerta. Mide cada palabra. Le da voz al poder y (un poco menos, con sordina) al antipoder. Es ambiguo, ambivalente. Por momentos parece el periodista combativo que fue. Por eso le pregunto por la relación entre el carismático de Barinas y el de La Habana, ¿es de padre a hijo?

RANGEL: Simplificando podemos decir eso, pero Fidel se ha caracterizado por darle buenos consejos a Chávez. Con Cuba hay una relación de mucho afecto, muy humana.

EK: ¿Chávez ha seguido esos consejos?

RANGEL: Yo creo que no los ha seguido totalmente. Porque Fidel siempre, con mucho sentido de la realidad, le ha recomendado cuidarse, no ir a los extremos. Es un buen consejero...

EK: Ése es el Fidel de hace tres años, ahora está enfermo. Se da cuenta de que ya su suerte está echada. Fidel entiende eso y por eso aconseja prudencia.

RANGEL: Lo entiende, sí. Es un hombre demasiado inteligente, no inteligente sino demasiado inteligente.

EK: Y Chávez entonces ha querido...

RANGEL: Pero Chávez no es un títere de Fidel. No, no. Mire, le voy a decir una herejía: si hubiera seguido más a Fidel, estarían mejor las cosas.

Cuando le pregunto por las fortalezas del proceso, Rangel –para mi sorpresa– no hace recuentos cuantitativos de los logros de la Revolución bolivariana. Menciona la «proeza» de haber cambiado el espíritu de las Fuerzas Armadas, que ha pasado de ser una corporación educada en la escuela americana a «ser un ejército que entiende el cambio social», y las misiones, que «han roto la estructura burocrática que mantenía congelado cualquier cambio social». Pero en términos constructivos considera que hay mucho por hacer: «Allí está también la debilidad, yo creo que le falta mucha organización y coherencia a las misiones, es decir, habría que establecer una especie de estructura misional que en este momento prácticamente no existe. Existe la tendencia, existen los recursos, existe una vocación, pero no existe la estructura». Otra debilidad es la inflación y el desabasto. Rangel piensa que esto no se refleja en Chávez sino en su gobierno. Esa disociación –le digo– tiene sus límites: «Sí, sé que no hay personalidades eternas ¿no? Hay prestigio que sube y baja».

EK: Cuando hablamos de democracia, ¿hablamos de lo mismo? ¿Por democratizar entendemos límites al poder, respeto a las leyes, libertad de expresión, respeto de derechos humanos, todo eso?

RANGEL: Creo que sacrificar los derechos humanos en aras de lo social es una aberración, y viceversa. Voy a decirle otra herejía: hoy el desafío para el chavismo es democratizar este proceso, democratizarlo a fondo.

EK: ¿Usted cree que es necesario el énfasis en la ideología socialista y en el proyecto socialista?

RANGEL: Yo hasta me atrevería a decir que Chávez comenzó siendo social y está en el tránsito hacia el socialismo. Ahora, ¿qué tipo de socialismo? Un socialismo en democracia y libertad. En estos diez años ha demostrado que se puede gobernar en democracia y en libertad con rasgos sociales, con vocación social.

El poder y el antipoder luchan en el alma de este viejo zorro de la política, «no inteligente sino demasiado inteligente». El poder le prohíbe pronunciar «herejías»; el antipoder le dice: ¡Qué más da! O quizá el poder y el antipoder en su alma ya no luchan: conviven. Pero esa convivencia, revestida de realismo, puede desembocar cuando menos en la ambigüedad, luego en la ambivalencia, luego en la contradicción. Y la contradicción asumida como tal, sobre el trasfondo de una vida de lucha cívica que concitó el respeto de muchos demócratas de izquierda, «es peligrooosa, es peligrooosa. Es peligrooosa».

Temas spinozos

Para acabar de entender a los partidarios de Hugo Chávez, concierto una entrevista con Vladimir Acosta, filósofo marxista que imparte cátedra en la Universidad Central de Venezuela y quien conduce un programa de radio todos los lunes titulado *De primera mano*. A Acosta lo descubrí, en realidad, leyendo el libro *El Bolívar de Marx* en el que, como ya mencioné, polemiza con Inés Quintero sobre el uso de la figura del libertador y critica a los «historiadores de derecha» por privar a Bolívar de su historicidad, pero exculpa a Hugo Chávez por hacer lo mismo desde una visión de izquierda.

La reunión es en el Hotel Tamanaco, donde Acosta aceptó verme no sin ciertas resistencias, intuyo que por considerar a este hotel un símbolo de la burguesía decadente caraqueña que él combate. Pese a que nos separan enormes diferencias ideológicas y políticas, se establece durante la conversación una genuina simpatía personal, producto de su estilo campechano y jovial de hablar, pero también porque la charla, por esos azares misteriosos, arrancó con Spinoza, del que ambos nos descubrimos admiradores. Pero no por las mismas razones. Para mí, Spinoza es el primer filósofo en hacer una crítica lingüística de la Biblia y en separar la esfera de lo sagrado de la esfera de lo profano en medio de las guerras de religión que desangraban a los Países Bajos, arrastrando en su genealogía familiar el recuerdo de la exclusión y el fanatismo. Como un judío sefardita expulsado de España, el empeño intelectual de Spinoza fue una lucha por la tolerancia y la libertad de credos, una suerte de filósofo liberal *avant la lettre*. Para Acosta, Spinoza es un pensador capaz de una «visión de totalidad asombrosa» y un «Hegel sin la dialéctica», lo que revela su pasión por los sistemas absolutos. No es extraño. Muchos pensadores de la izquierda radical contemporánea, como Hardt y Negri, citan repetidamente el concepto spinoziano de «democracia absoluta».

Vladimir Acosta tiene una visión de Estados Unidos lastrada por un antiimperialismo sin matices heredero de la Guerra Fría. Así, a lo largo de nuestra conversación, muchos de los problemas que enfrenta el gobierno de Chávez son atribuidos a Estados Unidos, quien mueve los hilos de la oposición y de los medios que critican a Chávez, y, desde luego, es la explicación fundamental para entender la inflación y el desabasto de los mercados de Venezuela. Estados Unidos, claro, y sus cómplices venezolanos, empresarios y oligarcas que se resisten a perder los privilegios que acumularon durante la IV República. Lo interesante en Acosta, sin embargo, es que sus ideas sobre la revolución no son tan esquemáticas y es capaz de criticar a Chávez y a su gobierno no por las medidas de carácter izquierdista que ha emprendido sino por su tibieza y su incapacidad real para llevarlas hasta las últimas consecuencias. Para Acosta, Chávez no se ha atrevido a tocar los intereses de los grupos verdaderamente poderosos, lo que produce desencanto entre las bases bolivarianas que apoyan el proceso. Acosta también ve una contradicción entre el discurso solidario y de unidad, entre el discurso socialista y la facilidad con que los recursos económicos circulan. Un ejemplo concreto es la visión que tiene Acosta de las nacionalizaciones. Para nuestro filósofo marxista,

las nacionalizaciones son más nominales que reales. No es el Estado el que ha asumido el control de las empresas sino que simplemente ha comprado en el mercado acciones de empresas que estaban en venta y ha logrado con ello obtener una mayoría accionaria pero compartida con capital privado.

Para Acosta el control que ejerce el Estado del petróleo, la electricidad, los teléfonos, el cemento, y con pretensiones de extenderse a la banca y otras industrias, es simplemente un juego accionario dentro de la lógica del capitalismo.

Para Vladimir Acosta las democracias parlamentarias son una máscara del poder real, y los medios de comunicación, agentes de manipulación:

Yo más de una vez he dicho que estas democracias que uno ve por todas partes son instrumentos de dominio de los grupos poderosos que logran engañar a los sectores populares para que voten y actúen contra sus propios intereses, y esto funciona porque hay medios capaces de evitar que la gente piense. La televisión disocia el pensamiento, evita que uno pueda tener una visión de la totalidad y vende frasecitas banales.

Desde luego que esta crítica de los medios de comunicación no se extiende a los espacios afines al presidente Hugo Chávez y a su uso obsesivo de la televisión como medio central y omnipresente para difundir su mensaje. Acosta incluso ha participado varias veces en *Aló, Presidente* y defiende el «genio comunicacional» del presidente Chávez.

Conforme la conversación avanza, voy viendo que la pasión por las ideas de Acosta encierra una tendencia común a los ideólogos de un signo o de otro: la incapacidad de mirar a la realidad tal cual es y la tendencia a subordinarla a los conceptos y las teorías. Me decepciona además descubrir en una persona tan lúcida una visión tan tradicional del socialismo. Para Acosta el socialismo «sólo puede ser un fenómeno mundial. Así como el capitalismo triunfó para convertirse en un sistema mundial, hoy más que nunca el socialismo no puede ser sino un fenómeno mundial producto de la crisis del capitalismo». Por lo demás, Acosta desprecia a los socialistas moderados: «La socialdemocracia no tiene nada que ver con el socialismo. La socialdemocracia es capitalismo».

Pero Acosta es una persona honesta y por lo tanto es alguien capaz de señalar los errores y las equivocaciones que a su juicio comete Hugo Chávez. Agrupo las críticas a Chávez en dos grandes rubros. Por una parte, Acosta critica la excesiva personalización del poder, no porque discuta el liderazgo de Chávez, que le parece fundamental en el proceso revolucionario que vive su país, sino porque siente que la excesiva dependencia de un líder único pone en riesgo las transformaciones sociales; por ello reclama un liderazgo colectivo que tenga una línea política clara y que garantice el avance de la revolución más allá de la suerte concreta de una persona. El segundo rubro es el sustrato religioso, católico, del presidente Chávez. Para Acosta

> Chávez muchas veces actúa como un líder religioso y no como un líder político. No hay nada más terrible que la combinación de Iglesia y Estado, y si lo que se quiere es evitar que la Iglesia actúe como fuerza política es necesario evitar que quien ostente el poder político actúe como una fuerza religiosa.

Acosta critica fuertemente el catolicismo tradicional y lo hace desde una visión anclada en los clichés del jacobinismo latinoamericano. Es decir, traicionando a nuestro común maestro Spinoza, no sólo exige la separación de la Iglesia y el Estado, punto en el que estamos plenamente de acuerdo, sino que se opone al derecho de los padres a educar a sus hijos en un credo determinado. Para Acosta los conquistadores «impusieron la religión católica a sangre y fuego, destrozando las culturas indígenas».

En cualquier caso la conversación se desarrolla bajo el respeto y la simpatía y termina cuando, sin darnos cuenta, volvemos a Spinoza. La sabia tolerancia del autor del *Tractatus* nos regala una despedida cordial.

Misión a las misiones

Mauricio Rodas es un joven ecuatoriano que encabeza la Fundación Ethos, un centro de investigación independiente, con sede en México, dedicado al análisis de políticas públicas de combate a la pobreza en América Latina. Aprovechando un viaje a Caracas en junio de 2008, visitó dos de las principales misiones del gobierno de Chávez: la alimentaria y la médica. Lo acompaña en alguna de sus visitas Marco Polesel, experto en el funcionamiento de las misiones. Éste es su reporte sobre la primera de ellas:

Nos encontramos en una zona marginal del barrio Bella Vista, al oeste de Caracas. Es una calle bulliciosa: tráfico, ruido de máquinas que los trabajadores municipales hacen funcionar, todos con playeras rojas con el lema «patria, socialismo o muerte», como tantos otros que se puede ver en la ciudad. A pocos metros se divisa el local del «Frente Revolucionario las Mujeres con Chávez». Sentada frente a una vieja caja registradora, morena, sudorosa –con el calor caraqueño de mediodía–, encontramos a doña Beatriz Santos, propietaria de una pequeña tienda de la red Mercal.

Mercal fue una de las trece primeras misiones. Buscaba facilitar el acceso de la población pobre a una canasta básica luego del enorme desabasto alimentario provocado por el paro petrolero. Desde entonces, miles de tiendas de particulares se integraron a Mercal, con lo que pueden vender alimentos baratos que el gobierno empaca, comercializa y distribuye. La red incluyó después establecimientos más grandes (Megamercales), de propiedad estatal, así como mercados itinerantes y mercados móviles atendidos por militares. De esta forma –según el estudio «Las misiones sociales en Venezuela» de Yolanda D'Elia y Luis Francisco Cabezas–, Mercal se convirtió en la misión con mayor cobertura nacional; en su auge (2005-2006), la red contaba con casi 16.000 establecimientos y atendía, según cifras oficiales, a más de 60% de la población (53% de acuerdo con la encuestadora Datanálisis, una respetada firma demoscópica).

La tienda de doña Beatriz tiene una buena dotación de los «productos libres», los de marca que se venden donde sea, mientras que resulta difícil encontrar los productos Mercal, subsidiados y bastante más baratos, que deberían ocupar todo el lugar. Los busco en vano y pregunto por ellos. Doña Beatriz señala entonces una esquina en que doy con unas bolsas de azúcar –los empaques de plástico llevan propaganda del gobierno: el omnipresente «Venezuela ahora es de todos» y algún artículo de la Constitución Bolivariana. Hay bolsas con el artículo que define la soberanía patria; otras con el que explica la función social de las Fuerzas Armadas.

La dueña refiere que durante los primeros dos años de pertenecer a la red vendía casi únicamente productos subsidiados, pero cada vez le es más difícil abastecerse de eso; los fletes –que debe costear el tendero– y el 3% de utilidad que se le permite han hecho que ahora los pocos productos Mercal de los que dispone sirvan, básicamente, como «gancho» para comerciar los mayoritarios productos libres. «Esta tienda podría tener cualquier otro nombre, menos Mercal», remata Beatriz.

El panorama del refrigerador desconsuela: una sola botella plástica de leche, que desde luego es de los productos libres. Pregunto si tienen carne de pollo, pero es cosa de ir al negocio de la cuadra siguiente, pues «ahí siempre hay»: se trata de la sucursal de una cadena de comercios privada.

«Falta arroz, leche, huevos, fideos y harina, aunque «de esa sí llega, pero poquita», comenta Beatriz, al describir la ausencia crónica de productos Mercal en su tienda. «Carne nunca me llega, hace mucho que no la vendo aquí.» Una cliente, irritada, aduce que ella suele encontrarla sin problema en los Megamercal, «en los que nunca falta nada», pero Beatriz la refuta y se inicia una discusión en tonos tropicales agudos. El intercambio lo concluye Beatriz, sentenciando que «puede ser que en los Megamercal tengan todo, pero eso a mí no me sirve para dotar de producto mi negocio, porque yo me tengo que surtir allá en el centro de distribución. Además, en el mejor de los casos, en los Megamercal se pueden comprar máximo dos paquetes pequeños de carne o pollo; eso no alcanza para alimentar a una familia por mucho tiempo.» En esos establecimientos se marca con una pluma o plumón la mano de los compradores, para que no puedan adquirir más que cierta cantidad de determinados productos, según el abasto disponible en el momento. La señora que discutió con Beatriz abandona el local con apenas dos bolsas de azúcar Mercal, lo único de esta gama de productos que logró conseguir.

¿Por qué sigue vendiendo productos Mercal?, le pregunto. Con genuino convencimiento socialista responde que «para cumplir una función social». Pero añade: «además porque la mayoría de la gente que viene a buscar productos Mercal no los encuentra, y termina comprando los libres: en esos sí hay negocio.»

Días más tarde, Vicente Alcívar, propietario de una tienda Mercal en el municipio de Baruta, me decía: «Estoy pensando dejar Mercal, porque la gente viene acá con la esperanza de encontrar producto subsidiado y se enojan con uno porque no hay. Ya no es como antes: hace mucho que las Mercal vendemos casi puros productos libres, que están carísimos: dime tú, ¿qué tiene eso de beneficioso para la gente?»

Muchos dueños han tomado la misma decisión. Sólo en 2007, 20% de las tiendas abandonó la red. Según cifras de Datanálisis, la cobertura se ha reducido a 43% de la población y, aunque tiene unos trece mil establecimientos, Mercal no representa el principal lugar de compra de las familias más pobres, pues 65% de ellas continúa utilizando las bodegas de abasto y los supermercados privados.

Los controles de precio impuestos por el gobierno –con el argumento de facilitar el acceso de las clases desposeídas a la canasta básica–, junto con la expropiación de tierras y los controles cambiarios, han inhibido la producción, con un desabasto muy grave y elevadísima inflación en los alimentos, todo en contra de la población pobre que se pretendía beneficiar. Su único recurso son ahora los establecimientos privados o el cada vez más grande mercado informal.

Le digo a Marco: «Ya viste que la señora no da recibos ni lleva contabilidad». Los altos fletes de los productos Mercal, la ganancia tan exigua que llevan impuesta y el no saber de contabilidad descapitaliza a muchos dueños «que incluso terminan trabajando con pérdida», me hace saber. A un par de kilómetros observamos el Megamercal que está al pie del cerro Antímano: tiene las dimensiones de un supermercado, pero bastante descuidado. «Con frecuencia ves la doble línea de gente que rodea el local y llega hasta las cuadras contiguas: entonces sabes que hay mayor desabastecimiento. Las colas son ahora kilométricas para todo; la cultura de la cola es la comprobación de que vivimos en un socialismo abierto. ¿Sabes tú dónde hay producto? En el mercado informal, mira ese puesto» y señala a un hombre vendiendo huevo sobre una mesa en la banqueta. «Él tiene la libertad, pero no el capital; y el comerciante formal tiene el capital, pero no la libertad.»

Según fuentes oficiales, 70% de los productos Mercal es importado: hasta ahí ha descendido la producción nacional. Cuando el desabasto es mayor, se realizan importaciones masivas, que han levantado acusaciones de corrupción. «Esto es lo que pasa cuando el gobierno se dedica a cuestiones que no le corresponden», comenta Marco.

* * *

Continúa la relación de Mauricio Rodas:

Intenso tráfico, comercio informal frenético. Un hexágono de ladrillo de dos pisos: la misión Barrio Adentro. Este módulo atiende al populoso barrio Los Lanos, en el sector de San Bernardino, al oeste de Caracas. Dentro, una sala de espera atestada de personas de todas las edades y los consultorios médico y dental. Al notar mi presencia, una enfermera se levanta de su escritorio y amable me pregunta si soy paciente regular.

Al fondo, el estrecho consultorio médico con sus equipos y con carteles del Che: allí está Jimmy Álvarez, el médico cubano responsable del centro. No supera los 30 años; hace cinco, cuando llegó a Venezuela y se integró a Barrio Adentro, daba sus primeros pasos en la medicina. Me explica que labora con una enfermera venezolana y un odontólogo cubano, y que atiende a un promedio de treinta personas durante las cuatro horas de la mañana en las que el centro se abre a consultas ambulatorias. «Para eso, como puedes ver, tenemos un equipamiento sencillo: estetoscopio, camilla, instrumentos básicos; es poco, pero suficiente para este nivel básico de atención. Los medicamentos, al igual que la atención, son totalmente gratuitos», y señala el anaquel semivacío en el que se almacenan las medicinas. «Los medicamentos nos llegan de Cuba; a veces se retrasan un poco, pero es la excepción.»

La Misión Barrio Adentro fue la primera en arrancar, en 2003. Eran módulos de atención básica con médicos cubanos en zonas marginales, un sistema paralelo a la red de dispensarios y hospitales públicos operados por el Ministerio de Salud. Por la aceptación comunitaria que recibió, amplió su alcance con Barrio Adentro II (diagnóstico y rehabilitación), Barrio Adentro III (hospitalización) y Barrio Adentro IV (especialidades médicas), aunque quedaron sin cumplirse las metas de infraestructura y cobertura. El estudio de D'Elia y Cabezas señala que, según el gobierno, Barrio Adentro I atiende a unos diecisiete millones de personas, pero que, de acuerdo con Datanálisis, en su época de mayor auge (2004) habría beneficiado a 7,2 millones de personas (30% de la población, frente al 70% reportado por el régimen).

Jimmy explica que, luego de cerrar el turno de atención ambulatoria en el módulo a mediodía, recorre las casas del barrio en la tarde para brindar servicios de medicina preventiva y orientación. Dicta charlas sobre el cuidado de la salud los sábados y capacita a practicantes venezolanos en el módulo. Estas labores complementarias pueden ser positivas, pero una de las principales críticas respecto a Barrio Adentro es que ha descuidado su objetivo principal: la atención médica directa. En teoría, los módulos deberían atender las veinticuatro horas del día, lo que no sucede por la serie de actividades adicionales que los médicos deben realizar.

Jimmy narra con entusiasmo las actividades de la Misión, a pesar de que el módulo del barrio contiguo cerró, «por lo que ahora debo cubrir un área mucho mayor y esa carga de trabajo adicional hace que la atención sea más breve». Las cifras oficiales reconocen que 30% de los centros cerró durante 2007, mientras otros tantos se encuentran inactivos, lo que puede obedecer a la inseguridad, deficiencias en el suministro de insumos médicos y dificultades de higiene. Además, se calcula que el número de médicos cubanos se redujo, a nivel nacional, en 20% entre 2005 y 2007 (de 15.000 a 12.000), y hay zonas del país donde la disminución supera el 50%. Muchos han regresado a su país, porque su servicio, supuestamente de tres años, ha vencido, y se vuelve difícil sustituirlos con profesionales venezolanos.

313

Jimmy está satisfecho: opina que la Misión realiza una gran labor a favor de la comunidad. «Al principio, cuando llegamos, la gente nos rechazaba, no entendía por qué estábamos nosotros acá en lugar de los médicos venezolanos; pero luego, cuando veían lo que hacíamos, nos empezaron a tratar bien. Hemos tenido algunos problemas de inseguridad, por eso dormimos en el propio módulo, en el piso de arriba, y lo cerramos durante la noche para que no nos asalten».

Al día siguiente, Myriam Ayala, vecina del sector La Loma en el municipio de Baruta, tiene otra opinión. «Mi cuñado Bonifacio, que vivía en Marare, en el Valle del Tuy, tuvo un dolor de cabeza. Mi hermana le dijo que fuera al hospital, pero como todo el mundo estaba emocionado con los Barrio Adentro, decidieron ir al módulo de su sector. Ahí le dieron un medicamento. Al regresar a su casa, hizo una siesta después de almorzar. Luego de unas horas, mi hermana lo intentó despertar, pero no se despertó más nunca. Cuando le hicieron el examen forense dijeron que había sido por el medicamento que le dieron. Bonifacio era un hombre joven y sano, tenía 40 años. El medicamento que le dieron le causó una reacción en el corazón y le dio un paro cardiaco. Mi hermana se quejó, pero el gobierno trató de tapar todo. Ella se quedó con cinco hijos huérfanos, desamparada, y no le prestaron ayuda; esto no salió ni en las noticias ni en nada. Mi hermana insistió un tiempo, pero luego paró porque tenía miedo que le hagan algo a ella o a sus hijos, así que eso quedó así [sic].»

Le pregunté si sabía de algún otro caso, y narró que «en el sector en que yo vivo hubo el caso de un niño que le sangró el hígado por una pastillita que le dieron en el Barrio Adentro. Luego lo llevaron al dispensario médico del municipio, que no es Barrio Adentro, y el médico de ahí dijo que había sido por el medicamento. De la noche a la mañana aparecieron miembros de la guardia tratando de quitarle el informe del doctor. Al niño lo llevaron al Hospital Militar y lo salvaron. Ahora el doctor del dispensario municipal trabaja en el Hospital Militar, tiene un gran puesto, y la mamá del niño ya no vive en este barrio, le regalaron una casa en otro lado, o sea que los compraron. Eso es lo que hacen ellos, tapan las cosas lo que más pueden».

«El problema es que ésos no son médicos graduados», comenta Myriam sobre los médicos cubanos de Barrio Adentro. «No tienen la experiencia de los médicos venezolanos. Si tú eres un médico de verdad, ¿por qué le mandas la misma pastillita a todo el mundo? Ellos siempre dan la pastillita azul. De hecho, una amiga que antes iba siempre a los Barrio Adentro, ya dejó de tomar esa pastillita azul, porque se la recetaban para todo y ahora le da miedo. Ahora la gente ya no quiere saber nada de Chávez. Antes había una cola gigante en el Barrio Adentro, ya no.»

Los cuestionamientos respecto a la calidad de los servicios de Barrio Adentro y las credenciales de los médicos han ido en aumento. Los médicos cubanos no tienen certificación ni se encuentran regulados por organismos venezolanos de la salud. Como resultado, datos de 2007 muestran que la población de los sectores donde operan los módulos de Barrio Adentro sigue utilizando mayoritariamente la red de hospitales y puestos de salud convencionales. La Misión Barrio Adentro redujo su cobertura a 22% de la población a nivel nacional en ese mismo año.

Radio Rebelde

José Roberto Duque es un periodista y escritor en sus treinta. Representa el chavismo radical. Pasa por mí el sábado a las cuatro de la tarde, y en su pequeño automóvil nos dirigimos a la Coordinadora Simón Bolívar de la populosa parroquia 23 de enero.

En el camino José Roberto me señala inmensos bloques de urbanización para militares construidos en tiempos de Pérez Jiménez. Desde hace tiempo los ocupa el pueblo (fueron invadidos a raíz del derrocamiento de Pérez Jiménez). Me explica que en la parroquia a la que vamos el crimen (campeante en la ciudad) está controlado por los propios grupos juveniles. Llegamos a la estación «Al son del 23». Nuestra estancia será breve. La iconografía revolucionaria denota que se trata de un grupo marxista-leninista. Hay representaciones visuales (carteles, letreros) de la ETA, las FARC, el neozapatismo, los movimientos palestinos de liberación. Recorremos rápido el sitio para escuchar, en una plaza contigua, a un maravilloso conjunto musical cubano, con todo y transes místicos e invocaciones al culto de Oruba. En las casas de ladrillo, encaramadas una sobre la otra, hay casi siempre una antena de televisión por cable. «Un día la naturaleza hará estragos —me dice de pronto José Roberto, muy serio— como en 1812, y todas estas casas precarias se derruirán.» (Un adivino en televisión haría la misma ominosa predicción esa noche.)

Comienzo a escuchar la narrativa de José Roberto:

Yo apoyo a Chávez pero sin idolatría, yo no voy a sus manifestaciones. Cuba no es un modelo (aunque admiro su ímpetu anti-imperialista). No hay modelo. Lo malo es que en Venezuela el Estado burgués persiste, tenemos todavía leyes vigentes de los sesenta y setenta. Las masas explotadas por una minoría siguen allí. La extracción de la plusvalía. Y es un engaño, porque ¿para qué sirven los cursos de capacitación que se dan? Para que los obreros sigan sirviendo al capital. Es una paradoja. ¿La URSS? Tampoco es ejemplo. El «socialismo real» es una perversión del socialismo. Admiro a Chávez porque ha quitado majestad a la figura presidencial. Vemos acá al ciudadano en acción. Movilizado. Ya no pasivo. Pero Chávez no ha tumbado las estructuras. Siguen allí explotados y explotadores. Ricos y pobres. Pobres que trabajan para garantizar el confort del este de la ciudad.

Llegamos a Radio Rebelde, localizada en la Parroquia Sucre, Municipio Libertador. Allí viven miles de personas que llegaron a fines de 1999, a raíz del terrible deslave de Vargas. Nos recibe Juan Ortega, simpático individuo con cara aquilina algo mayor que José Roberto. Viste de shorts y camisa Lacoste roja: «Lo único bueno de los burgueses son la ropa, las mujeres y los vinos», me dice, mientras caminamos al interior del local, donde se transmite un programa de música. Es día del niño y Juan y sus pocos colaboradores están ajetreados trayendo regalos para los niños. En uno de los recintos se exhiben páneles con los nombres de las «582 personas asesinadas por el puntofijismo». «Aquí no somos gobierneros –me dice Juan–, somos democráticos. Aquí admitimos la diversidad, pero no contra el gobierno».

Escucho a Juan:

El pueblo está con Hugo Chávez, aunque creo que está rodeado de corrupción. Don Dinero los echa a perder. Aquí lo que priva no es el dinero sino el amor, el corazón. ¿Por qué se perdió el referéndum del 2 de diciembre? Por el factor mediático. Y por la Iglesia. Pero ahora ya hay una nueva Iglesia enquistada en la antigua, curas revolucionarios, verdaderos curas, y vendrá un cisma. Chávez a veces es débil: debió actuar contra los que le hicieron el golpe, pero los mandó a Miami. A veces me pregunto: ¿qué le pasa al comandante?

En una pared veo el recorte de la visita del ministro Andrés Izarra a Radio Rebelde. Su ministerio apoya sus cursos de capacitación. Juan me enseña con mucho orgullo el local donde se «enseña a las viejitas» a leer. Ahora está vacío. Caminamos hacia otra zona del conjunto (casi al pie de un inmenso bloque de departamentos donde hay mucho bullicio y música y ropa secándose al sol). Es nueva, está sin estrenar. «Acá estará la panadería de don Vicente. No es su propiedad privada. Es propiedad comunal. Él tiene un pequeño margen y paga con trabajo comunitario y con cursos a desempleados». No falta la construcción triangular de Barrio Adentro. Al parecer no hay pacientes, aunque hay una luz en el interior. Caminamos hasta la tienda Mercal. Son las cinco de la tarde, es sábado y está cerrada. En una pared dos papeles marcados con plumón avisan: «No hay: pasta, pollo, atún, aceite, pasta corta, leche, carne, huevos». Otro papel dice: «Sí hay pasta corta». Juan me explica que las clases para los niños son de seis y media de la mañana a cinco de la tarde e incluyen desayuno.

«Esta no es una revolución, es sólo un proceso. Para que haya revolución tiene que haber sangre. Y la sangre todavía no ha llegado [...]. ¿Cuba? Mira, yo respeto esa vaina, pero ahí hay una casta política, yo no me engaño. Castro es brillante, pero no es lo nuestro, lo nuestro es Miranda, Bolívar, el indio Guaicaipuro de nuestro emblema». Nos tomamos una foto frente al emblema del bravo indio.

A unas cuadras descubrimos una escena desagradable: un grupo de jovencitos en cuclillas, negros todos, sometido por la policía. «Es una vergüenza, es el prejuicio policial que sigue. Pero también es el capitalismo. El crimen está ligado al capitalismo que promueve el consumo». Le señalo la intensa actividad comercial en los puestos callejeros, que venden de todo. José Roberto prefiere hablarme sobre cultura:

> Mire, profesor, la revolución ha fallado en la cultura, no hay representatividad artística en el proceso. Algo emblemático. No hay verdadera pintura, ni muralismo, ni música, y es que la cultura debe ser libre. Ahí los gringos tienen razón: no tienen Ministerio de Cultura [...]. ¿Mi opinión sobre la famosa Orquesta de Dudamel? Es música académica, europeizante, música como mercancía, música de la clase dominante.

José Roberto me señala un logro que me parece admirable: los barrios están rescatando su propia historia. Se están creando archivos comunales en distintos espacios colectivos, cuyo fin es apoyar el estudio y la reconstrucción de la historia local. Hay discusiones animadas. La gente participa.

Me despido efusivamente de mi joven amigo. «Usted no está de acuerdo con todo esto, ¿verdad, profesor?» Le digo que creo en la vocación social pero también en la democracia. «Yo no marcho –me responde José Roberto–, pero el día en que Chávez decrete el fin de la democracia electoral, si lo hace, ese día sí voy, para celebrar la locura del comandante.»

VIII

El eterno retorno de lo mismo: crítica histórica

Miseria de la teología revolucionaria

Los guerrilleros venezolanos que desde fines de los años sesenta fueron los precursores de la crítica de izquierda al «socialismo real» (incluido el «socialismo real» cubano) son los primeros en lamentar que la Venezuela chavista confunda el futuro con el pasado y finja que el fantasioso «socialismo del siglo XXI» pueda construirse sin tomar en cuenta el fracaso del socialismo revolucionario en el siglo XX. Pero Chávez está empeñado en reeditar por su cuenta y riesgo el libreto cubano de los sesenta. Su reciente acuerdo armamentista con Rusia y su peligrosa amistad con Irán son representativos de ese designio: se trata de revivir la crisis de los misiles, provocar al gigante herido y, con suerte, desatar una invasión: la ansiada Playa Girón de Hugo Chávez. Hay algo patético en el empeño chavista de enfilar a su país en una carrera armamentista que sólo responde a sus obsesiones y mitologías personales, o a su pretendida mímesis con Fidel Castro. Ante esta anacrónica resurrección (no por distorsionada menos real) del mito revolucionario del siglo XX en el XXI, me pregunto ¿qué habría pensado Octavio Paz?

Aunque trabajé a su lado por más de veinte años en la revista *Vuelta* y compartí con él varios momentos cruciales en la historia política de México, de América Latina y de Occidente, nunca me atrevería a afirmar con certeza lo que Paz habría pensado porque, sencillamente, no está aquí. Lo que sí he podido hacer es releer su obra en busca de claves y recordar el momento delicado en que editamos un libro sobre América Latina que circuló razonablemente bien y que, a la distancia, sobre todo en el instante actual, resulta iluminador.

La pequeña aventura editorial ocurrió hace poco más de veinticinco años, a principios de los ochenta. El panorama de América Latina era, si no más preocupante, sí más desolador que el actual. Países tradicionalmente democráticos como Chile, Uruguay y Argentina llevaban años hundidos en brutales dictaduras militares. La lucha entre la guerrilla y los cuerpos paramilitares dejaba decenas de miles de muertos en Guatemala y El Salvador. Nicaragua era el coto privado de nueve comandantes sandinistas. El largo historial democrático de Colombia seguía sufriendo el embate de las guerrillas más antiguas e inescrupulosas del continente, grupo cuya crueldad era apenas comparable con las de Sendero Luminoso, que comenzaba a asolar a la renaciente democracia peruana. Paraguay y Brasil seguían bajo la bota del militarismo puro, lo mismo que Cuba bajo el militarismo ideológico. Panamá había perdido al caudillo Torrijos pero daba la bienvenida al narcomilitar Noriega. Ecuador, Bolivia y la República Dominicana mantenían en un hilo su frágil institucionalidad, y México –el envanecido México– empezaba a percatarse apenas de los enormes inconvenientes de su «dictadura perfecta». En aquel sombrío panorama, sólo dos democracias pacíficas y maduras brillaban como estrellas solitarias: Venezuela y Costa Rica.

Alrededor de esas fechas, la revista *Vuelta* convocó a dos revistas de ideas de gran prestigio y vocación de izquierda liberal *(Dissent,* dirigida por Irving Howe, y *Esprit,* dirigida por Paul Thibaud) para invitar juntas a un grupo de escritores latinoamericanos a reflexionar sobre el estado de la democracia en sus respectivos países. Bajo el título general de «Democracia y la dictadura en América Latina», los ensayos fueron apareciendo en números sucesivos de las revistas y se integraron más tarde en libros editados en francés, inglés y español.

El título de nuestra edición es ilustrativo de nuestro ánimo pesimista: *América Latina: desventuras de la demo-*

cracia.[1] En el ensayo que abría el libro, «La democracia en América Latina» (firmado el 30 de marzo de 1982, cuando estaba a punto de cumplir 68 años), Octavio Paz incursionaba en un territorio que conocía pero no frecuentaba. A diferencia de las generaciones anteriores a la suya (José Vasconcelos, Alfonso Reyes, Pedro Henríquez Ureña, Daniel Cosío Villegas), la generación de Paz (nacida entre 1905 y 1920) había dejado de ver hacia el sur y pensar en términos «americanistas», para abrirse (estudiar, escribir, viajar) a zonas geográficas y culturales del este y el oeste (en su caso Europa, la India y el Lejano Oriente). Pero en los años ochenta la realidad iberoamericana se había vuelto a tal grado opresiva y apremiante que Paz no pudo sustraerse más a ella y decidió abordarla, como solía hacerlo, a través del ensayo de reflexión histórica. Su propósito era responder por su cuenta a las viejas preguntas: ¿por qué la democracia había arraigado de manera tan insuficiente en nuestros países?, ¿qué impedía su arraigo a fines del siglo XX?

El argumento de Paz era sencillo y contundente: a pesar de todas las desventuras, «hasta mediados del siglo XX, nadie se atrevió a poner en duda que la democracia fuese la legitimidad histórica y constitucional de América Latina. Con ella habíamos nacido y, a pesar de los crímenes y tiranías, la democracia era una suerte de acta de bautismo histórico de nuestros pueblos». Pero desde 1959 la situación había cambiado. Una nueva legitimidad «revolucionaria» se había impuesto en el escenario latinoamericano. Esa nueva justificación política no

[1] La nómina de 17 autores era notable. Mencionaré sólo algunos de los textos que hicieron época: «Historia de una matanza», de Mario Vargas Llosa (que refutaba definitivamente el carácter «campesino» de la guerrilla peruana y exhibía su indescriptible crueldad); «El suicidio en Cuba», de Guillermo Cabrera Infante (que narraba la cadena de suicidios políticos característica de la desdichada historia cubana); «La inestable Latinoamérica», de Carlos Rangel (escéptico análisis sobre la perpetuación de los mitos revolucionarios y la debilidad democrática de la región); «Chile: verdades y leyendas», de Jorge Edwards (valiente ajuste de las responsabilidades compartidas entre Allende y Pinochet); y «Colegas enemigos», de Gabriel Zaid (texto que exhibió la entraña personal y casi familiar —como de Cosa Nostra— en el fondo de la guerrilla salvadoreña y adelantó la reveladora tesis de Zaid —desarrollada en los años siguientes— sobre la guerrilla latinoamericana como obra de universitarios.

requería más de procesos electorales ni de libertades cívicas ni de instituciones republicanas. Los dictadores militares del siglo XX (que representaban la ausencia de legitimidad, el poder por el poder) habían sido siempre (y seguían siendo) un obstáculo permanente para la democracia, pero la incandescente Revolución cubana conspiraba contra ella de un modo más profundo.

Paz se propuso desentrañar las raíces dogmáticas de esa nueva legitimidad. Buscaba, en una palabra, desmistificarla. Y es que en su larga vida Paz había visto ya ese futuro «socialista» y sabía que no funcionaba. O mejor dicho: sabía que funcionaba como una «ideocracia totalitaria», un régimen burocrático que a su paso había dejado opresión, miseria y muerte.

Para llegar a la crítica del gobierno castrista (pero teniéndolo presente a lo largo del texto) Paz hizo referencia a varios elementos «antimodernos» que nos legó la tradición hispánica. En primer lugar, la idea teologicopolítica de la vida pública que España asimiló miméticamente del islam: «la fusión entre lo religioso y lo político [...] o la noción de *cruzada*, aparecen en las actitudes hispánicas con una coloración más intensa y viva que en otros pueblos europeos». En segundo lugar, la herencia de la Contrarreforma. Mientras que la evolución general de los estados y sociedades occidentales modernas tendían a la afirmación de los intereses individuales en un marco de respeto al derecho, tolerancia de opiniones, amplia y plural participación política y separación completa de lo sagrado y lo profano, «el Estado español confundió su causa con una ideología»:

La idea de la misión universal del pueblo español, defensor de una doctrina reputada justa y verdadera, era una supervivencia medieval y árabe; injertada en el cuerpo de la monarquía hispánica, comenzó por inspirar sus acciones pero acabó por inmovilizarla. Lo más extraño es que esta concepción teológico-política haya reaparecido en nuestros días. Aunque ahora no se identifica con una revelación divina: se presenta con la máscara de una supuesta ciencia universal de la historia y la sociedad. La verdad revelada se ha vuelto «verdad científica» y no encarna ya en una Iglesia y un Concilio sino en un Partido y un Comité.

Basado en la obra de Richard M. Morse –notable historiador estadounidense, experto en América Latina–, Paz destacó el aporte fundamental del pensamiento de Francisco Suárez (y sus discípulos de la Compañía de Jesús) a la monarquía católica: «Estos teólogos –dice Paz– renovaron, con genio, el tomismo y lo convirtieron en una fortaleza filosófica». Por un lado, suministraron directa o indirectamente «la base ideológica de sustentación del imponente edificio político, jurídico y económico […] del Imperio español». Por el otro, fueron la escuela de «nuestra clase intelectual». Igual que el celoso espíritu teologicopolítico de la Contrarreforma, Paz veía reaparecer a aquellos remotos neotomistas en los espíritus doctrinarios y revolucionarios de 1982:

> no es difícil advertir en nuestros intelectuales, ocultas pero vivas, las actitudes psicológicas y morales de los antiguos campeones de la neoescolástica. Paradójica modernidad: las ideas son de hoy, las actitudes, de ayer. Sus abuelos juraban en nombre de Santo Tomás, ellos en el de Marx, pero para unos y otros la razón es un arma al servicio de una verdad con mayúscula. La misión del intelectual es defenderla. Tienen una idea polémica y combatiente de la cultura y del pensamiento: son cruzados. Así se ha perpetuado en nuestras tierras una tradición intelectual poco respetuosa de la opinión ajena, que prefiere las ideas a la realidad y los sistemas intelectuales a la crítica de los sistemas.

No sólo la centenaria tradición politicoteológica española había pesado siempre como una losa sobre las nacientes repúblicas iberoamericanas y renacía en el nuevo dogmatismo revolucionario. Otras realidades históricas conspiraban también contra la democracia. Paz era un crítico irreductible de las tiranías militares sudamericanas. Veía a esos gobiernos como la recurrencia de la vieja tradición caudillista del siglo XIX: los regímenes militares de excepción, con armas y prejuicios, sin rumbo y sin ideas, la tiranía sin banderas. (De hecho, *Vuelta*, que dedicó varios números al tema, estuvo proscrita en Argentina entre 1979 y 1983.) En ese mismo sentido, Paz no cerraba tampoco sus ojos ante el papel de Estados Unidos en las desventuras de la democracia latinoamericana:

> Han fomentado las divisiones entre los países, los partidos y los dirigentes; han amenazado con el uso de la fuerza, y no han vacilado en utilizarla, cada vez que han visto en peligro sus intereses; según su conveniencia, han ayudado a las rebeliones o han fortificado a las tiranías [...]. Por todo esto, los Estados Unidos han sido uno de los mayores obstáculos con que hemos tropezado en nuestro empeño por modernizarnos. Es trágico porque la democracia norteamericana inspiró a los padres de nuestra Independencia y a nuestros grandes liberales, como Sarmiento y Juárez. Desde el siglo XVIII la modernización ha querido decir, para nosotros, democracia e instituciones libres; el arquetipo de esa modernidad política y social fue la democracia de los Estados Unidos. Némesis histórica: los Estados Unidos han sido, en América Latina, los protectores de los tiranos y los aliados de los enemigos de la democracia.

Pero Paz concentraba su pasión crítica en el tema de la Revolución cubana y sus reverberaciones. Ya en 1959 había vivido, visto y leído lo suficiente como para recibir con un entusiasmo real aunque atemperado la victoria de Fidel Castro. Pero en 1982 el desencanto se había convertido en una decepción completa. El dogmatismo teológico de viejo cuño (la vuelta del espíritu neoescolástico) y la connivencia –casi la complicidad– de la mayoría de los intelectuales latinoamericanos con el régimen de Castro le parecían inadmisibles. Lo más grave del caso era la persistencia del mito revolucionario en el continente, la proliferación de émulos de Castro y del Che que practicaban la guerrilla en los campos y ciudades del continente.

¿De dónde extraía Paz sus certezas, sus desilusiones, sus preocupaciones? De su propia biografía. Él mismo, en su juventud, había sido un *poseído* de la revolución. Por eso el sueño recurrente de la revolución marxista le tocaba una cuerda mucho más íntima: la de la responsabilidad personal y la culpa.

* * *

Vale la pena recordar muy brevemente su itinerario, ahora que tantos jóvenes latinoamericanos han abrazado de nuevo (en un eterno retorno de lo mismo) el viejo sueño de la revolución, hoy encarnado en el comandante Hugo Chávez, autoproclamado heredero mitológico de la revolución de Fidel Castro y la hazaña liberadora de Bolívar.

Lo cierto es que la toma de conciencia en Octavio Paz fue paulatina. Nacido en 1914, en los años treinta sintió la gravitación irresistible de la Revolución rusa: «Mi generación fue la primera que, en México, vivió como propia la historia del mundo, especialmente la del movimiento comunista internacional». En 1937 estuvo presente en la guerra civil española, en los cuarenta se acercó a posiciones trotskistas, en los cincuenta su fe socialista no le impidió describir los campos de concentración en la URSS, en los sesenta mantuvo cierta esperanza en los experimentos autogestionarios yugoslavos y aun en la Revolución china. Todavía en 1967, a pesar de su escepticismo con respecto a Cuba, escribía de manera exaltada y poética sobre el mito central de su vida y de su época, el mito central de la modernidad, la revolución:

Ungida por la luz de la idea, es filosofía en acción, crítica convertida en acto, violencia lúcida.

Popular como la revuelta y generosa como la rebelión, las engloba y las guía.

Revolución designa a la nueva virtud: la justicia. Todas las otras –fraternidad, igualdad, libertad– se fundan en ella [...]. Universal como la razón, no admite excepciones e ignora por igual la arbitrariedad y la piedad.

Revolución: palabra de los justos y de los justicieros. Para los revolucionarios el mal no reside en los excesos del orden constituido sino en el orden mismo.

En esta poética vindicación moral de la revolución, Paz es todavía un escritor romántico arrastrado por el viento verbal de la fe y el mito. Cree, o parece creer, todavía, a pesar de las decepciones, que la aurora de la historia puede llegar. No ha perdido la esperanza revolucionaria ni parece haber visto con claridad la historia real, concreta, de las revoluciones socialistas en el siglo XX.

En aquella obra, Paz postulaba alrededor de la revolución una teoría ascendente de la historia: el cambio de la acepción antigua, mítica y cosmológica de la palabra *revolución* (el tiempo cíclico) por la acepción progresista y moderna de la palabra, «el cambio brusco y *definitivo* en la dirección de los asuntos públicos» y la afirmación de un tiempo lineal animado por la incesante marcha hacia la perfección humana.

En 1968, siendo embajador de México en la India, Paz tuvo su última ilusión: los estudiantes encarnarían el papel revolucionario que Marx había reservado a los obreros en su profecía. Aunque esa mutación no ocurrió, Paz, como se sabe, renunció a su puesto a raíz de la matanza del 2 de octubre en Tlatelolco. A partir de entonces se propuso dedicarse por entero a la literatura, a la crítica política y a la edición de dos revistas sucesivas que hicieron época: *Plural* (1971-1976) y *Vuelta* (1976-1998). Fue en esos años cuando vivió el último tramo de su conversión.

* * *

«Todo pensador socialista –escribió Daniel Bell– tuvo su Kronstadt». El Kronstadt de Bertrand Russell fue Kronstadt (la masacre de marineros rusos ordenada por Lenin en 1921); el de Boris Souvarine ocurrió en los años veinte; el de Koestler, Gide y Orwell, en los treinta. Muchos otros célebres intelec-

326

tuales de Occidente (Sartre, el más conspicuo) nunca tuvieron su Kronstadt.

En América Latina, el advenimiento de la Revolución cubana tuvo el efecto de bloquear, o cuando menos retrasar, esa toma de conciencia, al grado de que varios escritores siguen siendo fieles a Castro. No fue el caso de Paz. Su Kronstadt fue sucesivo, pero el hundimiento definitivo ocurrió en 1974, a los sesenta años de edad, tras la lectura del *Archipiélago Gulag* de Solyenitsin. «Casi todos los escritores de Occidente y de América Latina –escribió al reseñar el libro en *Plural*– hemos sufrido la seducción del leninismo […], nuestras opiniones políticas […] no han sido meros errores o fallas en nuestra facultad de juzgar. Han sido un pecado, en el antiguo sentido religioso de la palabra: algo que afecta al ser entero». Dos años después, escribió un dolido poema autobiográfico, una confesión:

> El bien, quisimos el bien:
> >   enderezar al mundo.
> No nos faltó entereza:
> >   nos faltó humildad.
> Lo que quisimos no lo quisimos con inocencia.

Paz comenzaba a actuar como un líder intelectual de la disidencia liberal y socialdemócrata al marxismo revolucionario en América Latina. Sus revistas *Plural* y *Vuelta* remaron contra la corriente en todos esos años. Es verdad que algunos escritores de primera línea en nuestra lengua (Mario Vargas Llosa, Jorge Edwards y, por supuesto, Guillermo Cabrera Infante) habían marcado ya su distancia definitiva con respecto a la Revolución cubana que originalmente habían apoyado, pero para otras figuras de peso la luna de miel con Cuba apenas comenzaba.

Para muestra, un botón. El mejor botón. Hacia 1975 Gabriel García Márquez publicó en *Alternativa* de Bogotá un texto titulado «Cuba de cabo a rabo», reportaje sabroso como todos los suyos pero que, en el fondo, constituía mucho más que eso: una profesión de fe absoluta en la Revolución cubana *encarnada* en la heroica figura del comandante:

Cada cubano parece pensar que si un día no quedara nadie más en Cuba, él solo, bajo la dirección de Fidel Castro, podría seguir adelante con la revolución hasta llevarla a su término feliz. Para mí, sin más vueltas, esta comprobación ha sido la experiencia más emocionante y decisiva de toda mi vida.

En el retrato de García Márquez resonaban ecos de H.G. Wells, que en los años pavorosos de la hambruna ucraniana declaró: «nunca he conocido a un hombre más sincero, justo y honesto que Stalin. Nadie le teme y todo el mundo confía en él». O de Pablo Neruda, en su *Canto general:* «el nombre de Stalin alza, limpia, construye, fortifica, preserva, mira, protege, alimenta, pero también castiga». García Márquez no ha tenido su Kronstadt. Ya nunca lo tendrá.

Paz sí lo tuvo. Por eso en aquel ensayo de 1982 no se conformó con denunciar el cambio copernicano que había ocurrido con la aparición de la «legitimidad revolucionaria» en América Latina. Quiso comprender sus raíces y explicar sus alcances. Paz buscó en la mentalidad colectiva, y en particular en las creencias políticas y religiosas heredadas de España, el odre viejo donde la ortodoxia revolucionaria del siglo XX vertía sus vinos, no tan nuevos ya para entonces, vinos envenenados por las experiencias concentracionaria y represiva soviética y china, y por la propia experiencia cubana sobre la cual, a esas alturas, era ya imposible engañarse. «Asistimos —escribió— al regreso del absolutismo, disfrazado de ciencia, historia y dialéctica.» La clave para entender aquella grave mutación de legitimidades no era tanto social o económica sino cultural, una extraña vuelta (no muy distinta de la del estalinismo a la Rusia ortodoxa zarista) a la matriz teologicopolítica que fundó la tradición ibérica:

la autoridad del monarca absoluto se ejercía en nombre de una instancia superior y sobrenatural, Dios; en el totalitarismo, el jefe ejerce la autoridad en nombre de su identificación con el partido, el proletariado y las leyes que rigen el desarrollo histórico. El jefe es la historia universal en persona. El Dios trascendente de los teólogos de los siglos XVI y XVII baja a la tierra y se vuelve «proceso histórico»; a su vez, el «proceso histórico» encarna en este o aquel líder: Stalin, Mao, Fidel.

Extraña vuelta de significaciones: la «nueva» acepción del vocablo *revolución* (que Paz había profetizado y poetizado en 1967) era en 1982, de nueva cuenta, la «vieja» acepción»: la primacía del pasado y del tiempo cíclico. La revolución racional terminó siendo una vuelta a la política teológica. «Así se ha roto –escribió Paz– la tradición que fundó a la América Latina.»

En 1989, con ocasión del Premio Tocqueville que le concedió el gobierno de Francia, Paz fue más lejos: «la Revolución comienza como promesa, se disipa en agitaciones frenéticas y se congela en dictaduras sangrientas que son la negación del impulso que la encendió al nacer». En ese discurso poetizó y profetizó el fin de la revolución:

Asistimos a una serie de cambios, portentos de una nueva era que, quizás, amanece. Primero, el ocaso del mito revolucionario en el lugar mismo de su nacimiento, la Europa occidental, hoy recuperada de la guerra, próspera y afianzado en cada uno de los países de la Comunidad el régimen liberal democrático. Enseguida, el regreso a la democracia en la América Latina, aunque todavía titubeante entre los fantasmas de la demagogia populista y el militarismo –sus dos morbos endémicos–, al cuello la argolla de hierro de la deuda. En fin, los cambios en la Unión Soviética, en China y en otros regímenes totalitarios. Cualquiera que sea el alcance de esas reformas, es claro que significan el fin del mito del socialismo autoritario. Estos cambios son una autocrítica y equivalen a una confesión.

Lo que Octavio Paz presenciaba era el crepúsculo de la idea de la revolución en su última y desventurada encarnación, la versión bolchevique y su triste réplica latinoamericana: la revolución de Castro.

329

A pesar de su decepción del socialismo real en el siglo XX, todavía vio con cierta nostalgia romántica la causa del neozapatismo y mostró cierta debilidad por la saga del Subcomandante Marcos. ¿Ecos lejanos de su juventud? Adverso a sus posiciones políticas y al uso de la fuerza, distanciado ya por entero del mito de la revolución, le conmovía la raíz indígena del movimiento (su padre había sido abogado de Zapata) y apoyaba los reclamos de ese grupo olvidado de México, los pobres entre los pobres. Sin embargo, no tenía dudas: «El liberalismo democrático –escribió– es un modo civilizado de convivencia. Para mí es el mejor entre todos los que ha concebido la filosofía política». Desde entonces formuló su deseo postrero:

> Debemos repensar nuestra tradición, renovarla y buscar la reconciliación de las dos grandes tradiciones políticas de la modernidad, el liberalismo y el socialismo. Me atrevo a decir que éste es «el tema de nuestro tiempo».

* * *

Paz murió con esas convicciones, en abril de 1998. Aunque nunca hablamos sobre Hugo Chávez, estoy seguro de que no habría visto en él la reconciliación del socialismo y el liberalismo. (Reconciliación no es una palabra usual en el vocabulario binario de Chávez.) Pero pienso que de aquel texto sobre «América Latina y la democracia», además de su crítica a la revolución y su defensa de la tradición democrática liberal, cabe desprender una idea que atañe directamente a la simbiosis que Chávez ha querido establecer con la figura histórica de Castro.

La descripción de Paz sobre la Cuba de Castro es, a no dudarlo, irreductiblemente crítica pero no despreciativa. En el propio ensayo admite que Castro «apareció como el heredero de las grandes tradiciones de nuestros pueblos: la Independencia, la unidad de América Latina, el antiimperialismo, un programa de reformas sociales y necesarias, la restauración de la democracia». Dolorosamente, «una a una, esas ilusiones se habían ido desvaneciendo». Pero la imagen de Castro que Paz dibujaba en 1982 no era, no podía ser, la de un populista vulgar o un demagogo. Bien vista, era la imagen (aterradora, desde luego, y detestable para cualquier liberal demócrata) de un teólogo laico, un doctor en Leyes (jesuítico, marcial, implacable, frío y estructurado), un poseído del dogma, un estratega de genio y un realista maquiavélico.

¿Qué habría pensado de Chávez? No es imposible conjeturar que al verlo, Paz –buen lector de Marx– habría recordado su famosa frase: «Todos los grandes hechos y personajes de la historia universal se producen, como si dijéramos, dos veces, una vez como tragedia y otra vez como farsa». Chávez habla de Fidel como su padre, le dice padre, pero es muy difícil creer que Fidel –en su insondable fuero interno– lo vea de verdad como a un hijo. (Y menos aún que Raúl Castro lo vea y trate como a un «sobrino»). ¿Cuáles son sus credenciales de grandeza? ¿Cuáles sus arduas lecturas? ¿Dónde están sus acciones de guerra? ¿Sus cicatrices? ¿Cuál es la bitácora real de sus sacrificios? ¿Merece ser, en realidad, el autoproclamado heredero de Bolívar? ¿Qué ideología seria ha tomado en Venezuela el lugar del marxismo? ¿Dónde están, en Venezuela, el partido, el proletariado y las leyes que supuestamente rigen el curso de la historia y que han conformado el experimento cubano?

La respuesta es el vacío. La Revolución bolivariana es ante todo un fenómeno mediático posmoderno en el que un solo hombre, Hugo Chávez (el teleevangelista político más extraordinario que ha nacido en América Latina), *actúa* el papel de revolucionario heroico frente a una multitud de sinceros adeptos a su mensaje mesiánico. Pero de ese vínculo mediático se desprenden votos, millones de votos. El teleevangelista es militar y ha salido de compras para comprar armas, cada vez más armas. El teleevangelista es dueño del petróleo y reparte dinero, mucho dinero. El teleevangelista es el propietario privado de la presidencia venezolana. El teleevangelista, en suma, puede salir de las pantallas y hacer, en un acto de «realismo mágico», su «real gana». Es un monarca absoluto.

La restauración monárquica

Cuando Germán Carrera Damas, Elías Pino Iturrieta y Simón Alberto Consalvi hicieron repetidas menciones al subsuelo monárquico, estaban abriendo una veta gigantesca. En efecto, creyéndose un constructor del futuro, Chávez en realidad es un restaurador del pasado, y no de cualquier pasado, sino precisamente del pasado de la «real gana», del pasado contra el que luchó, en una guerra a muerte sin equivalentes en toda la región, su héroe de cabecera, Simón Bolívar: el pasado monárquico español.

La obra del historiador Richard M. Morse (1922-2001) –que Paz mencionaba con admiración en su ensayo– arroja una luz específica sobre el tema. La tradición neotomista que Morse descubrió como el subsuelo político más profundo de Latinoamérica fue formulada, en efecto, por el jesuita Francisco Suárez (1548-1617). Sus obras *De legibus* y *Defensio fidei* fueron leidísimas en toda la América Hispana, desde México hasta Buenos Aires, desde su publicación hasta casi principios del siglo XIX. El Estado tomista replanteado por Suárez –explica Morse– es un «todo ordenado en el que las voluntades de la colectividad y el príncipe se armonizan a la luz de la ley natural y en interés de la felicidad ciudadana y el bien común».

Se trata de un concepto paternal, tutelar y corporativo de la política, la idea del Estado como una «arquitectura orgánica», un «edificio hecho para durar», un «cuerpo místico» cuya cabeza corresponde a la de un padre que ejerce con plenitud la «potestad dominativa» sobre sus súbditos. En el fondo de esta concepción hay una idea más antigua aún: «la sociedad y el cuerpo político son concebidos como si estuvieran ordenados por preceptos objetivos y externos de la ley natural, no por los dictados de conciencias individuales». El «pueblo» –punto central– es el depositario original de la soberanía (proveniente de Dios), pero en un pacto político primigenio no sólo delega esa soberanía sino que la transfiere por entero, de hecho la enajena, al príncipe o monarca. A partir de ese proceso (de alguna forma similar al de la transustanciación mística) el príncipe se vuelve el centro que coordina la vida social del reino.

Esta enajenación del poder en la tradición neotomista es total y difícilmente revocable: el monarca podía hacer su «real gana» y «el pueblo está tan obligado como el rey por el pacto que con él ha hecho, y no puede recabar para sí la autoridad que ya cedió, mientras el príncipe se atenga en su gobierno a las condiciones del pacto y a las normas de justicia». Con todo, la teoría dejaba una pequeñísima rendija a la terminación del pacto: si a juicio del pueblo el príncipe se comporta como un «tirano», el camino es la deposición, la insurrección y, sólo en último término, el «tiranicidio». Pero para llegar a ese improbable y remotísimo extremo (nunca practicado en la historia monárquica española, sí en la inglesa y francesa) la tiranía y la injusticia debían ser «públicas y manifiestas». Y en ningún caso la venganza podía ser el móvil.

Sobre la pertinencia inquietante de estas ideas en el funcionamiento de muchas sociedades políticas latinoamericanas, escribe –siguiendo a Morse– el filósofo Julio Hubard:

Nos hemos contado mal la genealogía ideológica de América Latina. Los influjos de las ideas modernas del Racionalismo y la Ilustración, en efecto, existen, pero no de modo profundo. Existe, en cambio, una muy arraigada transmisión de ideas viejas (se pueden llamar tanto «neotomistas» como «neoescolásticas») que no sólo ha penetrado sino que incluso ha sido el origen y basamento de las instituciones y el pensamiento institucional de América Latina, incluso hasta hoy. Si hacemos la analogía corporal, la Ilustración es parte de la piel, mientras que el tomismo escolástico es la osamenta.

En aquel edificio político (construido por los Reyes Católicos, expandido por el renacentista Carlos I, consolidado por Felipe II y sus ejércitos de teólogos políticos, dominicos y jesuitas) arraigaron en efecto –explica Hubard– varias costumbres de larguísimo aliento, no sólo las que atañen al soberano en la práctica (el monarca) y el soberano en teoría (el pueblo), sino costumbres jurídicas, religiosas, legales y económicas: «la Corona imparte la justicia, la Corona queda inextricablemente unida a la Iglesia, la ley civil copia y se deriva del canon eclesiástico y la propiedad pasa a ser toda de la Corona. La propiedad privada es una concesión».

Las derivaciones prácticas de aquella unificación absoluta del poder, la justicia, la ley y la propiedad (además de la lengua y la fe) en el monarca que ha recibido su potestad de Dios (a través del pueblo) explican, en gran medida, la historia de la decadencia española, ese abismal sentimiento de «desengaño» (palabra clave en el Barroco) que albergó España a partir del Siglo de Oro. De particular importancia fue, por ejemplo, el «desengaño» económico. En un famoso *Memorial* de 1600, el famoso arbitrista y economista Martín González de Cellorigo afirmó que la abundancia de oro y plata en manos de la Corona desempeñaba un papel retardatario: la elite española se creía rica, pero al no invertir ni trabajar dilapidaba su riqueza en sus ejércitos, su vida suntuaria y sus aventuras coloniales.

Otra vertiente de la tradición política –aduce Hubard– es el concepto mismo de «pueblo». Un siglo y medio antes que Rousseau, Suárez había reelaborado una teoría en cierta forma similar a la «voluntad general» que tan decisiva resultó en el estallido, curso, codificación y desenlace de la Revolución francesa. La voz de ese «nosotros» (que no es la suma de los «yo» sino un «todo» indivisible, una «vox dei» y una voluntad unida en la plaza pública) ha llegado hasta nosotros, de manera nítida, a través del teatro del Siglo de Oro. «La literatura en lengua española –explica Hubard– es la única gran literatura en donde existe, casi como género, la insurgencia del pueblo en contra de sus gobernantes. Pero la insurrección no toca al Estado (es decir, al monarca, recipiendario del pacto) sino que se dirige contra el funcionario incidental que ejerce de gobierno en el poder local». Hubard ha contabilizado 94 obras en este género. El ejemplo más famoso es, por supuesto, la revuelta contra el tirano comendador en *Fuenteovejuna*:

MENGO: ¡Los reyes nuestros señores vivan!
TODOS: ¡Vivan muchos años!
MENGO: ¡Mueran tiranos traidores!
TODOS: ¡Tiranos traidores, mueran!

Además del dato evidente –que el pueblo se levanta en armas contra la injusticia del «tirano» local, el comendador– está ahí, clarísimo, el elemento tomista: «Vivan los reyes». En otras palabras: «Viva el rey, muera el mal gobierno», grito repetido durante nuestras guerras de Independencia. El pacto de la *consustanciación* entre pueblo y monarca se mantiene. Otro ejemplo: en *La cisma de Inglaterra,* Pedro Calderón de la Barca presenta nada menos que al cismático rey Enrique VIII como una víctima de la melancolía y de las malas intenciones de Volsea (Wolsey).

* * *

La paradoja mayor del régimen «bolivariano» de Hugo Chávez es el intento subyacente de restituir el orden político absoluto contra el que luchó el libertador. En primer lugar, desde el lenguaje: para Bolívar, junto a la palabra «gloria», la palabra más significativa era «libertad». En el caso de Chávez, la ambición de poder y venganza enturbia la noble palabra «gloria» (por eso casi no la usa, aunque está en el himno). Y por las mismas razones la palabra libertad ha desaparecido de su diccionario. No la usa porque no la entiende. O porque para él carece de sentido.

La descripción de Morse sobre la arquitectura política del Estado español corresponde al designio de Chávez. El lector sólo tiene que insertar el término «chavista» en cada referencia al Estado neotomista español en los párrafos anteriores. El proyecto de futuro es una vuelta completa al pasado: un «todo» ordenado, paternal, tutelar, corporativo, con el gran padre Chávez a la cabeza. Pero como tras la experiencia democrática de tres décadas Venezuela ha aprendido los valores de la democracia, y la libertad es tan preciada como el aire, un amplio sector no se plegará a ese concepto totalizador de la política. Por eso Chávez ha asumido frente a la oposición una actitud que recuerda a la Contrarreforma: quienes disienten no son adversarios políticos sino enemigos de la verdad, herejes de la religión oficial: «escuálidos», «pitiyanquis», «traidores a la patria», «vendepatrias». Contra ellos lanza sus invectivas dominicales en *Aló, Presidente*. Contra ellos tiene sus propios tribunales de la inquisición: el programa de televisión *La Hojilla* y los sitios de Internet como aporrea.org, donde los usuarios chavistas no sólo descargan sus odios teológicos contra los «escuálidos» sino que expulsan a sus propios correligionarios que se desvían de la pauta canónica. La lógica de este sitio y de otros afines se debate entre la intolerancia y el victimismo. Lo más increíble es que tiene a gala no aceptar opiniones en contra bajo la excusa de «no aceptar propaganda opositora ni golpista». Además, los usuarios más veteranos de «Aporrea» tienen la opción de expulsar a los que consideren usuarios problemáticos, saboteadores y opositores encubiertos.

El paralelo da para más, como prueban las descripciones de Hubard sobre la relación del gobernante y «el pueblo». De sus conjeturas cabe desprender una especie de decálogo que Chávez ha establecido (reestablecido, diría Morse) con lo que llama «el pueblo» de Venezuela, que en realidad es sólo una parte (la que comulga con él) del conjunto de ciudadanos de ese país. Bien visto, el decálogo es común a toda la tradición populista en Iberoamérica, en particular a esa versión criolla del fascismo antidemocrático y antiliberal que fue (y sigue siendo) el peronismo:

1. «El pueblo» carece de derechos individuales. Pero, como masa, tiene algo mayor que todos los derechos: tiene poder. «Cuando los hombres actúan en corporación –decía Edmund Burke– la libertad es poder». La libertad no se puede sumar. El poder, sí: y eso –no libertad– es lo que tiene el «pueblo»: no es libre, pero es poderoso.

2. «El pueblo», para hacerse escuchar o valer, recurre a la aglomeración. Un individuo solo no vale nada: no puede nada. No importa cuánta razón tenga, ni que lo asista toda la justicia: no puede nada. Pero la masa puede todo.

3. «El pueblo» es el propietario teórico (eventual, simbólico, futuro) de *todo*, un intocable *todo*, sin casos específicos. Un *todo* como cuerpo sagrado: sus partes pueden ser reliquias, pero no bienes de uso ni de cambio. Los particulares son enemigos.

4. «El pueblo» admite que no es función del Estado incrementar las riquezas, hacerse rico. (Ser rico es malo, ha dicho Chávez, repitiendo la parábola del Evangelio sobre el ojo de la aguja y el camello.) El Estado es un *todo*. Del *todo* sólo se puede quitar. No hay incremento: lo que hay es lo que hay (esta idea desemboca en la suposición de una economía de suma cero).

5. «El pueblo» es naturalmente libre (es decir, tiene el poder) para emprender toda clase de protestas.

6. «El pueblo» no está para invertir y generar beneficios individuales (ni siquiera en cooperativas). Pero puede recibir beneficios de altruismo, no en calidad de ciudadano sino de receptáculo salvífico.

7. «El pueblo» sólo se verifica en el acaudillamiento. Por eso se vuelve propiedad natural de un caudillo.

8. «El pueblo» sólo tiene voz para la aclamación y la denuncia, no para el diálogo tolerante ni la discusión respetuosa.

9. «El pueblo» es, *a priori*, siempre víctima. Carecerá siempre de culpa y debe ser defendido y guiado en contra de las fuerzas del mal, los enemigos externos e internos, los «vendepatria», etcétera.

10. «El pueblo» es necesariamente enemigo del individuo con derechos, de aquel que sea libre, del propietario, de quien tenga voz personal para llevar a cabo contratos.

El vínculo entre un «nosotros» (que no es la suma de «yos») y un caudillo (monarca con todas las potestades) no es sólo un pacto tutelar, una relación clientelar o un transitorio enamoramiento carismático: es una enajenación de poder, la fe en un mesías, una consustanciación. «Él nos representa a nosotros, él es nosotros». Por eso en Venezuela, como en *Fuenteovejuna,* escuché críticas a los «malos funcionarios» chavistas, a los burócratas que «engañan», «malinforman» o «traicionan» al comandante. «Él no sabe, él no es responsable, él pondría remedios, él es una víctima, él es inocente».

Las palabras que Chávez pronunció a Blanco Muñoz en 1995 tras su visita a Cuba toman, a la distancia, su verdadero significado: «Fidel tiene un peso enorme en la problemática que rodea la isla [...] las generaciones se han acostumbrado a que Fidel lo hace todo. Sin Fidel no pareciera que hubiese rumbo. Es como el todo». Ahora él, Hugo Chávez, es «como el todo».

* * *

Para los monarcas españoles los bienes públicos eran su propiedad privada, y disponían de ellos a discreción, según su «real saber y entender». Chávez los sigue puntualmente. Él es el propietario privado de su puesto público y quiere serlo hasta la eternidad. Por eso es un ejemplo cumplido (mejor que el mexicano, en los momentos más extremos) de *patrimonialismo.* Chávez no está en la lista de *Forbes,* pero si se omite el pequeño dato de que la riqueza de Venezuela no está escriturada notarialmente a su nombre (ni necesita estarlo, es del «pueblo»), Chávez es uno de los hombres más ricos del mundo. Valdría la pena calcular la cifra de millones de dólares que gasta por minuto. Cuando Chávez expulsó a los 20.000 empleados de PDVSA realizó la privatización más grande de la historia: PDVSA es ahora su propiedad. Por eso –sin contrapesos legales e institucionales ni información pública– hace con ellos «su real gana».

Así como Chávez es dueño de la riqueza pública y puede disponer de ella a discreción, puede hacer partícipe a su familia de ese bien: padre, madre, hermanos, todos tienen el derecho de participar en el sagrado deber del nepotismo: dirigir al «pueblo» y tomar (en su nombre, claro está) una tajada del pastel económico que es «del pueblo». En la vieja España no se veía mal la venta de puestos públicos en beneficio de la Corona. Tras la Independencia, los caudillos repartían tierras y se quedaban con haciendas. En su esencia patrimonialista, la nueva corrupción no es, pues, muy distinta a la antigua: disposición «legítima» de bienes públicos como propiedad privada. Pero la corrupción es también un fenómeno moderno, presente en todas las sociedades, aunque más frecuente en las estatistas, proclives a la opacidad de los asuntos públicos: nada ayuda más al surgimiento y consolidación de una nueva clase «capitalista» que las oportunidades de una economía en proceso de estatización. Ahí se da, en la Venezuela actual, la verdadera acumulación primaria del capital.

Otros elementos antiguos son: la propensión a monopolizar la educación (propagando la «verdad única»), los privilegios y fueros de la casta militar, la vuelta al mercantilismo y a la monoproducción. Ayer el oro y la plata, hoy el petróleo. Ya vendrá el desengaño.

* * *

Contra ese pasado monárquico que Chávez pretende restaurar, nacieron y se construyeron nuestras naciones. Su «acta de bautismo» fue –como escribió Paz– la democracia o, mejor dicho, la república constitucional. Varias figuras representativas del siglo XIX la concibieron: Rivadavia, Alberdi y Sarmiento en Argentina; Balmaceda y el venezolano Bello en Chile; Mora, Ocampo y Juárez en México; Montalvo en Ecuador. En la America Hispana (que estableció la exitosa continuidad monárquica constitucional de Brasil) se trató de evitar a toda costa la vuelta a la monarquía. Y de evitar también los dos males apuntados repetidamente por Bolívar: «La anarquía y la tiranía forman un inmenso océano de opresión que rodea a una pequeña isla de libertad».

Con todas sus contradicciones, Bolívar vivió esa búsqueda, obsesiva a veces y desesperada, de una geometría que encontrara la cuadratura del círculo, el modo de preservar, en un marco de orden (estricto, centralizado, vertical y personalista), los valores de libertad en los que se había formado, los valores de sus lecturas clásicas (Montesquieu, el propio John Adams). Bolívar abjuraba del pasado monárquico por una razón que consideraba clave: había condenado a los «moradores del hemisferio» a una «posición puramente pasiva, a una existencia política nula». Varias veces mostró su desprecio hacia los frustrados intentos monárquicos en América (los «miserables usurpadores» Dessalines, Cristóbal e Iturbide) y cuando Páez le propuso coronarse, rechazó la idea en términos muy conocidos: «La República ha levantado al país a la gloria y la prosperidad, dado leyes y libertad. Los magistrados de Colombia no son Robespierre ni Marat».

Bolívar admiraba por encima de cualquier gobierno a Estados Unidos, pero prefería expresamente el diseño británico, más conservador. Por eso propuso un Senado hereditario y un Ejecutivo fuerte. Desde el republicanismo liberal de hoy se pueden criticar esas ideas de Bolívar viendo en ellas proclividades autoritarias y hasta modernas tendencias dictatoriales. Yo francamente no las veo. Bolívar creía que la transición de nuestros países hacia la democracia plena debía pasar por una prolongada etapa de adaptación. Por eso, en la misma famosa carta a Páez escribió: «Se pueden hacer notables mutaciones en favor de los buenos principios conservadores sin violar una sola de las reglas republicanas». Un gobierno así podía mantener el orden en libertad y prevenir la violencia a la que Bolívar (criollo al fin) más temía: la guerra de colores, la guerra étnica y su corolario, la «pardocracia». Adversario de la revolución social, enemigo del radicalismo jacobino y del Terror, Bolívar creía necesario «rechazar las olas populares» e impedir «las invasiones que el pueblo intenta contra la jurisdicción y la autoridad de sus magistrados». Pensaba que el carácter centrífugo del federalismo encendía la insurrección popular. Por eso alentó a los legisladores en la Angostura y más tarde a los del Congreso de Bolivia a aprobar una carta que delinease al «gobierno paternal» y centralista que tenía en mente desde la *Carta de Jamaica* de 1815. El chavismo, punto por punto, es un proyecto ajeno a ese espíritu de republicanismo clásico: no conoce la palabra *ciudadano,* sólo conoce la palabra *súbdito.*

Bolívar, por último, en cuestiones religiosas, actuó siempre como un hijo de la Ilustración:

> Los padres de familia no pueden descuidar el deber religioso hacia sus hijos. Los pastores espirituales están obligados a enseñar la ciencia del cielo; el ejemplo de los verdaderos discípulos de Jesús es el maestro más elocuente de su divina moral; pero la moral no se manda, ni el que manda es maestro, ni la fuerza debe emplearse en dar consejos. Dios y sus ministros son las autoridades de la religión que obra por medios y órganos exclusivamente espirituales; pero de ningún modo el Cuerpo Nacional, que dirige el Poder Público a objetos puramente temporales.

Con sus invocaciones continuas al Cristo socialista, al Cristo comunista, y con la sacralización con que rodea a su nombre y figura, Hugo Chávez ha infringido cada palabra del pensamiento del hombre a quien dice venerar y seguir.

Socialismo democrático o autoritario

Hugo Chávez no es el heredero del proyecto histórico de Bolívar. El heredero colectivo de ese proyecto es la democracia venezolana, la democracia liberal, socialdemócrata y cristiana de Venezuela. Chávez ha decretado inexistente, equivocado, muerto ese pasado democrático de Venezuela, pero la muerte que ha anunciado no es sólo prematura: probablemente será ilusoria. La democracia ha recorrido un camino suficientemente largo como para negarse a firmar su propia acta de defunción. Sus caídas han sido continuas y dolorosas pero no definitivas. En América Latina, la democracia se ha perdido muchas veces pero (como en la Grecia antigua) se ha reconquistado.

Contra la modernidad han conspirado desde el siglo XIX las costumbres heredadas; en primer lugar, la persistencia de la mentalidad politicoteológica del Imperio español. Y surgieron otros escollos formidables como el caudillismo (forma peculiar de la legitimidad carismática que se propagó desde México hasta la Patagonia), las condiciones sociales impropias, las economías precarias, los levantamientos, golpes de Estado, revueltas y rebeliones. Pero en casi todos los países las ideas y las prácticas democráticas avanzaban: aun en las pequeñas poblaciones de Venezuela –escribe Malcolm Deas– circulaban diarios y se participaba en política; se llevaban a cabo elecciones, se integraban Congresos, se impartía justicia. En países como Uruguay, Argentina, Chile se construían repúblicas sólidas. Y, como escribió Octavio Paz, aun los gobiernos más autoritarios rendían tributo (aunque fuera formalmente) a la legitimidad democrática original.

En el siglo XX la democracia latinoamericana encontró nuevos obstáculos: el papel de Estados Unidos y la aparición de dictadores militares que ya no requerían el aura de la legitimidad carismática ni enmascaraban su dominación como los del siglo XIX (atendiendo a las formas democráticas y propiciando al menos un cierto progreso económico) sino que representaban la fuerza sin más, la fuerza sin ideas ni proyecto. Pero contra viento y marea las ideas democráticas seguían avanzando, ajustando con originalidad los ideales del liberalismo puro a las nuevas corrientes ideológicas del siglo XX.

La Revolución mexicana fue el primer caso de fusión. Comenzó por una reivindicación puramente democrática (la no reelección del dictador Porfirio Díaz), desembocó en una sangrienta guerra civil y finalmente reencontró la paz en un nuevo orden constitucional. Más que la influencia de las modernas corrientes ideológicas de Europa (anarquismo, socialismo, comunismo), a los revolucionarios mexicanos los guiaba el empeño autóctono de llevar la llamada «justicia social» a los más necesitados: restituir a los campesinos las tierras usurpadas por las haciendas, repartir tierras, proteger a las comunidades indígenas, introducir legislaciones protectoras del trabajo y los obreros, nacionalizar los recursos naturales, introducir un ímpetu misional en la educación pública. Ese inocente programa nacionalista fue sumamente popular y exitoso. Su momento culminante fue la presidencia del general Lázaro Cárdenas en la que se repartieron 17 millones de hectáreas, se nacionalizó el petróleo, se dio arranque a la industrialización en México y se alentó la inversión privada.

Pero el sistema tenía muchos elementos políticos modernos. Para comenzar, el límite riguroso del mandato. Como todos los presidentes que lo siguieron hasta 1994, Cárdenas gozó de un poder absoluto que duró, como en todos los casos, seis años. En el México del siglo XX hubo casi siempre libertades cívicas plenas, tolerancia ideológica, separación de la Iglesia y el Estado. A lo largo de siete décadas, el llamado sistema político mexicano dio paz, orden, estabilidad, un razonable crecimiento económico y progreso social tangible. Este «milagro» tenía, por supuesto, una cara oscura: la corrupción, el despilfarro, la improductividad, el clientelismo. El PRI ganaba todas las elecciones comprando votos con puestos, dineros y prebendas. El sistema era una intrincada red de legitimidades: patrimonialista, corporativo, centralizado, paternalista, tutelar, misional, como el Estado tomista. Y había un caudillo indiscutido (el presidente en turno). Pero lo notable (a diferencia de la Venezuela de hoy) es que el carisma no se centraba en la persona física del presidente sino en su papel, en la institución presidencial. El sistema no practicó la intolerancia y menos la persecución ideológica. No era una ideocracia. No tenía «enemigos» irreconciliables. En México había adversarios «de derecha» pero no «pitiyanquis» indeseables, «escuálidos» o «gusanos». En México no se predicaba el odio ni la lucha de clases. El sistema era social, no era socialista e incluso llegó a ser adverso al comunismo. El Estado mexicano era, en la fórmula de Paz, el «ogro filantrópico».

Al calor de la Revolución mexicana (de sus primeros logros educativos y culturales, de su vocación iberoamericana, su nacionalismo antiimperialista y su obra social), en 1924 Víctor Raúl Haya de la Torre concibió el APRA. Aunque nunca alcanzó la fuerza del PRI mexicano, el APRA tuvo el mérito mayor de recoger el problema indígena de la región (especialmente sensible en Perú, Bolivia, Ecuador y Guatemala) y representar la primera alternativa política socialista (y la primera disidencia) al designio leninista –expresado en la Tercera Internacional– de dirigir la revolución de estos países a través de los partidos comunistas. «No será la Tercera Internacional –escribió Haya a Lozowsky, presidente de la Internacional Sindical Roja– la que ha de resolver los graves y complicadísimos problemas de Indoamérica.» Haya pagó caro su disidencia pero se mantuvo firme. En palabras de Carlos Rangel «el aprismo fue y sigue siendo la alternativa socialista latinoamericana al marxismo-leninismo».

Otra variante aún más rica conceptual y políticamente de la misma idea, y mucho más exitosa, fue Acción Democrática, de Rómulo Betancourt. AD no era un partido liberal en el sentido decimonónico. Era un partido que otorgaba al Estado un papel central y activo en mejorar las condiciones sociales del país y afianzar el dominio nacional sobre los recursos naturales. En su primer periodo, pero sobre todo a partir de 1959, el gobierno de AD impulsó reformas sociales de fondo y promovió (gracias a la iniciativa del ministro Pablo Pérez Alfonzo) nada menos que el establecimiento de la OPEP. La vocación social y nacionalista de AD era tan marcada como la de su homólogo mexicano (que Betancourt admiraba), pero entre ambas formaciones políticas había una diferencia decisiva a favor de AD. Betancourt recurriría a la política clientelista pero –dato crucial– respetó escrupulosamente a la oposición civil (COPEI, URD). En una palabra, a diferencia del PRI, AD era un partido democrático abierto a la alternancia del poder (tabú para el PRI). El sistema mexicano llegaría a su «Punto Fijo» casi cincuenta años después del original, en las elecciones de 2000.

* * *

Frente a estos tres modelos socialdemócratas (el priista, el aprista y el adeco) se levantó como un «tótem» la Revolución cubana. Ésa era la «verdadera» revolución, no los «escuálidos» reformismos socialdemócratas. Aunque no faltan intelectuales latinoamericanos que a estas alturas consideran que en Cuba hay una democracia ejemplar, nadie en sus cabales puede sostener que Cuba ha representado un progreso político. La falta de libertades es absoluta. Tampoco es defendible su modelo económico. La carta que desde hace años ha jugado Castro es la de presentar a Cuba como un modelo de progreso social. Sobre este tema ha escrito Teodoro Petkoff: «Un buen sistema educativo o un buen sistema de seguridad social y salud pública o un deporte sobresaliente (que, a fin de cuentas, no necesitan de una revolución para ser creados) no tienen por qué pagar el tremendo costo que ello han significado para los cubanos en términos de derechos humanos, de libertades y de condiciones de vida».

Once años después del triunfo de la Revolución cubana, la izquierda conquistó una nueva oportunidad. En Chile, acaso el país con el mejor y mayor desarrollo político del continente, Salvador Allende llegó al poder en elecciones estrechas pero limpias. Su mandato, sin embargo, no era mayoritario. Allende rehusó la posibilidad de establecer alianzas con los dos partidos de oposición e introdujo una serie de reformas que toparon con el rechazo de la mayoría ciudadana. La tensión ideológica y la radicalización política crecieron, trayendo ecos de la guerra civil española. ¿Por qué empujó Allende las cosas al extremo, si sabía que carecía del apoyo mayoritario para hacerlo? ¿Triunfó el viejo romántico de izquierda sobre el demócrata? Allende no contaba con el aval de la URSS (a la que le bastaba tener una sola cabeza de playa en América). Carlos Rangel conjeturó que lo hizo por la presión histórica de emular a Castro, que pasó meses recorriendo Chile. El mismo Rangel señaló la insalvable contradicción entre la democracia y el socialismo autoritario, pues aquélla intenta armonizar los intereses antagónicos de los individuos y las clases sociales, mientras que éste aconseja exacerbar los conflictos sociales. El desenlace por todos conocido fue terrible. Con el apoyo de Estados Unidos (que con esa acción coronaba su desprestigio histórico en América Latina) un golpe de Estado derrocó al gobierno de Allende. Una ola de ira casi recorrió la región: estaba hecha de frustración, odio antiimperialista, voluntad de poder, de venganza y sacrificio.

El sandinismo, que en su momento se presentó como heredero de la Revolución cubana, fue el siguiente modelo político de la izquierda en el continente. Resultó un fracaso por las rencillas internas entre sus protagonistas y su manifiesta corrupción. Y por el desfase histórico. Sus banderas revolucionarias eran contradictorias con el deshielo de la Unión Soviética en tiempos de Gorbachov y lo fueron mucho más tras la caída del Muro de Berlín. En el momento en que los comandantes se sometieron al escrutinio electoral, perdieron. Al poco tiempo dejó de operar la guerrilla salvadoreña. Y avanzados los noventa, el gobierno peruano doblegó a los grupos guerrilleros, en particular a Sendero Luminoso.

* * *

El capítulo más reciente de esta historia lo están escribiendo en nuestros días dos variantes del socialismo. Por un lado, están los gobiernos de izquierda en Chile y Brasil, que han modernizado con una visión económica más abierta la pauta trazada por Rómulo Betancourt. Por otro, está la «Revolución bolivariana» de Hugo Chávez y sus gobiernos adláteres: Bolivia, Nicaragua. Son los heraldos del «socialismo del siglo XXI». ¿Cuba forma parte de ese conjunto? Su gobierno no es un títere de Chávez. Y no lo será nunca: aunque depende del petróleo venezolano, le provee un bien más valioso que los médicos y educadores: un halo de legitimidad revolucionaria.

En la narrativa chavista (representada en mis visitas por Alí Rodríguez, Jorge Rodríguez, José Vicente Rangel, Vladimir Acosta y Aristóbulo Istúriz) hay un punto de partida irrefutable: el país tenía una enorme deuda social, los últimos gobiernos de Punto Fijo la habían desatendido por completo, había que cubrirla sin dilación. Esta convicción fue lo que llevó a un veterano socialista como Luis Miquilena a apadrinar a Chávez. Pero el desencanto fue temprano. Olvidemos por un momento el (insalvable) aspecto político. Apuntemos que sólo a los cínicos –que abundan– se les ocurre afirmar que Chávez es un campeón de la democracia. Ha llevado a cabo, es verdad, varios procesos electorales, pero en un contexto creciente de asfixia de las libertades públicas y control total de los poderes republicanos.

En 2008 ha ido avanzando por caminos que desembocan en la franca ilegalidad y bordean la dictadura: a pesar de la negativa mayoritaria del 2 de diciembre de 2007 a los 69 artículos de su Reforma, Chávez ha ido imponiéndolos por la vía de las «leyes habilitantes», que la Asamblea (de su propiedad) pasa sin quitar una coma. Tan sólo el 31 de julio, último día en que el presidente podía utilizar los poderes «habilitantes», se aprobaron 26 leyes por decreto. Una de ellas, contenida en el artículo 112 / decreto 6130, establece los valores de una economía socialista. En otro ámbito, ese mismo mes el contralor general de la República, Clodosvaldo Russián, entregó la lista definitiva de los 260 políticos de oposición inhabilitados para ocupar cargos públicos por supuestos actos de corrupción o faltas administrativas. Chávez se ha ido arrogando paulatinamente todos los poderes. Su método es el *cercado:* cercado a la justicia independiente, cercado a la fe que no sea revolucionaria (incluida la católica), cercado a la ley civil, cercado (y bloqueo) a las candidaturas de la oposición que pueden vencerlo, cercado a los derechos humanos, cercado a la iniciativa privada.

La corrupción y los derechos humanos, que fueron las banderas que el chavismo enarboló con mayor energía, no sólo siguen siendo asignaturas pendientes sino que su deterioro es inocultable. En septiembre de 2008 Transparencia Internacional presentó su «Índice de percepción de la corrupción». En ese índice Venezuela ocupa el lugar 158 entre 180 naciones y es calificado como el segundo país más corrupto de los 32 analizados en el continente americano (sólo por encima de Haití). Esta percepción se confirma con el «Estudio de Opinión Pública» del tercer trimestre de 2008 realizado por Alfredo Keller, que muestra que 60% de los encuestados considera que el problema de la corrupción ha empeorado durante el gobierno de Hugo Chávez, mientras que 28% considera que continúa igual. En lo que toca a los derechos humanos, la situación no es más alentadora. A mediados de septiembre de 2008, Human Rights Watch publicó su informe «Una década de Chávez. Intolerancia política y oportunidades perdidas para el progreso de los derechos humanos en Venezuela». El informe documenta cómo la oportunidad que representó la nueva Constitución de 1999 para fortalecer el Estado de derecho y la protección de derechos humanos ha sido desaprovechada. El informe concluye que en Venezuela se ha adoptado un amplio espectro de medidas que han debilitado garantías fundamentales, como el desprecio a la separación e independencia de los poderes, la afectación del derecho de libertad de expresión de los periodistas y el derecho a la libertad de asociación de los trabajadores. Horas después de que presentó su informe, el gobierno de Venezuela expulsó del país a José Miguel Vivanco, director de la División de las Américas de Human Rights Watch.

En el ámbito social (la bandera principal del régimen), los problemas de análisis comienzan por las cifras. El gobierno de Chávez no es en forma alguna transparente, pero al margen de esa opacidad los indicios apuntan a disminuir sensiblemente los «logros» cacareados por la propaganda oficial. Un solo ejemplo: un análisis hecho por Francisco Rodríguez demuestra que el número de analfabetos era de un millón a finales de 2005 y que la cifra prácticamente no había variado desde 2003, a pesar de que Chávez declaró a Venezuela «territorio libre de analfabetismo» en octubre de 2005. En los principales temas sociales, me parece, la crítica que recogí de la oposición es convincente. No la repetiré. Ninguno de los arbitrios de acción social inventados por el régimen (incluidas las misiones) ha alcanzado los resultados que se pretenden. Su mayor impacto ha sido «cultural». La sensación (no por simbólica menos tangible) de que por fin hay en Miraflores una persona a quien le importan los pobres.

La creación de modelos de desarrollo alternativos al llamado «Consenso de Washington» es una necesidad legítima. Pero el chavismo no es un modelo a seguir. En términos económicos, Chávez no pretende sólo volver al diseño mercantilista (un Estado monopolizador, protector, adverso a las libertades de comercio). Quiere rebasarlo mediante la eventual eliminación (o al menos la reducción al mínimo) de la propiedad privada. Aunque el gobierno lo niega, se trata de intentar una vez más el experimento que ya mostró su fracaso total en la URSS, China y la propia Cuba. El chavismo es una reposición anacrónica de esos modelos, montada sobre un solo factor, como un edificio construido sobre un ladrillo: el precio del barril de petróleo. En circunstancias similares, en los años ochenta, el gobierno de México creyó llegado el momento de «administrar la abundancia» y lo único que logró (al caerse el precio) fue el derrumbe del edificio, una quiebra gigantesca que aumentó la miseria y la desigualdad. En Venezuela el momento de quiebre vendrá tarde o temprano no sólo por las luces de alerta que aparecen ya en el horizonte sino por un hecho incontrovertible: ni siquiera la URSS, con su enorme riqueza natural, vastamente superior a la de Venezuela, logró que el sistema funcionara. Y China ha adoptado el capitalismo más agresivo y feroz sin llamarlo así. La búsqueda de un modelo que concilie –como quería Paz– el socialismo con la libertad es necesaria y debe seguir. Pero esta búsqueda no puede legitimar opciones autoritarias o montarse sobre el atraco a la democracia constitucional. En este sentido, el camino que han seguido la socialdemocracia chilena o el socialismo brasileño (con sus exitosos programas de apoyo a los pobres, avalados por agencias internacionales) es el camino moderno, el adecuado, la ruta verdadera al socialismo (democrático) del siglo XXI.

La vocación social de algunos de sus representantes es legítima, pero aún más legítima es la duda sobre los métodos empleados y el sistema de dominación que traen aparejados. Entre las ideas prácticas que recogí de mis entrevistados chavistas, me llamó la atención el concepto de *bypassear* al Estado burocrático. No es una mala idea, en absoluto. Una versión muy elaborada de ella (con todo y su sustento teórico) fue concebida en los años setenta por el ensayista mexicano

Gabriel Zaid en un libro clásico, *El progreso improductivo*. El corazón de su teoría es la crítica al Estado y –curiosamente– la necesidad de *bypassearlo* ofreciendo lo que llamó «una oferta pertinente» de bienes y servicios para cubrir las necesidades reales de los pobres. El Estado no podía hacerlo. «La función primordial de los entes de la administración pública –escribió en 1973– es, en primer lugar, no morir y, en lo posible, crecer y multiplicarse en entes semejantes.»

Parecería que el experimento chavista de *bypassear* al Estado tiene el mismo espíritu pero la diferencia es abismal: la Revolución bolivariana no fomenta la autonomía económica del individuo y recientemente ha denunciado incluso a las cooperativas que comenzaron a prosperar en Venezuela como un proyecto «capitalista» que el gobierno no apoyaría más. Lo cierto es que Chávez *bypassea* al Estado... para quedarse con el Estado. *Bypassea* al Estado para construir un megaEstado manejado por militares y burócratas y financiado por PDVSA. Como ha señalado Michael Reid, el perceptivo editor para América Latina de *The Economist*, las misiones chavistas han establecido con los sectores marginales una relación clientelista que intercambia atención por obediencia y representan, en la práctica, la fundación de un Estado paralelo que no rinde cuentas a nadie sino al propio Chávez. El ministro Alí Rodríguez Araque diría que no es así: que los servicios, apoyos y bienes se han destinado a afianzar la nueva unidad económica y social, la comunidad. Esta consolidación (piedra de toque en el esquema) está por verse. Ha fracasado aquí y en China. ¡Sobre todo en China! Quizá sólo en los *kibbutzim* de Israel tuvo su etapa de gloria, pero es difícil que Hugo Chávez considere ese antecedente de socialismo exitoso. Los «consejos comunales» venezolanos parecen ser, en el fondo, la reedición de los soviets. ¿Funcionarán esta vez como motores de la economía? Seguramente no. Diversas encuestas y *focus groups* señalan que los venezolanos valoran la propiedad privada («este rancho es mío») y que se consideran «emprendedores» –el taxista y el buhonero se autodefinen como «empresarios». Por lo cual el programa de Chávez va probablemente en contra de lo que Roberto Bottome –director de la casa editorial Veneconomía– llama el «grano cultural venezolano».

Según Teodoro Petkoff, la participación política que se da en el interior de los centros comunales es en sí misma positiva. Pero ¿cuál es el sentido de esa participación más allá de la posibilidad de administrar el presupuesto otorgado condicionadamente por el Estado chavista? No es una participación orientada al trabajo sino al gasto. Las limitaciones de su carácter peticionario se revelarán (hasta a ella misma) si el precio del barril se desploma o si la producción (como todo parece indicar) sigue decayendo.

Pero lo más grave no es el desengaño económico que llegará eventualmente. Lo más grave es el precio moral que pagan los venezolanos por la atención *bypasseada*. El precio es fijo y es alto, muy alto. Chávez cobra su apoyo con la moneda constante y sonante de la obediencia total. Hasta ahora, millones de venezolanos han estado dispuestos a pagarlo, no sólo por conveniencia económica sino por genuina fe en el líder, por esa sensación de sinceridad y compromiso social que Chávez transmite. Pero el tiempo no perdona y el carisma sin resultados tangibles se desgasta. Cada vez son más los venezolanos desencantados.

La casa real de Miraflores y sus virreinatos

En su *Carta de Jamaica*, Bolívar trazó –como todos sabemos– su generosa utopía de America:

> Yo deseo más que otro alguno ver formar en América la más grande nación del mundo, menos por su extensión y riquezas que por su gloria y libertad. Aunque aspiro a la perfección del gobierno de mi patria no puedo persuadirme de que el Nuevo Mundo sea por el momento regido por una gran república; y menos deseo una monarquía universal para América, porque ese proyecto, sin ser útil, es también imposible.

Con el tiempo su proyecto varió, pero no en su negación de la idea monárquica ni en la afirmación del ideal republicano. Una década más tarde, en «Un pensamiento sobre el Congreso de Panamá», proponía la constitución de «naciones independientes [...] todas bajo una ley común y el poder conservador en un Congreso general permanente». Pero «el orden interno se conservaría intacto entre los diferentes Estados y dentro de cada uno de ellos» y «ninguno sería débil con respecto a otro; ninguno sería más fuerte». El arreglo aplacaría en América «ese tremendo monstruo que ha devorado a la isla de Santo Domingo» (se refería a la revolución étnica, a la «guerra de colores», consecuencia de la «preponderancia numérica de los primitivos pobladores») y preveía que su admiradísima Inglaterra fuese «el fiel de la balanza»: «el carácter británico y sus costumbres las tomarían los americanos por los objetos normales de su existencia futura».

Imagino, sin estar seguro, que las ideas anteriores no forman parte del currículum bolivariano que se enseña o propone para las escuelas. Pero no vienen a cuento por motivos pedagógicos sino históricos. Hablan del proyecto de Bolívar, una idea de unión horizontal, basada precisamente en la «gloria» y la «libertad», que ha sido la inspiración de varias generaciones. En el caso de México, la idea de Bolívar alentó la labor cultural y educativa de José Vasconcelos entre 1921 y 1924. Siguiendo esa pauta, México dejó de mirar servil o pasivamente hacia Francia y volteó la vista hacia el sur. Escritores, filósofos, pintores, artistas viajaron a lo largo de tres décadas por los países de Sudamérica en una misión de acercamiento cultural que arrojó frutos tangibles. Desde México hacia el sur circularon los libros y colecciones editados por el Fondo de Cultura Económica de Daniel Cosío Villegas y transitaron maestros y embajadores itinerantes como Pedro Henríquez Ureña y Alfonso Reyes. La revistas fueron un puente de comprensión y conocimiento: *Amauta* de Mariátegui, *Sur* de Victoria Ocampo, *Cuadernos Americanos* de Jesús Silva Herzog. El exilio republicano español entendió el impulso de unión y le aportó profundidad filosófica y rigor intelectual. En ese vasto movimiento estaba la huella de Bolívar. No es casual que Vasconcelos bautizara la Biblioteca Iberoamericana con su nombre.

El bolivarismo chavista –una «autocracia electa», como ha indicado Michael Reid– no transita por esos caminos. Quizá ni siquiera los conoce. No cree en el humanismo liberal, no cree en la Ilustración, no cree en la cultura: la considera burguesa. Si la mismísima Revolución cubana ha esperado en vano 50 años para producir un solo escritor *orgánico* de altura (García Márquez es un autor supremo, pero su genio literario no debe nada a su filiación castrista), mucho menos habrá que esperar ese milagro de la revolución chavista. Y no sólo escritores sino artistas de cualquier índole, es decir, artistas que no lo sean porque el jefe lo decreta. La más superficial visita a Caracas muestra que el realismo «socialista del siglo XXI» no es más que un grosero pastiche de muralismo mexicano, estridente y vulgar.

Ser infiel o indiferente a aquel noble bolivarismo cultural de los grandes autores iberoamericanos no significa gran cosa para el líder. Pero ser infiel al proyecto original de Bolívar puede significar más. Y creo que lo es, por motivos implícitos en su monárquica restauración.

* * *

A diferencia de Bolívar, Chávez no busca la unión de repúblicas independientes. Busca imperar sobre naciones dependientes. En un principio, su diseño fue tímido. Apoyar (como fue el caso de Lucio Gutiérrez en Ecuador) a un candidato disidente, qué podría fungir como un representante de la revolución, el dueño concesionado de su franquicia. El experimento falló. Con el triunfo en la bolsa, aquel candidato resultó demasiado independiente. Pasó el tiempo, Chávez aprendió de los errores y se fortaleció. Luego de superar los dos obstáculos que la oposición venezolana puso en su camino (el injustificable golpe de 2002 y la huelga de 2003), Chávez, como se sabe, pidió asesoría a Fidel Castro, echó a andar su programa de misiones y venció en el referéndum revocatorio de 2004. A partir de allí arranca en verdad su tentativa internacional, su imperialismo interno.

El propósito no era más la representación sino la intervención directa. Jorge Quiroga –ex presidente de Bolivia entre agosto de 2001 y agosto de 2002– la describe con claridad: es la fórmula de las cuatro «P»: la persona, el partido, el programa y la plata. Chávez identifica a la figura contestataria del país «hermano» (un jefe cocalero en Bolivia, un doctor en economía en Ecuador, una reliquia de la Guerra Fría en Nicaragua, un obispo en Paraguay). Es la única P que necesita en el nivel local. El resto de las P van por su cuenta. Gracias a la plata se producen (e inducen) movimientos de desestabilización, bloqueos, movilizaciones, tomas de edificios públicos. El desgaste avanza, la violencia legítima que puede ejercer el régimen se lleva al punto límite y estalla. Se provoca así la renuncia del gobierno electo o la revocación del mandato. Aparece un régimen de transición que convoca a nuevas elecciones. Entonces entra en acción el personal altamente sofisticado en cuestiones de programa y propaganda, formado –según dice haber visto personalmente Quiroga– por expertos venezolanos, cubanos y españoles.

Tras sobrevenir el triunfo, el candidato afín a Chávez se convierte en su virrey. Y le conviene por motivos económicos. Pero las condiciones de la metrópoli son claras: alineamiento incondicional y adopción del programa político chavista: convocar a una Asamblea Constituyente, redactar una nueva Constitución (calcada de la que –a través de las leyes habilitantes– está imponiendo Chávez) y «licuar» (término exacto, usado por Quiroga), una a una, a las instituciones democráticas.

En opinión de Quiroga, algunos países del Caribe y Centroamérica han sido «petrocomprados» (Honduras y quizá pronto El Salvador); otros están «petrohipotecados» (Argentina), «petrointimidados» (Costa Rica) o, en el caso más benigno, «petroconscientes»: Chávez no ha vacilado en apoyar a Humala en Perú o acosar a Chile, Brasil y México apoyando de diversa forma a sus movimientos disidentes. El caso colombiano ha sido, por supuesto, el más alarmante: el apoyo a las FARC (probado en las computadoras de Raúl Reyes) no sólo fue masivo sino de antigua data. Con Colombia, el reino chavista no ha querido sólo la penetración sino la guerra intermediada, el derrocamiento del régimen democrático, la conquista. Pero es un hecho que Chávez cuenta ahora ya con el alineamiento incondicional de Bolivia y Nicaragua. Son sus virreinatos.

* * *

Sobre la relación de Venezuela con la más antigua metrópoli revolucionaria de América, Quiroga opina:

Yo creo que a Chávez se le subestima enormemente. Chávez es un genio. En la propia Venezuela creen que es un gorila, que es un Cantinflas, que a control remoto lo maneja Fidel Castro. El estilo «rocambolesco» y «cantinfleado» de Chávez es absolutamente preparado y estudiado. Chávez ha hecho un *takeover*, una adquisición amistosa, retroactiva, de los 50 años de la gloriosa Revolución cubana, que ahora es su propiedad. ¿A cambio de qué? Nadie en el planeta tiene un proyecto, un programa de cooperación bilateral de la magnitud del de Cuba y Venezuela. El de Estados Unidos con Israel es la cuarta parte de eso y el de Egipto es la octava parte. ¿Qué gana Chávez con eso? La adquisición retroactiva del enorme poder mitológico de la Revolución cubana.

En la visión de Quiroga –que lo conoce bien y lo apoyó frente a los golpistas de 2002– Chávez se ha posicionado para jugar, en el futuro, el papel de Stalin con Lenin: «en las tomas de los últimos meses el único personaje que tiene derecho a sacarse fotos a solas con Fidel Castro es él. Sólo Hugo Chávez, nadie más. Hay otra foto de Chávez sentado con Fidel, hablando de algo en la cama, Chávez anotando diligentemente todo. Cuando muera Fidel será el único que podrá decir "Fidel decía…" como Stalin».

«Mientras Chávez tenga los 100.000 barriles cada mes –asegura Quiroga– seguirá siendo el dueño de Cuba»:

Por eso yo he predicho que el primero de enero va a haber una gran fiesta. Yo no sé cómo estará de salud Castro, pero va a aparecer. Hugo Chávez va a hablar tres horas, va a explicar la revolución, va a ser el orador principal, porque Fidel ya no tiene la fuerza para hablar. Y yo creo que ahí va a lanzar Hugo Chávez el «socialismo al siglo XXI» con la nomenclatura ya correcta. Va a ser un acto espectacular, un gran discurso, va a empezar a nombrar avenidas, va a hacer mausoleos, va a hacer museos, estatuas en Caracas, en La Habana. Se va a crear un nuevo culto del siglo XXI. El culto del *fidelismo*.

Tal vez un diseño así tenía en mente Chávez cuando delineó, en su proyecto de reformas constitucionales derrotado en diciembre de 2007, la confederación de Venecuba. Pero al análisis de Quiroga le falta al menos un factor: la opinión de Raúl. Y le falta quizás otro factor aún más importante: la dignidad de los cubanos y su innato (aunque en apariencia dormido) instinto de libertad.

* * *

¿Y Estados Unidos? El delirio imperial (más que la historia de Venezuela) explica el odio de Chávez (infinito pero verbal, sólo verbal) contra Estados Unidos. En primer lugar, le sirve como consigna. «¡Dispara, imperio!», lo vi exclamar, echando por delante el valeroso pecho frente a las humeantes cámaras de Venezolana de Televisión. Según Quiroga, «el sistema precisa siempre del enemigo externo. Una de las características de Hitler fue su habilidad para concentrar la energía de la población contra todos los enemigos y adversarios englobados en un sólo símbolo, en su caso los judíos. Y para Chávez, la palabra *imperio* cumple esa función». Quiroga le ha dicho varias veces que si realmente quiere hacer sufrir al imperio «pues que deje de venderle petróleo». No lo hará, por supuesto. «La verdad –concluye– es que tiene complejo de imperialista, porque con el dinero de Estados Unidos hace imperialismo en América Latina.»

Al margen del factor petrolero, ¿es reversible el diseño imperial de Hugo Chávez? Las elecciones del 4 de noviembre en Estados Unidos pueden modificar su complicada escenificación teatral. Un eventual triunfo de Barack Obama cambiaría los actores, cambiaría el libreto, cambiaría la simbología. Obama no tiene cara de Tío Sam y no va a actuar como el Tío Sam. Si con la participación de un país de indudable liderazgo como es Brasil (por ejemplo) tiende un puente hacia Cuba y levanta el absurdo embargo, podría propiciar (aun con la presencia de Fidel) una salida «china» a la economía cubana. Para Estados Unidos la derrota simbólica sería una victoria continental. Para Cuba, un desagravio. Para América Latina, un respiro. Los propios cubanos empujarían desde abajo la liberalización. El *takeover* de la Revolución cubana por parte de Chávez comenzaría a fallar porque la propia Meca de la revolución estaría siguiendo una ruta distinta al «socialismo del siglo XXI».

Edipo en Caracas

Eterno retorno de lo mismo. Si perdura –y mientras haya petróleo y hechizo popular puede perdurar–, el «socialismo del siglo XXI» será finalmente el «socialismo del siglo XX». Si perdura, y puede perdurar, el régimen bolivariano mostrará cada vez más su verdadero rostro: el de una restauración monárquica contraria al ideal republicano de Bolívar. Si perdura, y puede perdurar, el reinado de Chávez abarcará nuevos virreinatos. Pero más allá de las críticas y las defensas, más allá del carácter del régimen, más allá de los números y las encuestas, un factor clave de la política venezolana actual (y en buena medida de la latinoamericana) es, y posiblemente seguirá siendo, un hombre llamado Hugo Rafael Chávez Frías.

Lo he caracterizado como un «venerador de héroes» y he sostenido –en una tesis no muy distinta a la de Petkoff– que la exaltación heroica de su poder y su persona lo vinculan, por méritos propios, con la genealogía histórica del fascismo. He sostenido que distorsiona la historia remota y reciente. He admitido –¿cómo negarlo?– que es un genio político de larguísimo aliento. Pero todo esto ¿a dónde lleva? ¿A dónde lo lleva?

Hugo Chávez es un venerador de héroes, pero no es un héroe. Nunca ha sido un héroe. Admiró al Che, pero no cayó en la selva, fusil en mano y muerte crística, enfrentando al imperialismo. Admiró a Allende, pero no estuvo dispuesto a defender a toda costa su legítima presidencia. No lo salvó su valentía: lo salvó el general Raúl Isaías Baduel. Ha admirado siempre a Bolívar, pero no ha guiado ningún ejército, ni ganado ninguna batalla, ni liberado a ningún pueblo. Ha admirado siempre a Castro, pero su frustrada toma del Palacio de Miraflores no fue el Moncada y menos la Sierra Maestra.

Hugo Chávez no es un héroe, y él lo sabe. El espejo se lo dice cada mañana, cada noche. No es un héroe y no puede serlo (como ha demostrado en momentos clave). Por ello compensa el vacío (la imagen del espejo) con una carrera frenética que no tiene fin, que no tendrá fin: la carrera hacia la ilusoria heroicidad. Esa urgencia interior (la huida del vacío) explica sus poses de heroísmo ante las masas y las cámaras, sus gritos destemplados, sus bravatas soeces, su inagotable movilidad por el planeta y, sobre todo, su oceánica necesidad de que lo amen y reconozcan. Necesita que los cielos clamen que él es lo que pretende ser. Por eso insiste cada vez que puede en identificar a la patria con su persona, en señalar conspiraciones que lo buscan «a él», que «van por él» y que, de triunfar, representarían el derrumbe de su país, del continente y hasta del mundo. A partir de esa quimera, ha plantado la mala yerba de la discordia en la sociedad venezolana. Y a partir de esa quimera, llegado el caso, no vacilará en llevar a Venezuela al borde del precipicio. En eso sí se parece a Hitler, que en el búnker reclamaba a sus compatriotas la destrucción de puentes y ciudades antes que admitir *su* derrota, la derrota de *sus* mitologías.

Chávez ha querido siempre ser un héroe, pero ha elegido dos competidores inalcanzables: su «padre» Bolívar, que al «copular» con la tierra venezolana dio a luz al ejército, es decir, al propio Chávez; y el «padre» Fidel, que al impregnar de santa pasión la tierra de América dio a luz a la Revolución cubana y a su hijo pródigo, es decir, al propio Chávez. Y ahí está Hugo, en los albores del siglo XXI, sentado junto a sus «padres». Pero el tiempo pasa. Y el inquieto vástago sabe muy bien que no es héroe. Y sabe también que no hay reino compartido. Debe matarlos simbólicamente (o devorarlos) para reinar a sus anchas. Pero en ese mismo acto de soberbia, como Edipo, perderá la luz.

Por fortuna, Chávez no es el único protagonista de esta historia. Hay otro protagonista soberano. No me refiero al «pueblo» abstracto de Venezuela. Me refiero simplemente al pueblo de Venezuela: plural, diverso, pacífico, generoso. Su libertad estará en juego en las elecciones del 23 de noviembre y en las que siguen. Sabrá defenderla, como lo ha hecho tantas veces. «Gloria al bravo pueblo.»

Apéndice

Esta es apenas una bibliografía básica. Fueron muchos los libros, las revistas, los diarios y los sitios de internet que consulté durante la preparación de esta obra. Tengo que decir que fueron de vital importancia las conversaciones que sostuve con muchos venezolanos y mexicanos, no todas registradas en el cuerpo del texto.

LIBROS

Alexander, Roberto J, *Rómulo Betancourt and the Transformation of Venezuela*, Transaction Books, Estados Unidos, 1982.

Arendt, Hannah, *The Origins of Totalitarianism*, Barnes & Noble, Estados Unidos, 2004.

Azcárate, Patricio de, *Obras de Aristóteles*, vol. III, Imprenta de la Biblioteca de Instrucción y Recreo, España, 1874.

Baduel, Raúl, *Mi solución. Venezuela crisis y salvación*, Libros Marcados, Venezuela, 2008.

Baron, Samuel H., *Plekhanov in Russian History and Soviet Historiography*, University of Pittsburgh Press, Estados Unidos, 1995.

Bentley, Eric., *A Century of Hero-Worship*, Beacon Press, Estados Unidos, 1957.

Berlin, Isaiah, *Karl Marx*, Alianza Editorial, España, 1963.

Betancourt, Rómulo, *Leninismo, revolución y reforma*, Fondo de Cultura Económica, México, 1997.

–, *Venezuela: política y petróleo*, Monte Ávila Editores, Venezuela, 1985.

Bethell, Leslie (ed.), *The Cambridge History of Latin America, vol. 8, Latin America since 1930: Spanish South America*, Cambridge University Press, Reino Unido, 1985.

Blanco, Agustín, *Habla el comandante Hugo Chávez Frías*, UCV, Venezuela, 1998.

Bolívar, Simón, *Obras completas*, vols. I y II, Ministerio de la Educación Nacional de los Estados Unidos de Venezuela, Lex, Cuba, 1947.

Caballero, Manuel, *Rómulo Betancourt, político de Nación*, Alfadil Ediciones, Venezuela, 2008.

–, *La peste militar. Escritos polémicos, 1992-2007*, Alfadil Ediciones, Venezuela, 2007.

–, *Las crisis de la Venezuela contemporánea (1903-1992)*, Alfadil Ediciones, Venezuela, 2003.

Caldera, Rafael, *De Carabobo a Puntofijo: Los causahabientes. La historia del origen de la democracia en Venezuela*, Libros Marcados, Venezuela, 2008.

Cardozo, Elsa, *Laureano Vallenilla Lanz*, El Nacional, Venezuela, 2007.

Carlyle, Thomas, *The French Revolution: A History*, The Modern Library, Estados Unidos, 2002.

– y Ralph Waldo Emerson, *De los héroes* y *Hombres representativos*, trad. y estudio preliminar Jorge Luis Borges, W.M. Jackson Inc., México, 1974.

–, *Selected Writings*, The Penguin English Library, Estados Unidos, 1971.

– (pról.), *Past and Present*, G.K. Chesterton, Oxford University Press, Reino Unido, 1944.

–, *Critical and Miscellaneous Essays*, vol. XIV, Peter Fenelon Collier, Estados Unidos, 1897.

Carrera, Germán, *El culto a Bolívar. Esbozo para un estudio de la historia de las ideas en Venezuela*, Alfa Grupo, 2003.

Cassirer, Ernst, *El mito del Estado*, Fondo de Cultura Económica, México, 1997.

Catalá, José Agustín, *Libro Rojo 1936*, El Centauro, Venezuela, 2005.

Ceresole, Norberto, *Caudillo, ejército, pueblo*, Al-Ándaluz, España, 2000.

Clubbe, John (ed.), *Two Reminiscences of Thomas Carlyle*, Duke University Press, Estados Unidos, 1974.

Consalvi, Simón Alberto, *El precio de la historia y otros textos políticos*, Comala.com, Venezuela, 2007.

–, *Juan Vicente Gómez*, El Nacional, Venezuela, 2007.

–, *Reflexiones sobre la historia de Venezuela*, Comala, com, Venezuela, 2007.

–, *El carrusel de las discordias*, Comala.com, Venezuela, 2003.

Cussen, Antonio, *Bello and Bolívar Poetry and Politics in the Spanish American Revolution*, Cambridge University Press, Estados Unidos, 1992.

Chávez, Hugo, *El libro azul*, Ministerio del Poder Popular para la Comunicación e Información, Venezuela, 2007.

–, *Un brazalete tricolor*, Ediciones Vadell, Venezuela, 2004.

Deutscher, Isaac, *The Prophet Armed. Trotsky 1879-1921*, Verso, Estados Unidos, 2003.

–, *Unfinished Revolution: Russia, 1917-1967*, Oxford University Press, Reino Unido, 1967.

Engler, Robert, *La política petrolera*, Fondo de Cultura Económica, México, 1966.

Freud, Sigmund, *Moisés y la religión monoteísta y otros escritos sobre judaísmo y antisemitismo*, Alianza Editorial, España, 1970.

Froude, James Anthony, *Thomas Carlyle. A History of his Life in London, 1834-1881*, Charles Scribner's Sons, Estados Unidos, 1892.

Gallegos Rocafull, José M., *La doctrina política del p. Francisco Suárez*, Jus, México, 1948.

García, Francisco, *Las democracias latinas de América, la creación de un continente*, Colección Biblioteca Ayacucho, Cromotip, Venezuela, 1979.

Gardiner, Patrick, *La naturaleza de la explicación histórica*, Centro de Estudios Filosóficos, UNAM, México, 1961.

Gorostiza, José y Carlos Pellicer, *Correspondencia 1918-1928*, El Equilibrista, México, 1993.

Hamilton, Berenice, *Political Thought in Sixteenth Century Spain. A Study of the Political Ideas of Vitoria, Soto, Suárez, and Molina*, Oxford University Press, Reino Unido, 1963.

Harris, Kenneth Marc, *Carlyle and Emerson: Their Long Debate*, Harvard University Press, Estados Unidos, 1978.

Hartz, Louis, *The founding of new societies*, HBJ, Estados Unidos, 1964.

Hegel, Georg Wilhelm Friederich, *The Philosophy of Right and the Philosophy of History*, Great Books of Western World, Britannica Encyclopedia, Estados Unidos, 1975.

Hernández, Alicia y Manuel Miño, *50 años de historia en México, vol. 1*, Centro de Estudios Históricos de El Colegio de México, México, 1993.

Hernández, Carlos Raúl y Luis Emilio Rondón, *La democracia traicionada: grandeza y miseria del Pacto de Punto Fijo (Venezuela, 1958-2003)*, Rayuela, Venezuela, 2005.

Julio Hubard, «Contra mi lengua», obra en preparación.

Jones, Bart, *¡Hugo! The Hugo Chávez Story from Mud Hut to Perpetual Revolution*, Steer Forth Press, New Hampshire, 2007.

Kolakowski, Leszek, *Main Currents of Marxism. Vol. I, The founders*, Oxford University Press, Estados Unidos, 1981.

Krauze, Enrique, *Travesía liberal*, Tusquets Editores, México, 2004.

–, *Tarea política*, Tusquets Editores, México, 2000.

–, *La presidencia imperial*, Tusquets Editores, México, 1997.

–, *Textos heréticos*, Grijalbo, México, 1992.

–, *et al. América Latina: desventuras de la democracia*, Joaquín Mortiz / Planeta, México, 1984.

–, *Daniel Cosío Villegas: una biografía intelectual*, Joaquín Mortiz, México, 1980.

Lezama Lima, José, *La expresión americana*, Instituto Nacional de Cultura del Ministerio de Educación, Cuba, 1957.

Liscano, Juan, *Pensar a Venezuela (testimonios de cultura y política, 1953 a 1955)*, Academia Nacional de la Historia, Venezuela, 1995.

Lynch, John, *Simón Bolívar*, Ediciones Serie Mayor, España, 2006.

–, *América Latina, entre colonia y nación*, Crítica, España, 2001.

–, *Caudillos en Hispanoamérica, 1800-1850*, Mapfre, España, 1993.

Malaparte, Curzio, *Coup d'état: The technique of revolution*, Editorial E.P., Dutton, Estados Unidos, 1923.

Marcano, Cristina y Alberto Barrera, *Hugo Chávez sin uniforme*, Debate, México, 2007.

Martí, José, *Obras Completas*, vols. 6, 7 y 8, Editorial de Ciencias Sociales, Cuba, 1991.

Martín, Américo, *La sucesión de Castro. Una herida abierta*, Alfadil Ediciones, Venezuela, 2006.

–, *América y Fidel Castro*, Panapo, Venezuela, 2001.

Marx, Karl, *Simón Bolívar*, Sequitur, España, 2006.

–, *El dieciocho Brumario de Luis Bonaparte*, Progreso, URSS, 1981.

Morse, Richard M, *El espejo de Próspero*, Siglo XXI, México, 1999.

–, *Resonancias del nuevo mundo. Cultura e ideología en América Latina*, Vuelta, 1995.

Mukherjee, Subrata y Ramaswamy, Sushila (eds.), *George Plekhanov: His Thoughts and Works*, Deep & Deep Publications, La India, 1998.

Naím, Moisés *Paper Tigers & Minotaurs, The Politics of Venezuela's Economic Reforms*, The Carnegie Endowment for International Peace, Estados Unidos, 1993.

– y Ramón Piñago, *El caso Venezuela: una ilusión de armonía*, IESA, Venezuela, 1984.

Nohlen, Diether, *Elections in the Americas. A Data Handbook, vol, I: North America, Central America and the Caribbean, vol. II, South America*, Oxford University Press, Reino Unido, 2005.

Palacios, Marco, *De populistas, mandarines y violencias. Luchas por el poder*, Planeta, Colombia, 2001.

Paz, Octavio, *Itinerario*, Fondo de Cultura Económica, México, 1993.

–, *Obras completas. Ideas y costumbres I, La letra y el cetro*, Círculo de Lectores, España, 1993.

–, *Obra poética 1935-1988*, Seix Barral, España, 1990.

–, *Poesía, mito, revolución*, Vuelta, México, 1989.

–, *Tiempo nublado*, Planeta, México, 1983.

–, *Corriente alterna*, Siglo XXI, México, 1981.

–, *Posdata*, Siglo XXI, México, 1970.

Pérez Marcano, Héctor y Antonio Sánchez García, *La invasión de Cuba a Venezuela. De Machurucuto a la Revolución bolivariana*, Venezuela, 2007.

Pérez Vila, Manuel, *Simón Bolívar, doctrina del libertador*, Arte, Venezuela, 1976.

Petkoff, Teodoro, *El socialismo irreal*, Alfa, Venezuela, 2007.

Pino Iturrieta, Elías, *Nada sino un hombre*, Alfa, Venezuela, 2007.

–, *El divino Bolívar*, Alfa, Venezuela, 2006.

Popper, Karl, *The Open Society and its Enemies*, vol. II, Princeton University Press, Estados Unidos, 1971.

Porras, Baltazar Enrique, *Memorias de un obispo. Los primeros meses de 2002*, Venezuela, 2008.

Quintero, Inés y Vladimiro Acosta, *El Bolívar de Marx*, Alfa, Venezuela, 2007.

Rangel, Carlos, *Del buen salvaje al buen revolucionario*, Libros de Monteávila, España, 1976.

Reid, Michael, *Forgotten Continent. The Battle for Latin America's Soul*, Yale University Press, Estados Unidos, 2007.

Retallack, James, *The German Right,1860-1920*, University of Toronto Press, Canadá, 2006.

Rodó, José Enrique, *Ariel y Motivos de Proteo*, Biblioteca Ayacucho, Venezuela, 1976.

Russell, Bertrand, *In Praise of Idleness and Other Essays*, Routledge, Estados Unidos, 1996.

Skinner, Quentin, *The Foundations of Modern Political Thought, vol. I: The Renaissance*, Cambridge University Press, Estados Unidos, 1979.

Stoetzer, Carlos, *El pensamiento político en la América Española durante el periodo de la emancipación, 1789-1825*, vols. I y II, Instituto de Estudios Políticos, España, 1966.

Suárez, Francisco, *De legibus*, Instituto Francisco de Vitoria, España, 1971-1981.

Suárez, Naudy, *Rómulo Betancourt. Selección de escritos políticos, 1929-1981*, Gráficas León, Venezuela, 2006.

Tovar Arroyo, Gustavo, *Estudiantes por la libertad*, Los Libros de *El Nacional*, Venezuela, 2007.

Troeltsch, Ernst, *The Social Teaching of the Christian Churches*, vol. I, JPK, Estados Unidos, 1992.

Ugalde, Luis, *Utopía Política: entre la esperanza y la opresión*, Academia de Ciencias Políticas y Sociales UCAB, Venezuela, 2008.

UNESCO, *Historia general de América Latina, vol. 8: América Latina desde 1930*, UNESCO / Trotta, España, 2008.

Urueña Cervera, Jaime, *Bolívar republicano*, Aurora, Colombia, 2004.

Vallenilla, Laureano, *Cesarismo democrático y otros textos*, Anauco, Venezuela, 1991.

Vallenilla, Luis, *Auge, declinación y porvenir del petróleo venezolano*, Monte Ávila, Venezuela, 1990.

Weber, Max, *The Sociology of Religion*, Beacon Press, Estados Unidos, 1964.

Williamson, Edwin, *The Penguin History of Latin America*, Penguin Books, Inglaterra, 1992.

Wilson, Edmund, *To the Finland Station*, New York Review of Books Classics, Estados Unidos, 2003.

Young, Louise M. Thomas, *Carlyle and the Art of History*, University of Pennsylvania Press, Estados Unidos, 1939.

Zaid, Gabriel, *De los libros al poder*, Océano, México, 1998.
–, *El progreso improductivo*, Contenido, México, 1991.
–, *La economía presidencial*, Vuelta, México, 1987.

REVISTAS

Bushnell, David, «Santanderismo y bolivarismo: dos matices en pugna», *Desarrollo Económico*, vol. VIII, núm. 30 y 31, América Latina 4, julio a diciembre de 1968.

Coronel, Gustavo, «Corrupción, administración deficiente y abuso de poder en la Venezuela de Hugo Chávez», *The Cato Institute*, 27 de noviembre de 2006, http://www.elcato.org/node/2080.

Eco, Humberto, «Ur-Fascism», *The New York Review of Books*, vol. 42, núm. 11, 22 de junio de 1995.

Johnson, Scott, «La Venezuela de Chávez», *Letras Libres*, núm. 79, México, julio de 2005.

Krauze, Enrique, «El intelectual filotiránico», *Letras Libres*, núm. 63, México, marzo de 2004.

–, «Rusia con palmeras», *Letras Libres*, núm. 80, México, mayo de 2008.

Levine, Daniel H, «Venezuela: The Character, Crisis and Possible Future of Democracy», *World Affairs*, vol. 161, núm. 3, invierno de 1999.

Liscano, Juan, «Polémica venezolana en México», *Vuelta*, núm. 203, México, octubre de 1993.

Nuño, Juan, «¿Qué pasa en Venezuela?», *Vuelta*, núm. 203, México, octubre de 1993.

Martínez, Ibsen, «Marx und Bolivar», *Letras Libres*, núm. 85, México, enero de 2006.

Morse, Richard M, «Toward a Theory of Spanish American Government», *Journal of the History of Ideas*, vol. 15, núm. 1.º de enero, de 1954.

Pantin, Travis, «Hugo Chávez Jewish Problem», *Commentary*, julio/agosto de 2008, http://www.commentarymagazine.com/viewarticle.cfm/hugo-ch-vez-s-jewish-problem-11455.

Petkoff, Teodoro, «Sólo nosotros somos gente», *Peripecias*, núm. 75, 28 de noviembre de 2007.

Rangel, Carlos, «La inestable Latinoamérica», *Vuelta*, núm. 69, México, agosto de 1982.

–, «Venezuela: La democracia latinoamericana», *Vuelta*, núm. 88, México, 1984.

Rodríguez, Francisco, «An Empty Revolution, the Ufulfilled Promises of Hugo Chavez», *Foreign Affairs*, Estados Unidos, marzo/abril de 2008.

Sucre, Guillermo, «La indefensión de las palabras», *Vuelta*, núm. 199, México, junio de 1993.

—, «La polvareda y la falacia», *Vuelta*, núm. 202, México, septiembre de 1993.

—, «Los cuadernos de la cordura», *Vuelta*, núm. 197, México, abril de 1993.

Tucker, Robert C., «The Theory of Charismatic Leadership», *Daedalus*, vol. 97, núm. 3, Estados Unidos, verano de 1968.

Trikunas, Harold A, The Crisis in Venezuelan Civil-Military Relations: From Punto Fijo to the Fifth Republic, 2002, *Latin American Research Review*, vol. 37, núm. 1, 2002.

Vargas Llosa, Álvaro, «Inside Chavez's Missions», *The Independent Institute*, enero 23, 2008.

Zaid, Gabriel, «Los años de aprendizaje de Carlos Pellicer», *Letras Libres*, núm. 31, México, julio 2001.

Zaïtzeff, Sergei, «El joven Arciniegas a través de su correspondencia con Carlos Pellicer», *Historia Crítica*, núm. 21, enero-junio 2001.

NOTAS PERIODÍSTICAS Y DOCUMENTOS VARIOS

Agencia Bolivariana de Noticias, «Pobreza extrema en Venezuela se redujo 54% en los últimos nueve años», 15 de agosto de 2008, www.abn.info.ve/imprimir2. php?articulo=118972.

Almada, Telmo, «Ser opositor tiene su precio», *El Nacional*, 6 de abril de 2008.

Bakit, Matías, «Monseñor Baltazar Porras: "Chávez es una especie de Ayatola de lo divino y de lo humano"», 29 de julio de 2007, http://venezuelareal.zoomblog.com/archivo/2007/06/29/monsenor-Baltazar-Porras-Chavez-es-una.html.

Caballero, Manuel, «Chávez sólo dejará el poder por la fuerza», 29 de abril de 2008, www.lanacion.com.ar/edicionimpresa/suplementos/enfoques/nota.asp?nota_id=997213.

Cabrujas, José Ignacio, «Mensaje al adeco oprimido», 15 de mayo de 2008, http://www. analitica.com/Bitblio/cabrujas/adeco_oprimido.asp.

Campusano, Beatriz, «Primera y segunda mano de *El otoño del patriarca*, un estudio intertextual», http://www.rcci.net/globalizacion/fg045.htm

Cordeiro, José Luis, «21st Century Socialism or Venezuela 1957?», 9 de enero de 2007, http://www.latinbusinesschronicle.com/app/article.aspx?id=707.

Chávez, Hugo, «Discurso de toma de posesión», 2 de febrero de 1999, http:// www.analitica.com/bitblioteca/hchavez/toma.asp.

—, «Discurso en el Paseo de los Próceres», 2 de febrero de 1999, http://www.analitica.com/bitblioteca/hchavez/los_proceres.asp.

D'Elia, Yolanda y Luis Francisco Cabezas, «Las misiones sociales en Venezuela», Instituto Latinoamericano de Investigaciones Sociales, 2008.

De Córdoba, José y Solomon, Jay, «Chavez Aided Colombia Rebels, Captured Computer Files Show», *The Wall Street Journal*, 9 de mayo de 2008, http://online.wsj.com/public/article_print/SB121029900813-279693.html.

–, «El campo, la última frontera de la revolución bolivariana de Chávez», *Reforma (The Wall Street Journal Americas)*, 17 de mayo de 2007.

Díaz Rangel, Eleazar, «Entrevista a José Vicente Rangel: "Chávez es el antipoder"», *Venezuela Real*, 11 de febrero de 2007.

Dieterich, Heinz, «Hugo Chávez, las FARC y el probable fin del anti-imperialismo bolivariano», 12 de junio de 2008, www.aporrea.org/tiburon/a58724.html.

–, «La ruptura Chávez-Baduel: impedir el colapso del proyecto popular», noviembre de 2007, http://www.rebelion.org/noticia.php?id=58708.

EFE, «Jorge Rodríguez Gómez: Un psiquiatra para Miraflores», *Venezuela Real*, 16 de enero de 2007.

Ellner, Steve, «Venezuelan Revisionist Political History, 1908-1958, New Motives and Criteria for Analyzing the Past», *Universidad de Oriente*, Puerto de la Cruz, 2001.

Europa Press, «Chávez nombra al hermano de "el Chacal" director de Energía», 12 de octubre de 2002, http://www.elmundo.es/elmundo/2002/10/12/internacional/1034382088.html.

Elizalde, Rosa Miriam y Luis Báez, «Entrevista a Hugo Chávez Frías: "Soy sencillamente un revolucionario"», www.profesionalespcm.org/_php/MuestraArticulo2.php?id=1872.

Erlanger, Steven y Alan Cowell, «Betancourt, in France, details her captivity», *The New York Times*, 5 de julio de 2008.

España, Luis Pedro, «Las nuevas cifras de la pobreza», *Venezuela Real*, 25 de noviembre de 2006, http://venezuelareal.zoomblog.com/archivo/2006/11/30/las-nuevas-cifras-de-la-pobreza.html.

Espinasa, Ramón, «Desempeño del sector petrolero 1997-2007 y primer semestre 2008», presentación.

Food and Agriculture Organization, «Perspectivas alimentarias», junio de 2008, http://www.fao.org/docrep/011/ai466s/ai466s00.htm.

Fundación Justicia y Democracia, «Partidos políticos de Venezuela», 4 de junio de 2008, www.fjd.org.ve.

García Márquez, Gabriel, «El enigma de los Chávez», febrero de 1999, http://www.a-ipi.net/article120084.html.

Giusti, Roberto, «Es un disparate llamar a Cristo socialista», entrevista con Luis Ugalde, *El Universal*, 19 de febrero de 2007.

Gómez, Elvia, «Bloque del No apuesta a iniciar la vía del diálogo y reconciliación», *El Universal*, 3 de diciembre de 2007.

Gómez García, Humberto, «Luis Miquelena: la carta fuerte de la oligarquía contra la reforma de Chávez», 30 de agosto de 2007, http://www.aporrea.org/imprime/a40474.html.

Gómez Sigala, Eduardo, «Situación de la industria en Venezuela», presentación en el XXXVI Congreso Internacional de Conindustria, 26 de julio de 2006.

Harnecker, Marta, «Entrevista con Hugo Chávez: los militares en la Revolución bolivariana», *La Insignia*, 3 de julio de 2002.

Hoyer, Mariela, «Ciudadanos», *El Nacional*, 2 de abril de 2008.

–, «Educación y sociedad», *El Nacional*, 6 de abril de 2008.

Jaramillo, Ramón, «Muller Rojas, Chávez y Baduel», 7 de noviembre de 2007, http://aporrea.org/oposicion/a43995.html.

Krauze, Enrique, «México y Venezuela: Crisis de ayer y hoy», *Reforma*, 20 de noviembre de 2005.

Kronick, Dorothy J, «Hugo Chavez's Bait and Switch, the Kingdom of Darkness», *The New Republic*, 24 de mayo de 2007.

Langa, José María, «Los despedidos de PDVSA se organizan para sobrevivir», 30 de abril de 2003, http://www.americaeconomica. com/numeros4/211/reportajes/chema211.htm.

León, Mariela, «En este proceso "nos jugamos el país", señalan empresarios», *El Universal*, 3 de diciembre de 2007.

Marín, Luis, «El mensaje a la Tricontinental», *The Independent*, 16 de octubre 16 de 2007.

Márquez, Laureano, «Cold Case Informe Secreto», *Tal Cual*, Venezuela, 21 de diciembre de 2007.

Márquez, Trinúm, «La grandilocuencia del atraso», 14 de julio de 2000, http://www. analitica.com/va/politica/opinion/5210713.asp.

Martín, Américo, «La izquierda democrática y el neopopulismo», ponencia en el seminario internacional «Las amenazas a la democracia en América Latina: terrorismo, neopopulismo y debilidad del estado de derecho», Colombia, noviembre de 2003, www. fundacionfil.org/ articulos/ponenciasamerico.htm.

Méndez, Gustavo, «Entrevista a Adán Chávez, ministro del Poder Popular para la Educación», *El Universal*, 13 de abril 13 de 2008.

–, «Estudiantes llaman a la unidad de todo el país», *El Universal*, 3 de diciembre de 2007.

Ministerio del Poder Popular para la Comunicación y la Información (Venezuela), «Informe PDVSA 2006: exitosa gestión operativa, social y financiera», 8 de septiembre de 2007, http://www.minci. gob.ve/noticias-economia/1/15646/informe_pdvsa_2006exitosa. html.

Montaner, Carlos Alberto, «El socialismo del siglo XXI», *Firmas Press*, 8 de agosto de 2005.

Mosquera, julio, «Prieto Figueroa: pedagogo de la derecha», 11 de agosto de 2005, http://www.aporrea.org/actualidad/a15961.html.

Naím, Moisés, «Chávez, poeta», *El País*, 14 de septiembre de 2008.

–, «Es hora de comenzar a ser ciudadanos», discurso a egresados de la promoción de 1990 del master del IESA, 1990.

North, David, «On Marx and Lassalle, Engels and Carlyle: an Exchange of Letters», 29 de mayo de 2002, http://www.wsws.org/articles/2002/may2002/corr-m29.shtml.

Pérez Arango, Carlota, «Ceresole, el Rasputín de Hugo Chávez», 12 de julio de 2000, http://www.analitica.com/va/politica/opinion/7575696.asp.

Pérez Cruz, Felipe de J., «Raúl Baduel: El fantasma de Pinochet cabalga», 1.º de diciembre de 2007, http://fotosdechavez.blogspot. com/2007/11/marisabel-rodrguez-rechaz-la-reforma-y.html.

Petkoff, Teodoro, «Pensamiento único», *Tal Cual*, 3 de abril de 2008.

Rico, Maite, «Los papeles de las FARC acusan a Chávez», 10 de mayo de 2008, http://www.elpais.com/articulo/internacional/papeles/FARC/ acusan/Chavez/elpepuint/20080510elpepiint_6/Tes.

Sánchez García, Antonio, «Carta abierta a Jorge Rodríguez», 13 de febrero de 2004, http://www.analitica.com/va/politica/opinion/7385083.asp.

–, «Copei en la encrucijada», 9 de enero de 2008, http://webarticulista. net.free.fr/asg200810012358+Antonio-Sanchez-Garcia.html.

Shoer Roth, Daniel, «Judíos venezolanos: ¿en la mirilla de Chávez?», 6 de febrero de 2006, http://www.analitica.com/va/vpi/9360288. asp.

Soto, Fabiola, «Los insólitos regalos de Hugo Chávez a Evo Morales», 28 de julio de 2008, http://www.versionfinal.com.ve/wp/2008/07/28/los-inslitos-regalos-de-hugo-chvez-a-evo-morales/.

Pino Iturrieta, Elías, «A propósito de La Marqueseña», 24 de septiembre de 2005, http://webarticulista.net.free.fr/epi200524091320.html.

–, «Necesidad y despotismo de los héroes», 27 de mayo de 2008, http://www.analitica.com/BITBLIO/epino/heroes.asp.

Rangel, Domingo A., «Luis Ugalde: un predicador equivocado», 18 de septiembre de 2006, http://rcivil.blogsome.com/2006/09/18/luis-ugalde-un-predicador-equivocado.

Rodríguez, Juan Carlos, «Padre Palmar se deslinda de Iglesia Reformada de Venezuela», *El Nacional*, 30 de junio de 2008.

Rojas, Charito, «La verdadera historia de Maisanta», 21 de mayo de 2008, http://vcrisis. com/index.php?content=esp/200407161237.

Romero, Simon, «Chavez Decree Tightens Hold on Intelligence», *The New York Times*, 3 de junio de 2008, http://nytimes.com/2008/06/03/world/americas/03venez. html.

–, «Files Suggest Venezuela Bid to Aid Colombia Rebels», *The New York Times*, 30 de marzo de 2008, http://nytimes. com/2008/03/30/world/americas/30colombia.html.

–, «Lawmakers in Venezuela Approve Expanded Power for Chávez», *The New York Times*, 3 de noviembre de 2007.

Sánchez García, Antonio, «La Alborada», 7 de diciembre de 2007, http://webarticulista.net.free.fr/asg200707122151+Antonio-Sanchez-Garcia.html.

–, «Gramsci y Mussolini en Miraflores», 16 de junio de 2007, http://webarticulista.net.free.fr/asg200716061503+Antonio-Sanchez-Garcia+Gramsci+Mussolini.html.

Semprún, Raúl, «Hipótesis de una derrota», 7 diciembre de 2007, http://www. versionfinal.com.ve/wp/2007/12/07/hiptesis-de-una-derrota.

Socorro, Milagros, «Luis Ugalde: «Votaré por quien defienda la democracia»», 15 de octubre de 2006, http://venezuelareal.zoomblog.com/archivo/2006/11/02/luis-Ugalde-sj-Votare-por-quien-defien.html.

Sugget, James, «Anti-Semitism or Anti-Imperialism in Venezuela?», 12 de febrero de 2008, http://www.venezuelanalysis.com/analysis/ 3148.

Taibo, Manuel, «El fraile ideólogo, Luis Ugalde», 7 de agosto de 2008, http://www. aporrea.org/actualidad/a61817.html.

Tejero Puntes, Suhelis, «Casi medio millón de personas se quedaron sin empleo en enero», *Venezuela Real*, 1 de marzo de 2008, http://venezuelareal.zoomblog.com/archivo/2008/03/01/casi-medio-millon-de-personas-se-quedaron-sin-empleo-en-enero.html.

–, «Sector público absorbe a 41.400 trabajadores por estatizaciones», 24 de agosto de 2008, http://www.eluniversal. com/2008/08/24/eco_art_sector-publico-absor_1014380.shtml.

Theis, Reyes, «Baduel propone Constituyente y alerta sobre la Habilitante», *El Universal*, 3 de diciembre de 2007.

Trevor-Roper, Hugh, «Thomas Carlyle's Historical Philosophy», *TLS*, 26 de junio de 1981.

Urdaneta, Sheyla, «Padre José Palmar: "Chávez no es el papá de los helados"», 7 de agosto de 2007, http://venezuelareal.zoomblog.com/archivo/2007/08/07/padre-Jose-Palmar-Chavez-no-es-el-papa.html.

Vargas Llosa, Mario, «Caracas al vuelo», *El País*, 24 de agosto de 2008.

Weffer, Laura, «Tensión Bilateral», *El Nacional*, 13 de septiembre de 2008.

Zaid, Gabriel, «Medios y poder», *Reforma*, 10 de mayo de 2008.

Thibaud, Paul, 320
Thomas, Hugh, 20, 273-275
Tillich, Paul, 97
Tocqueville, Alexis de, 275
Tolstói, León, 183
Torrijos, Omar, 43, 166, 320
Tovar, Gustavo, 140, 143-145
Trevor Roper, Hugh, 209, 210
Trotsky, León, 102, 187
Trujillo, Rafael Leónidas, 28, 246, 247, 250

Ugalde, Luis, 96-99, 105, 106, 109, 140, 145
Urdaneta, Jesús, 151, 157, 171, 174
Uribe, Álvaro, 126
Urosa, Jorge, 104
Uslar Pietri, Arturo, 59, 60, 269

Valenzuela, Arturo, 48
Vallenilla Lanz, Laureano, 113, 115
Vargas, José María, 214
Vargas Llosa, Mario, 48, 321, 327
Vasconcelos, José, 21, 42, 321, 352, 353

Vázquez, Fabio, 33
Velasco Alvarado, Juan, 40, 111, 166
Velásquez, Ramón J., 61
Villalba, Jóvito, 26, 27, 29, 36, 38, 117, 118, 252, 260, 262, 268, 298
Viloria, Frank, 115, 117
Virgen de Guadalupe, 173, 215, 234
Vivanco, José Miguel, 348

Wagner, Richard, 210
Wells, H.G., 328
Whitman, Walt, 199
Wolsey, Thomas, 335
Woods, Alan, 179

Zaid, Gabriel, 43, 53, 191, 192, 321, 350
Zamora, Ezequiel, 151, 155, 168-170, 177, 179, 202, 214, 229
Zapata, Emiliano, 169, 174, 330
Zapata, Pedro León, 115, 132
Zavala, Silvio, 114